U0565302

国家社科基金后期资助项目
出版说明

后期资助项目是国家社科基金设立的一类重要项目,旨在鼓励广大社科研究者潜心治学,支持基础研究多出优秀成果。它是经过严格评审,从接近完成的科研成果中遴选立项的。为扩大后期资助项目的影响,更好地推动学术发展,促进成果转化,全国哲学社会科学工作办公室按照"统一设计、统一标识、统一版式、形成系列"的总体要求,组织出版国家社科基金后期资助项目成果。

全国哲学社会科学工作办公室

国家社科基金
GUOJIA SHEKE JIJIN HOUQI ZIZHU XIANGMU
后期资助项目

情绪思维层次
汉语的系统研究

郭攀 著

上海三联书店

目　　录

第一章 绪 论

本章分两节展开,着重对情绪思维层次汉语研究的缘起、对象、内容、依据、思路、方法、语料等开篇性内容进行概述。

第一节 情绪思维层次汉语研究的缘起和对象

一、研究缘起

基于汉语历层模式基本研究内容的总体设计,在完成理论体系的初步构建和验证之后(郭攀,2012),理应对理论体系所概括"情绪、想象、逻辑"三文明层次汉语基本事实分三个步骤依序进行切实的描写,对事实所及相关问题进行历层性解释。情绪思维层次汉语的系统研究即缘此而起。它是对三个文明层次汉语分三大步骤描写和解释中的第一步。

二、研究对象

本著作研究对象是汉语历层研究中的情绪思维层次汉语,一种以情绪形式为基本形式,以情绪义为基本内容的初级文明层次的汉语。关于本对象,在此简要地分三点进行说明。

(一) 经重新评价的情绪思维层次汉语的基本面貌

与自然感知到的"上古—中古—近古—现代"诸时间过程视角的汉语有所不同,文明进程视角的"情绪思维层次汉语—想象思维层次汉语—逻辑思维层次汉语"是使用汉语历层评价系统人为评价出来的,是系统评价的结果。

汉语历层评价系统仍是一个动态完善过程中的系统。早期历层研究中,其评价参项是抽象度、固定度、关联度等要素(郭攀,2012:7-44)。后续研究过程中,我们发现该评价系统还是存在一些问题。如参项不很全面、核心不很突出、层级性不明显等。这种情况下,陆续作了一些修改(郭攀,2017)。在此,以后续修改为基础,经进一步综合考察,对评价系统又重新进行了完善。一方面,参项的层级上,先对评价参项进行了层级性区分。将所及参项总括为内外两大区别性特征层级,内在区别性特征层级又进一步分为语言系统上位层级和下位层级。然后,对诸层级性内容进行了集中的概括。为求表述上的简洁,将内外两大层级内容辩证地整合在一起,统括为"外围区别性特征层级""语言系统上位层级""语言系统下位层级"三大层级。另一方面,参项的增改上,对评价参项进行了必要的细化和补充。最终,将汉语历层评价系统重新概括为如下层级性系统。

1. 外围区别性特征层级。本层级主要参项为：

A. 上位统帅性思维方式。

B. 三个世界间的关系。

C. 同其他学科间的关系。

2. 语言系统上位层级。主要参项：

A. 本体同思维方式相应的宏观形式。即,足以代表系统的特色性语言形式。

B. 本体单位的清晰度。本体单位包括不同层级的单位和个体单位,其清晰度主要表现为两点：一是离散度。包括言语与语言、语言内部不同层级单位相互间等情况的离散程度。二是稳定度。主要是单个词或词类的稳定性程度。

C. 本体单位系统方面的完备度。主要表现在两方面：一是本体单位内部基本类型的完备方面。二是本体单位下分层面的完备方面。

D. 运作机制三要素侧重点。

3. 语言系统下位层级。本层级参项落实在"本体单位""运作机制"的层面或方面。主要参项：

A. 文字层面,文字性质。

B. 语音层面,理据度、音节数。

C. 语义层面,一是概括度。即,概括范围的大小。二是抽象度。

D. 语法层面,一是分类依据侧重的层面。二是类化度。即,类型化程度。三是完备度。即,语言形式结构要素量度的完备度。四是固定度。即结构要素顺序的固定度；语言形式专职性固化度；形义关系对应性固化度等。

E. 运作机制所侧重方面的丰富度和可操作度。

使用重新完善的汉语历层评价系统对汉语重新评价,可以获得较早期研究内容更加全面、更加细密,核心更加突出,内在层级更加分明的"情绪思维层次汉语、想象思维层次汉语、逻辑思维层次汉语"的基本面貌。具体落实在

本研究所针对的情绪思维层次汉语上,这种经重新评价的基本面貌,整体体系大致如下:

本体单位:词类系统(叹词、原始指代词、原始动词、衬词、语气词)＋句类系统("纯情绪句:一般独用句、叠用句、连用句"＋"情理组配结构句:基本式、基变式")。

运作机制:感受性运作原则、方式和规则。

整体体系下辖各评价层级的基本表现大致如下:

1. 外围区别性特征层级

A. 上位统帅性思维方式。众所周知,思维方式在人的整个精神活动中起着统帅作用。思维方式所依托形式及其运作的性质决定了所统帅的精神活动的性质。语言是精神活动的重要载体,是精神活动的一个重要组成部分,思维方式对其有着明显的统帅作用。

情绪思维层次汉语上位统帅性思维方式是思维结构视角的情绪思维(陈中立等,2001:196 - 198)。这是一种以情绪形式作为依托,以"刺激"与"刺激"所生成本能性感受相互间的关系为基础进行运作的思维方式。陈中立说:"情感思维并不具有逻辑思维那样明确的思维规则、思维顺序和思维方法,在思维的结果方面也不具有逻辑思维那样的明晰性、准确性和可传达性,而是体悟式的、隐晦的,甚至是只可意会、不可言传……情感思维就具有浓厚的体验性和互渗性。"(陈中立等,2001:196 - 197)

B. 三个世界间的关系。在三个世界间的关系中,情绪思维层次汉语与物理世界之间也存在一定的关系。一方面,情绪基本皆是由物理世界中的"刺激"引发的。另一方面,词句诸情绪形式语音上与主体心跳、脉动的生理节奏模式基本相应,意义上与"刺激"亦具有类型性对应关系。

C. 同其他学科间的关系。后续衬词部分将讨论到,语言发生阶段,语言与音乐是一体的。这样,情绪思维层次汉语与音乐就有了密切的关联关系。以现行学科所及内容为参照分析可知,二者至少具有如下共同性和一致性:

a. 二者在人类文明最初层次的研究对象基本是共同的。同一对象,既是语言的研究对象,往往亦是音乐的研究对象。

b. 二者的外在形式基本是一致的。主要是可感的韵律性声音形式。其中,非音质要素往往占据突出地位。

c. 二者表示的意义基本是一致的。主要表示的皆是情绪义。

2. 语言系统上位层级

A. 本体同思维方式相应的宏观形式。语言是思维的重要载体和凭借,与不同文明层次的思维方式相应,语言往往表现出不同的宏观形式。据考察,与情绪思维方式相应的是情绪形式。包括情绪及其组合形式。即,基础性情绪形式、情绪结构等。落实在语言基本单位上,词层级为情绪词,一种以本能性声音形式作为语音形式,以基础性情绪义作为意义内容的词类①,句层级为情绪句,一种以本能性声音模式作为语音形式,以表述性情绪义作为意义内容的句类。

B. 本体单位的清晰度。主要表现为两点:

一是离散度。较之后续想象和逻辑思维层次汉语,情绪思维层次汉语的离散度处于最低状态。概括地讲,无论同一层级内部不同单个形式之间还是不同层级单位之间,离散度均极低,大多数情况下甚至还是不同层级单位一体。这些,情绪词、情绪句的概括中均有具体事实性说明,不赘。

二是稳定度。因情绪思维层次汉语词句数量较为有限,而需表示的内容较多,故在类型及其相应的功能上,稳定度自然不高。如"啊"等词,不仅跨叹词、语气词内部的次位类型,还跨情绪词内部不同词类的大类。

C. 本体单位系统方面的完备度。主要表现在两方面:

一是本体单位内部基本类型的完备方面。因情绪形式只是主体本能性反应,能动反应的内容极少,似通常所说的本体、行为、性状、数量等理性内容基本没有涉及,故本体单位内部完备度极低。

二是本体单位下分层面的完备方面。情绪思维层次汉语亦可分层面进行分析,但是,语法和文字的表现总体上不很明显。

D. 运作机制三要素侧重点。

据考察,情绪思维层次汉语的运作,方式和规则方面内容表现不很突出,故运作机制的侧重点是原则。换句话说,主要表现为按一定的原则运作。

3. 语言系统下位层级

A. 文字层面。情绪思维层次汉语基本为纯口语层次汉语,严格意义的文字尚未发生,今天所见书面记录形式基本皆是后续层次创造的。

值得说明的是,尽管没有严格意义的文字,但是,情绪思维层次汉语仍有相应的视角形式,这便是现实情境中伴随性的身势符号。

B. 语音层面。表现有二:

一方面,词的音节数特征基本表现为以单音节为主。尽管因基本处于自然状态,人为干预较少,形式上既有大量的单音节,亦有不少音节连缀形式,但总体上基本以单音节为主。

另一方面,仍存在一定的理据性。其理据,主要不是表现在音质上,而是表现在韵律所辖节奏、叠韵等方面。具体说来,句的长度与呼吸的时长之间,词句内部节奏与主体心跳、脉动、呼吸的节律之间,音节或词的重复出现与主体心跳、脉动、呼吸重复出现的韵致之间，均存在一定的对应性。

C. 语义层面。亦主要有两类表现：

一方面，具有感受性、体悟性。它基本是一种接受"刺激"以后主体所获得的心理感受或体悟。当然，这里"感受、体悟"的单纯度不是绝对的。正如想象和逻辑思维层次汉语的意义内容基本可概括为主体接受"刺激"以后对"刺激"方的一种心理感知和认知，但理性感知和认知之中又一定程度上融入有情绪性内容一样，这里的感受、体悟之中，亦一定程度地存在着感知、认知性内容。

另一方面，概括范围较广。因情绪为感受性、体悟性内容，不仅同单个"刺激"间具有对应关系，而且还同引发感受、体悟的类型性"刺激"间具有对应关系，故概括范围极广。

D. 语法层面。总体表现不明显。

E. 运作机制所侧重方面的丰富度和可操作度。

情绪思维层次汉语运作机制中侧重的运作要素是"原则"。据分析，其运作原则可从不同视角进行考察，并作出不同概括。如从心理活动基本特征视角考察，情绪思维层次汉语运作所及心理活动的基本特征是"感受"，可概括为感受性原则。从侧重的思想观念视角考察，情绪思维层次汉语运作秉持的是自然观，可概括为自然性原则。从语言单位的性质视角考察，情绪思维层次汉语的基础性单位基本皆为情绪形式，可概括为情绪化原则。这容易给人一种假象，就是情绪思维层次汉语运作原则较为丰富。其实不然。因为它是不同视角概括的结果。若从一个视角概括，同其他范畴的原则类似，情绪思维层次汉语运作的原则也是高度概括的，基本就是一个原则。

进一步考察可知，情绪思维层次汉语的运作原则还是具有较高的可操作度的。毕竟有较后续文明层次更强的感受性本能作为基础，可以实现对音质、音强、音长等物理要素的敏锐感知；有同节奏、韵致等方面感受相应的简单方式和规则可供使用。

（二）情绪思维层次汉语的本体范围

情绪思维层次汉语本体范围是情绪思维层次汉语系统，这个系统，较一般语言系统略大。

据传统"歌""言"二分理念，广义语言可内分出言说语言和歌唱语言两大类型，广义语言系统可看作言说语言系统和歌唱语言系统的整合体。以上述广义语言系统内部结构为参照进行概括，情绪思维层次汉语系统是这样一种汉语系统：涵盖全部言说性汉语系统，同时，基于汉语历层研究模式横向系统的全域性特征，它还当涵盖有与言说性汉语具有一定交叉关系的部分歌唱性汉语的内容。这种系统,是一种在一般言说性汉语基础上概括范围有所拓展的语言系统。

(三) 情绪思维层次汉语系统内部的层级特征

情绪思维层次汉语系统的内部具有多层级特征。通过对情绪思维层次汉语系统与理性思维层次汉语系统之间界限的深入辨察发现,情绪思维层次汉语系统内部可概括出两个层级的汉语系统。即单纯性情绪思维层次汉语系统和情理交融性情绪思维层次汉语系统。

本来,立足宏观的层次关系,情绪思维层次汉语系统与理性思维层次汉语系统之间的界限是较为清晰的。对应情绪思维层次的汉语系统是情绪思维层次汉语系统,对应理性思维层次的汉语系统是理性思维层次汉语系统。但是,进一步深入考察不难发现,两系统之间客观上还存在着一个中间状态的汉语系统,亦即情理交融性质的汉语系统。此系统由分别靠近情绪思维层次汉语系统和理性思维层次汉语系统的两部分交融而成,而且,两部分间还存在着互相依存的基本特征。主要表现是,情绪性表示形式和理性表示形式相互交织,共同表示完整的情理交融义。这样一个中间状态的汉语系统,显然不能简单地归入情绪思维层次汉语系统或理性思维层次汉语系统。它的存在,致使情绪思维层次汉语系统与理性思维层次汉语系统之间的界限变得不是十分清晰了。那么,如何处理好这个中间状态的汉语系统,使得两系统间的界限在较深入层次相对清晰起来呢?进一步研究发现,中间状态汉语系统中的两个部分,除存在相互依存的特征之外,还存在一定的独立特征,而且,各部分内部又皆具有一定的系统性,可以看作一个较为独立的子系统。鉴于这种独立性和系统性特征,这里主张采用以子系统为单元进行二分性划界的思路对中间状态的汉语系统进行处理。据此思路,靠近情绪思维层次汉语系统以叹词、语气词等典型情绪词的出现作为标志的子系统归入情绪思维层次汉语系统,靠近理性思维层次汉语系统以语气副词等准情绪词的出现作为标志的子系统归入理性思维层次汉语系统。这样,中间状态汉语系统所带来的情绪思维层次汉语系统与理性思维层次汉语系统之间的界限就变得相对清晰了。

情绪思维层次汉语系统与理性思维层次汉语系统之间界限的深入辨察,辨清了两系统之间的界限,但同时又带来了另一个问题,即各系统内部诸内容如何处理。据考察,各系统内部未涉及中间状态部分和中间状态汉语子系统彼此间存在着不少差异,不好简单地糅合在一起。那么,较好的处理方案是什么呢?进一步分析得知,较深入的细化处理方案是,对语言系统内部进一步作层级区分。将情绪思维层次汉语系统和理性思维层次汉语系统内部均处理为两个层级,未涉及中间状态部分为一个层级,中间状态汉语子系统为另一个层级。据此方案,情绪思维层次汉语系统就有了两个次位层级的汉语系统。各层级系统大致概括如下:

第一层级:单纯性情绪思维层次汉语系统。基本特征有三:一是先行出现。二是语义上表示较单纯的情绪义。三是属于未涉及中间状态部分。

第二层级:情理交融性情绪思维层次汉语系统。基本特征亦有三:一是后续出现。二是语义上表示的情绪义不甚单纯。三是属于中间状态内部靠近单纯性情绪思维层次汉语系统的子系统。

第二节　情绪思维层次汉语研究的内容、目标、依据、思路和方法

一、研究内容

基本内容概括为两个方面:

1. 情绪思维层次两大层级汉语系统词句两类单位的基本面貌。汉语历层研究中将语言系统二分为本体单位和运作机制两大部分。其中,情绪思维层次运作机制诸内容《汉语历层研究纲要》已大致论及(郭攀,2012:7 - 44)②,故其系统二分性内容仅侧重词、句二本体单位。具体说来,包括词句两类单位各自所属的下位类型、各类型的基本成员、两类单位的基本特征等内容,同时,还包括词句内部诸次类间的内在关系以及次类内部情绪形式间的内在关系。这种关系的表现,如原生"叹词—衬词—语气词"间的渊源关系,混分性情绪结构中混整性情绪形式与分解了的情绪形式间的渊源关系等。

2. 情绪思维层次汉语所及关联性内容。包括现代汉语语言特征、后起特殊汉语事实、现实语言生活等。

上述两方面内容,考虑到其中情绪思维层次二层级汉语系统间的区别、系统内部词句两级单位以及词句内部不同类型间的联系和区别、情绪思维层次汉语系统本体与所及关联问题间的关系,进一步对其进行排列,一并分为八大部分,连同绪论,统括为九章。如下:

第一章,绪论。概说情绪思维层次汉语的研究所及开篇性内容。

第二章,单纯性情绪思维层次汉语词句系统。主要包括词句两级单位各自的下位类型、各类型的基本成员、不同下位类型间的渊源关系、词句两级单

位的基本特征等内容。以下各章"系统"涉及的内容,其具体框架基本同此。

第三章,情理交融性情绪思维层次汉语叹词系统。

第四章,情理交融性情绪思维层次汉语衬词系统。

第五章,情理交融性情绪思维层次汉语语气词系统。

第六章,情理交融性情绪思维层次汉语句类系统。

第七章,情绪思维层次汉语与现代汉语富情特征。着重概括汉语富情特征的表现及其形成的原因。

第八章,情绪思维层次汉语与特殊语言事实的解释。着重解释古今文本中存在争议或极少关注到的同情绪思维层次汉语相关的语言事实。

第九章,情绪思维层次汉语与现实语言生活。着重研究高层次现代汉语建设中情绪思维层次现代汉语的建设、同情绪思维层次汉语相关的汉民族高品位语言文化生活建设等内容。

二、主要目标

本著作集中研究情绪思维层次汉语,主要目标有三:

1. 构建一个宏观的情绪思维层次汉语理论体系,揭示出情绪思维层次汉语系统的核心内容。其中,汉语理论体系就是情绪思维层次汉语各层级内容的内部结构体系。汉语系统的核心内容则包括词类、句类的全部或局部面貌,系统内部不同词类、不同句类间的渊源关系,特殊词类、句类的生成过程等等。

2. 对照情绪思维层次汉语,揭示出现代汉语的语言特征。

3. 结合情绪思维层次汉语的影响,对部分特殊语言事实和现代语言生活中所表现出的现实问题进行讨论,为问题的解决提供一个新的历层视角的说法。

三、研究依据

情绪思维层次汉语研究的依据,沿着由外至内的顺序大致概括为三个方面的需要。

(一) 文化特征研究的需要

已有研究表明,在心理过程"知、情、意"三分体系中,西方文化属人对物关系下的心理过程,偏重人对物的关系。因为物是无情的,所以,人对物的心理过程主要以"知"为主,"情"与"意"则只能退居二线。人对物的正确认识不仅取决于"知"的能力,而且取决于"知"与"情、意"的分离程度。由此形成该关系中人的心理过程的认知发展取向。中国文化属人对人关系下的心理过程,偏重人对人的关系。因人是有生命、有意识、有情有意的特殊的"物",故其心理过程以"情"和"意"为主,由此形成该关系中人的心理过程的"情、意"发展取向(郭斯萍、陈四光,2008)。据此不难认识到,既然"情"是中国文化一方面的发展取向,是中国文化一个方面的特征,就需要对其展开切实的研究。

(二)现实语言生活研究的需要

情绪思维层次汉语与现实语言生活息息相关。众所周知,西方语言研究在信息处理领域颇为领先。随着谷歌拟人语音 AI 助理、苹果 AI 朗读有声读物、微软 AI 声音生成工具的推出,机器人已一定程度地可以模仿人类情绪,而且,大有抢占汉语情绪处理高地之势。严峻的现实,需要我们加强对情绪思维层次汉语的研究。

情绪思维层次汉语还对现实语言文化生活产生着一定的影响。不难发现,情绪思维层次汉语既为汉民族情绪的有效表达创造了条件,一定程度地促成了中国文学浓情、情理交融特征的形成,也一定程度地对民众语言表达情绪化倾向产生着影响。无论积极的影响还是消极的影响,都需要我们正视现实,对其展开理性的研究。

(三)基本语言问题研究的需要

情绪思维层次汉语本体方面的问题是基本的语言问题。据调查,情绪思维层次汉语本体方面内容学界已作过不少研究,取得了可喜的成就。但同时,它又存在着大量问题。一方面,总体上缺乏系统研究。情绪思维层次汉语是怎样的一个系统,由哪些部分构成,各部分的基本特征是什么等等,均没有系统的研究。另一方面,就具体内容而言,或存在诸多争议,或有待必要的补充和完善。下面仅以叹词的研究为例作一些具体说明。

调查可知,有关叹词的研究很不少,包括性质、类型、功能、单个词等方面研究。其中,代表性说法如:

马建忠说:"凡虚字以鸣心中不平者,曰叹字。"(马建忠,1983:381)其范围包括"喜怒哀乐"等"感情而发"之词。

黎锦熙说:"叹词,是用来表示说话时一种表情的声音。常独立,不必附属于词和语句:以传声为主,本身也没有什么意思。"其"表情"范围包括惊讶或赞叹、伤感或痛惜、愤怒或鄙斥、欢笑或讥嘲、呼问或应诺五类(黎锦熙,1992:260)。

王力将叹词看作"呼声",并说:"这里所谓'呼声',如'唉'和'哦'之类,并不是语言,只算是语言的附属品。它们固然也能表达情绪或意义,然而表达得很不够明白,不够周全。假使咱们没有其他的语言形式,仅仅有一些'呼声',就和牛狗猴虎的呼声差不多,可以说没有语言了。"(王力,1985:326)其

"呼声"包括"情绪的呼声"和"意义的呼声"两个大类,进一步析分为六小类:招呼、答应、赞同、否认、追问、叮咛(王力,1985:326 - 332)。

杨伯峻、何乐士说:"古汉语中的感叹词有:噫(意)、嘻(譆、憘、熙)、嗟、呼、咄、恶、吁、哑、唉、嚇、嘆、呜(於)、皋、夥、懿、咨(訾)、嗟呼、嗟夫、猗欤、猗嗟、乌呼、於呼、噫嘻、噫吁嚱等。"(杨伯峻、何乐士,2001:901)

向熹说:"叹词表示感叹,独立存在,不和其他句子成分发生关系。卜辞里只有个别例子。"(向熹,1998:17)所举例子为"䠱"。

周国光从述谓性、生命度、自控度等几个角度分析了叹词的语法功能和语义功能,认为叹词应当归入动词,属于声音动词(周国光,2016)。

刘丹青从句法功能的角度出发,综合国内外相关意见,认为叹词的本质是代句词(刘丹青,2011)。

由此不难看出,汉语叹词的研究还是较为全面的,基本内容均有所涉及,而且,都有一定的说法。但深入分析又不难发现,它又的确还存在着不少问题,还存在着大量有待提升的空间。

1. 性质、类属、次位类型均存在较大分歧。因判定依据不尽相同,故对叹词这种语言形式到底是词还是非词,在性质判定上就存在着分歧。其中,绝大多数学者认为是词,但王力却将其看作语言附属品的"呼声"。李一平说得更加直接。其明确指出:叹词不是语词成分,而是类语言成分(李一平,1996)。

在认定为词的情况下,到底是什么词的问题分歧依然较大。一般认为是虚词的一个次类,但周国光认为其属于声音动词,刘丹青则判定为代句词。

在认定为独立的叹词的情况下,到底包括哪些次类,依然存在很大分歧。其中,主要表现在"呼叫"类语言形式的处理上。早期黎锦熙、王力、杨伯峻、何乐士等学者一般将其处理为叹词,现代学者则一般将其排除在叹词范围之外。

2. 单个词判定依据不统一。除了音义要素之外,形体是否也可作为单个词的判定依据呢? 缺乏统一的规范。如杨伯峻、何乐士就将其作为依据了,将"乌呼""於呼"处理为两个词了。

3. 语料的调查不系统、叹词系统概括不充分。叹词主要出现在方言口语之中,书面语中较少出现。这种情况,给叹词语料的搜集带来了极大的困难。也正因为如此,叹词语料的调查,处于一种不很系统的状态。而缺乏系统的语料,叹词系统的概括自然就不很充分。这一点,从已有的概括形式上不难看出。

4. 类型和单个词的演化缺乏深入研究。原生叹词,由动物语言形式演化而来。原生叹词出现后,演化出了哪些语言形式,缺乏深入的研究。近些年来,刘丹青对实词的次生叹词化作了一些研究。指出:动词和副词在提示语、应答语等陈述句范畴中往往次生叹词化了。如独用的"是""好""去""不"。名词性、形容词性成分等在感叹语、呼唤语等句类中往往次生叹词化了。如独用的"糟糕""我晕""天啊"。动词在祈使句中有时次生叹词化了。如独用的"驾""驭"(刘丹青,2012)。但很快引起了争议。赵则玲认为,否定副词"不"独用是副词独用的一般形式,是句义表达的一种省略形式,不存在次生叹词化问题(赵则玲,2015)。

基于上述三方面需要的简要阐述不难看出,情绪思维层次汉语确实有必要对其展开进一步的研究。而进一步研究的实现,则将获得诸多的研究价值。以下仅立足现行语言研究现状对其研究价值简要概括几点。

1. 语言理论方面的价值。将切实地加强情绪思维层次汉语理论体系的建设,同时,也为整个汉语理论体系的建设提供深度的参考。情绪思维层次汉语理论体系落到实处并得以完善,不仅使情绪思维层次理论体系的建设本身得到加强,而且还因其在汉语历层研究所及不同文明层次理论体系中的基础地位以及与现行历史性研究所用理论体系存在着的差异,可为整个汉语理论体系的建设提供有益的启示和深度的参考。

2. 汉语事实方面的价值。将较大程度地补充和丰富汉语语言事实。情绪思维层次汉语所及内容,未挖掘的挖掘出来了,未理顺的梳理清楚了,未辨清的辨析清楚了,零散的系统化了,则不仅可以得到较为完备的情绪思维层次汉语事实,还将较大程度地丰富汉语事实宝库,为各类相关研究提供宝贵的语言资源。

3. 汉语应用方面的价值。情绪思维层次汉语在古今汉语中较普遍地存在,有的还是以一种较为隐蔽或特异的方式存在着的,需要得到合理的解释。汉语是世界上最早发生且一直不间断传承至今的代表性语言,它一方面有着极强的生命力,另一方面,也存在不少有待提升的空间,需要进行前卫性规划。情绪思维层次汉语的系统研究,可为如此种种需要提供一个历层视角的解决方案。

四、研究思路

总体思路,选择以文明进程为纵轴的历层模式展开研究。历史性研究模式符合人们对时间过程的自然感知习惯,具有厚实的心理和文化基础,是人类主要的研究模式。但是,因时间过程毕竟不等同于文明进程,甚至还会一定程度地模糊文明进程,所以,部分语言现象的本质仅使用历史性研究模式难以有效揭示出来,还必须辅以历层研究模式。

上述总体思路的具体落实,主要概括为四点。

(一) 基本内容的安排

落实在基本内容的安排上,沿着"单纯性情绪思维层次汉语系统—情理交融性情绪思维层次汉语系统—情绪思维层次汉语与相关问题"的顺序展开。

(二) 研究内容的侧重点

落实在基本研究内容的侧重点上,似语气词的发展等内容学界研究较多,尽量从简。而似叹词的发展,尤其是学界关注不甚充分的衬词、有待进一步深入探讨的现代汉语的语言类型等内容,则将在近些年来已有研究成果基础上进一步拓展开来,尽量作细致而深入的研究。

(三) 核心关系的处理

落实在两大核心关系的处理上,坚持从情绪思维层次汉语研究的特殊性出发,辩证地展开。

1. 落实在理论与实践的关系上,采用"实践—理论—实践"的思路展开。第一步,调查已有相关研究成果和核心性语言事实。第二步,构建情绪思维层次汉语专有理论体系。第三步,以所构建理论体系为指导进行初步的描写和解释。

2. 落实在粗精关系上,就情绪思维层次汉语的全部研究而言,拟采用"粗略—精细"的思路展开。"粗略—精细"的思路,即先修理论体系,后渐逐步精细化展开的思路。就本研究而言,因情绪思维层次汉语专有的理论体系首度创建,所辖内容多且杂,其研究一时难以作到全面的精细化,故拟沿着"粗略—精细"的思路重点展开具有一定粗略性质的系统研究,精细化工作有选择地展开。在这里,系统研究指的是注重系统性的研究。包括注重情绪思维层次汉语理论体系的系统构建,注重情绪思维层次汉语基本内容的系统概括。系统研究的粗略性质主要指的是情绪思维层次汉语部分深层内容暂不予关注。如汉语语气系统的历层演进等。

(四) 语料的获取

我们知道,汉语历层研究因打破了时空限制,故没有历史性研究模式那种现成的基本拿来即可使用的语料。它的语料,需经历层评价而获得。这样,情绪思维层次汉语研究语料获取的思路即统括为两点。

1. 多向搜集。主要包括两方面情绪形式的搜集。

A. 书面语中情绪形式的搜集。因人们在写作过程中往往对情绪形式进行了一定程度的过滤,删除了部分情绪形式,也改造了部分情绪形式,故书面语中情绪形式相对较少。这样,在搜集过程中,就需要扩大搜集范围,增加所调查语料的数量。

本研究所调查语料主要是如下这些。

a. 文言语料

第一,先秦时期

[1] (春秋)《诗经》,中国文史出版社,1999 年。

[2] (春秋)《尚书》,中国文史出版社,1999 年。

[3] (春秋)《左传》,岳麓书社,1988 年。

[4] (春秋)《论语》,中华书局,2020 年。

[5] (战国)《孟子》,岳麓书社,2000 年。

[6] (战国)《吕氏春秋》,上海古籍出版社,1989 年。

第二,两汉时期

[1] (西汉)刘歆《西京杂记》,上海古籍出版社,2012 年。

[2] (西汉)司马迁《史记》,中华书局,1982 年。

[3] 无名氏《燕丹子传》,中华书局,1985 年。

[4] (东汉)郭宪《汉武帝别国洞冥记》,上海古籍出版社,2012 年。

[5] (东汉)王充《论衡》,商务印书馆,1934 年。

第三,魏晋时期

[1] (南朝宋)刘义庆《世说新语》,岳麓书社,2016 年。

[2] (晋)干宝《搜神记》,上海三联书店,2012 年。

[3] (晋)陶潜《搜神后记》,中华书局,1985 年。

[4] (晋)葛洪《抱朴子》,上海古籍出版社,1990 年。

[5] (前秦)王嘉《拾遗记》,上海古籍出版社,2012 年。

[6] (晋)陈寿《三国志》,上海古籍出版社,2016 年。

[7] (晋)裴启《裴子语林》,上海古籍出版社,2012 年。

[8] (梁)殷芸《殷芸小说》,上海古籍出版社,2012 年。

[9] (南朝宋)刘敬叔《异苑》,上海古籍出版社,2012 年。

[10] (南朝宋)刘义庆《幽明录》,上海古籍出版社,2012 年。

[11] (梁)吴均《续齐谐记》,上海古籍出版社,2012 年。

第四,唐五代时期

[1] (唐)牛僧孺《玄怪录》,中华书局,2006 年。

[2] (唐)张鷟《朝野佥载》,上海古籍出版社,2012 年。

[3] (唐)崔令钦《教坊记》,上海古籍出版社,2012 年。

[4] (唐)李复言《续玄怪录》,中华书局,1982 年。

[5] (唐)李朝威《柳毅传》,商务印书馆,1939 年。

[6] (唐)李公佐《谢小娥传》,中华书局,1991 年。

[7] (唐)白行简《李娃传》,中华书局,1991 年。

[8] (唐)刘肃《大唐新语》,上海古籍出版社,2012 年。

[9] (唐)李肇《唐国史补》,上海古籍出版社,2012 年。

[10] (唐)范摅《云溪友议》,上海古籍出版社,2012 年。

[11] (唐)段成式《酉阳杂俎》,上海古籍出版社,2012 年。

[12] (唐)张固《幽闲鼓吹》,上海古籍出版社,2012 年。

[13] (唐)高彦休《唐阙史》,《丛书集成新编》,新文丰出版有限公司,1985 年。

[14] (唐)张读《宣室志》,上海古籍出版社,2012 年。

[15] (唐)王洙《东阳夜怪录》,《太平广记》,中华书局,1961 年。

[16] (五代)王定保《唐摭言》,上海古籍出版社,2012 年。

[17] (南朝宋)佚名《录异传》,《魏晋南北朝六朝志怪小说选译》,巴蜀书社,1990 年。

第五,宋元时期

[1] (宋)苏轼《仇池笔记》,华东师范大学出版社,1985 年。

[2] (宋)徐铉《稽神录》,上海古籍出版社,2012 年。

[3] (宋)张齐贤《洛阳缙绅旧闻记》,《丛书集成新编》,新文丰出版有限公司,1985 年。

[4] (宋)钱易《南部新书》,上海古籍出版社,2012 年。

[5] (宋)乐史《绿珠传》,中华书局,1991 年。

[6] (宋)张师正《括异志》,上海古籍出版社,2012 年。

[7] (宋)王明清《投辖录》,上海古籍出版社,2012 年。

[8] (宋)刘敞《南北朝杂记》,中华书局,1991 年。

[9] (宋)洪迈《夷坚志》,重庆出版社,1996 年。

[10] (宋)邵伯温《邵氏闻见录》,上海古籍出版社,2012 年。

[11] (宋)邵博《邵氏闻见后录》,上海古籍出版社,2012 年。

[12] (元)杨瑀《山居新语》,中华书局,2006 年。

[13] (元)陶宗仪《南村辍耕录》,中华书局,1959 年。

第六,明代

[1] 瞿佑《剪灯新话》,上海古籍出版社,1981 年。

[2] 李昌祺《剪灯余话》,上海古籍出版社,1981 年。

[3] 邵景瞻《觅灯因话》,上海古籍出版社,1981 年。

［4］陆容《菽园杂记》，上海古籍出版社，2012 年。

［5］赵弼《效颦集》，上海古籍出版社，1996 年。

［6］杨仪《高坡异纂》，《说库》，文明书局，1915 年。

［7］张岱《陶庵梦忆》，上海古籍出版社，2001 年。

第七，清代

［1］张潮《虞初新志》，上海古籍出版社，2012 年。

［2］沈起凤《谐铎》，重庆出版社，1996 年。

［3］蒲松龄《聊斋志异》，人民文学出版社，1997 年。

［4］乐钧《耳食录》，重庆出版社，1996 年。

［5］许仲元《三异笔谈》，重庆出版社，1996 年。

［6］纪昀《阅微草堂笔记》，崇文书局，2017 年。

［7］长白浩歌子《萤窗异草》，重庆出版社，1996 年。

［8］王韬《淞滨琐话》，重庆出版社，1996 年。

［9］宣瘦梅《夜雨秋灯录》，岳麓书社，1985 年。

［10］捧花生《秦淮画舫录》，上海古籍出版社，2012 年。

b. 古白话语料

第一，唐宋元时期

［1］王重民等编《敦煌变文集》，人民出版社，1957 年。

［2］静筠二禅师编《祖堂集》，上海古籍出版社，2011 年。

［3］《古本小说集成》编委会编《碾玉观音》，上海古籍出版社，1980 年。

［4］《古本小说集成》编委会编《西山一窟鬼》，上海古籍出版社，1980 年。

［5］《古本小说集成》编委会编《梁公九谏》，上海古籍出版社，1980 年。

［6］佚名《大唐三藏取经诗话》，古典文学出版社，1954 年。

［7］佚名《新编五代史平话》，古典文学出版社，1954 年。

［8］佚名《新刊大宋宣和遗事》，古典文学出版社，1954 年。

［9］《古本小说集成》编委会编《武王伐纣平话》，上海古籍出版社，
1980 年。

［10］佚名《七国春秋平话》，古典文学出版社，1955 年。

［11］《古本小说集成》编委会编《秦并六国平话》，上海古籍出版社，
1980 年。

［12］佚名《前汉书平话》，中华书局，1959 年。

［13］佚名《三国志平话》，上海古典文学出版社，1955 年。

［14］徐沁君校点《新校元刊杂剧三十种》，中华书局，1980 年。

［15］郑光《原本老乞大》，中华书局，2005 年。

第二,明清时期

[1] 洪楩《清平山堂话本》,中华书局,2012 年。

[2] 吴承恩《西游记》,人民文学出版社,2009 年。

[3] 兰陵笑笑生《金瓶梅》,人民文学出版社,2008 年。

[4] 冯梦龙《警世通言》,岳麓书社,2006 年。

[5] 冯梦龙《醒世恒言》,岳麓书社,2006 年。

[6] 冯梦龙《喻世明言》,岳麓书社,2006 年。

[7] 凌濛初《初刻拍案惊奇》,岳麓书社,2009 年。

[8] 凌濛初《二刻拍案惊奇》,岳麓书社,2009 年。

[9] 李渔《连城璧》,人民文学出版社,1989 年。

[10]《古本小说集成》编委会编《五色石》,上海古籍出版社,1980 年。

[11] 曹雪芹《红楼梦》,人民文学出版社,2008 年。

[12] 吴敬梓《儒林外史》,人民文学出版社,1958 年。

[13] 文康《儿女英雄传》,上海古籍出版社,1980 年。

[14] 刘鹗《老残游记》,人民文学出版社,1982 年。

[15] 曾朴《孽海花》,上海古籍出版社,1980 年。

c. 现代汉语语料

主要是北京口语成分较为浓厚几种。

[1]《老舍文集》,人民文学出版社,1980—1991 年。

[2] 王朔等《编辑部的故事》,花城出版社,1992 年。

[3]《王朔文集》,华艺出版社,1995 年。

[4] 1946—2006 年的《人民日报》。

B. 方言口语和歌类语言中情绪形式的搜集。据调查,现行情绪形式主要出现在方言口语和歌类语言之中。这样,方言口语和歌类语言中情绪形式就成为主要的搜集对象。当然,因这方面语料的调查难度较大,非一般研究所能全部完成,故本研究采用选择性方式进行搜集。如多选择研究者较为熟悉的湖北省浠水方言和江西民歌进行搜集。

2. 定性剥离。即,经汉语历层评价系统的针对性评价,将"多向搜集"的综合性语料中的情绪形式剥离出来,作为情绪思维层次汉语研究所用语料。

五、研究方法

情绪思维层次汉语的研究方法着重说明两点。

(一) 重点使用系统评价方法

作为汉语历层研究的具体体现形式,情绪思维层次汉语研究将重点使用

其系统评价方法。除上及语料的评价之外,本方法主要还有如下表现:

1. 在系统评价中定层,以判定其情绪思维的层次性。即,经汉语历层评价系统的具体评价,以判定哪些语言形式或运作机制属于情绪思维层次汉语。

2. 在系统评价中定性,以判定语言形式的性质。如叹词性质的判定。如前所述,叹词形式有说是半语词形式的,有说是语词形式的,有说是叹词的,有说是声音动词的,有说是代句词的。之所以会有众多不同说法,究其原因,主要是因为依据不尽相同,且不系统。其中,或只以意义为依据,或以"意义＋功能"为依据,而不是以较为完备的评价系统作为依据。相对而言,用上系统评价之后,这些问题即可较好地加以解决。因为,汉语历层评价系统不仅有前及三个层级的较为完备的评价参项,而且,还有评价出来的结果,亦即不同文明层次汉语系统相关词类的相互比对。这样,评价出来的结果,就基本是唯一的。

3. 在系统评价中定位,以判定其历层关系。历层关系,指的是历层性渊源关系。如纯情绪思维层次汉语中叹词与原始指代词、原始动词间的关系,经其在评价结果中的系统定位,就可较有说服力地判断出这样的结论:叹词为源头性父系词,原始指代词和原始动词为其子系词。

(二) 常规方法针对性使用

情绪思维层次汉语有太多特殊性,故其现行语言探究的常规方法只能针对性使用,不可一概而论。

1. 定量调查法的针对性使用。分析可知,有些内容研究所需语料尽管多多益善,但达到一定量度即大致可以进行较为可靠的说明。如叹词研究所需书面语料,有各时期共八十余部语料就基本可以提供足量的信息,对书面语中出现的叹词进行较为可靠的说明。基于此,对此类叹词性情况拟使用定量调查法进行研究。

2. 细化描写法的针对性使用。衬词,出现在理性表达形式之中,涉及复杂的句法结构关系,对此,理当针对性地使用细化描写法进行描写。当然,其他内容基本就不很适用,尤其是叹词、原始指代词和原始动词,它们以独用为主,细化描写价值不大。

注释:

① 情绪的表示有两种形式。一是情绪思维层次汉语中叹词、原始指代词、原始动词、衬词、语气词诸形式,一种多以情绪生成时自然发出的声音表现情绪本身的词。二是理性思维层次汉语中"平静、高兴、厌恶、痛恨"等语词形式,一种以没有对应关系的声音

形式对情绪进行理性概括的词。学界有将后者叫作情绪词的,而我们则将前者叫作情绪词,将后者称为理性词。

②补充说明几点:

第一,反映在内外关系上,内在生理、心理反应和外在语言表达往往同步并行展开。

第二,反映在物理要素的利用上,因所能生发的音质形式有限,故意义的表达往往以有限的音质形式为基础,音质、音高、音长、音强全部物理要素综合利用。

第三,反映在心理因素的利用上,往往更多地利用心理层面的可缩性,实现一音表多义。

第四,反映在不同渠道表义方式的利用上,往往语言与副语言、自然环境配合使用。

参考文献:

陈中立等　2001　《思维方式与社会发展》,社会科学文献出版社。

郭 攀　夏凤梅　2009　《中国古代语言学句子观的发展》,《古汉语研究》第3期。

郭 攀　2012　《汉语历层研究纲要》,北京师范大学出版社。

郭 攀　2014　《叹词、语气词共现所标示的混分性情绪结构及其基本类型》,《语言研究》第3期。

郭 攀　2018　《"情理组配"表述模式及相关叹词、语气词方面问题》,《华中学术》第4期。

郭斯萍　陈四光　2008　《试论心理过程的分类与心理学的科学体系》,《南京师大学报》2008年第5期。

刘丹青　2011　《叹词的本质——代句词》,《世界汉语教学》第2期。

刘丹青　2012　《实词的叹词化和叹词的去叹词化》,《汉语学习》第3期。

李景源　1989　《史前认识研究》,湖南教育出版社。

李一平　1996　《论类语言成分叹词的交际作用》,《天中学刊》第3期。

黎锦熙　1992　《新著国语文法》,商务印书馆。

江蓝生　1986　《疑问语气词"呢"的来源》,《语文研究》第2期。

马建忠　1983　《马氏文通》,商务印书馆。

王 力　1985　《中国现代语法》商务印书馆。

夏凤梅　郭 攀　2017　《"呜呼哀哉"的情绪化和理性化》,《语言研究》第2期。

向 熹　1998　《简明汉语史(下)》,高等教育出版社。

杨伯峻　何乐士　2001　《古汉语语法及其发展》,语文出版社。

周国光　2016　《叹词的语法功能、语义功能及其定位》,《语言科学》第3期。

张 今　陈云清　1981　《英汉比较语法纲要》,商务印书馆。

郑娟曼　2012　《从贬抑性习语构式看构式化机制》,《世界汉语教学》第4期。

邹立志　白 聪　2009　《论古今汉语词类活用的不同本质》,《语言研究》第2期。

赵元任　1979　《中国话的文法》,商务印书馆。

赵则玲　2015　《也谈现代汉语否定副词"不"的叹词化问题》,《浙江大学学报》第3期。

第二章 单纯性情绪思维层次汉语词句系统

独立使用和表示较单纯情绪义是本层次汉语词句的基本特征。因具有此特征的词句数量较为有限,故将词和句合为一章。内分二节:单纯性情绪思维层次汉语词类系统,单纯性情绪思维层次汉语句类系统。

第一节 单纯性情绪思维层次汉语词类系统

情绪思维层次汉语之词称为情绪词。情绪词词类系统主要概括为叹词、原始指代词、原始动词、衬词、语气词构成的一个系统。其中,叹词现于"单纯性情绪思维层次"和"情理交融性情绪思维层次"两个层级汉语系统,分别具有独用和类似理性词的配合使用特征,本可分别称为"原始叹词"和"叹词",但考虑到表述上的简洁性和使用上的习惯性,故统称之为"叹词"。原始指代词和原始动词也出现于两个层级汉语系统之中,也存在独用和配合使用之别。同样出于简洁性考虑,在此使用同一名称。具体名称,考虑到后续文明层次存在着理性的代词和动词,有必要从名称上予以区别,故统称为原始指代词和原始动词。衬词和语气词是理性思维层次汉语出现后发生的,但其表义又基本皆可概括为情绪,故作为第二层级"情理交融性情绪思维层次汉语"之词而归入情绪思维层次汉语系统。

单纯性情绪思维层次汉语情绪词包括三个次类:叹词、原始指代词、原始动词。其中,叹词,既独立使用又表示较单纯的情绪义,是典型的情绪词。原始指代词和原始动词则是非典型性情绪词。因其尽管具有独立使用特征,尽管义项中情绪义占主导地位,且意义具有与叹词类似的笼统性,但毕竟一定程度地兼含有部分理性的原始指代义和原始行为义。

以下对三类情绪词分类概括。三类词的排列,依据后文将论及的渊源关系进行。每类词,着重关注三方面内容:基本事实、基本特征、渊源关系。

一、叹词

叹词,总体上界定为较单纯地表示情绪义、不依附其他语言单位而独立存在的词。

叹词分跨两个层级,在对本章单纯性情绪思维层次叹词进行概括之前,先对叹词两个不同视角的类型以及二视角类型彼此间的对应关系、两个层级叹词与二视角类型间的对应关系略作阐述。

据考察,叹词存在两个不同视角的类型。

1. 叹词的单纯度视角类型。以情绪义的单纯度为依据,叹词可分为一般叹词和类叹词形式。其中,一般叹词是较单纯表示情绪义的叹词。类叹词形式是"附录一"中将具体论及的表示情绪义但同时又兼含一定程度理性义的叹词。

2. 叹词的发生途径视角类型。以发生的途径为依据,叹词可分为原生叹词和次生叹词(Poggi,2009)。原生叹词是自然发生的叹词,次生叹词则是语言系统形成之后由他类词或短语演化而来的叹词和类叹词形式。次生叹词主要包括三类词或短语不同程度的叹词化形式(刘丹青,2012):"竖子""畜生"类詈语;"万福""别来无恙"类问候语;"呜呼哀哉""老天爷"类习用语。

以上述概括为基础,以下对二视角类型彼此间的对应关系、两个层级叹词与二视角类型间的对应关系作进一步概括。

1. 二视角类型彼此间的对应关系。经综合考察,大致表述为:"原生叹词"以及"次生叹词"中"呜呼哀哉""老天爷"类习用语的叹词化形式对应"一般叹词","次生叹词"中"竖子""畜生"类詈语、"万福""别来无恙"类问候语一定程度的叹词化形式对应"类叹词形式"。上述对应关系中,"原生叹词"较单纯地表示情绪义、"次生叹词"中詈语和问候语一定程度的叹词化形式较明显地兼含有理性义,它们分别对应"一般叹词"和"类叹词形式"无可置疑,而习用语的叹词化形式对应"一般叹词"则具有一定的权宜性。分析可知,此类形式具有一定中间状态性质,归入"一般叹词"主要基于以下方面的考虑。一是所兼含理性义不明显;二是所兼含理性义存在继续淡化倾向;三是学界较普遍将其看作叹词。

2. 两个层级叹词与二视角类型间的对应关系。大致表述为:单纯性情绪思维层次汉语叹词对应"原生叹词"。情理交融性情绪思维层次汉语叹词则对应发生途径视角和单纯度视角全部类型。亦即"一般叹词"和"类叹词形式";"原生叹词"和"次生叹词"。

以上阐述,在说明了对二层级叹词进行概括之前必须先行交代的一些基础性内容的同时,实际上也明确了单纯性情绪思维层次汉语叹词在二视角类型中的范围,即"原生叹词",亦即排除掉习用语叹词化形式的"一般叹词"。以下即对此范围的单纯性情绪思维层次汉语叹词进行专门性概括。分前及基本事实、基本特征、渊源关系三部分具体展开。

(一)基本事实

理论上讲,古代数千年文明,叹词数量应该很不少。但是,因弱化或改造性记录等原因,致使古代文献中所能找到的用例极少。查找第一章所列文言和古白话语料,得到较典型的用例如①:

(1) 参子闻之,瞿然曰:"呼!"(《礼记·檀弓》)

(2) 鸱得腐鼠,鹓雏过之,仰而视之曰:"嚇!"(《庄子·逍遥游》)

(3) 庄王方削袂,闻之曰:"嘻!"投袂而起。(《吕氏春秋·行论》)

(4) 谓其子庞大曰:"汝父死矣。"庞大曰:"嗄。"(《南村辍耕录》卷十九)

(5) 又少顷,只听得外厢连叫:"嗳哟!"(《醒世恒言》卷二十一)

(6) 女忽如梦醒,豁然曰:"嘻!"(《聊斋志异·莲香》)

今天的人,仍是一定程度的情绪的动物,情绪的表达仍存在着本真的语言形式,故今口语,尤其是方言口语中仍存在不少叹词,而且出现频率较高。以下是口语性较强的文学作品《老舍小说全集》《编辑部的故事》所调查到的部分用例。

(1) "喝点水!"掌柜的对着他耳朵说。
　　"啊?"老车夫睁开了眼。看见自己是坐在地上,腿蜷了蜷,想立起来。(老舍《骆驼祥子》)

(2) 他点了点头,顾不及谢谢她;悲哀中的礼貌是虚伪。"你打算怎办呢?"
　　"啊?"他好像没听明白,但紧跟着他明白过来,摇了摇头——他顾不得想办法。(老舍《骆驼祥子》)

(3) "给老头儿张罗买卖去?"
　　"父亲不要我啦!"
　　"啊!"李子荣楞磕磕的答应了一声,没说别的。两个人都不出声了。(老舍《二马》)

(4) "飞机怎么就会飞呢?"近来老郑对军事感到很高的兴趣。唐连长解释了半天,老郑心中不明白,而口中一劲说:"啊!"(老舍《火葬》)

(5) 谢勇仁　　(上面一个嘴巴,下面一脚)尝尝这个!
　　小二德子　哎哟!(倒下)(老舍《茶馆》)

(6) 牛:这么办吧。东宝,你叫他们来,当面谈谈。如果真像你所说的那样儿,咱们就同意合办这台晚会。毕竟也是好事儿嘛。

刘:诶,咱们一定要坚持让他们把钱汇入咱们的那账号上。由咱们掌握开支。

余:嗯。听见没有,听见没有? 这么会儿又琢磨着怎么占人便宜呢。

牛:咳!

刘:我不是要占人便宜,是为了保险。(《编辑部的故事·侵权之争》)

(7) 余:人呢?

李:喂,他不在啊。你老何吧?诶,正好我有事儿找你啊,想问问你,那个关于合同的事儿,你能不能来一下儿啊。越快越好,啊,行。我这儿等你啊。诶。《大众生活》何主任马上就来。

余:呕。(《编辑部的故事·侵权之争》)

(8) 李:你是不是想借酒劲儿扑我怀里去? 要不就是怕我反抗先把我灌醉了? 你用不着这样。对你我已经好几年壮志未酬了。说吧,在哪儿拜天地?

戈:嘿。(《编辑部的故事·飞来的星星》)

(9) 陈:对! 你明白得真快。哈哈……这个打牌啊,没有先出王牌的,不经过争取妥协,轻而易举取得的成果,他也不会珍惜,你现在就给他平了反,他说不定还翘尾巴呢。他更觉得自己一贯正确了。

刘秀:哼。(《编辑部的故事·谁是谁非》)

(10) 李:诶,是,我们是想采访一下双双,就是给读者介绍一位歌坛新秀,我觉得她挺有发展。

戈:哎。(《编辑部的故事·歌星双双》)

上述叹词基本事实是列举性的,系统性事实的概括因为需要结合语义、语音特征进行,故安排在以下基本特征部分。

(二) 基本特征

叹词的基本特征,基于叹词的词类性质和手头掌握的材料从语法、语义、语音三方面略作概括。

1. 语法特征

主要表现为话轮独用。即在一个话轮中独立使用。这里的独立,是就叹词词类而言的,指的是独立的一类叹词,不包含其他同层级的词类。就量度而言,并非只是唯独的一个,在第二节"单纯性情绪思维层次汉语句类系统"中将还会看到,它还可以是同一叹词叠用,同义、近义叹词的连用等。

2. 语义特征

从显性层面上讲,叹词表示的是较单纯的情绪义,没有显性的理性内容。

当然,从更为深入的隐显关系和清晰度、单纯度上讲,它表示的则应是一种混整性情绪义。其混整性主要表现在三个方面。

A. 隐显关系上叹词所表情绪义的深层应该蕴含着隐性的理性内容,一种心理过程上尚未有效概括的理性内容。这一点,从本层次叹词拥有语调而语调又一定程度地对应与理性密切关联的"态度"上不难看出。

B. 清晰度上叹词所表情绪义具有极大的笼统性,较难细化分析。在逻辑基础上,现代理性义不仅概括出了本体、行为、性状、量度、单位、称代、程度、否定等大的范畴,而且各范畴之下还有较多层级的次类,次类名下又有众多基础性个体,共同组成了一个庞大的层级系统。相对而言,情绪义是没有进入理性层次的意义,是理性义出现之前的笼统性存在,较难像理性义一样进行精细的分析,最多只能进行类型分析,概括出类型系统。以下相关研究就是这种分析概括的具体表现。

伊扎德将情绪概括为十类:兴趣、快乐、惊奇、痛苦、恐惧、愤怒、羞怯、轻蔑、厌恶、内疚(伍棠棣、李伯黎、吴福元,1982:155)。

黎锦熙《新著国语文法》依据"表泄情感"的差异将情绪义概括为 5 类:惊讶或赞叹、伤感或痛惜、欢笑或讥嘲、愤怒或鄙斥、呼问或应诺(黎锦熙,1992:260)。

结合国内外相关研究成果,我们曾将情绪义细化为八大类型、若干次类(郭攀,2014a)[②]。

兴趣(爱好、热情、兴奋、激情、羡慕)

快乐(愉快、痛快、欣喜、喜悦)

惊奇(惊讶、惊异、惊疑、惊叹、醒悟、新奇)

嫌恶(轻蔑、不满、不足、不屑、不在意、嘲讽)

愤怒(恼怒、鄙斥、怨恨、不平)

痛苦(伤痛、悲痛、愁苦、焦虑、委屈、压抑、忧伤、内疚)

畏惧(恐惧、敬畏、乞怜、羞怯、犹豫)

慨叹(喟叹、赞叹、悲叹、哀叹、伤感、怜悯、惋惜、感激)

C. 单纯度上叹词所表情绪义具有较大的混合性。如上述"基本事实"(6)中的"咳",除表"惊奇(新奇)"之外,还混合有"慨叹(喟叹)"类情绪。(8)中的"嘿",除表"嫌恶(轻蔑)"之外,还混合有"慨叹(悲叹)"类情绪。

3. 语音特征

叹词的语音是由动物的叫声演化而来的词句一体的原始声音形式。其主要特征有三:

A. 音节的音质要素简单。据考察,叹词音节主要由元音构成,而且以

"a；o；e；i；u"几个元音为主。

B. 音节整体要素复杂。因叹词词句一体,音长、音强亦成为单个词的基本要素。这样,相对后起侧重音质、音高二要素的音节而言,其整体要素就复杂多了。

C. 语音整体上表现出了原始特征。

一方面,语音形式固化度不高。单个词,或表现为音节多少不定。如湖北省浠水方言中表示"惊奇(惊讶)"类情绪的"哎哟喂",也可说成"哎哟"或"哎吔"。或表现为同一音节中音素的变化不居。如湖北省浠水方言中表示"嫌恶(不屑)"类情绪的"且[tɕiɛ³¹]",随着嫌恶程度的轻化,亦常常发音为[tɕi³¹]。

另一方面,音长、音强要素的并存标志着其性质基本属于言语、语言的混整状态。音长侧重对过程的描写,音强侧重程度的表现。在后续文明层次,它们的功能基本体现在句范畴。它们的存在,标志着叹词尚处于言语、语言不分的混整状态。

结合语义、语音特征,以下选取浠水方言,对一个较单纯语言系统中的叹词系统进行描写,以补全前及叹词系统方面的基本事实。描写力求全面和系统,表述采用列表形式(郭攀,2015)。列表之前,对相关问题进一步作些说明。

a. 单个词的概括与记录。单个词概括的依据,采用现行一般做法,以语音上的区别性特征为主,意义上的区别性特征为次。

语音方面的条件是:音质和音高相同或相近。在语音的四类物理要素中,音质是语音的依托,当然最为重要。音高在汉语中有区别意义的作用,故同音质类似,是区别单个词的重要条件。相对而言,音长和音强则因为在汉语中主要对应言语而较为其次。

意义方面的条件是:前及八大情绪类型相同或相近。

这样,音质、音高相同或相近,情绪类型相同或相近即概括为一个单个叹词。

单个词的概括还存在连用问题。连用处理为一个单个词的条件主要有二:一是出现频率高,二是音节数原则上不超过两个。不能作为一个词处理的形式,附于相关单个叹词之后。

单个词的记录,尽可能与现行记录形式相一致。无严格对应的情况,所用之字为暂时拟定的借字。

b. 叹词句范畴的意义。词义部据上述语义特征的研究加以概括。同时,因叹词具有词句兼属特性,为尽可能相对全面地对整体意义内容加以揭示,在此,在还未及语气词的系统研究之前,还暂时据现行说法补出句范畴的语气和口气义。

第一,语气。"语气是通过语法形式表达的说话人针对句子命题的一种主观意识"(齐沪扬,2002:1)。这种主观意识,主要指向表达目的,表现为主体的一种感叹或疑问、祈使、陈述。在浠水方言中,我们将这些语气进一步具体地作了一些细化。

第二,口气。口气是与情绪类型相关但更加具体的一种主观态度。学界一般分为肯定与否定、强调与委婉、活泼与迟疑几组(张云秋,2002)。结合学界研究,这里将浠水方言中叹词的口气初步概括为以下有一定侧重点的几组:陶醉与哀怨、亲近与不屑、在意与不在意。

c. 叹词语音的基本内容及其标示。

第一,音质。取其稳定形式。

第二,音高。分五类:阴平、阳平、上声、去声、准入声。各调的调值,选取典型形式进行标示。

第三,音长。分三类:类现代常规词长、超长、超短。标示时,类现代常规词长的情况不标。超长中一般的长调标为"舒",陶醉声标为"柔长"。超短与准入声相应,标为"促"。

第四,音强。分强式、弱式二类标示。

d. 叹词的用例。与普通话相类似,浠水方言中笼统意义上的叹词有两种使用形式:一是话轮性独用;二是与感叹内容说明形式配合使用。为尽可能彰显叹词的意义,同时又照顾到本章的研究范围,这里的用例,选用可独用亦可配合使用的例子。参与配合的感叹内容说明形式用括号括在独用形式之后。

浠水方言单个叹词词表

单个词	意　义	语　音	用　例
啊	1) 快乐;惊喜性陈述;在意。 2) 惊奇;感叹;在意。	[a³¹];舒;强式。 [a³¹];舒;强式。	啊!(有鱼吃了!) 啊!(好大一个蛇!)
嘻	快乐;欣喜性陈述;在意。	[ɕi³³];舒;弱式。	嘻!(真好吃!)
哈(啊哈)	兴趣;欣喜性陈述;亲近。	[xa³¹];强式。	哈。(是你呀。) 啊哈。(是你呀。)
哟(呃哟)	兴趣;赞叹;陶醉。	[io²¹²];柔长;弱式。	哟。(长个这样高了。) 呃哟。(长个这样高了。)
哦	惊奇;醒悟性感叹;在意。	[o²¹²];舒;弱式。	哦。(个的这样的哟。)

单个词	意　义	语　音	用　例
噫	惊奇;疑惑;在意。	[i²¹⁵];舒;强式。	噫?(哪儿去了诶?)
且	嫌恶;疑问;不在意。	[tɕie³¹];弱式。	且?(算个什么事什么呃?)
哼	愤怒;发狠性感叹;不屑。	[xen³];促;强式。	哼。(你等到。)
呸	愤怒;不屑性感叹;不屑。	[pɛ⁵¹];舒;强式。	呸。(到时候有你好看的。)
哎哟	痛苦;感叹;哀怨。	[ai²⁴io²¹²];舒;弱式。	哎哟。(痛死我了。)
呃	畏惧;祈求;哀怨。	[ɛ³];促;强式。	呃。(求你了,莫不要打。)
唉	慨叹;感叹;哀怨。	[ai²⁴];舒;弱式。	唉!(有么法什么办法呢!)
噬	慨叹;感叹;不屑。	[ʂʅ⁵³];舒;弱式。	噬!(算么事什么哦!)

（三）渊源关系

叹词是单纯性情绪思维层次汉语最早发生的词。最早发生的依据,主要是其本身最为原始的特性。结合前述语义、语音特征,这种特性进一步概括为三个方面。

1. 交际度

叹词主要用于交际,但是,亦存在着不用于交际、只是一种情绪自我宣泄的情况。浠水方言中有一种偶尔用作情绪性"唱和"的叹词。例如"呵嗬[o²⁵xo³¹]",尽管其偶尔也在热烈的劳动场合中用其竞相争"啸",互相鼓励,但常见情况则是自我面对大自然抒发兴奋之情,不求回应。童谣中至今还保留着对其进行的负面描述:"跛子跛,跛到阎王去烧火,三碗汤,四碗×,跛子吃了打呵嗬。"其他方言中也有这种"呵嗬[o²⁵xo³¹]"。相关描述性用例如下:

(1) 除了那几十路土车群发出的坚韧而锐利的叫声;就要算劳动竞赛高潮中,人们放声高呼的"呵嗬",它出自肺腑,声音宏亮、高亢而圆润,它此起彼伏,连绵不断,有如万丈波涛在咆哮,响彻整个山谷和天空。(谢平仄《"呵嗬"响彻烟宝地》,《人民日报》1959年3月3日)

(2) 五十二个好汉按组分摆阵势,男女强弱搭配,红旗招展,呵嗬喧天,战斗开始。(谭德文《大战举手塘》,《人民日报》1959年8月8日)

2. 清晰度

前及语义、语音特征决定了叹词在单位上属于一种半词半句的半清晰状态。同一形式,既可看作句,亦可说成词。较之同属单纯性情绪思维层次汉语的原始指代词、原始动词而言,其清晰度明显要低。这一点,在以下简单交际中叹词"啊"、原始动词"喂"、原始指代词"嗯"表义的比较上不难看出。

甲:"啊!"看见一条大蛇后不禁惊奇地大叫一声。

乙:"喂?"站在不远处的乙警觉地询问,并满怀兴致地凑了过来。

甲:"嗯。"甲边拉着乙边用手指指示道。

3. 关联度

语言主体因素有生理、心理、社会观念等,它们存在一定的层级性特征。考察发现,叹词与语言主体因素间的关联多表现为与最低层级的生理因素之间的关联,而且关联度高。即叹词前及部分音义往往是主体生理因素作用的结果,往往与人的生理性表现具有一定的对应关系。这些,在语音的非音质要素方面表现较为典型。这里的对应关系,大致可概括为:情绪性特征——相应的生理性行为——相应的语音形式。其中,情绪性特征主要表现为情绪的程度。生理性行为主要表现为使用力量的大小和持续时间的长短。以前及浠水方言叹词为例,对应关系代表性反映如:

兴趣类弱性情绪的"呃"——用力小、持续时间短——[ε^5];促;弱式。

兴趣类弱性情绪的"哟"——用力小、持续时间长——[io^{212}];柔长;弱式。

愤怒类强性情绪的"哼"——用力大、持续时间短——[xen^3];促;强式。

惊奇类强性情绪的"噫"——用力大、持续时间长——[i^{215}];舒;强式。

相比较非音质要素而言,音质要素也存在着与生理要素间一定的对应关系。亦可套用模式"情绪性特征——相应的生理性行为——相应的语音形式"进行说明。所不同的是生理性行为主要表现在发音方法上。如浠水方言中叹词的音素主要是元音,故发音方法大致包括舌位的高低和开口度的大小。大致的情况是,正向情绪,舌位多趋低,开口度多趋大。负向情绪,舌位多趋高,开口度多趋小(郭小武,2000)。如:

正向类情绪"啊"——舌位低、开口度大——[a]。

负向类情绪"唉"——舌位趋高、开口度趋小——[ai]。

正因为叹词是单纯性情绪思维层次汉语最早发生的词,所以,王力曾将其看作"呼声"。并说:"这里所谓'呼声',如'唉'和'哦'之类,并不是语言,只算是语言的附属品。它们固然也能表达情绪或意义,然而表达得很不够明白,不够周全。假使咱们没有其他的语言形式,仅仅有一些'呼声',就和牛狗猴虎的呼声差不多,可以说没有语言了。"(王力,1985:326)

当然,如果我们将视野再进一步拓宽的话便不难发现,叹词也存在着来源问题。比较可知,它的来源,应该是动物语言(郭攀,2012:7-44)。

二、原始指代词、原始动词

原始指代词是表示情绪主导的笼统性指代义的词。原始动词是表示情

27

绪主导的呼应、驱逐等原始行为义的词。

原始指代词、原始动词数量较少,故合在一起阐述。表述思路,与叹词相同。

(一) 基本事实

因原始指代词具有后起不同类型诸形式的全部指示功能,既可指人、指物,亦可指事;既可近指、中指,亦可远指,原则上,一个单纯情绪思维层次汉语子系统中有一两个原始指代词就够了,故原始指代词的数量极少。据调查,书面语中未见严格意义上原始指代词的用例。但是,现代方言口语中存在一些。我们对浠水方言中原始指代词作了针对性调查。发现,专门性原始指代词的只有"呗儿"一个(郭攀、夏凤梅,2016:186)。例:

甲:东西在哪儿哪?　　　　　乙:呗儿。

刘丹青研究发现,吴方言原始指代词是"喏"(刘丹青,2011)。例:

A:侬买个书呢?　　　　　B:(出示或手指该书)喏。

　　　　……

A:物事传拨我?　　　　　B:(递物给 A)喏。

陆镜光将原始指代词称为"指示叹词",并对汉语方言中的原始指代词进行了较为集中的整理(陆镜光,2005)。如,广州话原始指代词是"呢"和"嗱"。例:

A:只雀仔呢?(鸟呢?)　　　　B:呢!(看!)

A:十文吖!(十块钱!)　　　　B:嗱!(喏!)

受陆镜光"指示叹词"研究的影响,不少研究生对方言中的原始指代词作了一定的调查研究,进一步概括出了一些现代方言中的指示叹词。如湖南临湘方言有原始指代词"喝"和"喋"(李婵,2018)。例:

A. 妈妈,我咯裤哩特?(妈妈,我的裤子呢?)　　B. 喝。(这里)

A. 哈快出来,有彩虹有彩虹。(大家快出来,有彩虹有彩虹)　　B. 何处?何处?　　C. 喋。(这里)

相对而言,原始动词用例略多。据调查,在文言和古白话中出现的单个词数量不多,但较为固定,同一单个词不间断地沿用时间很长久。这些单个词主要是表应答义的"诺"和"唯"。例:

(1) 大(太)后曰:"若。"(《战国纵横家书》)"若"即"诺"。

(2) (梁)曰:"请召籍,使受命召桓楚。"守曰:"诺。"(《史记·项羽本纪》)

(3) 颖答曰:"喏。"(《搜神记》卷十六)"喏"同"诺"。

(4) 谓曰:"此地常闻管弦,是何祥也? 卿能止之乎?"俨曰:"诺。"(《朝野金载》卷三)

(5) 忽闻大唱曰："范慎追董慎到。"使者曰："诺。"(《玄怪录·董慎》)

(6) 乃坐涧水傍曰："尔欲茶不?"少年曰："诺。"(《稽神录·再补》)

(7) 父老皆曰："诺!"乃相与诣西署,将请于巡抚、都御史。(《虞初新志》卷六)

(8) 皆曰："诺!"遂争出注,约百缗。(《虞初新志》卷十一)

(9) "此开天辟地第一吃紧事也,幸无忽忘!"六如曰："诺。"(《虞初新志》卷十三)

(10) 至一更竟,忽闻一妪唤云："张姑子。"女应曰："诺。"(《搜神后记》卷六)

(11) 复一人自后呼曰："何仆射在此,勿惊之。"对曰："诺。"(《稽神录》卷一)

(12) 刁谓之曰："我欲倩君可乎"张曰："诺。"(《括异志》卷三)

(13) 僧曰："诸公久得禅悦,当避机锋,然文士在席,何不且辍空谈,更裁佳句,以为清宵欢乐之资乎?"众曰："诺!"(《剪灯余话》卷三)

(14) 慧公曰："欲参三昧,先断六根。"绮琴曰："诺。"(《谐铎》卷三)

(15) 主人至,觅庭俊不见,使人叫唤之,庭俊应曰："唯。"(《玄怪录·滕庭俊》)

(16) 逡巡,建封复曰："某有请。"监军曰："惟。"(《唐国史补》卷上)"惟"同"唯"。

(17) 保国曰："唯。"(《仇池笔记》卷上)

(18) 有吏问遵曰："尔黄遵耶?"遵曰："唯。"(《括异志》卷八)

文言、古白话之外,《编辑部的故事》等口语性较强的书面语中也能找到部分原始动词,尤其是与叹词的同形形式。如以下例中"诶""嗯""哎""嘿喽"。

(1) 牛:诶,记住啊,进去后,态度一定要诚恳,别发火儿。

余:嗯。(《编辑部的故事·侵权之争》)

(2) 李妈:几圈儿?

余:几圈儿都行。您摆桌去。

李妈:哎。(《编辑部的故事·侵权之争》)

(3) 冼局长　(轻轻的进来)淑菱!你胡说什么呢?睡觉去!

杨先生　局长!大哥!

杨太太　大哥!局长!

徐芳蜜　嘿喽!(老舍《残雾》)

进一步调查发现,更多的原始动词存在于现代方言口语之中。我们对浠水方言中原始动词作了针对性调查。发现,除了常见原始动词"喂""嗯""走" "滚"等之外,较有特色的是支配动物或协调人际关系的支配类动词。为顺应 人们注重对象与行为之间关系的感知习惯以及追求表述上的简洁明了,下面 对这些词先列表概括,然后再总括其单个词。

浠水方言原始动词单个词表

关涉对象	召唤类行为	制止类行为	驱赶类行为
鸡	咯儿[ker²¹] 咯儿。(过来。)		嗬[xo²¹]/嘘[tʂʻɿ²¹]/噬[ʂɿ²¹]/嗬噬 嗬/嘘/噬/嗬噬。(走。)
狗	呜儿[u²¹·ə˞] 呜儿。(过来。)		嘘[tʂʻɿ²¹];唦[ʂa⁵³]/唦嗐[ʂa⁵³ xɛ³¹³] 嘘。(走。)唦/唦嗐。(快跑。)
猪	嗬儿[xor²¹] 嗬儿。(过来。)		嘘[tʂʻɿ²¹] 嘘。(走。)
牛		挖[ua³¹³] 挖。(站到。)	抵噢[tio⁵¹] 抵噢。(走。)
猫	咪儿[miər²¹] 咪儿。(过来。)		嘘[tʂʻɿ²¹] 嘘。(走。)
羊	咩[mie²¹] 咩。(过来。)		嘘[tʂʻɿ²¹] 嘘。(走。)
人	呃[ɛ²¹] 呃。(过来。)	呃[ɛ²¹] 呃。(等一下儿。)	嘘[tʂʻɿ²¹] 嘘。(走。)

表中内容必须说明的是:

行为关涉的对象是动物或人。

支配性行为主要含"召唤"、"制止""驱赶"三类。"驱赶"类中,"唦/唦嗐" 为唆使狗驱赶其他对象,与主体直接"驱赶"略存在一些区别,更接近古汉语 中现通常解释的使动用法。另外,同一对象中不同语音形式的"驱赶",意义 上亦存在着差别。对象为鸡的四种形式:"嗬",侧重于大范围的强力驱赶。 行为实施时,往往伴随有双手捧物外丢的手势。"嘘"侧重于特定范围的强力 驱赶。"噬"侧重于特定范围的柔力驱赶。"嗬噬"侧重于大范围的柔力驱赶。 对象为狗的"唦"与"唦嗐"间的区别较单纯地体现在程度上,"唦"为强力型, "唦嗐"为柔力型。

语音的描写是粗略的。其中,儿化词,程度有高有低。程度高且与前一 音节凝固一体的,记为"r"。程度低,可感知到独立音节特征的,记为"ə˞"。

记录动词所用之字,为权宜性拟定形式。拟定时尽可能考虑到了同现行 用字间的一致性,无现行用字的,即选取意义上有一定关联性的借字。其中, "抵噢"表示用鞭子抽赶牛或类似的驴等动物的行为。因其一方面语音上介 于一个音节和两个音节之间,另一方面处理为一个音节的话,读音上亦无较严格对应的字,故书面上以两个字的合音形式进行记录。

记录形式之间的斜线"/"表示选择关系。原始动词后的小字部分是例句,其中,圆括号内的内容表示有无两可。

基于上述表中内容的概括和相关说明,下面对浠水方言中较有特色的支配类原始动词的单个词进行概括。

(1) 咯儿[kɛr²¹]。召唤鸡。

(2) 呜儿[u²¹·ɚ]。召唤狗。

(3) 嗬儿[xor²¹]。召唤猪。

(4) 咪儿[miɚ²¹]。召唤猫。

(5) 咩[miɛ²¹]。召唤羊。

(6) 呃[ɛ²¹]。A.召唤人。B.制止人。

(7) 挖[ua³¹³]。止住牛。

(8) 嗬[xo²¹]。驱赶鸡。

(9) 嗤[tʂʻɿ²¹]。驱赶鸡、狗、猪、猫、羊等动物和人。

(10) 噬[ʂɿ²¹]。驱赶鸡。

(11) 嗬噬[xo²¹ʂɿ²¹]。驱赶鸡。

(12) 唆[ʂa⁵³]。唆使狗驱赶他类动物或人。

(13) 唆嘿[ʂa⁵³xɛ³¹³]。唆使狗驱赶他类动物或人。

(14) 抵噢[tio⁵¹]。驱赶牛及其类似动物。

(二) 基本特征

原始指代词、原始动词的语法特征与叹词基本一致,语义、语音特征中表示情绪义、音节结构简单诸方面亦与叹词存在共性。不同之处是:

1. 显性意义中情绪义只占全部意义内容中的一个部分,而不是全部。当然,这种情绪义不同于后续文明层次汉语中部分词所具有的色彩意义,而是一种强程度的情绪义。其具体表现,从人们在现实语境中或因有所发现而指示、或因感知到危险而恐惧地呼唤的表情上可一定程度地看出。

2. 显性意义中有了初步的理性内容。较之叹词所表情绪义而言,原始指代词兼含有初步的指代性内容。其中,"初步"主要是就其笼统的指代性而言的。因其没有近指、中指、远指之别,故其指代内容也就笼统地包括了后起近指、中指、远指诸全部内容。这种笼统的指代,较之近指、中指、远指有别的指代而言,"初步"的性质明显。

相对原始指代词而言,原始动词则兼含有初步的行为性内容。这种行为性内容,一方面尽管只侧重与生存、与物质生活关系密切的呼唤、应答、驱使诸范畴,但其针对特定对象的行为特征明显,是较明显的行为性内容。另一方面,其"初步"性亦主要是就其笼统性而言的。这一点,张今、陈云清有过相关论述:"原始动词是适应原始人共同劳动的需要而产生的。一个声音或一个声音的重复就是一个'句子'。一个原始动词就可以反映原始人劳动生活和日常生活的一个情境。在原始动词的意义中不但包含着某种行为,而且包含着行为主体、客体、方式、工具、时间、地点等等。总之,原始动词有两个特点:(一)从词汇学角度来看,原始动词的意义中不但包含有行为,而且包含着整个的情境和画面;(二)从语法学角度来说,原始动词是最原始的语法结构。其他句子成分(宾语、主语、状语、定语等),是逐渐从中分化出来的。"(张今、陈云清,1981:337 - 338)

3. 表义存在一定的不自足性。即,仅凭语言形式往往不足以充分表义,语言之外还需身势方式加以配合。

分析可知,物理世界中的指示,涉及具体的方位。这种方位的定位性指示,仅凭原始指代词笼统性声音形式的心理模拟是做不到的,身势的同步并表必不可少。进一步深究,身势还可细分为两类:一是下意识的面部表情、身体朝向等;二是有意识的手脚指向以及身体偏向等。

原始动词的表义与原始指代词类似。情绪思维与直观动作思维同属直观思维层次,且直观动作思维方式的出现在先。陈中立等说:"情绪或情感可以通过动作、姿势来表达,也可通过语言来表达。""直观动作思维产生和形成后,并没有随着人类抽象思维能力的提高,抽象观念的丰富、发达而消失,而是根植在了人类生活的整个历程中。"(陈中立等,2001:195 - 196)据此,原始动词表义时,自然本能性地存在着身势的同步并表。

4. 音节中元音、辅音增加了,音节结构复杂了。从浠水方言特色原始动词单个词的语音形式不难看出,伴随着意义内容的丰富,伴随着模拟动物叫声等造词方式的出现,元音数和类型增多了,出现了舌尖元音和卷舌元音。辅音也开始较多地出现了。而元音、辅音的增加,自然导致音节结构一定程度地复杂化。

(三)渊源关系

原始指代词源于叹词。其依据主要是存在大量共有的基本特征。另外,以下方面亦可给予一定的证明:

1. 原始指代义的地位。据考察,原始指代义的地位大致可看作叹词义与其他理性词义的中间位置。朝笼统的方向看,它类似于单纯性情绪思维层次汉语叹词义,但又相对清晰。因为它除对方位的判断之外,还一定程度地蕴含了对与物理世界相关的本体、行为、性状、量度等对象的认识。朝清晰的方向看,则较其他理性义更为笼统。因为它并不直接指称本体、行为、性状、量度等与物理世界相关的相对清晰的对象,而只是部分显示出了对这些对象的一种笼统的指代。这种中间位置,可以一定程度地证明原始指代词与叹词间的渊源关系。

2. 单个词数量和出现频率接近度。原始指代词单个词数量极少,而据对现行方言口语的调查得知,其出现频率则较高。这两方面同叹词最为接近。

3. 语言事实上的同形。由前及"嗯""啊"的用例可知,存在着一些叹词、原始指代词同形的语言事实。

同原始指代词与叹词间的关系相类似,原始动词不排除部分单个词直接源于叹词的可能,因为事实上存在着叹词与原始动词性质上相互交织的情况。出现在甲骨文中的"俞"就属这种情况。一说表情绪,一说表行为(李学勤,2008)。但是,理性地分析,其当主要源于原始指代词。

1. 语音特征与原始指代词更为接近。这种特征是,有辅音要素,但音节结构简单。

2. 语义上,原始指代义与原始动词义间发展关系明显。分析可知,原始指代义是最早出现的理性义,是一种笼统性的理性义。原始动词义则是在笼统理性义基础上最早实现范畴化的理性义,较明显地属于原始理性义的发展形式。

第二节　单纯性情绪思维层次汉语句类系统

情绪思维层次汉语的句子称为情绪句。相应地,单纯性情绪思维层次汉语的句子称为纯情绪句。

单纯性情绪思维层次汉语词句一体,而且往往是以独用的情绪形式出现的,故不存在严格意义的组合结构句。但是,它们在使用上存在着叠用和连用情况。基于此,可将纯情绪句大致分为一般独用句、叠用句、连用句三个大类,将单纯性情绪思维层次汉语句类系统概括为由此三类句子组成的一个小系统。

一、一般独用句

前及叹词、原始指代词、原始动词部分所及词句一体形式皆为此类句子,一种由叹词或原始指代词、原始动词单独充任的句子。例不赘举。

二、叠用句

叠用句指的是两个或两个以上情绪词复叠性使用的句子。复叠,在此指的是今语用性重复。其中,词际语音停顿短的书面上一般未加标点,停顿时间长的则往往加上了标点。所调查到的文言、古白话、现代汉语中叠用句诸用例一并列举如下:

(1) 秦王跽而请曰:"先生何以幸教寡人?"范雎曰:"唯唯。"(《史记·范雎蔡泽列传》)

(2) 仆对曰:"唯唯。"(《史记·司马相如列传》)

(3) 祭酒曰:"唯!唯!"(《续玄怪录·李岳州》)

(4) 杨惨然曰:"鸦鸦!"(《夷坚志》卷十七)《夷坚志》中括注"鸦鸦"为俗间叹声。

(5) 师上堂,众已集,云:"灵药不假多。"僧便出来:"吁吁!"(《祖堂集》卷十)

(6) 女曰:"呵呵!"物乃止。生不能起,但告以处。(《聊斋志异》卷九)

(7) 周瑜(笑)　啊啊啊,哈哈哈……

　　刘备(笑)　啊啊啊,哈哈哈……

　　……

　　赵云、周瑜(同白)　哼哼哼,哼哼哼……

　　刘备(白)　呔,大胆,下站!(京剧《黄鹤楼》)

(8) 淖齿(白)　哎呀!喳喳……哇呀呀……(京剧《火牛阵》)

(9) "好!"东山说着用高嗓子发出了悦耳的歌声:太阳一出满天红,打草船儿快如风,提醒岸上穆桂英,我们定要抢头名。

　　"呵嗬呵嗬!呵嗬呵嗬!"冷云昌和打草的男社员们齐声助威。

　　岸上的喜贞听了,忙和身边的几个女伴叽叽喳喳商量了一会,随即打起了清亮的山歌:锄头挥舞不停工,草皮堆起人多深,告诉湖里男子汉,咯场竞赛我们赢!

　　"呵嗬呵嗬!呵嗬呵嗬!"喜贞周围的妇女也一齐助战。(胡本莹《生产队的一天》,《人民日报》1960 年 12 月 10 日)

(10) 李:这是我们编辑部的老余。

　　江:呕,呕。(《编辑部的故事·侵权之争》)

(11) 戈:诶,老刘,我这儿有几封读者来信,您帮我回一下儿吧,我拖了好几天了,都。

　　刘:诶,诶。

余:老刘,如果有人来电话请我吃饭,你去就成。

刘:诶。啊?(《编辑部的故事·侵权之争》)

(12)李:嗯,给给给。老刘比我挣得多,有半拉月够花的就行了。

余:嗯嗯。(《编辑部的故事·飞来的星星》)

(13)刘:好好好,我让你清静。

张:诶诶诶。

刘:让你清静。

张:诶。(《编辑部的故事·谁是谁非》)

(14)王:不上这儿,我上哪儿去,我?

B:再下啊?

王:下下下下。

王:别走,别走。别走。

C:来来来。

王:来来,坐下。(《编辑部的故事·捕风捉影》)

(15)牛:王师傅。

王:诶诶。(《编辑部的故事·胖子的烦恼》)

(16)刘:王师傅,你别在我身边儿这来回地这么溜达,好不好。喊,这分散我的注意力。

王:呕呕呕。(《编辑部的故事·胖子的烦恼》)

(17)戈:双双,他说的是双双。

大家:噢,噢。(《编辑部的故事·人民帮人民一把》)

(18)领:起锚啰!众:嗨啰嗨啰嗨啰嗨啰!领:开船喂!众:嗨啰喂嗨啰喂。(赣西民歌《起锚》)

三、连用句

连用句指的是两个或两个以上单个情绪词连接着使用所构成的句子。这类句子数量较少,而且,多以连缀的表情音节形式出现在歌类语言中(郭攀,2014b)。例:

(1)李:哎唷诶。

牛:唷,回来了。我给你们沏点儿茶。解解乏。(《编辑部的故事·捕风捉影》)

(2)王:诶,垫上……诶,我躺下了。

戈:嗯。诶唷。(《编辑部的故事·胖子的烦恼》)

(3)李:呕,是差不多。

陈、李:唵,诶。(《编辑部的故事·人工智能人》)

(4)"啊哦啊哦诶啊嘶嘚啊嘶嘚啊嘶嘚咯嘚咯嘚啊嘶嘚啊嘶嘚咯
哎……"(《忐忑》)

(5)嘘嘘哩嗬呀嘘嘘哩嗬嗬嘘嘘嗬嘘嘘哩嗬嘘嘘哩嗬呀,嘘嗬哩嘘嘘嗬
哩嘘嘘呀嘘嗬哩嘘嗬嘘嘘嗬哩嗬嗬嘘嘘嗬嘘嘘哩嗬嘘嘘哩嗬呀嘘
呀哩嗬呀嘘嗬嘘哩嗬呀嘘嘘哩嗬。(赣西民歌《嘘嘘哩嗬》)

(6)嗬嗨,嗨嗨嗨嗨嗨么么呵嗨嘿嗨嗨嗨喂嗨嘿嗨呀嗬嗬嗬,嗨嗨嗨嗨嗨
嗨嗬嗬,嗨嗨呃嗨嗨嗨呵嗨嗨嗨嗨嗨嗨。(赣西民歌《打石》)

(7)领:喂呃哟! 众:嘿哟! 领:喂喂哟嗬嗬! 众:嘿哟!(赣西民歌
《浅滩》)

纯情绪句中连用句留下的问题还很多。其中,主要表现在歌唱语言
范围。

1.句与篇段是否应该区分? 若区分的话,如何区分? 是以音乐特征还
是语言特征为依据?

2.表情音节与情绪词间的关系是否一致? 怎样证明?

3.如果说叠用句表示的意义是较单纯的强调性独用句义的话,那么,连
用句的意义是什么呢? 次位情绪类型的连用是否意味着情绪过程或复杂情
绪义的表现呢?

4.连用句语音形式与独用句、叠用句的本质区别是什么呢?

这一些还有待进一步深入研究。

注释:

① 为便于阅读,本研究对第二章、第三章例中不易判定的叹词、原始指代词、原始动
词加下划线进行标示。

② 沿用已有研究成果,我们将叹词义也概括为此八大类型、若干次类。其依据和涉
及的部分关联性问题,在此集中作一些说明。

1.叹词义是情绪义的核心,故叹词义与情绪义的类型体系具有一致性。

2.情绪义八大类型、若干次类意义类型体系概括的依据还是较为充分的。

A.它是在众多已有研究基础上经进一步分析而概括出来的。分析时,着重考虑了
情绪的心理过程。不难看出,整个类型体系就是依据心理过程性进行概括的。包括情绪
的唤起:兴趣。正向情绪的生成:快乐。正负向兼含性质情绪的生成:惊奇。负向情绪由
弱至强地生成:嫌恶、愤怒、痛苦、畏惧。情绪的自然宣泄:慨叹。

B.这种概括符合人们对情绪类型的一般性感知。分析可知,快乐、惊奇、嫌恶、愤
怒、痛苦、畏惧侧重静态评价,兴趣、慨叹侧重动态评价,它们概括的依据不尽相同。但
是,我们还不难看出,它们都是情绪性表现,而且,在人们的一般性感知中,是一种并列关
系。例:

(1) 赴会的,看会的,都感到一些热情,虔诚,与兴奋。乱世的热闹来自迷信,愚人的安慰只有自欺。(老舍《骆驼祥子》)

(2) 他们愿意把东西都拿走,但是无法不加以选择;他们并没有把贼船驶到文城来。他们兴奋,贪婪,迟疑;看到件值十元的东西就好象看到了富士山。(老舍《火葬》)

(3) 这种美丽绝对不是织巧温腻,而是浩浩荡荡的使人惊叹兴奋,与大江的奔流,怒海的狂潮,沙漠中的风雪,有同样的粗莽伟大。(老舍《蜕》)

上述例中"兴奋"尽管是理性形式,但表示的意义内容是情绪,"兴趣"类情绪。与之非严格意义并列的"虔诚""迟疑""惊叹"侧重的就是静态评价性质的情绪。

3. 情绪义八大类型、若干次类意义类型体系的概括当然还涉及不少争议性问题的处理。如"兴奋"次类情绪,有主张归入"兴趣"类的,有主张归入"快乐"类的。对此,我们认为将其归入"兴趣"类更合适一些。其理据,一是"兴奋"表现为由平静至亢奋转化的一种剧烈的变化状态,侧重动态性内容。二是"兴奋"蕴含的静态性情绪,可以是"快乐",但又不限于"快乐"。例:

(1) "这两天,我的心老跳!"梦莲把柔软而洁白的小手按在胸前。

"怕?"举人公从上下眼皮的小缝里放出点黑光来,又赶紧收回去。

"不是怕,"她又似笑非笑的说:"是兴奋!"举人公吸了两口烟,然后又用烟袋向外一指:"你也和他们一样?"

"谁?"她慢慢的把小手从胸上挪下来,检查自己的手指——每个指甲都剪得圆圆的,短短的,没有任何可挑剔的地方。(老舍《火葬》)

(2) 妇女们赶着打扮;老人们早早的就出去,唯恐腿脚慢,落在后边;连上学的小孩们也想逃半天学,去见识见识。到八点半钟,街上已满了人,兴奋,希冀,拥挤,喧嚣,等着看这活的新闻。(老舍《骆驼祥子》)

据分析,例中"兴奋"蕴含的静态情绪当主要是"惊奇"。

4. 其他情绪词所表情绪义的概括,同叹词义一致。

参考文献:

陈中立等　2001　《思维方式与社会发展》,社会科学文献出版社。

郭　攀　2014a　《叹词、语气词共现所标示的混分性情绪结构及其基本类型》,《语言研究》第3期。

郭　攀　2014b　《现行歌曲唱词中的原始叹词》,《华中学术》第2期。

郭　攀　2015　《汉语叹词定位的历层模式》,《澳门语言学刊》第1期。

郭　攀　夏凤梅　2016　《浠水方言研究》,华中师范大学出版社。

郭锡良　1986　《汉字古音手册》,北京大学出版社。

郭小武　2000　《"了、呢、的"变韵说》,《中国语文》第4期。

刘丹青　2011　《叹词的本质》,《世界汉语教学》第2期。

刘丹青　2012　《实词的叹词化和叹词的去叹词化》,《汉语学习》第3期。

陆镜光　2005　《汉语方言中的指示叹词》,《语言科学》第6期。

黎锦熙　1992　《新著国语文法》,商务印书馆。

李　婵　2018　《湖南临湘方言叹词研究》,华中师范大学硕士论文。

李学勤　2008　《〈尧典〉与甲骨卜辞的叹词"俞"》,《湖南大学学报》第3期。

齐沪扬　2002　《语气词与语气系统》,安徽教育出版社。

王　力　1985　《中国现代语法》,商务印书馆。

伍棠棣　李伯黎　吴福元　1982　《心理学》,人民教育出版社。

张　今　陈云清　1981　《英汉比较语法纲要》,商务印书馆。

张云秋　2002　《现代汉语口气问题初探》,《汉语学习》第 2 期。

［意］Poggi, Isabella. The language of interjections［A］. *Multimodal Signals：Cognitive and Algorithmic Issues*［C］. Ber-lin/Heidelberg：Springer，2009.

第三章　情理交融性情绪思维
层次汉语叹词系统

　　情理交融性情绪思维层次汉语系统本体单位方面内容有情绪词、情绪句以及短语、句兼有的情绪表示模式。这些内容的阐述分两部分安排。其中，情绪词归入词部分，情绪句和情绪表示模式统归入句部分。

　　情理交融性情绪思维层次汉语系统中情绪词的类型，除在单纯性情绪思维层次汉语基础上有所发展的叹词、原始指代词、原始动词之外，还新生了一些词。其中，最主要的是语气词。此外，还有处于叹词和语气词中间状态的衬词。以上词类，经综合考虑，统括为如下类型构成的一个系统：叹词、衬词、语气词。其中，各类词名实概括上的相关考虑是：

　　叹词，在此是相对类叹词形式而言的，实指单纯度视角叹词类型中的一般叹词。同时，在不同视角叹词类型间的关系上，它大致对应发生途径视角叹词类型中原生叹词与习用语叹词化类次生叹词的整合形式。

　　同单纯性情绪思维层次汉语叹词的表述类似，出于求简的考虑，情理交融性情绪思维层次汉语叹词表述时直接以其上位名称"叹词"称说。

　　另外，此处叹词部分还纳入了原始指代词和原始动词。纳入的原因，主要是原始指代词和原始动词数量少、无须单列为一类以及其基本特征与叹词相近。

　　衬词，主要见于歌唱语言，但它的确属于汉语历层研究横向词类系统的全域性范围，同时，它亦出现在言说语言之中，并对言说语言产生了一定影响，因此，情理交融性情绪思维层次汉语词类系统中概括进衬词一类。

　　语气词，具有情绪词与理性词中间状态性质，列于此的原因主要是其性质总体上还是倾向于情绪词，同时，与语气深层相应的"意图""态度"也可看作一种具有笼统特征的情绪。

　　从本章开始，分三章对情理交融性情绪思维层次汉语词类系统中上述叹词、衬词、语气词进行针对性讨论。本章着重讨论叹词。

第一节　叹词的基本特征

叹词的基本特征,据考察,主要可概括为五点。

一、单位特征

总体说来,叹词具有相对明显的词级单位特征。这从以下诸例的比较中不难看出。

(1) 女忽如梦醒,豁然曰:"咦!"(《聊斋志异·莲香》)

(2) 於乎! 君人者,亦可以察若言矣。(《荀子·王霸》)

(3) 世皇闻之,大怒,趣进攻,嗟夫!(《南村辍耕录》卷一)

(4) 放寒假了,回到故乡。走进宅院,菜花婶子正在院里晾被子。

"婶儿,年货置办齐备了吗?"

"呦! 大学生啊! 啥时从北京来的呀?"(李以所《棉花应该卖给谁?》,《人民日报》1995年2月18日)

(5) 我要爱歇着,还不来催呢! 哼!(老舍《春华秋实》)

以上诸例,(1)中"咦"是单纯性情绪思维层次叹词。它出现在一个独立的话轮中,是一个独立话轮的全部。单位性质上,既是独用的一个词,也是一个独用的句子。相对而言,(2)—(5)中"於乎""嗟夫""呦""哼"是情理交融性情绪思维层次叹词。它们出现在本章第二节句系统部分将专门论及的"情理组配结构"之中(郭攀,2014),是"情理组配结构"中对应混整性情绪形式的一个部分。比较可知,其单位性质较单纯性情绪思维层次叹词存在较大的区别。总体说来,它们相对明显地具有了一定词级单位的特征。其中,"於乎""嗟夫"与"理性说明语"之间用逗号隔开,彼此共同组成一个完整的句子,其词级单位特征明显。"呦""哼"与"理性说明语"之间用叹号隔开,尽管可看作一个句子,但因同"理性说明语"之间存在配合关系,其整体结构中配合角色的身份还是使其具有了一定的词级单位特征。

二、语音特征

同上述单位特征相应,叹词语音上具有一定词化特征。落实在物理要素上,总体上表现为音长和音强弱化了,而音质和音高则强化了。分开来讲,则单位性质与一般性语词接近的叹词上述弱化和强化较为明显,而单位性质与一般性句子接近的叹词则弱化和强化略低,音长和音强要素并未完全消失。

另外,反映在组配结构情理两部分相互间的关系上,因意义上具有一定的呼应性,故同时又具有较浓厚句子身份的叹词,声调、语调混整的"调"同理性说明语的句调模式往往具有一定的一致性,尤其是相对"嘻、善哉""啊、真美呀"之类简短评判性质的句子而言。

三、形体特征

因情绪义与物理世界实体和心理世界意象之间没有一一对应关系等原因,在书面语中,人们普遍采用借字对其进行记录。而如何借用,借用什么字又缺乏严格的规定性。这样,就导致了情理交融性情绪思维层次一个叹词往往存在着非一个借字进行记录的情况,出现了形体不很固定的特征。如"呜呼",异体形式就有"乌呼""乌乎""於乎""於戏""于戏""于呼""于乎"等。例:

(1) 王曰:"呜呼! 念之哉!"(《尚书·吕刑》)

(2) 乌呼! 天祸卫国也夫!(《左传·成公十四年》)

(3) 乌乎!《书》所谓"天网恢恢,疏而不漏",佛经报应,何昭昭若是乎?(《洛阳缙绅旧闻记·卷二》)

(4) 於乎,君人者亦可以察若言矣。(《荀子·王霸》)

(5) 於戏悲夫! 夫计之生孰成败于人也深矣!(《史记·韩信卢绾列传》)

(6) 谚曰:"人貌荣名,岂有既乎!"於戏,惜哉!(《史记·游侠列传》)

(7) 武帝大笑,曰:"於呼! 安得长者之语而称之! 安所受之?"(《史记·滑稽列传》)

(8) 於乎!《春秋》大统之义,吾已悉之,请复以成周之大统明之于今日也。(《南村辍耕录》卷三)

当然,这种不很固定的情况在后续次位层次得到了一定的改变,逐步定型于从"口"的形体。如不定的"於乎"诸形体,即定型于"呜呼"。

四、语义特征

不作层级区分的上位叹词义存在着浅深不同层次的概括。浅层,是仅就混整的显性情绪义作出的概括。深层,则是对深化、细化后的诸意义内容所作的综合性概括。所深化的意义内容主要是显性情绪义蕴含的隐性的理性义。所细化的意义内容主要是具体语境中的情绪义。

不难看出,第二章关于叹词表示较单纯情绪义的概括是一种浅层概括。相对而言,此处的叹词因有所发展,故需立足深层而进行概括。具体说来,其叹词义大致具有混整性情绪义一定程度地显性化和单纯化特征。

显性化,指的是叹词所表混整性情绪义中蕴含的理性内容一定程度地显现出来了的情况。显现的标志就是"理性说明语",因为"理性说明语"所说明的正是叹词所蕴含的理性内容。

单纯化,指的是叹词在具体语境中所表情绪义较之单纯性情绪思维层次叹词义而言,业已由不同类型混整状态演化为较单一情绪类型的情况。这一点,比较以下诸例中"咳"的表义不难看出。

(1) 牛:这么办吧。东宝,你叫他们来,当面谈谈。如果真像你所说的那样儿,咱们就同意合办这台晚会。毕竟也是好事儿嘛。

刘:诶,咱们一定要坚持让他们把钱汇入咱们的那账号上。由咱们掌握开支。

余:嗯。听见没有,听见没有?这么会儿又琢磨着怎么占人便宜呢。

牛:咳!

刘:我不是要占人便宜,是为了保险。(《编辑部的故事·侵权之争》)

(2) 咳,老陈不在,我不得多盯着点儿啊。(《编辑部的故事·侵权之争》)

(3) 咳,那导演是假的,可晚会也是假的吗?(《编辑部的故事·侵权之争》)

(4) 咳,是呀。老陈这一回来,可怎么交代?咳!(《编辑部的故事·侵权之争》)

(5) 咳,看起来啊,这法律还真是无情啊。(《编辑部的故事·侵权之争》)

(6) 咳!都五十多岁的人了,你看,嗯,咳!(《编辑部的故事·飞来的星星》)

以上诸例,(1)中的"咳"是单纯性情绪思维层次叹词,混整有"惊奇(新奇)"和"慨叹(喟叹)"类情绪。(2)—(6)中的"咳"是情理交融性情绪思维层次叹词,它们因与之具有组配关系的"理性说明语"在说明理性内容的同时也对伴随理性内容的情绪进行了标示,故均只表示单一"惊奇(新奇)"类情绪类型。

五、语法特征

语法上,叹词具有配合、准组合特征。

在"情理组配结构"中,叹词与"理性说明语"之间的关系,有的表现为书面上用句级标点符号标示的句与句间的关系,有的表现为书面上用词级标点符号标示的小句与小句间的关系。例:

(1) 哎唷。那可是该变变了。现在时代在前进,潮流在更新……(《编辑部的故事·人工智能人》)

(2) 造这种谣言就是缺了大德喽! <u>哎唷</u>! 好在我把中午那五块钱吃回来了。<u>哎唷</u>!(《编辑部的故事·飞来的星星》)

(3) <u>哎唷</u>,怎么搞的? 刚才不是还好好儿的嘛? 这?(《编辑部的故事·飞来的星星》)

(4) 谁不想啊? 亲眼看看咱们祖国强大起来啊,<u>哎唷</u>。(《编辑部的故事·飞来的星星》)

上述句与句间的关系可看作是两类完整的意义单位间的关系,称为语法结构上的配合关系。而小句与小句间的关系,宏观上属于完整的意义单位内部的关系,中观上叹词充任的小句又有一定的独立性,故称为准组合关系。叹词所具有的配合、准组合特征就体现在这两类关系上。

值得补充说明的是,如果将上述小句与小句间的准组合关系看作句与句间配合关系的发展形式的话,那么,在现代诗歌性语言和方言口语中还存在着一种发展更为彻底的"情理"间未加或无须加标点符号的形式。诗歌性语言例(郭攀,2012a):

(1) <u>哦</u>深圳/这件后来老人常引以为荣的得意之作/在这条气贯长虹的道路上/它是第一座独具特色四通八达的立交桥梁(毕东海《怀念一位筑路的老人》,《人民日报》2001 年 6 月 27 日)

(2) <u>噫欤</u>盛哉! <u>噫欤</u>怪哉! 如此"当代情书世界大奖赛"! 倘若国内有哪家报刊发起举办"1988 年中国文坛(或出版界)十大奇闻奇事大奖赛",则"当代情书世界大奖赛"可能会荣登榜首的吧?(杨群《盛哉"当代情书世界大奖赛"!》,《人民日报》1989 年 3 月 3 日)

方言中的出现情况亦不难找到。据调查,咸宁方言中就存在着以"啊"为叹词的形式。以下是其分类概括。

1. 用于陈述句

<u>啊</u>雨要落下来得要下雨了。

<u>啊</u>牛发牛瘟要死得牛发牛瘟快要死了。

<u>啊</u>作业做了了呗作业做完了。

<u>啊</u>学生伢崽早就放学了学生娃早就放学了。

<u>啊</u>钱哪个都喜欢嘞钱谁都喜欢呢。

2. 用于疑问句

<u>啊</u>鸡喂饱冇嘞鸡喂饱没呢?

<u>啊</u>饭倒冇嘞饭煮熟没呢?

<u>啊</u>新买个袜搁得哪里去了嘞新买的袜子放到哪里去了呢?

<u>啊</u>切菜刀嘞切菜刀呢?

啊课是明日上还是后日上嘞课是明天还是后天上呢？

啊药是个早喝还是等下喝嘞药是现在喝还是等下喝呢？

3. 用于感叹句

啊汤还蛮好喝个嘞汤还挺好喝的呢！

啊菜园个菜长得真好啊菜园里的菜长得真好啊！

啊狗崽真讨人嫌嘞小狗真烦人啊！

啊事真多啊事情真多啊！

啊日头真是从西边出来了啊太阳真是从西边出来了啊！

4. 用于祈使句

啊手脚放快点嘞动作搞快点啊！

啊衣一把点穿好嘞衣服快点穿好啊！

啊笔递过来下嘞把笔递过来一下吧！

啊烟点下嘞把烟点下吧！

那么,这种"情理"间未加或无须加标点符号的形式其"情理"关系如何判定呢？我们初步的看法是根据深层实际情况而定。如果只是因诗歌书面表达需要而未加标点符号,实际口头形式"情理"间还是有较大停顿的话,那么还是看作准组合关系。如果"情理"间口头上的确停顿较小的话,那么,则可权宜性看作组合关系。当然,如果判定为组合关系,则叹词的性质也得重新考虑,也得相应地判定为语气词。

第二节　叹词系统

本节着重对叹词系统进行描写。具体描写之前,先对几个基础性问题作一简要说明。

一、叹词体系的概括

据分析,以意义作为依据的叹词类型体系较有价值。因为,情绪思维层次汉语落实在叹词上,语法内容太少,而语音又不固定,以语法、语音等为依据的分类,或难以形成体系,或难以反映出叹词的核心内容。

叹词的意义,据考察,亦存在着一个意义类型体系。这个体系,据第二章叹词语义特征部分所注,同已有八大类型、若干次类的概括一致。

叹词体系,拟以上述意义类型体系为依据统括为一个层级体系。第一层级统括为"快乐""兴趣""惊奇""嫌恶""愤怒""痛苦""畏惧""慨叹"八类叹词,第二层级则是与上述八大类各自所括非详尽性次类相应的若干类叹词。

二、单个叹词的判定和归类

单个叹词的判定,指的是根据常见度等依据作出词性判定之后进一步对单个叹词所进行的判定,即对什么样的语言单位属于一个单个叹词所作的判定。判定的依据,经综合分析,仍采用第二章叹词语音特征部分所及"以语音上的区别性特征为主,意义上的区别性特征为次"。需补充说明的是:

1. 音同义异情况的处理。这里的意义主要指的是上述第一层级的八大类型情绪义。如果一个语音形式表示了不同类型的意义且这种表义情况皆较常出现,那么,这个语音形式无论出现在文言、古白话、现代汉语三大语言系统中同一系统还是不同的系统,都将判定为以意义为标志的不同单个叹词。如"哎哟",在古白话和现代汉语中较常表示"快乐"和"痛苦"类情绪义,分别判定为两个单个叹词。

2. 词义性质不单纯情况的处理。不单纯指的是一个语音形式在表示叹词义之外还少量表示有原始指代词义、原始动词义的情况。这类不单纯情况的处理方案是,整合在一起,共处理为一个叹词性单个词义。其中,叹词义是统帅性义项,少量表示的原始指代词义、原始动词义是其附属的关联性义项。如"吁",表示"惊奇"类情绪义之外,还少量表示了"呼告"类原始动词义,二义项整合在一起,处理为一个叹词性单个词义。

3. 复叠和连用问题的处理。为便于操作,似"嘻嘻""呀呀"等复叠,无论出现频率高低全部看作是"嘻""呀"类单个叹词的语用性复叠,不看作独立的单个叹词。而连用则区别看待。似"噫嘻""哎哟"类音节数不超过三个、出现频率高、表义亦有特色的连用形式,处理为独立的单个叹词。相反,则看作语用性连用。

4. 沿用情况的处理。在文言、古白话、现代汉语三个语言系统中,后续系统对前位系统单个叹词的沿用,包括存在少量变化的沿用,皆不作独立的单个叹词处理,单个词上归入前位单个叹词。如古白话中存在叹词表"兴趣(热情)"类情绪义的"哟",现代汉语继续沿用,并且形体上有时写作"呦",意义上也增加了两个义项。义项1:表"兴趣(羡慕)"类情绪。例:哟,好漂亮啊! 义项2:表"惊奇(惊异)"类情绪。例:呦,怎么你也来了? 但是,总的看来,变化不大,故将两个系统中的"哟"统括为一个单个词。

当然,"沿用"的判定,还涉及语音演变的细化考察。这一些,有待后续的进一步研究。

相对单个叹词的判定而言,单个叹词的归类,指的是单个叹词判定之后在叹词体系中的具体归类。单个叹词若单表某类情绪义自然即为某类叹词，若兼表几类情绪义，即涉及单个叹词整体上到底归属哪一类叹词的问题。经分析，这类单个叹词的归类拟参考两方面因素综合判定。一是源流关系。即以理论上可看作本源的情绪义为重要参考。如文言中的"噫"，可表"痛苦(伤痛)"和"嫌恶(惊奇)"两类情绪义。分析其源流关系可知，前者应该是本源。因为前者为较易引发的心理反应，而后者可看作前者心理的一种自然延伸。二是常见度。即表示某类情绪义出现情况的多少。

三、叹词系统描写的宏观思路

集中说明几点：

1. 叹词体系的选择和类型的落实。叹词体系就选择上及八大类型的层级体系。其中，叹词的类型，重点落实在第一层级，第二层级内容不一一列举，只就重点内容作一些说明。

2. 八大类型内部单个叹词的排列。考虑到历层视角和历史性视角间的辩证关系(郭攀，2012b:7-44)，考虑到历史性视角叹词的发展缺乏系统的研究，在此，拟采用据历史性视角文言、古白话、现代汉语的顺序排列的做法。

3. 同形单个叹词的标示。同形指的是现代读音相同、记录用字亦基本相同的情况。同形叹词用序号加以标示。为照顾时间关系，序号按古今顺序标示。

4. 单个叹词语音的标注。部分现代汉语语音不好把握的叹词用国际音标注出基本音。标注时若选择性标注两种及两种以上语音形式则表示音与义间没有较严格的对应关系，一音可表多义，一义也可用多音表示。

5. 单个叹词内部义项的排列。据常见度和关联关系排列。其中，位于前面的是决定单个叹词所属叹词类型的常见义，其后是关联义。若存在原始指代义和原始动词义即位列最后。

6. 语例的说明。单个叹词义项后均列举语例。其中，有明确出处的均标明具体出处，出自《现代汉语词典》和极少数自拟语例则不予标示。

四、叹词系统描写所用语料

具体语料，一方面来自已有相关研究，另一方面来自重新调查。重新调查部分，除自行调查之外，还包括组织研究生进行的系统性调查(张银霞，2018;陈蕾，2018)。重新调查的语料，即第一章思路部分所列诸书面语语料。

基于上述几点说明，以下结合已有研究成果(郭锐，2002:236-237;肖丽华，2011)，对叹词系统尽可能地作一较为充分的描写。

一、"快乐(愉快、痛快、欣喜、喜悦)"类叹词

本类叹词,文言中未见,古白话中新出现3个,现代汉语中新出现2个,共5个。如下:

(一) 呀₁

1. 表"快乐(愉快)"类情绪

(1) 呀,走将来揪住我这吕公绦,哎哟,险跌破我这许由瓢。(《新校元刊杂剧三十种·马丹阳三度任风子》)

(2) 呀!你一个有德行吾师却才到来,我这里展脚舒腰拜。(《新校元刊杂剧三十种·吕洞宾度铁拐李岳》)

例中的"呀",表面看似表惊讶类情绪,实则表示"快乐(愉快)"类情绪。这一点,从语境中带轻松、诙谐的气氛上不难看出。

2. 表"慨叹(喟叹)"类情绪

(1) 休待两鬓秋,与天子分忧。叹岁月如流,呀!早白了人头。(《新校元刊杂剧三十种·陈季卿误上竹叶舟》)

(二) 哎哟(阿哟)₁

"哎哟(阿哟)"表"快乐(愉快)"类情绪。例:

(1) 呀,走将来揪住我这吕公绦,哎哟,险跌破我这许由瓢。(《新校元刊杂剧三十种·马丹阳三度任风子》)

"哎哟"是叹词"哎"与"哟"连用的固化形式。上例中,"哎哟"与"呀"交替出现,皆表"快乐(愉快)"类情绪。

"阿哟"是叹词"阿"与"哟"连用的固化形式。同"哎哟"表义相近,故看作是"哎哟"的异体。例:

(1) 靠着时呀的门开了,仰剌叉吃一交,可知道严霜偏杀枯根草。阿哟!又跌着我残病腰!(《新校元刊杂剧三十种·张孔目智勘魔合罗》)

(三) 噫₂

"噫"表"快乐(欣喜)"类情绪。例:

(1) 范进……笑了一声道:"噫!好了!我中了!"(《儒林外史》第三回)

"噫₁"在文言中业已出现,表示"痛苦(伤痛)"等类情绪。古白话对其仍有大量沿用。例:

(1) 师便拍掌云:"噫!我当初悔不向伊道末后一句。我若向他道末后一句,天下人不奈何雪峰。"(《祖堂集》卷第七)

(2) 师后闻此语,云:"噫!佛法已后淡薄去也!多少天下,沩山泥壁也未了在。"(《祖堂集》卷第七)

联系地看,表"快乐(欣喜)"类情绪的"噫₂"单个词上似可归入表示"痛苦(伤痛)"等类情绪的"噫₁",但是,一方面二类意义距离较远,另一方面,表"快乐(欣喜)"类情绪的"噫₂"也较常见,故将其看作另一独立的单个词。

(四) 嘿[xei⁵⁵]

1. 表"快乐(喜悦)"类情绪。例:嘿,咱们生产队的机器可实在不错呀!

又例:

(1) 余:矿泉壶,做矿泉水儿的。

李:这东西能做矿泉水儿?

余:嘿,你不信,听说以后国宴上呢,都使这做。

李:甭逗了。(《编辑部的故事·侵权之争》)

(2) 这么一看演出……,多有诗意啊。嘿,简直他妈神了。(《编辑部的故事·侵权之争》)

(3) 可不!你说那时候,嘿,无忧无虑,想吃就吃,是想睡就睡。哎唷,没有喽。那种幸福时光,再也没有了。(《编辑部的故事·胖子的烦恼》)

2. 表"惊奇(惊异)"类情绪。例:嘿,想不到他真的来了。

又例:

(1) 那合同都给他。好像咱们求他似的。我告诉你说,想当初我就不同意跟你们单位合办,一毛儿不拔,我找哪个单位不行?啊?嘿,哭着喊着找咱们一块儿参加主办单位的,多了去了。给他!(《编辑部的故事·侵权之争》)

(2) 你这个都不知道,SOS 那是全地球通用的求救信号,嘿,你们还是编辑部的!(《编辑部的故事·飞来的星星》)

(五) 嘻[ɕi⁵⁵]₂

表"快乐(喜悦)"类情绪。例:嘻,真好吃。

又例:

(1) "嘻,新法,新法……"几个人响应着;赵大爷尤其觉得适合口味,头略微仰起,眼睛轻轻一闭,领略这一霎间的愉快。(叶圣陶《晨》)

(2) 杜大叔,别生气啦。这回你可不简单喽,专员的儿子、高中的毕业生拜在你的门下当徒弟,多光彩呀。嘻嘻!(浩然《夏青苗求师》)

二、"兴趣(爱好、热情、兴奋、激情、羡慕)"类叹词

本类叹词,文言中未见,古白话中新出现 1 个,现代汉语中新出现 1 个,共 2 个。如下:

(一) 哟

"哟"只见于《儿女英雄传》,较为晚起。表两类情绪义。A.如(1)所示表"兴趣(热情)"类情绪。B.如(2)所示表"慨叹(赞叹)"类情绪。例:

(1) 他暗暗的纳闷道:"哟! 这么些书,⋯⋯一个人儿那儿念的过来呀?" (《儿女英雄传·第三十三回》)

(2) 他那位姨奶奶见安老爷进来,便笑嘻嘻的说了句:"哟,了不的了!" (《儿女英雄传·第三十九回》)

(二) 哈(哈哈)[xa⁵⁵]

表"兴趣(热情)"类情绪。例:哈! 我猜着了/哈哈! 这回可输给我了!
又例:

(1) 哈,这样好的嫁妆,菊英还会不喜欢吗? 人家还会不称赞吗? 你看,哪一种不完备? 哪一种不漂亮? 哪一种不值钱? (鲁彦《菊英的出嫁》)

(2) 黄黛茜猛地笑了起来:"在'你'的眼里我是永远年青的! 哈哈,我是永远年青的!"(穆时英《夜总会里的五个人》)

(2) 中"哈哈"属叹词与象声词中间状态性质,因其表义上更接近(1)中的"哈",故看作叹词"哈"的叠用。

三、"惊奇(惊讶、惊异、惊疑、惊喜、惊叹、醒悟、新奇)"类叹词

本类叹词,文言中出现 7 个,古白话中新出现 6 个,现代汉语中新出现 9 个,共 22 个。如下:

(一) 吁

1. 表"惊奇(惊讶)"类情绪。例:

(1) 帝曰:"吁! 嚚讼,可乎?"(《尚书·尧典》)《十三经注疏·尚书正义》:"吁,疑怪之辞。"

(2) 禹曰:"吁! 咸若时,惟帝其难之。知人则哲,能官人;安民则惠,黎民怀之。能哲而惠,何忧乎驩兜? 何迁乎有苗? 何畏乎巧言令色孔壬?"(《尚书·皋陶谟》)

2. 表"慨叹(喟叹)"类情绪。例:

(1) 帝曰:"吁! 咈哉! 方命圮族。"(《尚书·尧典》)

(2) 益曰:"吁! 戒哉! 儆戒无虞,罔失法度;罔游于逸,罔淫于乐;任贤勿贰,去邪勿疑,疑谋勿成,百志惟熙;罔违道以干百姓之誉;罔咈百姓以从己之欲,无怠无荒,四夷来王。"(《尚书·大禹谟》)

(3) 孔子喟然而叹曰:"吁! 恶有满而不覆者哉?"(《荀子·宥坐篇》)

(4) 吀,可悲也! 妇女化蛇,然亦有之。(《南部新书·己》)

(5) 而日所取偿于桂生者,曾不足为道途丧葬之费。吀! 亦悲矣夫!
(《觅灯因话》卷一)

3. 表示呼告类原始动词义。例:

(1) 皋陶曰:"吀! 如何?"(《尚书·益稷》)

(2) 王曰:"吀! 来! 有邦有土,告尔祥刑。……"(《尚书·吕刑》)

(3) 蔡泽曰:"吀! 何君见之晚也。夫四时之序,成功者去。夫人生手足
坚强,耳目聪明,而心圣知,岂非士之所愿与?"(《战国策·秦策》)

(二) 嘻(譆)₁

1. "嘻"又作"譆",表示"惊奇(惊疑)"类情绪。例:

(1) 文惠君曰:"譆,善哉! 技盖至此乎?"(《庄子·养生主》)

(2) 二人相视而笑,曰:"嘻,异哉! 此非吾所谓道也。"(《庄子·让王》)

(3) 客曰:"嘻! 甚矣,子之好学也!"(《庄子·渔父》)

(4) 辛垣衍快然不悦曰:"嘻! 亦太甚矣,先生之言也。先生又恶能使秦
王烹醢梁王?"(《战国策·赵策》)

(5) 若士者悖然而笑曰:"嘻! 子中州之民也,不宜远至此。"(《论衡》
卷七)

(6) 王季葬于滑山之尾,栾水击其墓,见棺之前和。文王曰:"嘻! 先
君必欲一见群臣百姓也夫! 故使栾水见之于是也。"(《论衡》卷二
十一)

(7) 娉曰:"嘻! 尔过矣! 吾岂世间痴淫女子,不知命者之流乎?"(《剪灯
余话·贾云华还魂记》)

2. 表"惊奇(惊喜)"类情绪。例:

(1) 顾同行数十人曰:"嘻! 吾今氏柳矣!"闻者以生多端,或大笑以去。
(《虞初新志》卷二)

(三) 咦

1. 表"惊奇(惊疑)"类情绪。例:

(1) 忽哑然笑曰:"咦! 卿真欲归耶? 某亦随之逝矣。"(《夜雨秋灯录·
迦陵配》)

(2) 咦! 假即真,真即假,我与我兮,是耶非耶?(《夜雨秋灯录·烈殇
尽孝》)

(3) 女忽如梦醒,豁然曰:"咦!"熟视燕儿。(《聊斋志异·莲香》)

2. 表"慨叹(喟叹)"类情绪。例:

(1) 更听下句:"咦! 与君一把无明火,烧尽千愁万恨心!"(《南村辍耕

录》卷十五)

(2) 噗,炯然不逐东风散,只在孤山水月中。(《南村辍耕录》卷二十八)

(3) 噗! 愿此几章贝叶文,洒为一滴杨枝水! (《聊斋志异·马介甫》)

(四) 噫吁嚱(嘻)

"噫吁嚱"是叹词"噫""吁"(嚱/嘻)连用的固化形式,表"惊奇(惊叹)"类情绪。例:

(1) 噫吁嚱,危乎高哉,蜀道之难难于上青天。(李白《蜀道难》)

(2) 噫吁嘻,怪事哉! (黄周星《六月六日登洞庭西山缥缈峰放歌》)

(五) 嘿

"嘿"表"惊奇(惊疑)"类情绪。"嘿"用例极少,只《史记》中发现 1 例。例:

(1) 武帝下车泣曰:"嘿! 大姐,何藏之深也!"(《史记·外戚世家》)

(六) 恶

"恶"表"惊奇(惊讶)"类情绪,在文言中使用较为普遍。

(1) 南伯子葵曰:"道可得学邪?"曰:"恶! 恶可! 子非其人也。"(《庄子·人间世》)

(2) 仲尼曰:"恶! 可不察与! 夫哀莫大于心死,而人死亦次之。"(《庄子·人间世》)

(3) 曰:"恶,是何言也! 昔者子贡问于孔子曰:'夫子圣矣乎?'孔子曰:'圣则吾不能。我学不厌而教不倦也。'子贡曰:'学不厌,智也,教不倦,仁也。仁且智,夫子既圣矣。'"(《孟子·公孙丑上》)

(4) 子贡问于孔子曰:"君子之所以贵玉而贱珉者,何也? 为夫玉之少而珉之多邪?"孔子曰:"恶! 赐! 是何言也!"(《荀子·法行篇》)

(七) 哑(讶、鸦)

"哑",亦作"讶""鸦",功能与"恶"相近,表"惊奇(惊讶)"类情绪。《古代汉语虚词词典》引《说文》《玉篇》,说:"(哑)本义是像笑声的象声词。也可用作感叹词、语气词。"例:

(1) 师旷曰:"哑! 是非君子者之言也。"(《韩非子·难篇》)

(2) 张怫然曰:"讶! 汝贷我钱,盖欲陷我于争斗!"(《夷坚志·卷四·哮张二》)

(3) 杨惨然曰:"鸦鸦!"(《夷坚志》卷十七)

(3) 中"鸦鸦"为"鸦"的叠用,《夷坚志》对其括注为"俗间叹声"。

(八) 阿(啊)₁

"啊"是"阿"的后起形式。古白话叹词"阿(啊)"明清时期开始出现,共调

51

查语到 18 例,表示两类意义。

1. 表"惊奇(惊异)"类情绪。例:

(1) 他便吃惊道:"阿? 我这把刀那里去了?"(《儿女英雄传》第十九回)

2. 表"快乐(愉快)"类情绪。例:

(1) 仑樵拍着手道:"着啊,啊! 目下我们兵力虽不充,还有几个中兴老将,如冯子材、苏元春都是百战过来的。"(《孽海花》第五回)

(九) 阿呀(啊呀)

"啊呀"是"阿呀"的后起形式。"阿呀"是叹词"阿"和"呀"连用的固化形式,表示"惊奇(惊讶)"类情绪。例:

(1) 夫人走入看见,便道:"阿呀! 为何不梳头,却靠在此?"(《醒世恒言》第二十八卷)

(2) 婆子便道:"阿呀! 娘子,大官人又不是别人。"(《金瓶梅》第四回)

(3) 萧云仙回头一看,说道:"阿呀! 原来是沈先生!"(《儒林外史》第四十回)

(4) 一个人道:"啊呀,我想起来了。"(《红楼梦》第一百十二回)

(十) 嗳呀

"嗳呀"主要表示"惊奇(惊讶)"类情绪。例:

(1) 探春笑道:"嗳呀,今儿这香怎么这样快。"(《红楼梦》第七十回)

(2) 安贫子道:"嗳呀! 你要见他吗?"(《老残游记》第二十回)

在现代汉语中,"嗳呀"写作"哎呀"。

(十一) 嗳哟(嗳哟哟)₁

"嗳哟"是叹词"嗳"与"哟"连用的固化形式,主要表示"惊奇(惊叹)"和"惊奇(惊讶)"两类情绪义。例:

(1) 老妪道:"嗳哟! 阿弥陀佛! 不信有这样事!"(《醒世恒言》第二十一卷)

(2) 周瑞家的忙道:"嗳哟! 这么说来,这就得三年的工夫。"(《红楼梦》第七回)

"嗳哟哟"是"嗳"与复叠形式"哟哟"连用的固化形式,是"嗳哟"的同义表达形式,可看作"嗳哟"的同词异形形式。例:

(1) 刘姥姥道:"嗳哟哟! ……我去了也是白去的。"(《红楼梦》第六回)

(2) 柳家的忙道:"嗳哟哟,我的姑娘,我们的头皮儿薄,比不得你们。"(《红楼梦》第六十回)

(十二) 哦(喔)

"哦",表示"惊奇(醒悟)"类情绪。"喔"是"哦"的异体形式。例:

(1) 凤姐听了十分诧异,说道:"哦! 原来是他的丫头。"(《红楼梦》第二十七回)

(2) 杜慎卿吃了一惊,说道:"哦! 你就是来霞士!"(《儒林外史》第三十回)

(3) 次芳点点头道:"喔,我晓得了。"(《孽海花》第七回)

在现代汉语中,"哦"还作"噢、呕"等形式。

(十三) 啧

"啧",表示"惊奇(惊讶)"和"慨叹(赞叹)"两类情绪。例:

(1) 贝氏道:"啧! 啧! 你好天大的胆儿!"(《醒世恒言》第三十回)

(2) 十三妹……看了他笑道:"啧! 啧! 啧! 果然是一对美满姻缘。"(《儿女英雄传》第十回)

(十四) 啊(呵、嘎)[a$^{55/214}$]$_2$

1. 表"惊奇(惊讶)"类情绪。例:啊! 出彩虹了/呵! 怎么会有这种事?

2. 表"慨叹(赞叹)"类情绪。例:啊! 今年的庄稼长得真好哇!

(十五) 乖乖[kuai^{55} kuai^{55}]

表"惊奇(惊讶)"类情绪。例:乖乖,外边真冷!

又例:

(1)"不,不是,娘,那街上的棺材,走着的棺材! ……"

"乖乖! 傻孩子。……"妇女便不在意地笑了。(王统照《生与死的一行列》)

(2) 武汉的客倌来了,乖乖,啧啧,卖一斤顶住卖给公家十斤,一斤就是二百块哩,可碰住个闰腊月,发了,发狠了,人们笑了,不敢笑出声,比笑出声的笑还痛快,还美。(乔典运《香与香》)

(十六) 好家伙

1. 表"惊奇(惊讶)"类情绪。例:好家伙! 他们一夜足足走了一百里。

又例:

(1) 侯营长的眼睛忽然变成近视,努目注视了好一会才似乎看清了,放机关枪似的说:"好家伙! 这是谁的? 里面什么东西? 这不能带——"(钱钟书《围城》)

(2) 牧民多经冻哇,鼻子、耳朵可照样给冻掉。尤其是白毛风,好家伙,昏天暗日,伸出大鞭杆都看不见……咱这内蒙,六月天还冻死人呢。(老鬼《血色黄昏》)

2. 表"慨叹(赞叹)"类情绪。例:好家伙! 你们怎么干得这么快呀!

(十七) 呵(嗬、喝)[xe^{55}]$_2$

表"惊奇(惊异)"类情绪。例:呵! 这小伙子真棒!

（十八）老天爷

表"惊奇（惊叹）"类情绪。例:老天爷,这是怎么回事儿!

（十九）呀[ia⁵⁵]₂

表"惊奇（惊异）"类情绪。例:呀! 下雪了。

（二十）哇(哇噻)

表"惊奇（惊喜）"类情绪。例:哇,这么多好吃的。

（二十一）噫(咦)[i⁵⁵/i³⁵]₃

表"惊奇（惊异）"类情绪。例:噫,他今天怎么来了?

（二十二）我晕

主要表示"惊奇（惊讶）"类情绪。例:

(1) 王贵说,刚进口就化了,心里痒痒的,回去以后三天都在回味那红烧肉的味道。我晕! 你相信吗? 那个年代,只一块红烧肉就可压过小周旋的魅力! 他脑子里想的不是玉女,却是红烧肉。(六六《王贵与安娜》)

(2) 王伟听拉拉柔声细气却又咬牙切齿地说出了这么一段话,差点没笑闭气过去:"我晕! 杜拉拉! 这谁教你这么说话的?"(李可《杜拉拉升职记》)

四、"嫌恶(轻蔑、不满、不足、不屑、不在意、嘲讽)"类叹词

本类叹词,文言中未见,古白话中新出现 2 个,现代汉语中新出现 2 个,共 4 个。如下:

（一）嘘

"嘘",表示"嫌恶(不满)"类情绪。例:

(1) 师云:"嘘! 嘘! 到别处有人问汝,不可作这个语话。"(《祖堂集》卷第十)

《说文解字》:"嘘,吹也。从口,虚声。朽居切。""嘘"先秦时期主要表示"吐气"和"叹息"义,唐宋时期转表"嫌恶(不满)"类情绪,并独立为一个单个叹词。

（二）啐₁

《说文解字》:"啐,惊也。从口,卒声。七外切。"先秦时期,人们借用伴随情绪反应而发出的声音形式"啐"表"惊声"。明清时期,用作叹词,主要表示"嫌恶(不满)"类情绪。例:

(1) 八戒道:"啐! 凭他怎么咸,我也尽肚吃他一饱!"(《西游记》第八十五回)

(2) 那权小五……便道："啐！这妇人不中用,只把她拘禁在此罢。"(《五色石·序》)

(3) 鸳鸯道："啐,这也是作奶奶说出来的话! 我不拿腥手抹你一脸算不得。"(《红楼梦》第三十八回)

(三) 吓[xe⁵¹]

表"嫌恶(不满)"类情绪。例:吓,怎么能这样呢?

又例:

(1) 不过老话道,嫁鸡随鸡,嫁狗随狗。男人不成人的也很多,难道就该丢下了走么! 我们当家的在的时候,不是牵动他死人头皮,才叫不成人呢,空空一双手,要吃,要喝,还要去闯祸惹事! 可是我梦里也不曾想过丢了他走!小后生在门前走过,贼眼睛一五一十瞟过来,我总是回转头吐一口唾沫。现在他死了十七年了,我还是守着他。吓,女人会逃走,真是现在的新法! (叶圣陶《晨》)

(2) 我说着,冷冷的眼光浮了起来。看见她突然变了脸色,但又一下子恢复了原状,而且狡猾地笑着。"吓吓,就是为了这才要走吗? 你这不中用的!"(艾芜《山峡中》)

(3) "吓,邢表叔,"他说,"你说话要负责啊!"(沙汀《在其香居茶馆里》)

(四) 去(我去)

作为一个次生叹词,"去"主要表示"嫌恶(不屑)"类情绪。以下是学界所及部分用例(刘丹青,2012;李先银,2013):

(1) 梅梅说:你马上要办退休手续了,更闲了,我给你介绍一个老头吧?

文丽说:去,伺候一辈子老头了还老头,要找你自己找吧!(《金婚》)

(2) 大庄突然笑了,斜着眼看佟志,压低声音:唉,那天我偷偷瞅了一眼,那丫头长得不错,可比梅梅强多了。

佟志说:去! 她长得好? 你眼睛有毛病吧?(《金婚》)

(3) 志国:要能帮他们撮合撮合呢? 我看也是件好事,这么着,我先找她谈谈去(起)。

和平:(拦)唉,唉,去去去,你找她谈什么劲儿啊。(《我爱我家》)

(4) 佟志说:咋不考虑多多呢?

大庄说:喊! 那小泥猴,长大以后能找着婆家就烧高香啦。

佟志说:去,你就没安好心你。(《金婚》)

五、"愤怒(恼怒、鄙斥、怨恨、不平)"类叹词

本类叹词,文言中出现1个,古白话中新出现4个,现代汉语中新出现1

个,共 6 个。如下:

(一) 呼

(1) 江芊曰:"呼!宜君王之欲废女而立职也。"(《韩非子·内储说》)

"呼"的归类学界有一些争议。《虚词历时词典》等认为"呼"是原始动词,表示呵斥,可译作"呵"。我们认为应看作叹词,表"愤怒(鄙斥)"类情绪,相当于后起叹词"呸"。

(二) 哓

(1) 卢楠睁起眼喝道:"哓!可恶!"(《醒世恒言》第二十九卷)

(2) 姑娘道:"哓!岂有此理!"(《儿女英雄传》第二十二回)

作为叹词,"哓"表示"愤怒(恼怒)"类情绪。

(三) 哏(哼)

"哏",出现于明清时期,表示"愤怒(恼怒)"类情绪。例:

(1) 那怪道声:"哏!你这诳上的弼马温……不要无礼,吃我一钯!"(《西游记》第十九回)

(2) 八戒道:"是那家淘毛厕哩!哏!臭气难闻!"(《西游记》第六十七回)

"哏",臧晶晶认为是一个北方方言词(臧晶晶,2013)。"哼"较"哏"晚起,可看作"哏"的异体形式。例:

(1) 十三妹……说道:"……少若迟延,哼哼!"(《儿女英雄传》第十七回)

(2) 那少年……喊道:"哼,也没见不分青红皂白,就把人当贼!"(《孽海花》第十五回)

(四) 呸

"呸",主要表示"愤怒(恼怒)"类情绪。例:

(1) 李万道:"呸!那有什么酒食?"(《喻世明言》第四十卷)

(2) 严贡生道:"呸!我早已打算定了,要你瞎忙!"(《儒林外史》第六回)

(五) 喑

"喑",主要表示"愤怒(恼怒)"类情绪。例:

(1) 徐郎见言,大怒:"喑,我教你去捉太公,主将倒来取救兵!"(《武王伐纣平话》)

(六) 啐[tsuei⁵¹]₂

表"愤怒(鄙斥)"类情绪。例:啐!休要胡说!

又例:

(1) 鸿渐饿上加气,胃里刺痛,身边零用一个子儿没有了,要明天上银行去拿,这时候又不肯向柔嘉要,说:"反正我饿死了你快乐,你的好姑母会替你找好丈夫。"

柔嘉冷笑道:"啐! 我看你疯了。饿不死的,饿了可以头脑清楚点。"(钱钟书《围城》)

六、"痛苦(伤痛、悲痛、愁苦、焦虑、委屈、压抑、忧伤、内疚)"类叹词

本类叹词,文言中出现 2 个,古白话中新出现 1 个,现代汉语中新出现 1 个,共 4 个。如下:

(一) 噫(意、抑、懿)$_1$

1. 表示"痛苦(伤痛)"类情绪。例:

(1) 对曰:"信。噫! 公命,我勿敢言。"(《尚书·金縢》)

(2) 抑此皇父,岂曰不时?(《诗经·十月之交》)

(3) 懿厥哲妇,为枭为鸱。《诗经·瞻卬》

(4) 庄子曰:"人有能游,且得不游乎! 人而不能游,且得游乎! 夫流遁之志,决绝之行,噫,其非至知厚德之任与! 覆坠而不反,火驰而不顾。"(《庄子·外物》)

(5) 颜渊死,子曰:"噫! 天丧予! 天丧予!"(《论语·先进》)

(6) 噫! 石崇之败,虽自绿珠始,亦其来有渐矣。(《绿珠传》)

(7) 噫! 庸医之视疾,多以药返其病,使困而后治,欲取厚谢,因而致毙者众矣。(《括异志》卷二)

"噫"又作"意""抑""懿"。(1)中"噫"《十三经注疏·尚书正义》:"噫,恨辞。噫……马本作懿,犹亿也。"(2)(3)中"噫"程俊英、蒋见元《诗经注析》:"抑,叹词,同噫。郑笺:抑之言噫。""懿,噫的假借,叹词。郑笺:懿,有所伤痛之声也。"

2. 表示"嫌恶(不屑)"类情绪。例:

(1) 子曰:"噫! 斗筲之人,何足算也!"(《论语·子路》)

(二) 唝

"唝",表示"痛苦(伤痛)"类情绪。例:

(1) 便闻呻吟之声曰:"唝,唝,宜死。"(《搜神记》卷十四)

例中"唝"通常释为"呻吟声"。结合语境,"唝"为老翁被棍棒击打时发出的呻吟声。这种呻吟声类似现代汉语中的"哟""哎哟",故处理为叹词。

(三) 嗦

(1) ……存亡死活分明见。嗦! ……这番交马应无善。(《新校元刊杂剧三十种·尉迟恭三夺槊》)

(2) 百忙里,演收拾。嗦! 早则不席前花影坐间移。(《新校元刊杂剧三十种·诸宫调风月紫云庭》)

(3) 嗻！玉杵污泥中,岂凡庸?(《金瓶梅》第十一回)

(4) 马都头道:"这汉要共李贵使棒！嗻,你却如何赢得他? 不被他打得疾患,也得你不识李贵。"(《清平山堂话本》卷三)

雷文治等《近代汉语虚词词典》认为"嗻"可表忧闷情绪。我们的看法大致相同,将其看作表"痛苦(忧伤)"类情绪的叹词。

(四) 哎哟(哎唷、哎哟喂、哎唷喂)[ai⁵⁵ io⁵⁵]₂

1. 表"痛苦(伤痛)"类情绪。例:哎哟！我肚子好疼！

又例:

(1) 牛:哎,呀,小余子,你就不能让我们安静点儿吗?

余:哎,差不多了,差不多了,哎哟,哎哟。(《编辑部的故事·甜蜜的腐蚀》)

(2) 哎哟,老余,你这就没劲了,你这叫生诧,按说,您应该说出高词儿来灭我一道,您看您这有头有脸的,应该比我词儿多呀！(《编辑部的故事·甜蜜的腐蚀》)

(3) 戈:怎么回事儿啊? 怎么还不出来啊?

李:这人是不是有人采访,架子都大了? 不行,我得去看看。

李:经理,经理。人哪?

戈:哎唷！是不是成心晒咱们?(《编辑部的故事·歌星双双》)

(4) 哎唷,我说,你们两个怎么连自己的同志都不相信了?(《编辑部的故事·歌星双双》)

2. 表"惊奇(惊讶)"类情绪。例:哎哟！都十二点了！

又例:

(1) 哎哟,啧啧啧啧,你瞅你们俩这是什么样子,这是！(《编辑部的故事·飞来的星星》)

(2) 银环打了个寒噤,赶紧回过头来:"哎哟喂！真吓死人！是你呀,姐姐！你……"她想说"你怎么来了?"话到嘴边,才想起姐姐是特来会她的。(李英儒《野火春风斗古城》)

七、"畏惧(恐惧、敬畏、乞怜、羞怯、犹豫)"类叹词

本类叹词,文言和古白话中均未见,仅现代汉语中新出现1个。如下:

我的天(我的天啦、天啦)

1. 表"畏惧(恐惧)"类情绪。例:我的天啦,黑压压的一片,真怕人。

又例:

(1) 丁翼平 共产党办事,除了不说,说了就必办得彻底！昨天八区开

　　大会,当场逮捕了两个违法户!

　　李定国　我的天! 咱们这儿危险不危险哟?(老舍《春华秋实》)

(2) 宋玉娥　你准是一想到我们,就想到如花似玉什么的! 不想我们也是战士,也出英雄!

　　陶月明　哎呀,我的天! 你们这是给我饯行呢? 还是批评我呢?(老舍《女店员》)

(3) 戈:哎哟,这什么声音啊? 我的天哪,这就是冰箱节奏啊? 还带音响的。

　　牛:我说什么来着,我说什么来着? 我就知道,这里边儿准有问题。(《编辑部的故事·甜蜜的腐蚀》)

(4) "我的天呐!"女人觉得这遭真的要死,死神正站在床下,一切都为时已晚。(尤凤伟《石门夜话》)

(5) 我看着父亲走到车子的另一边,得体而又富有风度地为那个叫李红的姑娘打开了车门。我的天啦,父亲为一个婊子打开了车门,并且殷勤地扶她下车。(朱文《我爱美元》)

2. 表"慨叹(喟叹)"类情绪。例:我的天啦,终于考上了。

又例:

(1) 戈:啊? 我的天哪! 一百多万乘以一万八、一万九,两百个亿哪。诶,咱们全市人民一人合着得两千多斤萝卜,怎么吃啊?(《编辑部的故事·捕风捉影》)

(2) 父亲朝我转过脸来,我的天啦,他的眼角还有泪水,他是老沙眼,我是小沙眼。所以,我们最好不要再在路边待下去了,我们这就起步去找弟弟。(朱文《我爱美元》)

(3) 天啊! 天! 我半生以来不作非分之想,不取不义之财,有何罪过,要遭此报应呢?(邓友梅《烟壶》)

八、"慨叹(喟叹、赞叹、悲叹、哀叹、伤感、自嘲、怜悯、惋惜、感激)"类叹词

本类叹词,文言中出现17个,古白话中新出现4个,现代汉语中新出现2个,共23个。如下:

(一) 於

中国社会科学院语言研究所古代汉语研究室《古代汉语虚词词典》将"於"的意义概括为赞美、称颂和感叹。我们将其概括为两类。

1. 表示"慨叹(赞叹)"类情绪。例:

(1) 帝曰:"咨!四岳!汤汤洪水方割,荡荡怀山襄陵,浩浩滔天。下民其咨,有能俾乂?"佥曰:"於,鲧哉!"(《尚书·尧典》)

(2) 禹曰:"於!帝念哉!德惟善政,政在养民。火、水、金、木、土、谷,惟修;正德、利用、厚生,惟和;九功惟叙,九叙惟歌。戒之用休,董之用威,劝之以九歌,俾勿坏。"(《尚书·大禹谟》)

(3) 夔曰:"於!予击石拊石,百兽率舞。"(《史记·五帝本纪》)

(4) 皋陶曰:"於!慎其身修,思长,敦序九族,众明高翼,近可远在已。"(《史记·夏本纪》)

2. 表示"慨叹(喟叹)"类情绪。例:

(1) 孟子曰:"於,答是也何有?"(《孟子·告子下》)

(2) 皋陶曰:"於!在知人,在安民。"(《史记·夏本纪》)

(二) 呜呼(乌乎、呜乎、乌呼、於乎、于乎、于呼、於戏、于戏)

"呜呼"尽管异体众多且使用频率高、持续时间长,但表义却较为单纯。何乐士《古代汉语虚词通释》认为,"呜呼"表示"强烈奔放的感情,或喜或悲,或谴责,或赞颂,随文义而定",译作"唉""哦""啊""欤"等。我们将其概括为两类。

1. 表示"慨叹(喟叹)"类情绪。例:

(1) 呜呼!君人者亦可以察若言矣!(《荀子·王霸》)

(2) 呜呼!世之沦落不偶而叹息于知音者,独君也乎哉!(《虞初新志·汤琵琶传》)

(3) 呜呼,古今忠孝之士,非愚不能成。而世之身没而名不传者,又何多也? 悲夫!(《虞初新志·赵希乾传》)

(4) 呜呼,蠹兮!秉虫之性而不集于膻,得鱼之名而不跃于渊。(《谐铎·祭蠹文》)

2. 表示"慨叹(哀叹)"类情绪。例:

(1) 呜呼!哀哉!君人者千岁而不觉也。(《荀子·王霸》)

(三) 呜呼噫嘻

"呜呼噫嘻"在此看作叹词"呜呼"和"噫嘻"连用固化形式,其意义概括为两类。

1. 表示"慨叹(喟叹)"类情绪。例:

(1) 呜呼噫嘻,予诚愧于明哲保身兮,岂效匹夫而自经。(《高坡异纂》卷下)

(2) 大声叱曰:去。呜呼噫嘻!草上之人,卒为完人也。(《淞滨琐话·

龚蒋两君佚事》)

(3) 呜呼噫嘻！庸耳俗目之流,殆不足谓天地之大,四海九州之广。(《萤窗异草·序》)

2. 表示"慨叹(悲叹)"类情绪。例:

(1) 呜呼噫嘻！命苟至于斯,亦予心之所安也。(《高坡异纂》卷下)

(2) 呜呼噫嘻！一死其何之兮,念层闱之重伤也。(《高坡异纂》卷下)

(3) 呜呼噫嘻！大化屈伸兮,升降飞扬。(《高坡异纂》卷下)

(四) 呜呼哀哉

"呜呼哀哉"是混分性情绪结构"呜呼哀哉"固化后一步步叹词化的结果(夏凤梅、郭攀,2017)。叹词化之后,功能相当于一般叹词,主要表示"慨叹(哀叹)"类情绪。例:

(1) 奈何程妹,於此永已。死如有知,相见蒿里。呜呼哀哉！(《陶渊明集·祭程氏妹文》)

(2) 奋诚谏而烬躯兮,道危言以衅锋。呜呼哀哉！呜呼哀哉！(《见只编》卷中)

(五) 都

"都",表示"慨叹(赞叹)"类情绪。例:

(1) 驩兜曰:"都！共工方鸠僝功。"(《尚书·尧典》)"都",《十三经注疏·尚书正义》:"於,叹美之辞。"认为其表义同于表赞美义的"於"。

(2) 益曰:"都。帝德广运,乃圣乃神,乃武乃文。皇天眷命,奄有四海,为天下君。"(《尚书·大禹谟》)

(3) 皋陶曰:"都！慎厥身修,思永。惇叙九族,庶明励翼,迩可远、在兹。"(《尚书·皋陶谟》)

(4) 皋陶曰:"都！在知人,在安民。"(《尚书·皋陶谟》)

(5) 皋陶曰:"都！亦行有九德;亦言其人有德,乃言曰:载采采。"(《尚书·皋陶谟》)

(6) 禹拜曰:"都,帝！予何言? 予思日孜孜。"(《尚书·益稷》)

(六) 咨

文言叹词"咨"共现 27 次。频次不高,但表义复杂。在此将其意义统括为三类。

1. 表示"慨叹(赞叹)"类情绪。例:

(1) 帝曰:"咨！汝二十有二人,钦哉！惟时亮天功。"(《尚书·舜典》)

(2) 文王曰:咨！咨女殷商。曾是疆御,曾是掊克,曾是在位,曾是在服。(《诗经·荡》)

(3) 咨！可谓命世之大圣，亿载之师表者也。（《三国志·魏书》）

2. 表示"慨叹（喟叹）"类情绪。例：

(1) 尧曰："咨！尔舜！天之历数在尔躬，允执其中！四海困穷，天禄永终。"（《论语·尧曰》）

3. 表示原始动词性"呼告"义。例：

(1) 帝曰："咨！四岳！汤汤洪水方割，荡荡怀山襄陵，浩浩滔天。下民其咨，有能俾乂？"（《尚书·尧典》）

(2) 帝曰："咨！四岳！朕在位七十载，汝能庸命，巽朕位？"（《尚书·尧典》）

(3) 舜曰："咨！四岳！有能奋庸熙帝之载，使宅百揆，亮采惠畴？"（《尚书·舜典》）

(4) 帝曰："咨，四岳！有能典朕三礼？"（《尚书·舜典》）

（七）猗嗟

(1) 猗嗟昌兮，颀而长兮。（《诗经·齐风·猗嗟》）

(2) 猗嗟名兮，美目清兮。（《诗经·齐风·猗嗟》）

(3) 猗嗟娈兮，清扬婉兮。（《诗经·齐风·猗嗟》）

(4) 猗嗟明月，当心而出。（《西京杂记·卷四》）

(5) 故赠君扑满一枚。猗嗟盛欤！（《西京杂记》卷五）

文言中调查到的"猗嗟"就此 5 例，均表"慨叹（赞叹）"类情绪。

"猗嗟"有两个特征值得说明：

一是它出现在韵文性文本中，与"理性说明语"间没有添加标点。这类情况介于叹词与句首语气词之间。在此倾向于将其看作叹词。

二是它由叹词性"猗"与叹词性"嗟"连用固化而来。

（八）猗与

"猗与"与"猗嗟"表义相同，均为"慨叹（赞叹）"类情绪。例：

(1) 猗与漆沮，潜有多鱼。（《诗经·潜》）

(2) 猗与那与！置我鞉鼓。（《诗经·潜》）

（九）唉（已）

1. 表示"慨叹（喟叹）"类情绪。例：

(1) 知以之言也问乎狂屈。狂屈曰："唉！予知之，将语若。"（《庄子·知北游》）

(2) 曰："唉！竖子不足与谋。夺项王天下者，必沛公也，吾属今为之虏矣。"（《史记·项羽本纪》）

(3) 母意甚不自安，而女不厌其秽。母曰："唉！安得新妇如儿，而奉老

身以死也！"(《聊斋志异·侠女》)

(4) 唉！汝何时又长此烦恼丝耶？(《淞滨琐话·纪四大和尚》)

《尚书》"唉"又作"已"。如下：

(1) 已！予惟小子，若涉渊水，予惟往求朕攸济。(《尚书·大诰》)

(2) 已，予惟小子，不敢替上帝命。(《尚书·大诰》)

(3) 已，汝乃其速由兹义率杀。(《尚书·康诰》)

(4) 公曰："已！汝惟冲子，惟终。"(《尚书·洛诰》)

《古代汉语虚词通释》将这些叹词用法的"已"归入语气词"已"，我们认为处理为叹词较好，毕竟句法位置和停顿时长同语气词均有别。《古代汉语虚词词典》中引《词诠》："已，叹词，古音当读如'唉'．"并注明"已"是假借字，用在句首表示感叹，译作"呵"。我们认同"已"与"唉"的这种关系。查郭锡良《汉字古音手册》，上古音中，"已"余母之部，"唉"影母之部。二者主要元音相同，都是"ə"，具备假借的条件。另外，二者意义亦基本相同，均表"慨叹(喟叹)"类情绪。

2. 表示"慨叹(哀叹)"类情绪。例：

(1) 可望曰："唉！起营时，尸不知何在，想为犬豕啖矣，何从觅？"(《虞初新志·卷二》)

(十) 嗟

《古代汉语虚词词典》将"嗟"义概括为招呼对方，伤感、惋惜之情，或者惋惜的悲叹。何金松《虚词历时词典》指出，"嗟"表示感慨、伤痛时译作"唉"，表示呼令时译作"喂"，表示喝令时译作"啐"。经综合考察，在此将"嗟"义概括为四类。

1. 表示"慨叹(喟叹)"类情绪。例：

(1) 父曰：嗟！予子行役，夙夜无已。(《诗经·陟岵》)

(2) 举曰："田单之爱人！嗟，乃王之教泽也！"(《战国策·齐策》)

(3) 嗟！死于此窟者多矣！(《萤窗异草·色都》)

2. 表示"慨叹(赞叹)"类情绪。例：

(1) 嗟嗟烈祖！有秩斯祜。(《诗经·烈祖》)

(2) 嗟嗟兮悲夫，殽乱兮纷挐。《楚辞·悼乱》

(3) 嗟嗟！士人著进贤冠，为南面贵人，可谓荣矣！(《虞初新志》卷二十)

3. 表示"慨叹(伤感)"类情绪。例：

(1) 嗟，嗟！谁无父母，而顾使传孝子者，仅一尹兰也！(《谐铎·雏伶尽孝》)

63

4. 表示呼告类原始动词义。例:

(1) 王曰:"嗟! 我友邦冢君,御事、司徒、司马、司空、亚旅、师氏、千夫长、百夫长、及庸、蜀、羌、髳、微、卢、彭、濮人。称尔戈,比尔干,立尔矛,予其誓。"(《尚书·牧誓》)

(2) 公曰:"嗟! 人无哗,听命! 徂兹淮夷、徐戎并兴,善敹乃甲胄,敿乃干,无敢不吊。"(《尚书·费誓》)

(3) 公曰:"嗟! 我士! 听无哗! 予誓告汝群言之首。"(《尚书·秦誓》)

(4) 黔敖左奉食,右执饮,曰:"嗟,来食。"(《礼记·檀弓下》)

(十一) 嗟乎(嗟来)

"嗟乎"为叹词"嗟"和语气词"乎"连用的固化形式,使用频率较高,其义概括为两类。

1. 表"慨叹(伤感)"类情绪。例:

(1) 苏秦曰:"嗟乎! 贫穷则父母不子,富贵则亲戚畏惧。人生世上,势位富贵,盖可忽乎哉!"(《战国策·秦策》)

(2) 宣王曰:"嗟乎! 君子焉可侮哉,寡人自取病耳! 及今闻君子之言,乃今闻细人之行,愿请受为弟子。且颜先生与寡人游,食必太牢,出必乘车,妻子衣服丽都。"(《战国策·齐策》)

(3) 客具报,王大骇曰:"嗟乎! 淳于生诚圣人也! 前淳于生之来,人有献龙马者,寡人未及视,会生至。后来,人有献讴者,未及试,亦会生至。寡人虽屏左右,私心在彼。"(《论衡·知实篇》)

(4) 读之,垂泣曰:"嗟乎! 郎尚不余谅也。"(《剪灯余话·连理树记》)

2. 表示"慨叹(喟叹)"类情绪。例:

(1) 嗟乎,将来之学者,虽当以求师为务,亦不可以不详择为急也。(《抱朴子·内篇》)

(2) 嗟乎,仙才之难得也!(《玄怪录·卷一》)

(3) 嗟乎! 未知生乐,焉知死悲? 憾促欢淹,无乃非达?(《虞初新志·小青传》)

又,《庄子》中出现了2例"嗟来"。例:

嗟来桑户乎。嗟来桑户乎。而已反其真,而我犹为人猗!(《庄子·大宗师》)

陈鼓应《庄子今注今译》将其归入"嗟乎",作为"嗟乎"的变体(陈鼓应,1983:193)。我们认同这种观点,并将其义进一步细化为表示"慨叹(喟叹)"类情绪。

(十二) 嗟夫

"嗟夫"是叹词"嗟"与语气词"夫"连用的固化形式。其表义同于"嗟乎",而且,出现时间存在着明显先后关系。"嗟乎"见于先秦,"嗟夫"则晚至唐代才见到。二类义具体如下:

1. 表"慨叹(伤感)"类情绪。例:

(1) 视方三拜之登科,又逊一筹矣。嗟夫!(《谐铎·扫帚村钝秀才》)

2. 表示"慨叹(喟叹)"类情绪。例:

(1) 嗟夫!我与君同年登第,交契素厚。今日执天宪,耀亲友。而我匿身林薮,永谢人寰,跃而吁天,挽而泣地,身毁不用,是果命乎?(《宣室志·李徵化虎》)

(2) 嗟夫!任智数者,君子所不为也。世谓丁晋公、乏冀公皆任智数,如老人之言,则晋公又出冀公之上矣。(《邵氏闻见录》卷七)

(4) 嗟夫!宋之亡也,非有桀纣之恶,特以始之以拘留使者,肇天兵之兴,终之以误杀使者,激世皇之怒耳。(《南村辍耕录·平江南》)

(十三) 吁(于)嗟

"吁嗟"是叹词"吁"或其异体形式"于"与"嗟"连用的固化形式。其表义较为灵活,大致统括为四类。

1. 表示"慨叹(赞叹)"类情绪。例:

(1) 麟之定,振振公姓,于嗟麟兮。(《诗经·麟之趾》)

2. 表示"慨叹(喟叹)"类情绪。例:

(1) 于嗟女兮!无与士耽。(《诗经·氓》)

3. 表示"慨叹(哀叹)"类情绪。例:

(1) 而伯夷、叔齐耻之……。及饿且死,作歌。其辞曰:"……于嗟徂兮,命之衰矣!"(《史记·伯夷列传》)

4. 表示"慨叹(伤感)"类情绪。例:

(1) 吁嗟!自古名妓,必得文人为之标榜,庶可享盛名,傲侪辈;美人词客,共著芳声。(《夜雨秋灯录·郑素琴小纪》)

(2) 吁嗟!虎师知虎之死于井中,不知己亦殉于阱外也!(《虞初新志·湖壖杂记陆次云云士本书》)

(十四) 吁嗟乎

"吁嗟乎"是"吁嗟"与语气词"乎"连用的固化形式,义与"吁嗟"类同。

1. 表示"慨叹(赞叹)"类情绪。例:

(1) 彼茁者葭,壹发五豝,于嗟乎驺虞!(《诗经·驺虞》)

2. 表示"慨叹(喟叹)"类情绪。例:

(1) 吁嗟乎,人之有生。孰有常存天地间而不死者哉?(《效颦集·续宋丞相文文山传》)

(2) 吁嗟乎,王公! 吁嗟乎,王公! 荫及子孙富贵通。(《夜雨秋灯录·一声雷》)

3. 表示"慨叹(哀叹)"类情绪。例:

(1) 吁嗟乎! 人妖异路炭与冰,尔胡肆暴先侵陵?(《阅微草堂笔记·点穴》)

(2) 吁嗟乎! 无为祸首兹可惩。(《阅微草堂笔记·点穴》)

(十五) 吁哉

"吁哉"是叹词"吁"与语气词"哉"连用的固化形式,仅宋元时期1例,表"慨叹(喟叹)"类情绪。例:

(1) 后王铎为都都统,袭此也,吁哉!(《南部新书·丙》)

(十六) 唏哉

(1) 予有句云:"习化全家怜绿鬓,离难片刻笑华颠。财消功耗犹闻可,忍变膏腴再易田。"唏哉!(《三异笔谈·鸦片》)

"唏"当是"嘻"的异体。鲁迅《而已集·再谈香港》"吉人自有天相,伏园真福将也! 而我的华盖运却还没有走完。噫吁唏"中"唏"一作"嘻"。

"唏哉"是叹词"唏"和语气词"哉"连用的固化形式,表"慨叹(哀叹)"类情绪。

(十七) 噫嘻

"噫嘻"是叹词"噫"和"嘻"连用的固化形式,大致表示三类意义。

1. 表示"慨叹(赞叹)"类情绪。例:

(1) 噫嘻成王,既昭假尔。(《诗经·噫嘻》)

2. 表示"慨叹(喟叹)"类情绪。例:

(1) 噫嘻,亦太甚矣先生之言也! 先生又恶能使秦王烹醢梁王?(《史记·鲁仲连邹阳列传》)

(2) 噫嘻! 子不语怪,恐惑人也。若淑贞之事,怪耶非耶?(《虞初新志·会仙记》)

(3) 噫嘻! 钱塘江上画船风景,诚不数珠海灯痕,秦淮月色也。(《淞滨琐话·画船纪艳》)

(4) 噫嘻,非哉! 倩女久成兰麝土,呜乎! 朽矣!(《萤窗异草·酒狂》)

3. 表示"慨叹(悲叹)"类情绪。例:

(1) 士君子生有奇才,而急于自荐者,皆二娘之流也。噫嘻,悲哉!(《夜雨秋灯录·卓二娘》)

(2) 言已，堉乃大悟，曰："噫嘻，是仆之罪也!"（《萤窗异草·冯堉》）

(3) 噫嘻，既作沾泥之絮，复为落溷之花。如薛林者，亦可悲也夫。（《秦淮画舫录·高薛林》）

（十八）呵₁

(1) 这几日神思不安，呵! 不知有甚事?（《新校元刊杂剧三十种·地藏王证东窗事犯》）

(2) 呵! 谁无个老父? 谁无个尊君? 谁无个亲爷?（《新校元刊杂剧三十种·闺怨佳人拜月亭》）

"呵"，《虚词历时词典》认为它表惊讶，可译作"啊，咳"。我们认为其主要表示"慨叹（伤感）"类情绪。分析以上 2 例"呵"的出现语境，发现它出现时蕴含的心理状况是心中有数，这种情况下的情绪概括为"惊讶"有些勉强。

（十九）哎(嗳)

"嗳"是"哎"的异体形式。"哎"，主要表示"慨叹（喟叹）"类情绪。例：

(1) 哎! 为甚恁这五陵人，把俺这等嗺交易难成?（《新校元刊杂剧三十种·诸宫调风月紫云庭》）

(2) 今日个人都讲，若有举鼎拔山的霸王，哎，汉高呵你怎敢正眼儿把韩侯望。（《新校元刊杂剧三十种·尉迟恭三夺槊》）

(3) 嗳，却是王大哥。多时不见，好么? 好么? 你这几个火伴，从那里合将来?（《原本老乞大》）

(4) 刘云道："嗳，不要与人争，只去与命争。"（《警世通言》第十五卷）

(5) 凤姐道："嗳! 往苏杭走了一趟回来，也该见些世面了，还是这么眼馋肚饱的。"（《红楼梦》第十六回）

（二十）嗨(咳、嘻)

"嗨"主要表示两类情绪义。

1. 表示"慨叹（伤感）"类情绪。例：

(1) 我暗约，慢慢的想度，嗨，刮马似三十年过去了。（《新校元刊杂剧三十种·尉迟恭三夺槊》）

2. 表示"愤怒（不平）"类情绪。例：

(1) 须是你药杀他男儿交带累他妻，嗨!（《新校元刊杂剧三十种·张孔目智勘魔合罗》）

"咳"可看作"嗨"的异体，多表示"慨叹（伤感）"类情绪。例：

(1) 咳，低银我也没，我的都是细丝官银。（《原本老乞大》）

(2) 妈妈道："咳! 那一件不做过?"（《初刻拍案惊奇》卷三十四）

(3) 荆公道："咳! 道不得个'恭敬不如从命'了!"（《警世通言》第三卷）

"嗐"亦可看作"嗨"的异体,亦多表示"慨叹(伤感)"类情绪。例:

(1) 忽听雯青……道:"嗐,哪世里的冤家!"(《孽海花》第二十三回)

(二十一) 嗯

"嗯"明清时期才出现,主要表示三类意义。

1. 表示"慨叹(喟叹)"类情绪。例:

(1) 县官道:"嗯,你这么个人,难道连个'重赏之下,必有勇夫'也不知道吗?"(《儿女英雄传》第十一回)

2. 表示"嫌恶(不满)"类情绪。例:

(1) 老爷道:"嗯,这是甚么话!"(《儿女英雄传》第十三回)

3. 表示"惊奇(惊讶)"类情绪。例:

(3) 邓九公听了,歪着头想了一会,道:"嗯,谁?"(《儿女英雄传》第十五回)

(二十二) 呃[e^{51}]

表"慨叹(喟叹)"类情绪。例:呃! 你还真慢啊!

(二十三) 咳[xai^{55}](嗐[xai^{51}])

1. 表"慨叹(伤感)"类情绪。例:咳! 我怎么这么糊涂!

2. 表"惊奇(惊异)"类情绪。例:咳! 真有这种怪事!

3. 表"慨叹(悔恨)"类情绪。例:嗐! 我当初真不该这么做!

第三节　相关问题的讨论

一、叹词历层发展的基本态势

情理交融性情绪思维层次叹词较单纯性情绪思维层次叹词有了较大的发展,发展主要概括为三方面态势。

(一) 创记方法发展的基本态势

创记方法包括生成和记录两方面的方法。

1. 叹词生成方法发展的基本态势是由借音至转化

沿着可作为汉语历层研究次位视角的汉语历史性视角总体说来,文言和古白话叹词的生成主要用的是借音法,转化法自觉不自觉地使用并不普遍。相比较而言,发展至现代汉语中,转化法成为主流。上及现代汉语诸叹词中,除"哈""吓""呃"之外,其他全为转化而来。关于借音和转化,这里集中作些说明。

借音,是借用人或动物所发出自然音以表示与自然音相应的人所怀有情绪的方法(董为光,1997),它是生成语词的一种最为原始的方法。文言和古白话系统中的叹词字形绝大多数皆从口。这种从口,是借音的一种间接反映,因为它实质上反映的是叹词与人或动物用"口"自然表现情绪之间的一种关系。有些非从口的叹词,也是由借音法所生成。如常见文言叹词"於",上古与"呜"音同:影母,鱼部,拟音[ɑ](郭锡良,1986:91)。与"呜"类似,它亦为借[ɑ]而来。

转化,是将表示理性义的词或短语形式转化为叹词的方法(刘丹青,2012)。据考察,文言和古白话中叹词化了的"呜呼哀哉"是经转化而生成的叹词中的代表。其转化所及内容分两个问题稍详细一些地阐述如下(夏凤梅、郭攀,2017):

A. "呜呼哀哉"的初始义

据调查,"呜呼哀哉"在先秦文献中即已出现,常作为句或短语层级语言单位独立使用。例:

(1) 昔先王受命,有如召公,日辟国百里,今也日蹙国百里。於乎哀哉!维今之人,不尚有旧!(《诗经·荡之什》)

(2) 鲁哀公诔孔丘曰:"天不遗耆老,莫相予位焉。呜呼哀哉,尼父!"(《礼记·檀弓上》)

据结构模式分析,此类初始性"呜呼哀哉"属语言范畴混分性情绪结构(郭攀,2014),表示一种由哀叹类情绪义和"悲哀"的理性义整合而成的混分性情理结构义。其中,"呜呼"表示混整的哀叹类情绪义。"哉",表示感叹性表述功能外,还对应性表示有分解了的哀叹类情绪义。"哀"则表示"呜呼"所分解出的理性义"悲哀",表示对"呜呼"所关涉现象或事件的总体评价。

"呜呼哀哉"的初始义,从可看作是其源头的言语范畴混分性情绪结构"呜呼……哀哉"上看得更为明显。因为"呜呼"与"哀哉"分隔开来了,"哀"对其前及现象或事件的评价性质表现较充分。源头性"呜呼……哀哉"例:

(1) 肆予冲人,永思艰。曰:呜呼! 允蠢鳏寡,哀哉!(《尚书·大诰》)

(2) 孔子曰:"参,今之君子,惟士与大夫之言之间也,其至于君子之言者甚希矣。於乎! 吾主言其不出而死乎! 哀哉!"(《大戴礼记·主言》)

值得注意的是,因时间过程与语言历层演化过程间的关系不是简单对应的(郭攀,2012b:7-44),所以,表示由哀叹类情绪义和"悲哀"的理性义整合而成的混分性情理结构义的"呜呼哀哉"秦代以后仍大量存在。这些"呜呼哀哉"与后起演化出其他意义诸"呜呼哀哉"在语例的判别上存在着一定难度。经考察,符合下述条件之一的即确认为表示初始义的"呜呼哀哉"。

a. 同其他韵句并列出现于韵文中且可较明显感知到"呜呼哀哉"内部二节奏的情况。二节奏意味着可析分为与其他韵句类似的两个部分,意味着情理结构的存在。例:

(1) 仁者不誓,岂约亲兮？既往不来,申以信兮。去彼昭昭,就冥冥兮。既下新官,不复故庭兮。呜呼哀哉,想魂灵兮！(《汉书·外戚传》)

(2) 人谁无死,惜乎材贤。已矣吾人,呜呼哀哉！(《宋史》卷四百五十八)

b. "哀"与现象或事件之间属评价与被评价关系。例:

(1) 哀哭之。此亦荣辱、安危、存亡之衢已,此其为可哀,甚于衢涂。呜呼哀哉！君人者千岁而不觉也。(《荀子·王霸》)

(2) 朕以孝平皇帝幼年,且统国政,几加元服,委政而属之。今短命而崩,呜呼哀哉！(《汉书·王莽传》)

(3) 前日探报陈妾被刘宗敏掠去,呜呼哀哉！今生不能复见。(《春冰室野乘》卷下)

c. 同"呜呼"呼应性使用,但所表内容较"呜呼"明显存在往评价方向推进的情况。例:

(1) 於戏！惟尔操履贞和,器业详敏,允膺列宿,勤睿克彰。及遘私艰,奄从毁灭。嘉尔诚孝,感于朕怀,莫酹有加,抑惟朝典。故遣使人,指申往命,魂而有灵,歆兹荣渥。呜呼哀哉！(《隋书》列传第三十七)

(2) 呜呼！德无不报,予敢忘于格言;魂而有知,尔尚钦于天命。呜呼哀哉！(《宋史》卷四百八十)

B. "呜呼哀哉"的叹词化

"呜呼哀哉"的叹词化是由其所表哀叹类情绪义和"悲哀"的理性义整合而成的混分性情理结构义至情绪义的一种演化。它是在句级单位性质未变的情况下,在言语环境作用下,"悲哀"义弱化的结果。

叹词化之后,"呜呼哀哉"表示哀叹类情绪义。但是,因同属独立使用,故形式上其与作为源头的混分性情理结构义的语例在判别上存在着一定难度。经考察,符合以下条件之一的语例即看作表示哀叹类情绪义的"呜呼哀哉"。

a. "呜呼哀哉"叠用。叠用的目的侧重情绪性强化,叠用加强了情绪性因素的比重,故将叠用类"呜呼哀哉"的表义确认为哀叹类情绪义。例:

(1) 今使使持节左中郎将杜琼,赠君丞相武乡侯印绶,谥君为忠武侯。魂而有灵,嘉兹宠荣。呜呼哀哉！呜呼哀哉！(《三国志·蜀书五》)

b. 同继续说明的理性内容之间话题出现了偏移。话题偏移了,意味着"哀"的评价功能弱化,情理结构义偏向于"情"。例:

(1) 孔子曰:<u>於呼哀哉</u>! 我观周道,幽、厉伤之,吾舍鲁,何适矣! 鲁之郊
禘,非礼也,周公其衰矣! ……[疏]"孔子"至"适矣"。○正义曰:此
明孔子叹意。前始发叹,末言自叹之意。子游有问,即随问而答。
答事既毕,故更述其所怀。"<u>於呼哀哉</u>"是伤叹之辞。言观周家文武
之道,以经幽、厉之乱伤,此礼仪法则,无可观瞻,唯鲁国稍可,吾舍
此鲁国,更何之适而观礼乎!(《礼记正义·礼运第九》)

(2) 闻其奏章,本拟急疾,而戊辰之日,上必不达。不达太上,则生民枉
死。<u>呜呼哀哉</u>! 实为五逆。(《弘明集》卷八)

"呜呼哀哉"叹词化了,性质上即由混分性情绪结构转化为叹词了。

2. 叹词记录方法发展的基本态势是由借形至承造

借形是借用音同音近之词记录用字进行记录的方法。借形和借音本质
上都是假借,只是所借对象不同。并且有意思的是,借音叹词往往为借形法
记录,故借形发展的基本态势与借音相应。

承造即承袭专门性新造字。据考察,承造与转化具有一定对应性。一方
面,转化而至叹词的记录方法基本皆是承造。即似"我的天""好家伙""去"
"晕"这类叹词,转化前,每个音节更多采用专门造字法进行记录,转化后,继
续沿袭了这种记录形式。另一方面,承造的发展态势与转化相应。

(二) 单位性质发展的基本态势

叹词单位性质的发展态势是通过单位内部各层面因素的发展态势综合
体现出来的,其所及层面主要有四:

1. 语法层面。发展的基本态势是由话轮独用至准组合使用。进一步细
化为:话轮独用—配合使用—准组合使用。几种使用情况,再进一步集中作
些说明。

话轮独用,指的是单独出现在话轮中,单独构成一个话轮。它是叹词最
原始形式,也是人类语言最早形式。例:

(1) 余:嗯。听见没有,听见没有? 这么会儿又琢磨着怎么占人便宜呢。
牛:咳!(《编辑部的故事·胖子的烦恼》)

(2) 李:哎唷诶。
牛:唷,回来了。我给你们沏点儿茶。解解乏。(《编辑部的故事·
捕风捉影》)

配合使用,指的是与"理性说明语"相互配合、由笼统至清晰地表义的一
种使用方式(郭攀,2018)。它的标志是叹词与"理性说明语"间有句级停顿,
书面上用句号、叹号、问号诸句级标点符号隔开。前及"都! 在知人,在安
民。"(《尚书·皋陶谟》)等就是这方面用例。

准组合使用,是类似一般语词的组合使用方式。他的标志是叹词与"理性说明语"间有略长的停顿,书面上常用词逗号等词级标点符号隔开。前及"咨,四岳!有能典朕三礼?"(《尚书·舜典》)等是用逗号隔开的用例。

2. **语义层面**。结合情理关系以及意义的层级特征观照,其基本态势可概括为词层级理性义渐多。这一点,从上述转化性叹词与时俱增,经转化而生成的叹词大多仍兼含有一定程度的词层级理性义上不难看出。

3. **语音层面**。发展的基本态势大致为词式音节化。它主要表现在同语法层面的发展相应的两个方面:

物理要素方面,伴随着叹词"话轮独用—配合使用—准组合使用"的态势,话轮独用所具有句性质的语气、口气方面内容渐失。这种渐失,落实到音节的物理要素上,就是音强、音长二要素在四大物理要素的整合形式中逐渐弱化,音节要素趋向于主要由音质和音高构成。

音位方面,文言叹词音节最初主要由"a;o;e;i;u"几个元音音位充任(郭小武,2000),较典型的转化所带来的元辅音音位较全的叹词"呜呼哀哉"也是六朝才出现的。而发展至现代汉语之后,叹词音节基本皆是元辅音音位完备形式。

4. **形体层面**。发展的基本态势大致为用字规范化。文言叹词记录用字不统一的表现以一个词9种记录形式的"呜呼"最为典型。伴随着社会对语言管理力度的逐渐加大,尤其至现代汉语阶段,记录用字基本规范化了。不过,这种规范也存在一定辩证性。主要表现为因单个叹词涵盖范围不统一而导致的书面形体不很规范。如"哎哟""哎呦"可整合为一个叹词,但《现代汉语词典(第5版)》还是分立为两个词,自然也就出现了两个不统一的形体。这种情况在方言口语性较强或刻意追求新异的文学作品中表现更加明显。还以"哎哟"为例,在王朔等《编辑部的故事》中至少就有"哎哟""哎唷""诶唷"等形式。例:

(1) 哎哟,啧啧啧啧,你瞅你们俩这是什么样子,这是!(《编辑部的故事·飞来的星星》)

(2) 余德利,快来看看,他们俩喝醉了。哎唷,胡说八道的。你看,你看。(《编辑部的故事·飞来的星星》)

(3) 诶,我喝醉酒说的话啊,你就自当没听见,诶唷,你可甭往心里去诶。我刚才怎么一点儿都想不起来,我,我们都说什么来着?(《编辑部的故事·飞来的星星》)

综合上述四层面叹词要素分析,叹词单位整体性质发展的基本态势当概括为较严格意义的词化。亦即由词句一体的原始语言单位向词句二分的词级单位的发展,由记录不甚规范的语词向较为规范的语词的发展。其中,上述语法、语义、语音三层面因素较充分地反映了单位大小上词化的发展态势,而形体层面因素则着重反映了词化程度上的发展态势。

(三) 系统发展的基本态势

比较第二章"浠水方言叹词系统"与上述叹词系统可知,二系统情绪类型基本都是完备的,不同的主要是单个词数。浠水方言叹词系统共有叹词 13 个,而上及叹词系统,则共有叹词 67 个。因此,叹词系统概貌发展的基本态势主要表现为叹词数的增多。

上述基本态势有必要进一步说明几点:

1. 比较的辩证性。单纯性情绪思维层次叹词系统因记录等原因难以全覆盖性概括,因而权宜性选取浠水方言叹词系统进行比较。但这种比较明显带有相对性。前者是口头叹词系统,后者是书面叹词系统。前者是一时一地较单纯的叹词系统,后者则是整合了文言、古白话、现代汉语三个汉语系统且混杂有不同地域成分的综合性叹词系统。这样,得出的结论也只能是大致的。

2. 基本态势还是一定程度说明了人们对情绪的认识越来越深入,对情绪义的表示越来越明晰的事实。

3. 基本态势还涉及考察视角问题。上述基本态势是从情绪类型视角考察的,如果从前及单纯度和发生途径视角进行考察,得出的结论将有所不同,而且,也极具参考价值。

总的说来,基本态势大致概括为:单纯度视角类叹词形式和发生途径视角次生叹词逐步出现,且在叹词系统中越来越重要。调查可知,一方面,比较以浠水方言叹词系统为代表的单纯情绪思维层次汉语叹词系统和上及情理交融性情绪思维层次汉语叹词系统不难发现,前者没有类叹词形式和次生叹词,而后者则存在大量"妈的""个婊子""嗨"等类叹词形式和"呜呼哀哉""我的天""我晕""哇噻"等次生叹词。另一方面,使用上,后者使用频率更高,尤其是在强程度情绪义的表示上。

进一步研究不难发现,同强程度副词演进的解释类似,上述叹词系统基本态势也是不难解释的。因为理性的增强,理性表示形式的增多,原生情绪形式已较难适应理性思维层次情绪义表示的需要,难以充分表示出新的情境下情绪义的强度,故客观上需要同新情境相适应的新的叹词形式来表义。

二、渊源关系

据考察,情理交融性情绪思维层次叹词当源于单纯性情绪思维层次叹词。

理论上讲,上述渊源关系是成立的。据语言起源感叹说,汉语起源于叹词,后续诸类词都是在叹词基础上演化而来的(郭攀,2016)。分析可知,后续诸类词与叹词间的发展关系主要表现为理性义和组合功能的从无至有、由少至多。比照这种发展关系对情理交融性情绪思维层次叹词与单纯性情绪思维层次叹词之间的关系进行考察不难发现,二者间也是这样一种发展关系。由此,将研究视角转移至渊源关系方面后不难得出结论:情理交融性情绪思维层次叹词源于单纯性情绪思维层次叹词。

现实中,上述渊源关系也可找到不少依据。

(一) 前述二层次叹词各层面特征上表现出的现实联系

情理交融性情绪思维层次叹词之于单纯性情绪思维层次叹词,语音、语法和语义诸特征极为接近且呈前后理性词化发展态势。即"各物理要素并用—侧重音质、音高二要素""话轮独用—配合使用、准组合使用""笼统情绪义—蕴含理性内容的混整性情绪义"。不难看出,二者诸特征内在渊源关系极为明显。

(二) "理性说明语"内部不断清晰的递进性说明体现出的清晰化态势和先后生成关系

分析《庄子·养生主》"文惠君曰:'嘻,善哉! 技盖至此乎?'"中的理性说明可知,"理性说明语"先是笼统的性状说明"善哉",然后是对"善哉"语义内容逐步清晰的递进性说明"技盖至此乎"。这种说明,具有明显的清晰化态势。类似的用例还不少。例:

(1) 猗嗟昌兮,颀而长兮。(《诗经·猗嗟》)

(2) 二人相视而笑,曰:"嘻,异哉! 此非吾所谓道也。"(《庄子·让王》)

(3) 呜呼! 哀哉! 君人者千岁而不觉也。《荀子·王霸》

(4) 呜呼,蠹兮! 秉虫之性而不集于膻,得鱼之名而不跃于渊。(《谐铎·祭蠹文》)

(5) 吁,可悲也! 妇女化蛇,然亦有之。(《南部新书·己》)

(6) 而日所取偿于桂生者,曾不足为道途丧葬之费。吁! 亦悲矣夫!
(《觅灯因话·卷一》)

这种情况今现实生活中亦并不鲜见。如一个凉爽的早晨,某人有所感且欲抒发时,往往自觉不自觉地"啊"一声,并畅快地哼上几句小曲。若旁边有人且有交际意向时,就会如下表达:"啊,真舒服啊!"而欲嫌这样表达还不够清晰时则会进一步补充说明式追加表述内容,整体表达为:"啊,真舒服啊! 今天早晨的天气真舒服啊!"

　　以上这种清晰化态势,大致统括为"笼统的理性说明—逐步清晰的递进性说明"。

　　进一步分析可知,"理性说明语"内部的递进性说明,在体现出了清晰化态势的同时,也明确体现出了现实上的先后生成关系,即"逐步清晰的递进性说明"承继"笼统的理性说明"而生成。

　　上述"理性说明语"内部不断清晰的递进性说明体现出的清晰化态势和先后生成关系,表面看来,是孤立的"理性说明语"部分的内容,但是,因为"理性说明语"与叹词间存在着说明与被说明间的关系,二层次叹词与递进性说明语所表意义共同构成了一个体现清晰化态势和先后生成关系的链条,即"笼统情绪义—蕴含理性内容的混整性情绪义—笼统的理性说明—逐步清晰的递进性说明",而链条的整体特性对其中具体环节的特性可以起到说明作用,所以,"理性说明语"内部不断清晰的递进性说明体现出的清晰化态势和先后生成关系亦可一定程度地对前述二层次叹词间的渊源关系进行说明,亦可作为前述二层次叹词间渊源关系的现实依据。

第四节　原始指代词、原始动词

　　同情理交融性情绪思维、单纯性情绪思维二层次叹词间的关系相似,原始指代词、原始动词也区分为两个层次。本节附及其中情理交融性情绪思维层次原始指代词和原始动词。

　　基于以下两方面原因,在此仅对情理交融性情绪思维层次原始指代词、原始动词的语言事实作些列举和说明。一方面,二层次原始指代词、原始动词基本特征间的关系、历层发展关系均与二层次叹词相应内容间的关系类似。另一方面,因种种原因,已知原始指代词、原始动词数量均较有限,难以进行系统性概括。

一、原始指代词的事实

　　据调查,这方面的事实所见较少。其中,共同语中常见一些的原始指代词有"那""喏"等。例:

　　(1) 齐凌云　那,哼,还真不好办呢!(老舍《女店员》)

　　(2) 诶,那,合着你们这儿也都是蒙事。《编辑部的故事·胖子的烦恼》)

　　(3) 李:就说,王师傅让我留下了。

　　　　余:那,理由呢?《编辑部的故事·胖子的烦恼》)

(4) 还没呢！啊,你们看看,啊。看看,这上边儿写的是什么呀？什么当代的陈世美呀？ <u>那</u>,当今的秦香莲呢？(《编辑部的故事·谁是谁非》)

(5) 李:这没想到。

    戈:<u>那</u>,她家里还有什么人吗？(《编辑部的故事·歌星双双》)

(6) 秋谷见他和了这样一副大牌,又有三张中风,诧异起来,连忙把自己的牌摊出一看,见白板依然不动,中风却少了一张,方才晓得误发了一张中风,致被辛修甫和了一副倒勒,忍不住哈哈大笑道:"我真是有些昏了,你们来看,<u>喏</u>,一对中风竟会打了一张出去,被他和了这样一副大牌,你说可笑不可笑!"(张春帆《九尾龟》第二十九回)

(7) "大家听呀! 本老板是中国人,你们也是中国人,中国人要帮中国人! 你们来干么？ 要我开工! 对啦,厂不开工,你们要饿死,本老板也要饿死! 你们不要吵闹,我也要开工。谢谢老天菩萨,本老板刚刚请到两位财神爷——<u>喏</u>,坐在厢房里的就是! 本老板借到了钱了,明天就开工!"(茅盾《子夜》)

(8) "就在王家磨儿子哩! <u>喏</u>!"她用手指一指左手边一个青葱的林盘。(沙汀《母亲》)

共同语之外,各方言中都不同程度地存在一些情理交融性文明层次汉语原始指代词的事实。更概括地讲,单纯情绪思维层次汉语中出现的原始指代词,也出现于情理交融性文明层次汉语。部分同单纯情绪思维层次汉语原始指代词对照的语例。

浠水方言中"呗儿"的语例。

(1) <u>呗儿</u>,那不是。

(2) 还冇看到哇,<u>呗儿</u>,那石头下面。

广州话中"呢"和"嗱"的语例(陆镜光,2005)。

(1) <u>呢</u>,只雀仔喺嗰度啊! (看,鸟在那儿啊!)

(2) <u>嗱</u>,戴眼镜嗰个咪阿明啰! (看,戴眼镜那个不就是阿明吗!)

临湘方言"喝""喋"的语例(李婵,2018)。

(1) 他冇问题,<u>喝</u>,够不是考上哒。(他没有问题,看,这不是考上了。)

(2) <u>喋</u>,5路车刚走。(看,5路车刚走。)

另外,据调查,台湾、福建、广西等地存在着"主体表述＋这样子"的表达习惯,其中的"这样子"亦可看作原始指代词。转引杨海明、鲁小龙《谈台湾口语词"这样子"》例(杨海明、鲁小龙,2016):

(1) 然后,他们觉得因为自己已经很不好了,然后他就不希望朋友跟着自己这样子,然后他就会希望说你好好念书,这样子。

(2) 如果我觉得我不要的话,我就会先跟你讲,说我不可能会帮你写,这样子,我不会写你的坏话,就这样子。

因原始动词和原始指代词间亦存在交织关系,故语言事实中还存在一类兼具指代和"召唤"类行为的原始代兼动类词。如以下"嗟、喏"。例:

(1) 黔敖左奉食,右执饮,曰:"嗟! 来食。"(《礼记·檀弓下》)

(2) 仁贵哈哈大笑说:"若果是樊哙留得古载,方是我薛仁贵用的器械也! 快些领我去看来。"员外与庄汉领了仁贵同进柴房,说:"喏,客官,这一条就是。"(无名氏《说唐后传·第二十一回》)

二、原始动词的事实

相对而言,原始动词的数量和出现频率都要比原始指代词多。其中,表现在次位类型上,绝大多数原始动词仍是与单纯性情绪思维层次汉语类似的呼应类原始动词。口语例略,书面语中较典型语例如:

(1) 猷! 告尔多士,予惟时其迁居西尔。(《尚书·多士》)

(2) 孔子曰:"诺,吾将仕矣。"(《论语·阳货》)

(3) 信曰:"唯,然! 往冬时,为王使于楚,……至今不可以见寒。"(《史记·扁鹊仓公列传》)

(4) 太史公曰:"唯唯,否否,不然。"(《史记·太史公自序》)

(5) 李四说:"喂,你把咱们的绳杠也带来,这得俩人抬呀!"(《儿女英雄传·第四回》)

(6) 哎唷,好,好。喂喂,喂,诶,老何,我们头儿刚才说了,哦,希望能去您哪儿拜访,您看……,噢,好,没问题啊? 好,好。您看什么时候儿去啊? 下午,诶,好,可以可以。诶,好。诶,不用不用,我们自己去啊,不用,不,不麻烦了。我们……,哎呀,一定要接啊。那好,您看……,啊,下午两点,我们等着。诶诶,好。诶,再见,诶诶,下午见。下午两点他们来个面包接咱们。(王朔等《编辑部的故事·侵权之争》)

相对而言,驱使类"来""去"等亦是较为常见的原始动词。包括与叹词同形的原始动词形式。书面语例:

(1) 王曰:吁! 来,有邦有土,告尔祥刑。(《尚书·吕刑》)

(2) 子犁往问之,曰:叱! 避! 无怛化!(《庄子·大宗师》)

(3) 或夜冥不见鸟,鸟亦知人不见,便鸣唤曰:"咄,咄,上去。"明日便宜急上。"咄,咄,下去。"(《搜神记·卷十二》)

(4) 道真曰："去,去! 无可复用相报。"(《世说新语·任诞第二十三》)

(5) 滚! 永远别再教我瞧见你,上他妈的这儿找便宜来啦,啊?(老舍《骆驼祥子》)

(6) 再高一点,那角高一点。哎,走走,再坚持一下。这,这就到了。留神这框啊,慢点儿,慢点儿。(《编辑部的故事·甜蜜的腐蚀》)

(7) 诶诶,等会儿,等会儿,等会儿,来来,来,润润嗓子。(《编辑部的故事·侵权之争》)

参考文献:

陈鼓应 1983 《庄子今注今译》,中华书局。

陈 蕾 2018 《古白话叹词系统的历时考察》,华中师范大学硕士论文。

董为光 1997 《话说"音义初始"》,《语言研究》第 1 期。

郭 攀 2012a 《叹词语气词分类方面存在着的问题》,《宁夏大学学报》第 5 期。

郭 攀 2012b 《汉语历层研究纲要》,北京师范大学出版社。

郭 攀 2014 《叹词、语气词共现所标示的混分性情绪结构及其基本类型》,《语言研究》第 3 期。

郭 攀 2015 《汉语叹词定位的历层模式》,《澳门语言学刊》第 1 期。

郭 攀 2016 《汉语起源"叹词说"的历层证明》,《华中学术》第 2 期。

郭 攀 2017 《论语义的跨层潜含》,《澳门语言学刊》第 2 期。

郭 锐 2002 《现代汉语词类研究》,商务印书馆。

郭锡良 1986 《汉字古音手册》,北京大学出版社。

郭小武 2000 《"了、呢、的"变韵说》,《中国语文》第 4 期。

刘丹青 2012 《实词的叹词化和叹词的去叹词化》,《汉语学习》第 3 期。

李 婵 2018 《湖南临湘方言叹词研究》,华中师范大学硕士论文。

李先银 2013 《表达祈使的"去"在对话语境中的主观化和叹词化》,《世界汉语教学》第 2 期。

陆镜光 2005 《汉语方言中的指示叹词》,《语言科学》第 6 期。

孙良明 1995 《关于建立古汉语教学语法体系的意见》,《中国语文》第 2 期。

肖丽华 2011 《现代汉语叹词研究》,汕头大学硕士论文。

夏凤梅 郭 攀 2017 《"呜呼哀哉"的情绪化和理性化》,《语言研究》第 2 期。

杨海明 鲁小龙 2016 《谈台湾口语词"这样子"》,《汉语学报》第 1 期。

臧晶晶 2013 《说"哏"》,《青年文学家》第 11 期。

张银霞 2018 《文言叹词系统的发展》,华中师范大学硕士论文。

第四章　情理交融性情绪思维
层次汉语衬词系统

衬词兼属语言学、文学、音乐学诸学科,但因其层次的原始性、地位的衬辅性、所属学科的交叉性等原因而较少得到学界的关注,研究极不充分,尤其是语言学方面。

衬词也是一种分音节的声音表义符号,也是语言的一分子,而且对古今汉语言说语言有着不小的影响,故理应得到语言学的关注。本章拟从语言视角对衬词进行较为系统的研究,以弥补该方面现行研究中存在着的不足。

第一节　衬词的定义

衬词是语言学、文学、音乐学共有的术语。衬词的"衬",意义较为明确,"陪衬、辅助"的意思,但衬词的指称是什么,语言学中却没有严格意义的定义。基于此,以下拟通过对衬词所涉诸方面特征的系统考察,给出一个较为严格的定义。

一、本体语音、用字、语义、语法、语用诸层面基本特征

衬词本体的基本特征,分语音、用字、语义、语法、语用几个层面概括。所用语例,主要源自吕骥等《中国民间歌曲集成·江西卷》中用圆括号括了起来的衬词(吕骥等,1996),少部分为其他途径调查到的衬词。

(一)语音特征

1. 音节数

衬词音节数多少不一。例:

(1) 手扶犁弯(哟)鞭赶牛,(咳来)轻轻(呐哦咿咳)打来(哟咳格)慢慢
　　走。三犁(呀)当作(哎咳)两犁(哟)耕(哟嗬),(咳)两犁就把(哎)一
　　(呀)犁(呀)丢(哎),(咳格)管他(哟咳)东家(哎咳格)收不收(欧哦

咿）。(赣北民歌《手扶犁弯鞭赶牛》)

(2) 濛濛(个)雨子(是)不离(个)天,麻雀(个)不离(哟)瓦檐(个)边,燕子(个)不离(是)高粱(个)沿,老妹(个)不离(哟)郎身(个)边。(赣南民歌《老妹不离郎身边》)

(3) 春有(呐)桃花(嘞)红(呀)火(呐)旺(呐也),夏有(呀)荷花(来就)满池(呐)塘(呀)(咿呀咿呀哎呀咿子哪咿哟)。

秋有(呐)桂花(嘞)香(呀)四(呐)海(呐也),冬有(呀)梅花(来就)斗雪(呐)开(呀)(咿呀咿呀哎呀咿子哪咿哟)。(赣西民歌《四季花开》)

一个单个衬词,音节数少的只有 1 个音节。(2)中"个""哟""是"等就是这样。音节数多的可在 5 个音节及以上。(3)中"咿呀咿呀哎呀咿子哪咿哟"多达 11 个音节。音节数多少不一有时较明显地反映在一首民歌中。如(1)中"哟""哎咳""哟咳格""呐哦咿咳"分别是 1 个音节、2 个音节、3 个音节、4 个音节。

音节数多少,与衬词原生、次生类型有一定关系[①]。一般说来,原生衬词往往音节数较多,以上例中多音节衬词皆属原生衬词。

2. 语音的物理要素

依据人们实际上用到的歌唱语言、言说语言二分体系,衬词属于歌唱语言。其所属语言类型决定了它除注重音质、音高之外还注重音长和音强二物理要素。音强方面,一般是音乐学中所说的较轻的拍子。音长方面,则两个极端的表现都存在,亦即或极短,或极长。这种注重音强、音长的情况,前述赣南民歌《老妹不离郎身边》中"个"和"是"即较为典型,它们每字半拍,是音节轻而短的表现。相比较而言,以下 2 例中的衬词,则是音节时长普遍较长的表现。

(1) (啊喂)! 阿哥出门过广东,唱支(啊)山歌(哇)显威(呀)风(哟)。(赣南民歌《唱支山歌显威风》)

(2) 山歌(哇)爱唱花爱艳(啰),一世(啊)冇有(哇)两世(啊)命。(赣南民歌《山歌爱唱花爱艳》)

(1)中"啊喂"每字占时 2 拍,"啊"占时 3 拍,其他"哇""呀""哟"或占时 1 拍半,或 1 拍。总起来看,平均每字占时超过理性形式用字。(2)句中"哇""啊"每字均整齐的 2 拍,而其所陪衬的理性形式,均是整齐的每字半拍。

(二) 用字特征

因为单个衬词具有音质不定性、单个音节无对应指称义等原因,故人们往往未对其专门造字记录,而多借字以记录。借字的原则是所借之字音同、

音近即可。这样,在单个衬词具体记录过程中就往往出现了一单个衬词借用不同汉字进行记录的情况。例:

(1) 倒(哎)在(格)床(哎)边和衣(哎)睡(也),脚儿(那个)弯(哎)弯手(哎)枕(哎)头,我(哎)郎(个)冇(哎)回两眉(哦)愁。(赣北民歌《鼓打五更》)

(2)(哎呀嘞哎)! (我)日头一出(就)红彤彤,(格)来了个朱德(格)毛泽(哎)东(哦),(哎呀我都)千年铁树(就)开鲜花,你又几晓得我同志格,(我)工农(格)做了主人(噢嗬嗬)翁。(赣南民歌《日头一出红彤彤》)

(3)(哎呀嘞呃)! 唔得倕妹(就)听妹声(哦),唔晓老妹精唔(哦)精……?(哎呀嘞呃)! 倕哥唱歌(都)好声音(啰),实在老妹(就)听唔(哦)清。(赣南民歌《恋你唔到也甘心》)

(1)中"格"与"个"在赣南方言中音近,属于一个衬词两字记录。(2)(3)"哎呀嘞哎""哎呀嘞呃"中"哎""呃"均读[ɛ],分别借用2字记录[2]。这些使得衬词在记录上具有了用字不统一的特征。

(三) 语义特征

总体说来,衬词表示的是情绪义。进一步分开来讲,则有两类情况。

1. 表示较单纯情绪义。这里的情绪义,据考察,因与叹词义有着渊源关系,故总体上仍概括为前及八大类型意义(郭攀,2014a)。例:

(1) 正月逢春(哟哎就)树开(冇哎)花(啰哦),门前(嘞哎)黄雀(啰)叫喳(啰)喳(啰嗬)。(赣西民歌《正月逢春树开花》)

(2) 打只山歌进了冲(哦),冲里竹子几多根(哦),几多竹子坡上长(哦),几多竹子屋里生?(赣西民歌《打只山歌进了冲》)

例中"哟哎""哎""啰哦""嘞哎""啰嗬""哦"均表示"快乐(愉快)"类情绪,"啰"则表示"兴趣(热情)"类情绪。

在衬词中,还存在着一类具有较单纯和合功能的衬词,亦即较单纯和合唱词音流,使音与音之间过渡、衔接更加流畅、自然的衬词。如:

(1) 伤员们日夜盼望身健壮,为的是早(喂)早回前方。(现代京剧《沙家浜》选段《祖国的好山河寸土不让》)

(2) 毛主席党中央指引方向,鼓舞着我们奋(嘞)战在水乡。(现代京剧《沙家浜》选段《毛主席党中央指引方向》)

例中加括号的"喂""嘞"就是这类衬词。其中,"喂"是为了和合"早早"间生硬的复叠关系,使音流内部衔接变得柔和。"嘞"是为了和合"奋战"间特别强调的方式与行为间的过渡关系,使强调、突出的"奋"不至于突兀。

较单纯的和合功能,从逻辑意义的表达上分析,有一定羡余性质。上述
2例中的衬词在《沙家浜》唱词的言语形式中都没有,"喂""嘞"是本人在歌唱
形式的实录中加上去的。也就是说,歌唱形式转换成逻辑思维层次言语形式
是没有衬词的。和合功能的羡余性由此可见一斑。

那么,具有和合功能和逻辑上羡余性的衬词表示什么意义呢?据分析,
大致可归入兴趣类情绪。因为歌唱行为就是兴趣的表现。《毛诗序》云:"诗
者,志之所之也,在心为志,发言为诗,情动于中而形于言,言之不足,故嗟叹
之,嗟叹之不足,故咏歌之,咏歌之不足,不知手之舞之足之蹈之也。"由此可
见一斑。

2. 意义内容中主要表示的是情绪义,但同时又兼含有一定程度的理性
义。这种情况,反映在次生衬词方面。这些衬词由理性表示形式演化而来,
无论演化过程是否终结,都将一定程度地兼含有理性意义。分开来讲,这种
情况又大致可继续细分为两类意义。

A. 特定理性表示形式,为满足固有表达习惯而使用并因此而衬词化,衬
词化之后所表示的意义。语言发展至一定文明层次之后,受固有表达习惯影
响,在表义过程中,已有前文明层次部分理性表示形式仍不同程度地被沿用。
这些沿用形式,因在新的文明层次视野下具有一定羡余性质而衬词化。衬词
化之后,其表示的意义主要为情绪义,同时,原有理性义因并未完全丧失而一
定程度地兼含在情绪义之中。如以下例中"就""都""那个"。

(1)(啊喂)老妹送俚花手巾(啰),早晨洗面(就)夜洗身。(赣南民歌《永
    古千秋莫断情》)

(2)哥哥有疤(就)妹冇嫌,好比乱石(就)砌阶沿。好比八月(就)中秋
    饼,麻子在外(就)心中甜。(赣南民歌《哥哥有疤妹冇嫌》)

(3)山歌紧唱(就)心紧开(哦),井水紧舀(就)紧冇来(哦)。哥哥(都)好
    比(就)石灰样(哦),冇俚清水化唔开(哦)。(赣南民歌《冇俚清水化
    唔开》)

(4)正月里(来格)是新年(哟),灶下(那个)台上香肉连(哟)。(赣南民
    歌《正月里是新年》)

B. 特定理性表示形式,为满足取熟心理而被作为衬词使用,这类使用的
次生衬词所表示的意义。例:

(1)二十岁汉子(哎是)勤又(喂)勤(呐嘿嘿),(南康府喂哩嗨啰啲啲),
    (哩也嗨啰啲未嘿嘿)赶(呐)早(喂)南山(郎郎哩也)栽(也)麻根(呐
    也啰得)。

    正月十五(哎是)开园(呐)种(呃嘿嘿),(南康府喂哩嗨啰啲啲),(哩

也嗨啰嗬未嘿嘿)三(呐)月(也)十五(郎郎哩也)开(也)园锄(喂也啰得)。(赣北民歌《二十岁汉子勤又勤》)

(2) 十七十八(筛嘞)好唱歌(哟糯米筛嘞),二十七八(筛糯米呀米筛米呀)崽女多(嘞)。(赣南民歌《十七十八好唱歌》)

(3) 一(呀)杯(子)酒(呀啰嗬咳)引(呀)郎(哩)来(呀啰嗬咳),双双(个)坐下(桃木李木槲木花儿啰嗬咳)小妹把酒筛(呀啦咿嗬咳)。(赣西民歌《小妹妹把酒筛》)

(1)中"南康府"、(2)(3)中"筛""糯米筛""筛糯米呀米筛米""桃木李木槲木花儿"均是上及次生衬词。它们均表示情绪义,但原本表示的理性义仍可一定程度地感受到,仍一定程度地兼含在情绪义之中。

关于此类情况,因所涉问题较多,故集中说明几点。

a. 这类次生衬词判定的依据主要是,同前后理性表示形式情绪类型一致,但逻辑上没有联系。如(1)中"南康府"与前后文除赞颂情绪一致之外,逻辑上没有一般行文间的联系。(2)(3)中"筛""糯米筛""筛糯米呀米筛米""桃木李木槲木花儿"与前后文间除快乐情绪一致之外,也缺乏基本的逻辑联系。

判定过程中值得注意的是,有的看似具有逻辑联系,其实不然。如赣北民歌《百合开花心里黄》:"百合开花心里黄(啰嗬嗬小妹郎呔咳咳),(百合呔哎咳小妹郎呔咳咳小妹郎呔咳)哪家看女养爹(呐嗬)娘(呵嗬嗬哦嗬嗬)。"括号中的"百合"似乎与首句能够联系起来。其实这只是表象。因为与首句发生逻辑关系的是"哪家看女养爹娘",而"百合呔哎咳"只是情绪性感叹的话题,属于情绪范畴,同首句不属于同一范畴,不具有严格意义上的逻辑联系。

b. 这类次生衬词生成的心理基础,可概括为取熟性选择。"熟"包括"熟悉""常用",指的是足以唤起待表情绪义诸可用理性表示形式中的熟悉性形式。取熟性选择,指的是在特定情绪控制下,自觉不自觉地选择与特定情绪具有对应关系的熟悉形式以宣泄情绪的一种选择。

c. 学界,尤其是音乐学界对这种兼含有不同程度理性义的情况存在着不同的解释。其中,大多数学者认为,此类次生衬词表示的仍是理性意义,其理性意义主要体现在它们的描摹功能上(宋大能,1958;肖艳萍,2011)。具体说来,有的描摹歌唱对象生活的环境。如四川名歌《豆芽葱蒜叶》:"大路边边嘛连哈栽南瓜嘛送郎我们回,我把那萝卜(黄瓜茄子海椒叶)当哟娃娃哟(豆芽葱蒜叶)。"又如赣北民歌《莲花落》:"此竹(喂)不是南(呐)山出(喂咳哟)南(嘞)山出(喂咳哟),西(呀)边山前长(呃)成竹(喂),(牡丹花,花开一朵芙蓉赛牡丹呐咳哟)。"有的描摹具体的情态。河曲民歌《割莜麦》"哥啦哥走在那些高山疙瘩上(唰哩唰朗)割莜麦,妹啦妹走在那些半山坡坡(蛤啦蟆蟆戒啦指指珊红珠珠银手镯镯唎铃铃铃唎啦啦啦)刨山药"中"唎哩唎朗"描摹割莜麦的声响,"蛤啦蟆蟆戒啦指指珊红珠珠银手镯镯唎铃铃铃唎啦啦啦"描摹妇女手上饰物的颜色、形状和摆动时发出的声音。又如赣南民歌《十七十八好唱歌》:"十七十八(筛嘞)好唱歌(哟糯米筛嘞),二十七八(筛糯米呀米筛米呀)崽女多(嘞)"中"糯米筛""米筛米""筛糯米"描摹赣南民间蒸过年酒、打黄元米果时的情景。如此种种,不一而足。

对此,我们认为这种解释值得商榷。其主要是因为这类词与前后文之间没有逻辑联系。如"筛""糯米筛""米筛米""筛糯米"插在"十七十八好唱歌""二十七八崽女多"之间,两类语言表达形式之间是什么逻辑关系呢?一个是"筛米""筛糯米"的劳动场景,一个是对十七八岁为唱歌的好年龄,到二十七八岁时就没有时间和心情唱歌了的感悟。将劳动场景穿插在人生感悟中逻辑上是缺乏有机联系的。这种没有逻辑联系的组合,不符合包括描摹在内的理性义表达前后文必须密切关联的基本原则,相反,它正是次生衬词与理性表示形式组合的具体体现。

(四) 语法特征

衬词的语法特征主要体现在其组合特征上。即,作为情绪表示形式的衬词与理性表示形式间发生组合关系所体现出的一些特征。因衬词歌唱语言、言说语言兼属,故其组合特征分两个视角概述。

1. 言说语言视角衬词的组合特征。其中,主要包括衬词与什么层级言语或语言单位组合、衬词的语法位置两方面内容。

A. 同衬词发生组合关系的言语或语言单位的层级。单纯从言说语言视角看,衬词与各层级单位均发生组合关系。这些言语或语言单位就是现代语言学中"篇""段""句""短语""词"和"语素"。

衬词同篇级言语单位组合例:

(1)(哎呀嘞哎)!(我)日头一出(就红彤彤),(格)来了个朱德(格)毛泽(哎)东(哦),(哎呀我都)千年铁树(就)开鲜花,你又几晓得我同志格,(我)工农(格)做了主人(噢嗬嗬)翁。(赣南民歌《日头一出红彤彤》)

(2)(哎呀嘞,哎)苏区干部(捱哇)好作风(捱)自带干粮(格)去办(呀)格公。哎呀,日着(格只)草鞋(来)干革命(哪),同志(格)夜走(格只)山路打灯(呃啊格)笼。(赣南民歌《苏区干部好作风》)

(3)火镰石子纸媒筒,倷哥更好妹更穷(啊),今年老妹右钱用,一定同哥打商同(啊)。辣椒不摘满树红(哎),倷妹更好哥更穷(哎),今年哥子右钱用,一定同妹打商同(哎)。(啊喂)!(赣北民歌《哥妹打歌打

商同》)

上述例中"哎呀嘞哎""哎呀嘞,哎""啊喂"与之发生组合关系的是语篇性言语单位,无论语篇大还是小。据《吕氏春秋·音初篇》载:"禹行功,见涂山之女。禹未之遇,而巡省南土。涂山之女乃令其妾候禹于涂山之阳。女乃作歌。歌曰:'候人兮猗!'实始作为南音。"涂山之女所作之歌,是已知最早的含有衬词的民歌。"兮猗"是衬词,"候人"是理性表示形式。作为语篇,它只有两个字,一个词。

衬词与章段组合较于篇章组合常见。以下例中"咿呀咿呀哎呀咿子哪咿哟""溜嗦青嗦画几个牡丹花呀花儿开是我的小哥""喂当格喂当格""呐呀咿子哟呐呀咿子哟""喔呼呼呼"就属于这种组合情况。

(1) 春有(呐)桃花(嘞)红(呀)火(呐)旺(呐也),夏有(呀)荷花(来就)满池(呐)塘(呀)(咿呀咿呀哎呀咿子哪咿哟)。

   秋有(呐)桂花(嘞)香(呀)四(呐)海(呐也),冬有(呀)梅花(来就)斗雪(呐)开(呀)(咿呀咿呀哎呀咿子哪咿哟)。(赣西民歌《四季花开》)

(2) 正月小娘坐一春(呐青嗦),叫个媒人去说婚(呐溜嗦)。说是说个读书郎(呐青嗦),不要说个流浪郎(呐溜嗦)。流浪郎来流浪郎(呐青嗦),一日三餐有米粮(呐溜嗦)。(溜嗦青嗦画几个牡丹花呀花儿开是我的小哥)。

   二月小娘……(溜嗦青嗦画几个牡丹花呀花儿开是我的小哥)。

   ……

   十月小娘……(溜嗦青嗦画几个牡丹花呀花儿开是我的小哥)。(赣西民歌《小娘歌》)

(3) (喂当格喂当格)钢板头铁板角,大牛触死了细牛我来剥。

   (喂当格喂当格)你得头我得角,只等天黑了回家就下锅。(赣北民歌《牛对角》)

(4) (呐呀咿子哟呐呀咿子哟)太阳(那个)出来好晴天,夫妻(哎)双双(呀)去(呀)去采莲(嘞呐呀咿子哟咿哟)。

   (呐呀咿子哟呐呀咿子哟)划起(那个)篷船打起浆,采莲(哎)歌子(呀)唱得心里甜(嘞呐呀咿子哟咿哟)。(赣西民歌《夫妻双双去采莲》)

(5) 领:到喂山(呃)扶起(哟哟嗬哟嗬嘿呐),土(哇)地(也)牌(哟)……河下艄公把船弯(呐)。(喔呼呼呼)!

   和:(哟嗬哟嗬嘿呐)……太公收起钓鱼篮。(喔呼呼呼)!(赣北民歌《到山来》)

衬词与句级单位的组合,是一种类似句首、句末语气词的组合。以下例中"唔""哦""啊""那个那个嗬"是较具代表性的用例。

(1) 新打锄头二面光(唔),作起田塍(嘞)好栽桑(唔),一根田塍栽三路(哦),三根田塍栽九行(唔),栽大(个)桑树好饲蚕(唔)。(赣北民歌《作起田塍好栽桑》)

(2)(啊)一人(个)唱歌(哟嗬)唱不(哟)成(啊),(啊)一根(个)树木(哟)不成(啊)林(啊)。(啊),一个(哟哩)巴掌(哟嗬)打不(也)响(啊),(啊),单槌(个)打鼓(哟)不好(喂)听(啊)。(赣北民歌《唱歌还要两三人》)

(3) 领:(那个那个嗬那个那个嗬)打只哑谜(哟)年兄猜(哦那个那个嗬哇),(那个那个嗬那个那个嗬)青山不砍是啰驼(哟)?(那个那个嗬哇)(那个那个嗬那个那个嗬)到挂(个)爬梳是啰驼(哟)?
和:(那个那个嗬那个那个嗬)年兄有谜打来猜(呀那个那个嗬),(那个那个嗬那个那个嗬)青山不砍是闲林(啦)。(那个那个嗬)(那个那个嗬那个那个嗬)到挂爬梳是楼下(呀那个那个嗬)。(赣北民歌《打哑谜》)

衬词与短语和词的组合,是衬词与基础性语言单位间的一种组合。这类组合最为常见。其中,"那个""里个"的使用具有一定典型性。例:

(1) 哥在高山忙打柴,妹在山腰把茶采,有心和妹说句话,不知(那个)妹妹睬不睬?(哎)有心和妹说句话,不知(那个)妹妹睬不睬?(赣北民歌《有心和妹说句话》)

(2) 叫声(那个)插禾(嗬嗬嗬嗬嗬),(嘿啦子嘿哟嗬嗬叻啰嗬嗬嗬嘿)快插禾(啰嗬),快快插(嘞呀咿呀嗬),快快插(啰也啰嘿哟),(好好好喂)插好禾(啰也啰嘿哟)。(赣北民歌《快插禾》)

(3) 一更(呐)里来(也)尼姑进庙堂(啰),双眼(呐)流泪(也)泪(也)汪(哦)汪(哦),出家(呀)受尽(哟)千(呐)般(那个)苦(哇),青春(那个)年少未配才郎,(呃咳咳咳哟),青春(那个)年少(喂)未配(呀)才郎(呃咳哟)。(赣北民歌《尼姑思春》)

(4) 再是三兄四弟拉我里官人去游春,听听我(里个)说道要带我同走,慌忙随子渠子起身,到处游山玩景,弗会离个脚跟。(《明清民歌时调集·山歌·鞋子》)

(5) 小小(哎个)三琴(呐)一(呐)口(个)音,(里个)内面弹来(是)外面听(呐)。(赣西民歌《妹唱小曲郎宽心》)

除上述诸层级组合之外,衬词还可与语素发生组合关系。前述《沙家浜》

选段《祖国的好山河寸土不让》中"伤员们日夜盼望身健壮,为的是早(喂)早回前方"、《沙家浜》选段《毛主席党中央指引方向》中"毛主席党中央指引方向,鼓舞着我们奋(嘞)战在水乡"就是实例,不赘举。

　　B. 衬词的语法位置。衬词与各层级单位,尤其是大的言语单位组合的语法位置不固定,往往可前可后。仅就同篇章的组合而言,前及用例中的"哎呀嘞",可看作是位于篇章之前的代表。与之相对,衬单个词于篇章末尾的情况更为常见。例:

　　(1) 日头(尼格)到岭(就)夜了(哟尼),门前(呐)黄竹(哇)低了(哇)头(喔)。……妹子(呀)低头(哇),哥来了(哇了哟)。(喂打喂)!(赣南民歌《妹子低头哥来了》)

　　(2) 日头正中晏掉哩(呀),脚踏人影亲郎肚讥哩,……亲郎端饭叫妹来充饥(喂哟)。(赣南民歌《日头正中晏掉哩》)

衬词同篇章层级言语单位的组合,还存在一种首尾都出现同一衬词的情况。例:

　　(1) (呜喂)! 哪一个叽在我屋后背(是)打山(个)歌(啰)? ……你织坏只绫罗(嗯哦)你倒怨情哥! (呜喂)!(赣西民歌《织坏绫罗怨情哥》)

　　(2) (啊喂)老妹送俚花手巾(啰),早晨洗面(就)夜洗身。手巾肚里七个字(就)永古千秋(都)莫断情。(啊喂)!(赣南民歌《永古千秋莫断情》)

　　2. 歌唱语言视角衬词的组合特征。其中,主要亦包括同衬词发生组合关系的语言单位的性质、衬词的语法位置两方面内容。

　　A. 同衬词发生组合关系的语言单位的性质。衬词主要属于歌唱语言,结合歌唱语言性质更全面地看,同衬词发生组合关系的语言单位是韵律性质语言单位。前面单纯言说语言视角说到,衬词可与不同层级广义语言单位发生组合关系,但更全面的调查不难发现,衬词还可与非完整的语言单位发生组合关系。为什么会这样呢? 原来,同衬词发生组合关系的语言单位本质上是韵律性质语言单位。无论是以言说语言范围的"篇""章""句""短语""词""语素"形式出现还是以这些单位的非完整形式出现,本质上,它们都受韵律支配,都是一种韵律语言单位。

　　据考察,同衬词发生组合关系的韵律语言单位大致可概括为三类:

　　a. 自然韵律单位。自然韵律单位是一种建立在自然节律驱动和自然节律感知基础上的韵律单位。自然节律驱动主要是本体心跳、脉动、呼吸等生理节律的驱动(郭攀,2012:258 - 273),自然节律感知主要是本体对物理世界水、风等自然物运行节律的感知。建立在这种自然节律驱动和感知基础上的自然韵律单位有两大语言特征：一是形式上表现为一个字、两个字、三个字等，而不管这些单位是不是言说语言的"词""短语""句"。二是同一长度的单位往往据同一节律整齐地反复出现。

b. 诗化韵律单位。诗歌是中国古代传统文化的奇葩。诗化韵律单位就是以古代诗歌中的音步为依据生成的一种韵律单位。

c. 逻辑化韵律单位。逻辑性语言单位的标志是所表理性义具有一定的完整性。逻辑化韵律单位就是一种表义具有一定完整性的韵律单位，一种排除了似"胭(个)脂"这样将一个完整意义单位"胭脂"割裂开了的情况的韵律单位。值得说明的是，逻辑化韵律单位并不等同于逻辑思维层次化韵律单位。它们是两个不同视角所作出的概括。前者概括的视角是意义的完整度，后者是文明程度。现实上，诸文明层次中，除逻辑思维层次之外，想象思维层次的语言单位意义上也具有完整性，也存在逻辑化韵律单位。

B. 衬词的语法位置。同上述韵律语言单位相应，衬词的语法位置，亦统括为三个大类。

a. 自然韵律单位音顿处

自然韵律单位音顿处指的是衬词处于自然韵律单位音顿位置。如以下例中衬词基本皆处于自然韵律单位音顿位置。

(1) 一(呀)杯(子)酒(呀啰嗬咳)引(呀)郎(哩)来(呀啰嗬咳)。(赣西民歌《小妹妹把酒筛》)

(2) 新打(个)刀子(个)紧打(个)、紧削(是)、紧磨(是)、紧放光，细妹(个)紧好(个)紧高(是)、要招(啊)郎。(赣北民歌《妹子招郎》)

(3) 日头出来晒山冈(啰)，郎俚姐俚剁柴忙(啰)。剁柴好比上战场(啰)，刀要快来力要强(啰)。(赣西民歌《日偷出来晒山冈》)

(4) 正月小娘坐一春(呐青嗦)，叫个媒人去说婚(呐溜嗦)。说是说个读书郎(呐青嗦)，不要说个流浪郎(呐溜嗦)。流浪郎来流浪郎(呐青嗦)，一日三餐冇米粮(呐溜嗦)。(赣西民歌《小娘歌》)

(5) (呐呀咿子哟呐呀咿子哟)太阳(那个)出来好晴天，夫妻(哎)双双(呀)去(呀)去采莲(嘞呐呀咿子哟咿哟)。
(呐呀咿子哟呐呀咿子哟)划起(那个)篷船打起浆，采莲(哎)歌子(呀)唱得心里甜(嘞呐呀咿子哟咿哟)。(赣西民歌《夫妻双双去采莲》)

(6) 春有(呐)桃花(嘞)红(呀)火(呐)旺(呐也)，夏有(呀)荷花(来就)满池(呐)塘(呀)(咿呀咿呀哎呀咿子哪咿哟)。

秋有(呐)桂花(嘞)香(呀)四(呐)海(呐也),冬有(呀)梅花(来就)斗雪(呐)开(呀)(咿呀咿呀哎呀咿子哪咿哟)。(赣西民歌《四季花开》)

因为语言表达形式不是规整的科学表达式,故存在着部分自然韵律单位不尽整齐的情况,或衬词出现在句首、句末不尽一致的情况,或句末衬词出现不出现不尽一致的情况等等皆权宜性归入此类。例:

(1) 正月(格)寡妇(哎者)是新年(嘞),邀(哇)拢(格)寡妇(呃)来拜年(嘞,呃呃呃呃呃呃)。(赣南民歌《寡妇歌》)

(2) 拉反歌(哇个)拉反歌,纵掉(喂)老(哇)弟(哟)纵哥(哇)哥。(赣南民歌《拉反歌》)

(3) 我和他是并蒂莲(呀咿子哟哎咿子哟),一双(那个)红花绣花鞋(哪嗬咿子哟咿子哟),小小女子坐在(那个)绣花楼,(哎呀哎子哟)手拿(个)红线慢慢绣起来,(哎呀咿子哟咿哟哎呀咿子哟咿哟)手拿红线慢慢绣起来(呀子咿呀咿子哟)。(赣西民歌《绣花鞋》)

(4) 山歌(哇)爱唱花爱艳(啰),一世(啊)冇有(哇)两世(啊)命。过了一年老一岁(哟),唔比(呀)嫩草(哇)朝朝(哇)生。(赣南民歌《山歌爱唱花爱艳》)

b. 诗化韵律单位音顿处

诗化韵律单位音顿处指的是衬词处于诗化韵律单位音顿位置。据考察,在衬词多出现的民歌中,诗化主要表现为七言律诗化,诗化韵律单位以七言律句为代表大致可概括为三个层级性的类型。一是音步。通常为两个音节,也有一个音节的。二是律句中分性单位。一般由两个音步构成。三是律句。整个七言律句的内部结构模式大致概括为:

$$\underline{×\quad ×}\parallel\underline{×\quad ×}\mid\underline{×\quad ×}\parallel\underline{×}。$$

上述结构模式中,"×"表示一个音节,下划线"＿＿"表示一个音步,"。"标示句级韵律单位"律句","｜"标示句内二分性韵律单位,"‖"标示句内二分性韵律单位内部继续二分的韵律单位"音步"。

据调查,在诗化歌唱语言中,衬词基本皆出现在上述三类诗化韵律单位音顿处。各类诗化韵律单位音顿处基本皆出现有衬词的典型形式如:

(1) 脚踏(咧哎)秧田(咧哎)测四(叽哟)方(丫啊啊嗬啊嗬),右手(叽哟)插秧(咧)左手装哦。(喂)! (赣西民歌《脚踏秧田测四方》)

(2) 濛濛(个)雨子(是)不离(个)天,麻雀(个)不离(哟)瓦檐(个)边,燕子(个)不离(是)高粱(个)沿,老妹(个)不离(哟)郎身(个)边。(赣

89

南民歌《老妹不离郎身边》)

(3) 大屋(哩呃嘿)门前(啰咻哟啊呜啊呜啊呜啊呃)好唱(呃)歌(啰咻哟啊呜啊呜啊呜啊呃),唱个(呃)少来(哟呜啊呜啊呜啊呃),听个(嘞)多。(赣西民歌《大屋门前好唱歌》)

总的来说,歌唱语言具有灵活特征,故衬词在诗化韵律音顿处的出现更常见的是上述典型形式的变化形式。其中,或前后律句出现的整体格局不尽相同。例:

(1) 一轮红日照四方(那么哟嗬),天气(呀)晴朗(呀)好行船,(呀呀吱)好行船(咿呀,嗨呐嗬咿呀咳)。(赣西民歌《彩莲船》)

(2) 山歌(哇)爱唱花爱艳(啰),一世(啊)冇有(哇)两世(啊)命。过了一年老一岁(哟),唔比(呀)嫩草(哇)朝朝(哇)生。(赣南民歌《山歌爱唱花爱艳》)

(3) 我的(哟哩)哥(呐)前晚送郎我挨了(啊哩)打(呐),昨晚送郎我受了(啊哩)伤(呐),哥叽眼泪(个)含含(呀)转绣(呃)房(啊)。(赣西民歌《手按胸前痛脔心》)

或句中部分音顿处未现衬词。例:

(1) 正月逢春(哟哎就)树开(冇哎)花(啰哦),门前(嘞哎)黄雀(啰)叫喳(啰)喳(啰嗬)。(赣西民歌《正月逢春树开花》)

(2) 一送(里个)表哥,(介支个)柜子边,双手(里个)拿到,(介支个)两吊钱。一吊(里个)拿到,表哥零星用,还有(里个)一吊,表哥做盘缠。(赣南采茶戏《送郎调》)

或只出现少量有一定模式化的衬词。模式化主要表现为前后句同一对应性句法位置均出现衬词。例:

(1) 新砍茅竹(溜呀溜子索)滚滚圆,破开竹子(索呀索子溜哇溜呀溜子索哇)做扁担。(赣西民歌《新破茅竹滚滚圆》)

(2) 哥哥有疤(就)妹冇嫌,好比乱石(就)砌阶沿。好比八月(就)中秋饼,麻子在外(就)心中甜。(赣南民歌《哥哥有疤妹冇嫌》)

(3) 十七十八(筛嘞)好唱歌(哟糯米筛嘞),二十七八(筛糯米呀米筛米呀)崽女多(嘞)。(赣南民歌《十七十八好唱歌》)

(4) 正月里来好看(哟)花(哩),新官上任坐旧(哩)衙(哩),百般官员来饮(哟)酒(哩),十盘果子九盘(哩)花(哩),十盘果子九盘(哩)花(哩)。(赣南民歌《十二月里好看花》)

或音步字数超过二音节。例:

(1) 雨毛子(个只)霏霏(个只)天阴(呐)阴,你郎(哩个只)冇来(就哇)妹

伤(啰)心(嘞)。(赣西民歌《雨毛子霏霏天阴阴》)
(2) 太阳一出(也)三丈(叽)三,远望娇莲姐叽(呀)送茶(哟)来。(赣西民歌《不是为我情哥妹不来》)

或句中字数较七言少或多,因而句中衬词相对较少或多。衬词相对较多例:

(1) 新打(该只)风车(就)本是(该只)四只(嘞)脚(嘞),你妹俚恋我不恋我(嘞)?(赣西民歌《新打风车六块板》)
(2) 太阳一出(也)三丈(叽)三,远望娇莲姐叽(呀)送茶(哟)来。(赣西民歌《不是为我情哥妹不来》)

c. 逻辑化韵律音顿处

逻辑化韵律音顿处指的是衬词处于逻辑化韵律单位音顿位置。逻辑化韵律单位最明显的表现形式是在复叠中体现出韵律因素的广义复叠形式。这种复叠形式及出现在其中的衬词如:

(1) 虾公虫(哇)虾公虫,虾公(该只)虫是歇在(该只)水草中(哇)。(赣西民歌《十只虫》)
(2) 拉反歌来(呃哩格)拉反歌,捡到一个田螺(就)四斤多。(赣南民歌《拉反歌》)
(3) 花开(嘞里格)牡丹叶(啰)又细,大妹妹(里格)细妹妹,过来过来话你(哟嗬)知。(赣南民歌《牡丹调》)
(4) 鸡叫头餐(幺嗬咳),叫二餐哩(幺嗬咳)。月亮上来(吆各哩哩哩嚓拉拉嚓罗罗罗哎),推炒面哩(幺嗬咳)!(陇东民歌《推炒面》)
(5) 解放区(呀么嗬咳),大生产(呀么嗬咳)。军队和人民(西里里里嚓啦啦啦嚓啰啰啰太),齐动员(呀么嗬咳)。(张寒晖《军民大生产》)

上述(1)(2)中,"虾公虫"与"虾公虫","拉反歌"与"拉反歌"都是逻辑化语法单位较明显的全叠形式。(3)中"大妹妹"与"细妹妹",(4)中"叫头餐"与"叫二餐",它们在内容上据顺序关系有所变化,属于概叠。(5)中"解放区,大生产"与"军队和人民,齐动员"都是点线意象结构,可看作广义结构模式的复叠。衬词"哇""呃哩格""里格""幺嗬咳""呀么嗬咳"等就出现在这些复叠形式中的逻辑化韵律单位音顿位置。

值得进一步说明的是,逻辑化韵律音顿处与诗化韵律音顿处存在一些相互交织情况,部分衬词语法位置的归类也因此而存在一定的两可情况。如:

(1) 一根衣线(亲唆)红线衣(呀溜唆),嫁个老公(亲啊亲唆啊唆)不同意(呀我的哥哥),吃起饭来(亲唆)鱼吃草(呀溜唆),挟起菜来(亲啊亲

唆啊唆)作蚖蟟(呀我的哥哥)。(赣西民歌《十根衣线》)

(2) 十七十八(沙亮妹子沙)过掉哩呀,二十七八(沙老爷刘呀刘三妹)又来哩哟。三十夜晡(沙亮妹子沙)有通书呀,几多好日(沙老爷刘呀刘三妹)过掉哩哟。(赣南民歌《几多好日过掉哩》)

例中衬词所处韵律语言单位既可看作律句中分性韵律单位,亦可看作广义结构模式的复叠中逻辑化韵律单位,衬词"呀溜唆""沙亮妹子沙""沙老爷刘呀刘三妹"等的语法位置,既可看作诗化韵律音顿处,又可看作逻辑化韵律音顿处。

(五) 语用特征

就衬词在不同语法位置的使用而言,具有模式化使用的特征。这里的模式化,就是前及自然韵律音顿处、诗化韵律音顿处和逻辑化韵律音顿处。不赘。

就同一语法位置的使用而言,同叹词相类似,衬词,尤其是原生性衬词往往具有连用和复叠的语用特征。连用例:

(1) 我和他是并蒂莲(呀咿子哟哎咿子哟),一双(那个)红花绣花鞋(哪喃咿子哟咿子哟),小小女子坐在(那个)绣花楼,(哎呀哎子哟)手拿(个)红线慢慢绣起来,(哎呀咿子哟咿哟哎呀咿子哟咿哟)手拿红线慢慢绣起来(呀子咿呀咿子哟)。(赣西民歌《绣花鞋》)

(2) 鸡叫头餐(幺嗬咳),叫二餐哩(幺嗬咳),月亮上来(吆各哩哩哩嚓拉拉嗦罗罗嗒),推炒面哩(幺嗬咳)!(陇东民歌《推炒面》)

(1)中"呀咿子哟/哎咿子哟"为二同义衬词连用,(2)中"吆各哩哩哩/嚓拉拉/嗦罗罗罗嗒"为三同义衬词连用。

叠用例:

(1) 这山望到(呃)那山头(哎),望到(哦哦)对面山上(哎哎)人吃牛(嘞)。(赣北民歌《这山望到那山头》)

(2) 辞别东家我(哎哎)回程(呐哎哎哎哎哎),官庄大(啊)道(呃)往(喂)前行(哎),(哦)眼观四方好(也哎)景(哎)致(哎),重阳菊(哦)花(哎哎哎哎噢)满地生(呐喃哎哎哎哎),一往(呀)来到(哎)家(喂)园门(呃)。(赣北民歌《辞别东家转回程》)

(3) 三十九天(呜哇呜哇呜哇呜哇呜哇咦)诸尊神(呐)(呜哇呜哇呜哇呜哇呜哇喃喃),普天降福显圣明。(赣北民歌《保佑万民除灾星》)

(1)中上句单音节"呃""哎",下句则是大致对应的单音节复叠形式"哦哦""哎哎"。(2)中"哎"则或二叠或四叠,(3)中"呜哇"更有五叠。

二、单位大小特征

参照语言学不同单位的界定,单位大小方面,衬词是与现行语言系统中词级单位相对应的词,而不是陪衬性质的小于词的表情音节或大于词的短语和句。

小于词的表情音节指的是作为表示最基础情绪义构件而存在、不能独立使用的音节。例:

(1) 当他们冒着中原酷暑在金谷园开始抢修的时候,灼热的太阳晒痛了他们的脸,他们就同声歌唱着:"(唉咳哟哇)!(唉咳哟)!/打响第一炮哇!修到新安站哪!/天热不要紧哪!决心要实现哪!/(哟哇咳)!(唉咳哟哇咳)!/看谁是英雄啊!看谁是好汉啊!"(吴大中《歌唱在陇海路上》,《人民日报》1949 年 11 月 12 日)

以上"唉咳哟"中"唉""咳""哟"等均是小于词的表情音节。

大于词的短语或句指的是具有辅助表示情绪义功能但单位上较词级单位大的短语或句子。例:

(1) 我们的家乡在希望的田野上,炊烟在新建的住房上飘荡,小河在美丽的村庄旁流淌,一片冬麦那个一片高粱,十里哟荷塘十里果香,(哎咳哟嗬呀儿呷儿哟,咳!)……(陈晓光《在希望的田野上》)

(2) 采蘑菇的小姑娘,背着一个大竹筐,清早光着小脚丫,走遍树林和山冈,她采的蘑菇最多,多得像那星星数不清,她采的蘑菇最大,大得像那小伞装满筐。(赛罗罗罗罗里赛罗里赛,赛罗罗罗罗罗罗里赛罗里赛,赛罗罗里赛罗罗里赛罗罗里赛罗罗里赛罗罗里赛)。(陈晓光《采蘑菇的小姑娘》)

(3) 春风阵阵吹心窝哩,(赛啰赛赛啰赛)!我向党来唱支歌哩,(赛啰赛赛啰赛)!……多快乐呀多快乐,(赛啰赛赛啰赛!赛啰赛赛啰赛),我们在您的怀抱里。(少白《我向党来唱支歌》)

例中"哎咳哟嗬呀儿呷儿哟,咳""赛罗罗罗罗罗罗里赛罗里赛,赛罗罗罗罗罗里赛罗里赛,赛罗罗里赛罗罗里赛罗罗里赛罗罗里赛罗罗里赛""赛啰赛赛啰赛!赛啰赛赛啰赛"是用标点分开来了的衬词性单位,以标点为标志可知,其无疑是衬词性组合形式,单位上大于衬词。即使没有用标点隔开的"赛啰赛赛啰赛",从其复叠内部逻辑结构关系上可知,它应该是如此切分的组合结构:"赛啰赛/赛啰赛"。

三、范围和地位特征

范围视角,衬词具有歌唱特征。这里的范围,是就语言类型而言的。据前及歌唱语言、言说语言的分类系统,衬词主要是出现在歌唱语言之中的语词,尽管言说语言中亦有部分存在。

地位视角,衬词具有衬辅特征。衬词不单独出现,必须伴随理性形式而出现,其前或后必须有理性形式。衬词的出现条件,决定了其表义的属性,即陪衬、辅助性表义。理性形式表示基本的理性义,衬词辅助性表示与理性义交织在一起的情绪义。

基于衬词上述三方面特征的综合考察,以下对衬词进行较为全面、具体一些的界定:

衬词是一种歌唱语言中类似言说语言词一级语言单位的词,一种基于衬辅理性表示形式而出现并具有如下语言特征的词:音节多少不定且音长、音强因素明显;记录用字不甚固定;侧重与韵律单位发生组合关系;基本只表示情绪义;常连用和叠用。

第二节 衬词性质和单个衬词的判定

一、衬词性质的判定

(一) 单一语境中衬词性质的判定

某词在单一语境中具有衬词的基本特征就具备了单一语境中衬词的性质③。因为衬词与叹词、语气词、名词、动词等词存在交织关系,所以,单一语境中衬词性质的判定就是要从理论上给出一个判定的依据,将单一语境中的衬词与叹词、语气词、名词、动词等词区别开来。

笼统地讲,单一语境中衬词性质判定的依据就是前及衬词的基本特征。但是,一方面,前及衬词的基本特征是就在整个语言系统中的表现而言的,而单一语境中的衬词仅涉及特定的单一性语境中衬词性表现,所针对范围的大小存在着区别,不便简单地加以利用。另一方面,前及衬词的基本特征侧重各视角客观存在着的笼统性特征,而非针对叹词、语气词、名词、动词等类词的区别性特征,内容的针对性不甚强。所以,在此以前及衬词的基本特征为基础,再针对性地进行部分强调和说明。

需重点强调的是本体语义层面的区别性特征。主要有二:

1. 相对叹词、语气词而言,与其具有交织关系的原生衬词表示的是具有辅助性和单纯性特征的情绪义。陪衬和辅助的语词地位决定了原生衬词表示的是具有辅助性和单纯性特征的情绪义。相对而言,叹词表示单纯的情绪义(郭攀,2014a),但叹词基本可独立存在,不具有辅助性。语气词也表示情绪义,但性质较为复杂。具体说来,其义项中除较为单纯的情绪义之外还存在着处于情理中间状态、已权宜性归入宏观情绪范畴的语气。

2. 相对名词、动词等词而言,与其具有交织关系的次生衬词表示的是兼含有理性义的情绪义。在学界,存在着不少将部分次生准衬词看作名词、动词等类词的情况(宋大能,1958;肖艳萍,2011)。其实,二者间是存在区别的。名词、动词等词表示的是单纯的理性义,部分次生衬词在衬词化过程中也含有一定程度的理性义,但它只是兼含,其主要表示的还是情绪义。

需重点说明的是本体语法、语音二层面的标志性特征。

1. 语法层面的标志性特征。较可辨识的标志性特征主要有两点:

A. 相对叹词而言的陪辅地位。叹词亦表示单纯的情绪义,但叹词可作为话轮的全部内容单独出现,具有独立的地位,衬词则必须伴随理性形式而出现,总是处于陪辅地位。

B. 相对语气词而言的模式化程度。据考察,衬词具有在前述三类韵律语法位置模式化出现的特征,并且,侧重韵律因素,而不完全顾及逻辑因素。为了满足韵律节奏的需要,逻辑上非停顿处也可加以停顿并加上衬词。为了满足韵律谐和的需要,无论表示什么类型的语气都可以用上同一衬词。相对而言,语气词一方面模式化程度不高,另一方面,侧重的是逻辑因素,必须据逻辑结构关系停顿,用什么语气词必须照顾到语气因素,必须同理性表示形式所具有的语气保持一致。

2. 语音层面的标志性特征。主要亦可概括为两点:

A. 特殊的音节形式。绝对一点地讲,3 音节及以上的表情音节衬词可能性大,尤其是这样三种情况基本皆为衬词:一是 3 音节,但内部有复叠性表现;二是 4 音节及以上;三是中间有较长延音,书面上有的对这种较大的音长权宜性地加有标点。如以下例中的"啰啰嗬""呀啰嗬咳""嘞,呃呃呃呃呃呃"。

(1) 日头(呃)落山(啰啰嗬)坳背(啰)阴,唱只(嘞)歌来(也嘿嘞我就)谢过(喂)东(嗬)。(赣西民歌《日头落山坳背阴》)

(2) 一(呀)杯(子)酒(呀啰嗬咳)引(呀)郎(哩)来(呀啰嗬咳),双双(个)坐下(桃木李木槲木花儿啰嗬咳)小妹把酒筛(呀啦咿嗬咳)。(赣西民歌《小妹妹把酒筛》)

(3) 正月(格)寡妇(哎者)是新年(嘞),邀(哇)拢(格)寡妇(呃)来拜年(嘞,呃呃呃呃呃呃)。(赣南民歌《寡妇歌》)

B. 纯歌唱元素。歌唱语言中存在着一些独有的纯歌唱元素。其中,主要为满足和合唱词音流,亦即满足音与音之间过渡、衔接等方面的歌唱需要而自然添加的声音形式。如前及《沙家浜》选段《祖国的好山河寸土不让》中"伤员们日夜盼望身健壮,为的是早(喂)早回前方"、《沙家浜》选段《毛主席党中央指引方向》中"毛主席党中央指引方向,鼓舞着我们奋(嘞)战在水乡"中"喂"和"嘞"就是这种声音形式。

另外,还有一类因歌唱中的延音而客观体现出来的声音形式。如现代京剧《沙家浜》选段《毛主席党中央指引方向》"战士们,要杀敌人"中"人"的韵母演唱时拉得很长,据此可记录为"要杀敌人(嗯)"。类似用例如:

(1) 远望娇莲白飘飘(噢嘿),什么年纪这样高。三月桃花(是)正逢时(喂),四月插秧(是)正当要。(赣西民歌《恋姐不到等一年》)

(2) 单身苦(哇)苦单身,苦苦单身一个(啰)人。出门一把锁,进门一把火。一把铜锁三根须,活像住到烂庙(哟)里。我衣衫烂了无人补,鞋子烂了无人连,想起单身真可(啰)怜。(赣西民歌《单身歌》)

(1)中"噢嘿"相近曲调、相应语法位置均是一个表情音节,"噢嘿"则是两个音节。其中,"噢"应是"飘"的延音形式。(2)中相对"哇""哟"而言,韵母为[o]的"个""可"后用的是韵母同为[o]的"啰","啰"含有"个""可"的延音成分。

以上两类声音形式都是衬词性质的纯歌唱元素。相比较而言,叹词、语气词基本不存在这些元素。

(二) 语言系统中衬词性质的判定

较之单一语境而言,语言系统中衬词性质的判定指的是某词在特定语言系统全部已知语境中综合确认为衬词的相关判定。它大致面对三类情况的判定。

1. 在特定语言系统中只存在具有衬词特征的一种语境条件。这类情况无疑当判定为衬词。

2. 在特定语言系统中存在多种语境条件,但全都具有衬词特征。这类情况自然也当判定为衬词。

3. 在特定语言系统中存在多种语境条件,其中,部分具有衬词特征,部分具有叹词、语气词、名词、动词等他类词特征。这类情况较为复杂,大致说来,其性质判定,同言说语言中兼类词相似,主要参考以下两方面因素进行。

A. 不同词类特征所占比例。具体说来,主要看表示衬词义与他类词义所占比例。主要表示衬词义的情况为衬词,主要表示他类词义的情况为他类词。如《中国民间歌曲集成》江西卷下册赣南部分表情音节"哟""嘿""嘞",据调查,具有衬词特征的使用情况约占70％,具有叹词、语气词特征的使用情况只约占30％,它们在江西歌唱语言系统中皆可判定为衬词。具有衬词特征的"哟""嘿""嘞"例:

(1)(来来嘿哟)!同棚老客就来烧勺哟(来来哟)!(赣南民歌《休息》)

(2)领:打只号来(喂哟),众:嘿!领:起来了(哟)来来(哟),众:嘿!领:再下力来来(哟)下水了来来(哟)!众:嘿!(赣南民歌《推船》)

(3)一朵红花路边生(呐),花又红来叶又青(嘞)。哥哥嘞!唔知妹名姓(呐),手攀花枝问花名(呐啊哈咿哟)!(赣南民歌《问花名》)

B. 初始性词类特征。大致说来,初始状态为衬词特征的属衬词的可能性大。反之,则属他类词的可能性大。

二、单个衬词的判定

众所周知,言说语言待判定语言形式因不存在绝对区分不同单个词的分界线,故不少单个词的判定至今悬而未决。单个衬词的判定难度更大,因为除存在与言说语言类似情况之外,它还存在众多言说语言与歌唱语言交织的次生衬词。鉴于上述情况,以下结合具体的判定依据对单个衬词的判定进行分类概括。

(一)单个原生衬词的判定

单个原生衬词的判定主要是就如下情况而言的:类"嗨哟哩嗨哟哩嗨哟哩嗨哟哟哟哩嗨哟"诸多表情音节的组合是否可切分为不同的单个衬词、如何切分;似"喂哟""喂哟嗬"等不同语言形式中出现的关联性形式是否为同一衬词、如何判定;似"哟"等同一语言形式内部是否可根据语义和语法上的差异进一步概括为两个或三个衬词、如何概括。参考言说语言单个词判定依据,这里将涵盖上述情况的单个原生衬词的判定进一步概括为三点。

1. 语义相同、语音形式相近的语词形式为一单个衬词。其依据,亦即通常所说的音近义同。这里的语音形式相近又包括两类情况。

一是音节数相同,音节内部音质或其他物理要素相近。如以下(1)中同表"畏惧(崇敬)"类情绪的"哪啊"与"哟啊"、"哪呀"与"咿呀"、"啊哦唔"与"啊哦唔",语义和音节数均相同,只是部分音节音质相近。(2)中二同表"快乐"类情绪的"哎呀嘞"中的"嘞",前者一拍,后者二拍,只是音长有别。例:

(1)弟(啊)子(哪啊)叩(啊哦唔)请(哪哦啊)(哦)大(啊哦唔)神(哪)(哦)圣,(呀啊哦唔哦)(哦)大神(哪呀)大圣(咿呀)谢(哟啊)过(哪)

明。（湖南湘潭民歌《一炷清香扣上苍》）

(2)（哎呀嘞）你会开锁歌（就）莫逞强（哦），你（就）晓得哪个制衣（哟喃）裳（哦）？（你就）到然哪个（就）制五谷？（是倷心肝格）！……（哎呀嘞）会开锁歌（就）莫逞强（哦倷），轩辕黄帝（就）制衣（哟喃）裳（哦）。（赣南民歌《传说仙人制住房》）

二是音节数不同。如上及"哎呀嘞"，有的没有延音，有的有延音。有延音的记为"哎呀嘞哎"或"哎呀嘞呃"等。"哎呀嘞"因延音的有无而造成了音节数的差别。以下诸例中也存在着类似情况。例：

(1) 一（呀）送（呀）东（呀）方摇（哇）钱树（呀咿哟咳），二（呀）送西（呀）方聚（喂）宝盆（哟喃咳）。（赣南民歌《送宝》）

(2) 新砍茅竹（溜呀溜子索）滚滚圆，破开竹子（索呀索子溜哇溜呀溜子索哇）做扁担。（赣西民歌《新破茅竹滚滚圆》）

(3) 我和他是并蒂莲（呀咿子哟哎咿子哟），一双（那个）红花绣花鞋（哪喃咿子哟咿子哟），小小女子坐在（那个）绣花楼，（哎呀哎子哟）手拿（个）红线慢慢绣起来，（哎呀咿子哟咿哟哎呀咿子哟咿哟）手拿红线慢慢绣起来（呀子咿呀咿子哟）。（赣西民歌《绣花鞋》）

(1)中"呀咿哟咳"与"哟喃咳"，(2)中"溜呀溜子索"与"溜呀溜子索哇"，(3)中"咿子哟"与"呀咿子哟""哎咿子哟""哪喃咿子哟""哎呀咿子哟咿哟""哎呀咿子哟咿哟"，三例诸语词形式均表示相同的"快乐"类情绪，但是，各例对应形式相互间音节数不同。

2. 语音相同、语义相近的语词形式为一单个衬词。其依据，亦即通常所说的音同义近。这里的义近主要指的是可较明显感知到情绪义间关联关系的情况，除一级类型下二级次类间的关联关系之外，不同一级情绪间也存在这种情况。例：

(1)（哎呀嘞）铁拐仙师（就）道法高（喂），钟离仙师把扇（里）摇（喂）。（赣南民歌《赞八仙》）

(2)（啊喂）！阿哥出门过广东，唱支（啊）山歌（哇）显威（呀）风（哟）。（赣南民歌《唱支山歌显威风》）

(3) 山歌（哇）爱唱花爱艳（啰），一世（啊）冇有（哇）两世（啊）命。（赣南民歌《山歌爱唱花爱艳》）

(1)中二"喂"，同一语音形式，意义亦相近。前者表"慨叹（赞叹）"类情绪，后者表"兴趣（羡慕）"类情绪，同为以羡慕为基础的关联性情绪。(2)(3)中二"啊"情况相似。(2)中"啊"表"兴趣（热情）"类情绪，(3)中"啊"表"慨叹（喟叹）"类情绪，"喟叹"是以"热情"为基础的，彼此间因逻辑关联而相近。

3. 语音和语义均相近的语词形式也可为一单个衬词。其依据,亦即通常所说的音义皆近。例:

(1) 六月(个)日头(喂)似火(喂)烧(呃嘿),晒死南山北山尼姑小脚小手小女嫩花(哎)娇。十八岁大哥来看见(嘞哎),一肩驮起上七下八槐荫树下歇阴凉(呃哎)。……郎(啊),我有有好物来送礼(也嘿),只有一条汗巾绣了九万九千九百九十九根纱。(赣北民歌《六月日头似火烧》)

(2) 面(呐)面铜锣(啰嗬)一(也)样音,朵朵鲜花(啰)一色新(呐),首首山歌(嘞)一个调(喔),根根毛竹(啰嗬)一样青(呐),哥妹(哟)相爱(哟)一条心(呐)。(赣北民歌《哥妹相爱一条心》)

(3) 日头(哦)起山(呐嗬嗬)一(哟)枝(哟)花(啰嗬嗬),……照见(呐)田里(哟嗬嗬)出(啊)糯(呐)粟(哦嗬嗬),……(赣北民歌《日头起山一枝花》)

(1)中"呃嘿"表"嫌恶(不满)"类情绪,"也嘿"表"嫌恶(不足)"类情绪。"嘞哎"表"兴趣(兴奋)"类情绪,"呃哎"表"兴趣(爱好)"类情绪。它们两两间音义皆近,故"呃嘿""也嘿"为同一单个衬词,"嘞哎""呃哎"为同一单个衬词。(2)中"啰嗬"表"快乐(喜悦)"类情绪,(3)中"啰嗬嗬""呐嗬嗬""哟嗬嗬""哦嗬嗬"均表"快乐(愉快)"类情绪,两例诸语词形式音义皆近,为同一单个衬词。

综合上述三点,下面对前及单个原生衬词判定所针对的三类情况作一简单回应。

A. "嗨哟哩嗨哟哩嗨哟哩嗨哟哟哟哩嗨哟"可以切分,但切分出的单个原生衬词只有"嗨哟哩"一个,"嗨哟哟哟哩"和"嗨哟"是"嗨哟哩"的音近形式。

B. "喂哟"和"喂哟嗬"为同一原生衬词。

C. "哟"因表义众多,而部分意义不仅出现频率高,且彼此间距离较大,故至少可切分为三个原生衬词。其中,一是表"快乐"类情绪的"哟"。例:

(1) 情姐住在花山花坳坳花坪(罗),情姐穿花衣系花(哟)裙,脚穿花鞋踩花地(呀),手拿花扇扇花心,她头戴鲜花像芙(呃)蓉。河边柳树叶坨坨(哟),想要恋姐隔条(哟)河。你要真心来恋我(哟),楠木钉船水上梭,我荡桨摇橹(就)接情(呐)哥。(湖南望城民歌《情姐住在花山花坳坳花坪》)

(2) (咿呀)郎爱(哟)要来(呀啊)姐爱(哟)玩(哟),(咿呀)二人(呃)相邀(呃呀火)(咿呀)去(哟)捡(呀)柴(哟),郎在(哟)门前(哪)敲千担

(呃),(咿呀)姐在(哟)家中(哪)(咿呀)穿(哟哎)绣(啊)鞋。(湖南新化民歌《郎爱耍来姐爱玩》)

二是表“痛苦”类情绪的“哟”。例:

(1) 十八岁姐(呀)三岁郎,(呃)新郎公冇得枕头(呃)长,睡到三更半夜要奶(哟)吃(呀),我掀开(那)被窝扠下床,你做儿(咧)子(哟)我做(咧)娘。(湖南望城民歌《等到云开日落西》)

(2) 韶山冲(呃哎)韶山(呃)冲(呃),我丈夫(哟)砍(呃哎)柴(哟)做零(呃哟)工,家住在深山嘴(哟哎)无人(哟)问(哪),(我)茅屋小路(呃)无人(罗哟)行(呃),(我)有女(个叽)(哎)莫嫁(哟)韶山(哟)冲。(湖南湘潭民歌《有女莫嫁韶山冲》)

三是表“慨叹”类情绪的“哟”。例:

(1) 紫竹子撬排(哟)我(又)下南(嘞)京(咧),舍不得(哦)我的娇妻(哟)我(又)不动(哦)身。[我的哥(也)]你到十字街前买一张描容的纸,描起姐的容颜(罗)(又)画起姐的(呀)身(咧),[哥(啊)]犹如(的)带姐(哟喃)下南(罗)京。(湖南株洲民歌《犹如带姐下南京》)

(2) 山歌好唱(哟哎)口难(哪)开(哟),(咿哟哎),(呃)果子好吃(哟哎)(咿呀咿呀)树难(哎)栽(哟),年年穿衣(哟哎)天天(个)吃(哟),(咿哟哎),(呃)没有我农夫(哟哎)(咿呀咿呀)米哪(哎)来(哟)。(湖南新邵民歌《没有农夫米哪来》)

(二) 单个次生衬词判定

单个次生衬词次位类型和词位的判定依据与单个原生衬词基本相同,不赘。在此,简及词级单位的判定。

次生衬语演化前的单位有词、短语、句、段诸不同层级,演化后,即存在词级单位的判定或切分问题。综合研究发现,单个次生衬词词级单位的判定,不能简单地以其演化前的理性词为依据,因为其理性词衬词化或衬词性要素化之后所表示的意义与衬词所表示的基础性情绪义之间不是对等关系。判定的依据,必须重新探寻。

经进一步考察,初步概括为三方面依据。

1. 使用上,可相对自由地运用。相对自由的表现,包括可单独使用、可复叠性使用、可与其他衬词组合使用等方面。

2. 语音上,表现为一个基础性节奏单位。节奏单位主要表现在音节数多少所体现出的长度上。此类长度,除演化前词语形式之外,主要可以叹词和音乐学中的“动机”为参照进行判断。其中,叹词是衬词的源形式,同时,又与衬词一样均表情绪义,尽管音节形式上一定程度理性词化了,但仍不失为理想的参照对象。"动机"是基础性的韵律节奏单位,同衬词的节奏特征极为相似,亦为理想的参照对象。

3. 语义上,表示最基础的情绪义。

据此,一般说来,满足上述三方面条件的语言形式就是词级次生衬词。其具体实例,据以下代表性用例选择性地加以说明。例:

(1) (哎呀嘞)你会开锁歌(就)莫逞强(哦),你(就)晓得哪个制衣(哟嗬)裳(哦)?(你就)到然哪个(就)制五谷?(是催心肝格)!(赣南民歌《传说仙人制住房》)

(2) 十七十八(筛嘞)好唱歌(哟糯米筛嘞),二十七八(筛糯米呀米筛米呀)崽女多(嘞)。(赣南民歌《十七十八好唱歌》)

(3) 要催唱歌慢慢来(呀)(表嫂子聊下子来),端只矮凳(的打拉子的呀)坐到来(哟暖子又暖妹)。(赣南民歌《催来唱歌表嫂听》)

(4) 大路边边嘛连哈栽南瓜嘛送郎我们回,我把那萝卜(黄瓜茄子海椒叶)当哟娃娃哟(豆芽葱蒜叶)。(四川名歌《豆芽葱蒜叶》)

(5) 十七十八(沙亮妹子沙)过掉哩呀,二十七八(沙老爷呀刘三妹)又来哩哟。(赣南民歌《几多好日过掉哩》)

(6) 提起老天亲(么是)也不亲,提起老天怪恼人,大旱(来)三年没收成,每日起来刮大(哟)风(哟)。(崩么么哟哎哎么来咿呀嗨哎崩儿崩那把哎哟哟崩嗨崩嗨一崩一朵莲花莲花落莲花落儿哪儿咿呀嗨)。(陕西民歌《金钱莲花落》)

分析可知,(1)中"就"、(2)中"筛"、(6)中"是",均单独使用,只一个音节,不存在继续切分问题,自然就是一个词级单位。

(1)中"是催心肝"、(2)中"糯米筛"、(3)中"打拉子"、(4)中"黄瓜茄子海椒叶""豆芽葱蒜叶"、(5)中"沙亮妹子",它们尽管非一个音节,但均满足了前述三方面条件,故皆可看作一个词级单位。

(1)中的"你就"、(2)中的"筛糯米呀米筛米"、(3)中"表嫂子聊下子""暖子又暖妹"、(5)中"沙老爷呀刘三妹"、(6)中"崩来么哟哎哎么来咿呀嗨哎崩儿崩那把哎哟哟崩嗨崩嗨一崩一朵莲花莲花落莲花落儿",它们尽管单独使用,但内在可较明显析分为两个或两个以上节奏单位,且不同节奏单位基础义往往亦存在一定区别,故当切分为两个或两个以上词级单位。切分出的词级单位是:"你""就""筛糯米""米筛米""表嫂子""聊下子""暖子""又暖妹""沙老爷""刘三妹""崩/崩儿""崩那把""一崩""一朵""莲花/莲花落/莲花落儿"。

第三节　汉语衬词系统

　　据历层研究模式进行概括的汉语衬词系统也有普通与地域之分。为求理论上尽可能完备,事实上尽可能全覆盖,这里拟对普通的不分地域的汉语衬词系统进行概括。

一、普通衬词理论体系

　　同现今其他词类相类似,衬词内部也可概括为一个层级体系。为便于由主至次地揭示出衬词核心内容,这里选择三方面依据,将其概括为一个由三个层级语词构成的多层体系。

　　第一层级,意义依据的类型体系。意义的概括,选择前及八大情绪类型体系。

　　第二层级,发生依据的类型体系。发生性内容的概括,选择前及原生、次生类型体系。

　　第三层级,音节依据的类型体系。亦即由单音节、双音节、多音节构成的类型体系。

二、普通衬词系统

　　汉语衬词系统依据上述普通衬词理论体系进行概括,所用语料尽可能兼顾不同地域。表述上,以第一层级八类情绪为一级衬词类型,以原生、次生为二级衬词类型依次进行。第三级衬词类型因较为琐碎,故不分别概括,而用选择性举例的方式寓于二级衬词系统之中。

(一)快乐类衬词

1. 原生衬词

　　原生衬词有"哟""哎""咳""哎咳哟嗬""呀儿咿儿哟""得儿哟依儿哟""赛罗罗罗罗罗里赛罗里赛"等。例:

(1) 我们的家乡在希望的田野上,炊烟在新建的住房上飘荡,小河在美丽的村庄旁流淌,一片冬麦(那个)一片高粱,十里(哟)荷塘十里果香,(哎咳哟嗬呀儿咿儿哟,咳)!我们世世代代在这田野上生活,为她富裕,为她兴旺。(陈晓光《在希望的田野上》)

(2) 一座座青山紧相连,一朵朵白云绕山间,一片片梯田一层层绿,一阵阵歌声随风传。(哎),谁不说俺家乡好,(得儿哟依儿哟)一阵阵歌

声随风传。(吕其明、杨庶正、肖培珩《谁不说俺家乡好》)

(3) 采蘑菇的小姑娘,背着一个大竹筐,清早光着小脚丫,走遍树林和山冈,她采的蘑菇最多,多得像那星星数不清,她采的蘑菇最大,大得像小伞装满筐。(赛罗罗罗罗里赛罗里赛,赛罗罗罗罗罗罗里赛罗里赛,赛罗罗里赛罗罗里赛罗罗里赛罗罗里赛罗罗里赛)。(陈晓光《采蘑菇的小姑娘》)

2. 次生衬词

次生衬词有"筛""糯米筛""筛糯米""米筛米""梅翠花""海棠花""雪龙子山""牡丹里花""兰花子""牡丹花"等。例:

(1) 十七十八(筛嘞)好唱歌(哟糯米筛嘞),二十七八(筛糯米呀米筛米呀)崽女多(嘞)。(赣南民歌《十七十八好唱歌》)

(2) 正月里来是新春,赶上了猪羊出呀了门。猪啊羊啊送到哪里去,送给咋英勇的八呀路军。(梅呀梅翠花海呀海棠花),送给咋英勇的八呀路军。(陕北民歌《拥军秧歌》)

(3) 正月古人是新年,(啊雪龙子山呀)唐僧(咯)取经往两天(牡丹里花花兰花子哟要四门来哪牡丹花)唐僧得了猪八戒,(欧雪龙山呀)流沙(咯)河下(就)得沙僧(喃)。(牡丹里花花兰花子哟要四门来哪牡丹里花)。(湖南冷江民歌《十唱古人》)

(二) 兴趣类衬词

1. 原生衬词

原生衬词由"啰""那哈""幺嗬咳""嚓拉拉""吆各哩哩哩""嗦罗罗罗哒""呀嗨哟嗬嗨哟"等。例:

(1) 清早起来(啰)开开门来(啰)来(啰),牧童赶牛(那哈)来上山啦(啰啰)。(江苏儿歌《牧童赶牛上山来》)

(2) 鸡叫头餐(幺嗬咳),叫二餐哩(幺嗬咳),月亮上来(吆各哩哩哩嚓拉拉嗦罗罗罗哒),推炒面哩(幺嗬咳)!(陇东民歌《推炒面》)

(3) 咱们拉起来(呀嗨哟嗬嗨哟),一夯一夯来(呀嗨哟嗬嗨哟)。
咱们要拉高(呀嗨哟嗬嗨哟),咱们慢慢排(呀嗨哟嗬嗨哟)。
拉起要拉稳(呀嗨哟嗬嗨哟),夯夯要打平(呀嗨哟嗬嗨哟)。
拉起小石夯(呀嗨哟嗬嗨哟),浑身有力量(呀嗨哟嗬嗨哟)。
基础要打好(呀嗨哟嗬嗨哟),这是搞修建(呀嗨哟嗬嗨哟)。(陕北民歌《咱们拉起来》)

2. 次生衬词

次生衬词有"那""你看""子个""竹枝""女儿""的个""的那个""唠的那

个""就"等。例:

(1) 鱼爱(个)水来(呀)鸟爱(个)林(罗),蜜蜂(的)爱的(个)白花(那)香,(你看)虾爱上(那)凉水井(哪也),草鱼爱上丝草(罗)塘(罗),情妹(也)爱上那打鱼(罗)郎。(湖南岳阳民歌《情妹爱的打鱼郎》)

(2) 栏杆月上两更天,别郎容易见郎难。朝来书信,约我重谐凤鸾。眼前不见,教我泪痕怎干。挑起(子个)红灯,重把书上归期仔细看,计程应说到常山。(《明清民歌时调集·计程应说》)

(3) 门前春水(竹枝)白苹花,岸上无人(竹枝)小艇斜(女儿)。商女经过(竹枝)江欲暮(竹枝),散抛残食饲神鸦(竹枝)。(巴蜀民歌《竹枝》)

(4) 我在(唠的那个)你村里住了(那就)三两(的那个)天,你村里(的那个)孙子人(呀哟)给我传闲(的个)言。
白格生生(的个)脸脸(哟)留平(价)(的个那个)头,心里头(的那个)爱你(呀哟)不敢开(的那个)口。(陕北民歌《说死说活我还要来》)

(5) (哎)!头子摇摇(就)花正红(哦),三位兄弟的故事(哎就)越耍越精通(哦),别的故事(就)以后耍(哎),(我)要耍摇窝子摇细人。(哎)狮子一耍锣鼓停,二位同志你(来)听清(罗),这就是要的摇窝子摇细人,日里摇哒又不哭,晚上摇哒不霸蛮,(我)长大头一要到湘潭来。(湖南湘潭民歌《耍个摇窝子摇细人》)

(三) 惊奇类衬词

1. 原生衬词

原生衬词有"哇""咧""呃""哒""哎""咧呀""咧哦咧""哟哦嗬""呜呃呜呃""呀啊呜呃呜呃(咿也呜呃呜呃呃、呃呜呃呜呃咿呀)""嗯哪啊嗬嗬嗬嗬呢(罗哦嗬嗬嗬嗬)"等。其中,括号里的是同一衬词的音近形式。例:

(1) 冇事唱个扯白歌(哇),风吹石头滚上坡(哇),麻雀子窝里生鹅蛋(咧),树尖枝上马咬窝(呃),砍柴砍出鲫鱼蛋(咧),耕田耙出野鸡窝(哇)。对门山上獐咬狗(呃),叫鸡公背起豺狗子走(呃)。(湖南湘潭民歌《扯白歌》)

(2) 指甲子花,看人家,拿糖粉,带糖花,耳朵上,戴金环,口里灯草花,鼻子芙蓉花,眼睛柳叶花,身上腰带,鳝鱼花,红带子紧,白菊花,花又花爱人(呐),身上系花裙,脚板上,穿花鞋,踩花地,手拿个扇子,(冬冬仓呐)桂花帐子满姑娘。(湖南安乡民歌《桂花帐子满姑娘》)

(3) 上(哒)高山(哎)打一望(呃呜呃呜呃咿呀),站得高来(呀啊呜呃呜呃)看四方(咧呀),(哎)山里桃花(咿也呜呃呜呃呃)红如火(咧呀啊呜呃)山里的李花(呃)白如霜(咧呀),(呜呃呜呃)好春光(哎来

呃)。(湖南湘乡民歌《上哒高山打一望》)

(4) (咧哦咧)问郎哥家住(哟哦嗬)(嗯哪啊嗬嗬嗬嗬呢我那)哪一(罗哦嗬嗬嗬)乡?(哦)哥说我的姐(哟),(我)家三十六张大碓舂白(咧)米,(我)牛又作田(呀)马有(哇)骑(哟),家中缺少(咧呃咳咳嗯哪啊嗬嗬嗬嗬呃我那)少年(罗嗬嗬嗬嗬)妻。(湖南桃江民歌《新造龙船十八舱》)

2. 次生衬词

次生衬词有"你""外子""心肝妹子""十指尖尖"等。例:

(1) 一根(的)绒线一根黄(罗),姐打(的)句仗忙问郎(哪)。白胡子洗面如何解?(哟呵)浆纱(哒)织布如何分(嘞)?问(你)郎哥知音不知音(罗)?(湖南桃江民歌《十根绒线》)

(2) 深(哪)挖(的)月缺(喔)浅(呀)水(个)流(喔),鲫鱼子(几)伴哒(咧嗨那个)鲤鱼(的)游(咧),(你看)鲤鱼(几的)迎(的)水(它是)把头(的)摆(乃),鲫鱼子(几)迎水把(呀)翅筛(呀),郎想(的个)姐来(的个)口难开(呀)。(湖南岳阳民歌《郎想姐来口难开》)

(3) 四脚子蛇是武官,打屁虫是文官,笨死虫是催粮官,禾老虫,解差官,碰哒蝴蝶来见官(咧),告哒蜘蛛把人伤(罗)。吓得县官(心肝妹子哟)慌了张(呵),(叮叮当当海棠花,十指尖尖咿哪外子哟哎哟)何哩告了我岳母娘(呵)(叮叮当当)。(湖南湘潭民歌《扯白歌》)

(四) 嫌恶类衬词

1. 原生衬词

原生衬词有"哪""喂""呃""呀喂""啧啧""哟嗬""罗罗哩"等。例:

(1) 那边妹子(喂)矮驼驼(呀喂),挑担水桶(啧啧桃红呃)地上拖(呀喂)。那边哥哥(喂)莫笑我(呀喂),丈夫小了(啧啧桃红呃)莫奈何(呀喂)。(湖南邵阳民歌《莫奈何》)

(2) 半升绿豆选豆种(哪),我娘(那个)养女不择家(呀),(罗罗哩来又来)[妈妈(也)害了我]。
千家万户都不许(哪),偏偏(那个)嫁给做三房(呀)。(罗罗哩来又来)[妈妈(也)害了我]。(湖南嘉禾民歌《半升绿豆》)

2. 次生衬词

次生衬词有"来""有钱子树"等。例:

(1) 三皮(也)芥菜(哟)(呵)两皮(呃哟)黄,(你看)养女莫嫁家驾船(罗)郎,日不晓得守过好多生人寡,(来哟),晚间不晓得困过好多半边床(哟),你看(哟)眼泪汪汪(的)进绣(哟)房。(湖南岳阳民歌《养女莫

嫁驾船郎》)

(2) 一更(子)抖碓二更春(也),三更(格)簸米(就)在房中(哎),(有钱子树哎)在房中(哎)。

头上(子)乌鸦叫三声(也),叫起(格)我娘(就)心又惊(哎),(有钱子树哎)心又惊(哎)。(湖南嘉禾民歌《一更抖碓两更春》)

(五) 愤怒类衬词

1. 原生衬词

原生衬词有"也""哟噢""罗嗬嗨"等。例:

(1) 天地(也)! 只合把清浊分辨,可怎生糊突了盗跖、颜渊:为善的受贫穷更命短,造恶的享富贵又寿延。天地(也)! 做得个怕硬欺软,却元来也这般顺水推船。地(也),你不分好歹何为地。天(也),你错勘贤愚枉做天!(关汉卿《窦娥冤》)

(2) 五月(哪)里来五端阳,软米(那)粽子包砂糖,黑糖白糖都包上(哟),歪歪(那)好好没人尝。……天爷天爷天爷(哟噢)天爷哟!(陕北民歌《小寡妇哭皇天》)

(3) 哥哥十八讨了亲(罗嗬嗨),女儿十六为何不嫁人,爹妈心不平(罗嗬嗨),[我的妈妈(也)]爹妈心不平(罗嗬嗨)。(湖南浏阳民歌《满妹子吵嫁》)

2. 次生衬词

次生衬词有"你的个""我的个"等。例:

(1) 青天(你的个)蓝天紫个蓝蓝的天,老天爷你杀人不眨眼。

杀了(我的个)丈夫心里实实的惨,可怜我的丈夫二十三。

水缸里(的个)没水谁给我来添,撂下一双儿女谁照管。

走步步(的个)艰难挪步步慢,双磕膝(的个)跪在新坟前。

右手里(的个)拿着纸香(一个)盘,左手手(的个)拖着小儿男。(陕北民歌《老天爷杀人不眨眼》)

(六) 痛苦类衬词

1. 原生衬词

原生衬词有"哟""呀""哎哟""嗨嗨""哟哟嗬""哪咿呀呀哎"等。例:

(1) 三月(里那)太阳红又红,为什么我赶骡子的人儿(哟)这样苦闷。不唱(了那个)山曲(我)不好(了)盛,(我)唱上一个山曲(哟)想亲(哟嗬)人。你管你(那)走东(哟)我盛上西,(说)无定河把咱们两分(哟哟嗬)离(呀)。(陕北民歌《脚夫调》)

(2) 太阳上来(哎哟)麦穗儿长,你无老子(那么嗨嗨)我无娘。

三块大洋(哎呦)两块铜,丢下一块(那么嗨嗨)送人情。

谷子出穗(哎呦)低下头,盛着惯惯儿(那么嗨嗨)你要走。(陕北民歌《盛着惯惯儿你要走》)

(3) 成庆(那就)今年三十(那就)三,我妻儿(就)殁到一个三月三,清早起(呀)拉了两句知(哟)心(的那)话,半前响(价)早把她(的个)命(呀)要下(哪咿呀呀哎)。(陕北民歌《成庆哭妻》)

2. 次生衬词

次生衬词有"是""介个""我心焦""雪花连是飘"等。例:

(1) 嘴里不说(是)心里想。

抽签(他)打卦(是)问神神。

我受(呀)艰难(是)谁知道。(陕北民歌《抽签打卦问神神》)

(2) 来迟去慢姐心烦,等待郎来就捻(介个)酸。(《明清民歌时调集·杖藜携酒》)

(3) 送(啊)姐送(啊)姐大(呀啊)门前(也),(雪花连是飘雪花连是飘哎呀)[我心焦]开口(是)问姐(是咿呀哟哎)爱哪场。

十(啊)场九(啊)场我(呀啊)不爱(也),(雪花连是飘雪花连是飘哎呀)[我心焦]我爱(是)姐姐(是咿呀哟哎)红丝带。

红(啊)丝带来两(呀啊)头细(也),(雪花连是飘雪花连是飘哎呀)[我心焦]两头(是)两尾(是咿呀哟哎)吊珍珠。

你(啊)是金(啊)珠我(呀啊)是宝(也),(雪花连是飘雪花连是飘哎呀)[我心焦]珍珠(是)和宝(是咿呀哟哎)配得好。(湖南嘉禾民歌《送姐》)

(七) 畏惧类衬词

1. 原生衬词

原生衬词有"哎""哪""唎""呀""咳嗬""哎咿哎""呀咳嗬""咳嗬咳""哼哼哼哼呀""啦呃呵呃呵呃(呀呃呵呃呵呃)"等。例:

(1) 哥(哎)我是娘边(咿哎哎)闺门女,(哎咿哎)看郎不是(哎)(哎)真心人(哪)。妹(呀)你是娘边(哎哎)真心人,(哎哎哎)十载寒窗(哎哎)读书(哟)人(哪)。(湖南新邵民歌《塘里涨水河里浑》)

(2) 六月太阳(咳嗬咳嗬咳)似火焚,(哼哼哼哼呀)寻棵大树(呀咳嗬嗬咳)好遮荫。(湖南株洲民歌《寻棵大树好遮荫》)

(3) 日头一出(也)(我又)晒过(个)墙(那呃呵呃呵呃),晒起我痛心情(哪)姐(哪呵呃呵呃呵呃)前来摆衣(呃)裳,(唎我)摆住摆住(也)蚂(呀)蟥叮哒手,(我)千声哥哥(也)(我又)万声(个)娘(啦呃呵呃呵呃

呃),喊起(那个)痛心情(哪)哥(呀呃呵呃呵呃)前来帮我拈蚂蟥(咧)。(湖南衡山民歌《日头一出晒过墙》)

2. 次生衬词

次生衬词有"邵阳那个哥"等。例:

(1) 不会(那个)唱歌(哎)我不(那个)来,[邵阳那个哥]来了打坏(哎哟哟)你招(哎)牌。(湖南新宁民歌《不会唱歌我不来》)

(八) 慨叹类衬词

1. 原生衬词

原生衬词有"兮""哪""哟""呀""哩""啊""嗬""罗""嘞""呃""呀哟""啊哟""啊呃""呀哈哈""哎哎哎哪"等。例:

(1) 激王侯四起冲风,望鱼屋鳞鳞,贝阙珠宫。两驾骖螭,桂旗荷盖,浩荡西东。试回首(兮)昆仑道中,问江皋(兮)谁集芙蓉。唤起丰隆,先逐鼋鼍,后驭蛟龙。(《全元曲·阿鲁威·河伯》)

(2) 正月(哪)里来是新年,家家户户过新年,人家过年双双对(哟),小寡妇过年独一人。(陕北民歌《小寡妇哭皇天》)

(3) 一(呀)月(呀哟)怀胎(呀)在(也)娘(啊)身(罗),无踪(啊哟)无影(哪)又(啊呃)无(呃)形(哪),有踪(哟)有形(哪)难(哪)见(嘞)面(嘞),不(啊)觉(哟)有孕(哪)在(也)娘身(哪)。(湖南华容民歌《十月怀胎》)

(4) 一代(呀哈哈)名医伏羲(呀)帝,(呀哈哈)太上老君采药他把世济(呀哈哈),采得草木又做药方,诊人(个)病痛又保安康。二代神农他尝百(哩)草(啊),办起(个)五味又把药造,制起(呀)补药(嗬)(它)是妙方(嗬),有凉有补(啊)又能治伤。(湖南株洲民歌《十三代名医》)

(5) 我姐生得白如银,瓜子脸来(哪)爱死(啊)人(哎哎哎哪),爱死(啊)人。(湖南嘉禾民歌《我姐生得白如银》)

2. 次生衬词

次生衬词有"哥""妹妹""姻缘""那华子""条根子""根子条条""是久长是久哎短"等。例:

(1) 二更(哪)里(来也)进花(也)园(哪),手攀(啊)桃树泪(哪)涟涟,花开花谢年年有(呃),[妹妹(啊咿呀)]人老(啊)何曾转(啊)少年。[哥(哪也)妹妹(啊咿呀)]人老(啊)何曾转(啊)少年。(湖南宁乡民歌《跳粉墙》)

(2) 棉(呀)花出(啊)土(哎那华子)寸寸高(呀),好棉花(哪),(嗬呀嗬根

子条条呀条根子唆)。(湖南嘉禾民歌《棉花出土寸寸高》)

(3) 天(呃)上(是)月亮(是久长是久哎短)月(哎)不明(呀)(姻缘),
　　地(呃)上(是)媳妇(是久长是久哎短)难(哎)为人(呀)(姻缘)。
　　早(呃)上(是)挑水(是久长是久哎短)十(哎)八担(呀)(姻缘),
　　上(呃)午(是)捡柴(是久长是久哎短)十(哎)八里(呀)(姻缘)。
　　下(呃)午(是)看牛(是久长是久哎短)十(哎)八条(呀)(姻缘),
　　晚(呃)上(是)舂碓(是久长是久哎短)十(哎)八斗(呀)(姻缘)。(湖
　　南嘉禾民歌《天上月亮月不明》)

不难看出,上述普通衬词系统尽管已初步概括出来,但仍不算完善。毕竟,相关事实的调查还不够充分,还有一些次类未能得到概括,所列衬词的归类有的也存在一些需进一步斟酌之处。这些是后续研究重点努力的方向。

第四节　衬词的来源

衬词的来源,以发生途径视角概括出的原生衬词、次生衬词系统为依托分类讨论。

一、原生衬词之源

据考察,原生衬词源于原生叹词。其依据主要来自两个方面。

(一) 原生衬词发生方面的依据

研究发现,原生衬词是伴随着拥有理性词的歌曲的出现而发生的,理性词出现前后相关情绪表示形式间的对应关系明确显示,原生衬词源于原生叹词。

1. 歌曲发生发展的基本事实。中外学者对歌曲的发生有过一些研究。美国现代人类学家弗朗兹·博厄斯曾对众多的原始部落歌曲进行过对比考察。他发现,最为古老的爱斯基摩人所唱的歌,从头至尾只是一连串的表情音节而并无理性词。别的一些稍微开化的原始部落,其歌虽然有理性词,却异常简单。一般"每句歌词只有一个字,这个字又往往是所歌颂的神的名字"。或者在歌中反复吟唱,"只是在旋律转折时才换上一个字"。他最后得出了这样一个结论:"有词的歌曲是从有音无词的歌曲逐渐发展演化而来的。"(弗朗兹·博厄斯,2004)据调查,汉语歌曲的发生发展也反映出了类似的事实。李壮鹰研究认为,中国古代典籍中的歌最初也是无理性词的歌曲。《路史》:"东户氏,其歌有乐而无谣。"东户氏为传说中远古帝王之名,从这个

传说中正可以窥出遥远蛮荒的古代,其歌曲只有曲调而没有歌词的情况。秦汉前后的典籍中,载有不少上古时代的歌曲,如《左传·昭公二十五年》所载夏禹之乐《大夏》,《周礼·春官·大司乐》所载之乐《云门》,《庄子·天下》所载黄帝之乐《咸池》、尧之乐《大章》,《尚书·益稷》所载之乐《九韶》等等。这些歌曲,实质上大抵都是一些有曲而无理性词的歌曲,有理性词的歌曲较为后起(李壮鹰,2007)。我们对《中国民间歌曲集成》江西卷也作了一些调查,发现,现今仍在传唱的民歌尽管较为晚起,但仍不乏反映由纯表情音节表达的无理性词歌曲至间有理性词表达的歌曲的例子,而且,这些民歌同时还并行反映出了歌曲由纯情绪表示形式至情理交融形式的历层演进关系。例:

(1) 嗨嗨哟! 嗨哟嗨哟嗨哟嗨哟嗨哟嗨哟嗨哟嗨哟嗨。(赣西民歌《摇橹》)

(2) 沙欧嗬嗬嗬嗬咳嗬嗬沙嗬哟嗬嗬哟哟嗬嗬,沙嗬哟嗬嗬嗬哟嗬哎,咳咳哟哟哎咳哟,哟嗬哟。(赣北民歌《唤牛回来》)

(3) 哞欧欧嗬欧嗬欧嗬欧哟嗬! 哞欧嗬嗬! (赣北民歌《唤牛崽》)

(4) (嗬嗬啰啰嗬嗬啰嗬嗬啰嗬嗬嗬嗬嗬啰啰啰啰啰啰啰嗬啰嗬啰嗬)放牛(嗬嗬嗬)。(赣北民歌《放牛去》)

(5) (嗬嗬哟哟嗬嗬)放牛(欧嗬哟嗬),吃罢了饭来去放牛(欧嗬嗬哟嗬)。牛跑了伢儿来牛崽跑了,扯了田里的苗(哟),欧欧哟牛欧牛欧哟牛欧。(赣北民歌《牛吃了苗哟》)

不难看出,(1)—(3)是由纯表情音节表达的无理性词的歌曲,(4)(5)则是间有理性词表达的歌曲。

2. 原生衬词发生分析。以《中国民间歌曲集成》江西卷上述例子所反映的基本事实为依托结合衬词基本特征分析,(4)(5)中"嗬嗬哟哟嗬嗬"性质表情音节是由(1)—(3)中"沙嗬哟嗬嗬嗬哟嗬哎"性质表情音节历层演化而来的。当演化至"嗬嗬哟哟嗬嗬"性质表情音节阶段时,因为歌曲中出现了理性词,所以,"嗬嗬哟哟嗬嗬"性质表情音节的表义地位随即发生了变化,由主导地位演变为衬辅地位了,语词性质上也就演化为衬辅性表义的原生衬词了。这样,原生衬词也就伴随着拥有理性词的歌曲的出现而发生了。

3. 原生衬词源于原生叹词。以《中国民间歌曲集成》江西卷上述例子所反映的基本事实为依托,结合叹词、衬词基本特征从"沙嗬哟嗬嗬嗬哟嗬哎"性质表情音节与"嗬嗬哟哟嗬嗬"性质表情音节间对应关系上进一步分析不难看出,因为"嗬嗬哟哟嗬嗬"性质表情音节对应性源于"沙嗬哟嗬嗬嗬哟嗬哎"性质表情音节,而"嗬嗬哟哟嗬嗬"性质表情音节为原生衬词,"沙嗬哟嗬嗬嗬哟嗬哎"性质表情音节性质上为原生叹词,所以,其对应关系上明确显示:原生衬词源于原生叹词。

原生衬词源于原生叹词,是经由原生叹词地位的改变而生成的。这一点,从部分劳动号子中前后唱轮间的呼应关系上可更直接地看出。例:

(1) 领:呃! 众:嗨! 领:起来了(呃)! 众:嗨! 领:同着力(嘞)! 众:嗨!
    领:这样起得多(呃)! 众:嗨! 领:高高起(哟)! 众:嗨!(赣西民歌
    《放排起锚》)

(2) 领:哟哟! 众:哟哟哩嗨哟! 领:同志们(啰)。众:嗨哟! 领:加把劲
    (啰)。众:嗨哟! 领:来打夯(哟)! 众:嗨哟哩嗨哟哩嗨哟哩嗨哟哟
    哟哩嗨哟!(赣西民歌《打夯》)

上例中可清楚地看出,"领"第一唱轮中出现的原生叹词"呃""哟",在后续存在呼应关系诸唱轮中即演化为原生衬词了。

(二) 原生衬词发展方面的依据

原生衬词发生之后,其发展大致可概括为如下阶段:衬词占绝大多数;衬词相对较多;衬词和理性词比例大致相当;衬词占极少数;无衬词。反映上述诸阶段的语言事实,后二阶段较为常见,不赘,其他阶段的例子如:

(1) (嗯啊嗯啊)有鱼(咿咿啊)(嗯啊嗯啊哎咿咿哎啊啊)有肉吃(啊),
    (嗯啊嗯啊哎咿啊嗯啊)吃鱼吃肉(哟哟咿哟嗯啊)桂哥搭船去(呀),
    (啦啊咿哟哦嗯啊嗯啊咿咿)(湖南湘潭民歌《纺棉歌》)

(2) 六月太阳(咳嗬咳嗬咳)似火焚,(哼哼哼哼呀)寻棵大树(呀咳嗬咳
    嗬咳)好遮荫,(哪咳嗬咳嗬咳咳),喜鹊含柴(咳咳嗬咳嗬咳咳)
    寻棵大树(哎),(嗬咳嗬咳嗬咳嗬咳)燕子含泥寻(啦)富家,(咳嗬咳
    嗬咳嗬咳)细人仔要吃(啊)(咳嗬咳嗬咳嗬咳)寻妈(啊)妈(啊嗬咳
    嗬咳嗬咳嗬咳)。(湖南株洲民歌《寻棵大树好遮荫》)

(3) 情哥(喂)夜里(呀啊)溜(是)溜进门(哪哈啊),抱住(哎)妹妹(呀啊)
    把(是)把嘴亲(罗合嗨),情郎(哎)哥哥(喂),情郎哥哥松开手(喂),
    别个看哒丑死人(哪咿哪合咳哪咿哪合嗨)丑死人(哪哪咿哪合嗨)。
    情哥(喂)你去(呀啊)请(是)请媒人(哪哈啊),找我(哎)爹娘(呀啊)
    来(是)来提亲(罗合嗨),情郎(哎)哥哥(喂)情郎哥哥快(呀)点
    (来),早点接我离家门(哪咿哪合咳哪咿哪合嗨)离家门(哪哪咿哪
    合嗨)。(湖南湘潭民歌《早点接我离家门》)

据上述诸阶段衬词之于理性词间的数量关系不难看出,原生衬词的发展呈现出越来越少的态势,而相应的理性词则呈现出越来越多的态势。因原生衬词往多处延伸的极端是独立成歌的情绪表示形式,是原生叹词,故原生衬词这种越来越少的态势亦间接地显示,原生衬词当由独立成歌的情绪表示形

式演化而至,原生衬词当源于原生叹词。

二、次生衬词之源

总体说来,次生衬词是由理性词及其组合而成的短语、小句乃至于语段演化而来的,它当源于理性词、短语、小句等形式。这一点毋庸置疑(倪淑萍,2011)。但是,具体就单个次生衬词而言,它当源于哪个相应的理性语言形式、具体怎样一步步演化而来的等问题却存在极多的疑问,有待进一步深入研究。鉴于此,这里选择两个常见次生衬词,一侧重具体演化问题,一侧重具体的来源分别进行一些针对性探讨,拟以点带面地对次生衬词的具体来源进行说明。

(一) 近现代曲词中"里个"的衬词化

据考察,近现代曲词中的"里个"当源于近代汉语中"里(方位词)+个(虚指代词)"形式(郭攀,2019)。其具体衬词化问题的讨论分两个部分展开。

1. "里个"的记录形式

近现代戏曲、歌曲诸曲词中存在着一较常见衬词"里个"。例:

(1) 姐儿困弗着好心焦,思量子我(里个)情哥只捉脚来跳,好像漏湿子个文书失约子我,冷锅里筛油测测里熬。(《明清民歌时调集·山歌·困弗着》)

(2) 一送(里个)表哥,(介支个)柜子边,双手(里个)拿到,(介支个)两吊钱。一吊(里个)拿到,表哥零星用,还有(里个)一吊,表哥做盘缠。(赣南采茶戏《送郎调》)

因把握衬词在形式上主要依据的要素是语音,其记录习惯上采用借字形式,而所借之字原则上只要求同音就可以,所以,同一语音形式的衬词往往就存在着多个不同记录形式。以明代冯梦龙和清代王廷绍、华广生《明清民歌时调集》、吕骥等《中国民间歌曲集成》江西卷赣南部分为依据,与"里个"相应的记录形式查找到的就有"哩个""里格""哩格""你个""尼格"等。例:

(1) 松年此刻,到是介一副正经面孔,个是(哩个)生意经,拿个头巾一正,道袍打子偏袖,朝外倡子一个社。(《明清民歌时调集·白雪遗音·问卜》)

(2) 一送(里格)红军,(介支个)下了山,秋风(里格)细雨,(介支个)缠绵绵。山上(里格)野鹿,声声哀号,树树(里格)梧桐,叶呀叶落完,问一声亲人,红军啊,几时(里格)人马,(介支个)再回山。(赣南民歌《十送红军》)

(3) 莲花(哩格)出水塘中间,塘水再深偎也探。因为(哩格)恋妹跌落

水,浸死阿哥心也甘。(赣南民歌《浸死阿哥心也甘》)

(4) 总话(你个)核担(呃)好寻(个)钱,哪人晓得咁可怜。(赣南民歌《总话核担好寻钱》)

(5) 日头(尼格)到岭(就)夜了(哟尼),门前(呐)黄竹(哇)低了(哇)头(喔)。(赣南民歌《妹子低头哥来了》)

在这里,"里个""哩个""里格""哩格""你个""尼格"确认为同一语音不同记录形式的依据有二:

一是在所调查语料中,上述具有相同记录关系的字在相同语境、相同语法位置上常常对举使用。如以下(1)中"什么"后或用"格",或用"个"。(2)、(3)"拉反歌"后,一用"格",一用"个"。

(1) 什么(格)圆圆(那个)在(呀)半天?(那个)什么(你个)圆圆(那个)水(呀)中生?(赣南民歌《什么圆圆在半天》)

(2) 拉反歌来(呃哩格)拉反歌,捡到一个田螺(就)四斤多。(瑞金县《拉反歌》)

(3) 拉反歌(哇个)拉反歌,纵掉(喂)老(哇)弟(哟)纵哥(哇)哥。(瑞金县《拉反歌》)

二是这些具有相同记录关系的字在现代赣南方言中读音相同或相近,而且中古音,尤其是主要元音亦如此。查郭锡良《汉字古音手册》(郭锡良,1986),上古、中古部分字的读音分别是:

里:(古)来之　liə　　　(广)良士切　来之开三平止　liə

尼:(古)泥脂　niei　　　(广)女夷切　泥脂开三平止　ni

格:(古)见铎　keǎk　　 (广)古伯切　见陌开二入梗　kɐk

个:(古)见鱼　ka　　　 (广)古贺切　见个开一去果　ka

2."里个"的衬词化

考察"里个"衬词化所用语料主要是"里个"出现较多同时又能较好反映其历史样貌的三部曲集:臧懋循《全元曲》和前及《明清民歌时调集》《中国民间歌曲集成》。其中,《中国民间歌曲集成》只及与明清"里个"出现地域有一定对应关系的江西卷赣南部分。

据虚化形式往往是在较常见同形实义形式基础上逐步演化而至的语言事实展开作为历层研究次位视角的历史性考察,衬词"里个"当是在近现代汉语中,在不甚稳定的跨层结构"里(方位词)+个(虚指代词)"基础上,经形式上常态化和意义上泛化而逐步衬词化而来。其过程大致概括为三个阶段。

A."里(方位词)+个(虚指代词)"阶段。"里个"中作为方位词的"里",用于名词或名词性短语后表示"处所""时间""范围"等意义,而"个"的虚指,表现为一种若隐若现性质的指称。落实到"现"处分析,则可将其看作一种指称范围最大的原始无所不指性质的指称。它可以是远指,亦可以是近指。既近似模糊的"那个"义,又近似"这个"义。这种"里(方位词)＋个(虚指代词)",是一个不甚稳定的跨层结构。据调查,本结构出现的时间为元代。元代以前文献中未见。300余万字的臧懋循《全元曲》中亦仅见1例。如下:

叔待,你休怪呆厮说,俺家里个老驴也是这么抽蹄抽脚的。(《全元曲高文秀·黑旋风双献功》第三折)

B. "里个"初步衬词化阶段。明清时期,以前及衬词基本特征为依据判断,"里个"初步实现了衬词化。

据定量调查,《明清民歌时调集》中"里个"及其同音记录形式"哩个""里介"等陟现48例,出现频次大幅增多。其中,仅初步衬词化"里个"即有21例。它们在《明清民歌时调集》内部各次位民歌集中的出现情况是:明代《挂枝儿》未见,《夹竹桃》3例,《山歌》15例。清代《霓裳续谱》未见,《白雪遗音》3例。例:

(1) 百草开花趁子春(里个)天,丑婆娘也要靠在大门前,六月里圆炉弗动火,酱缸淡子惹增盐。(《明清民歌时调集·山歌·丑妇》)

(2) 凉风阵阵过池塘,捉我(里个)情郎吹进房。(《明清民歌时调集·夹竹桃·满架蔷薇》)

(3) 我(里个)阿爹慌忙咳嗽,我(里个)阿娘口里开谈。(《明清民歌时调集·山歌·老鼠》)

(4) 私情起意未会会,咦有闲人搬来我(里个)听,并无形迹,由他讲论,虽然不信,钉奴鬼门,好像卵袋打人头弗痛,子细思量激恼人。(《明清民歌时调集·山歌·钉鬼门》)

(5) 松年此刻,到是介一副正经面孔,个是(哩个)生意经,拿个头巾一正,道袍打子偏袖,朝外倡子一个社。(《明清民歌时调集·白雪遗音·问卜》)

(6) 〔付〕大爷朵,请里哼来,吾(哩个),〔唱〕三太支宾在此迎。(《明清民歌时调集·白雪遗音·游庵》)

除出现频次增多之外,本阶段"里个"在前述衬词化依据中也有一定程度的体现。

记录用字,随着"里个"性质的改变而出现了"哩个"这一异体记录形式。它是可感的书面特征。

语义特征,较之"里(方位词)＋个(虚指代词)"的方位和指代义,初步衬词化了的"里个"理性义弱化或基本脱落了,相应地,情绪义一定程度地得以凸显。这从语义羡余度上不难看出。(1)中"里个"现于词内,据逻辑关系分析,似可分析为标示领属关系。但是,一方面因"春"本身就是时间要素,对时间具有明显的标示作用,所以"里个"的标示具有羡余性。另一方面,对比言说语言中类似结构可知,无论古今,类似"春天""秋天"类结构关系,词内一般不加标示词,加了反而分割了紧密的逻辑结构关系,添加,是羡余性表现。(2)(3)(4)(5)(6)中"里个"均现于短语内部。其中,(2)(3)与(1)类似。(4)(6)尽管分属主谓、同位关系,但基本可看作一种扩大了的领属关系。其领属性,表述主体即进行了有效的标示,再加"里个"即羡余了。(5)中"哩个"现于述宾关系中。这种关系,逻辑上无须标示,标示了即为羡余。

"里个"表义作用的羡余,意味着其理性义弱化或基本脱落。相应地,与歌唱语言其他情绪表达因素相呼应,"里个"一定程度地凸显出了情绪性意义,一种与顺应习惯或强化情诸需求相应的兴趣和快乐类情绪义④。

语用特征,基本属于满足固有逻辑关系性韵律需求的模式化使用。"里个"初现于领属关系中,尽管意义已一定程度虚化,但"里个"仍基本皆现于这种逻辑关系中,且范围有所延伸。如前所述,(1)(2)(3)是典型的领属关系。(4)(6)则是一种扩大了的领属关系。这种囿于领属关系的使用,就是前及基于表义的心理惯势、顺应固有逻辑关系性节奏韵律需求的模式化使用。

明清时期"里个"的初步衬词化,其具体过程还可在"里(方位词)+个(虚指代词)"基础上进一步细化为二次位阶段。

a."里个"一实一虚阶段,亦即"里(方位词)+个(衬词)"阶段。据考察,"里个"的衬词化是从"个"开始的。

独用的虚指性"个"的演化,学界早就有所关注。揭示出的语言事实是:不表指代义的"个"早在唐代就出现了,而且主要见于南方方言。性质的判定,则一般侧重言说语言将其解释为助词(曹广顺,1995:143/148)。据考察,言说语言的"个"用于歌唱语言,基本即可看作是衬词。这种衬词,在实际上亦一定程度地反映了明代以前语言事实的《明清民歌时调集》中不难找到。例:

(1) 花扑扑(个)娇娘心易邪,眼前弗见俏冤家,乍晴乍雨,春光又赊,没情没绪,胭脂懒搽。(《明清民歌时调集·夹竹桃·闲看儿童》)

(2) 结识私情要放乖,弗要眉来眼去被人猜,面前相见同还礼,狭路上(个)相逢两闪开。(《明清民歌时调集·山歌·瞒人》)

(3) 月夜无眠思想(个)郎,我郎君忽地跳窗盘。(《明清民歌时调集·山歌·跳窗盘》)

(4) 捉贼从来捉个贼,捉奸(个)从来捉个双。(《明清民歌时调集·山

歌·捉奸》）

曲词中的独用性衬词"个"替代虚指代词"个"进入"里（方位词）＋个（虚指代词）"结构之后，就构成了一实一虚模式。例：

(1) 天上星多月弗多，雪白样雄鸡当弗得个鹅，煮粥煮饭还是自家田（里个）米，有病还须亲老婆。（《明清民歌时调集·山歌·亲老婆》）

(2) 路来行来逐步移，腹中想必有蹊跷，谷雨下秧传子种，六月（里个）耘苗满肚泥。（《明清民歌时调集·山歌·孕》）

b. "里个"二语素皆虚的初步衬词化阶段。即方位词"里"亦与"个"同向虚化并因此而带来"里个"的整合和性质的改变阶段。

"里"的虚化，其实在方位词内部即几近完成。内中所表"处所"义最为可感，拓至"时间"就相对抽象了，再至笼统的"范围"，实质上就范畴化了，亦即指称最上位的无所不包的范围了。不用说，这种笼统的范围，指称对象上实已高度虚化。

"里"的进一步虚化，当是在与"个"挨连性同现情况下，随着同现频率日渐增加，受"个"义影响而朝"个"义方向同向虚化的结果。其一般表现就是前及"春（里个）天""是（哩个）生意经"等例中初步衬词化的"里个"中的"里"。这种"里"的前身在与虚指代词"个"组合时皆表方位义，而与衬词化"个"组合后，即逐步表示衬词性情绪义了，受"个"影响而衬词化的表现明显。

"里"和"个"皆衬词化了之后，自然带来结构关系上的变化，亦即由跨层结构演化为并列结构了。在这种并列结构中，"里"和"个"随着使用频率的增加而逐渐凝固，终至促成了"里个"的整体化和整体的衬词化。

c. "里个"进一步衬词化阶段。发展到现代，"里个"进一步衬词化了，成了一个严格意义的衬词。这从现行出版物对"里个"加圆括号的标示上不难看出。为加深认识，这里还是对照衬词化依据、以《中国民间歌曲集成》江西卷赣南部分为实例再从存在着明显外在标志的两方面作些说明。

记录用字，在"里个""哩个"基础上又新增"里格""哩格""你个""尼格"4个，呈现出更加不居的性质。"衬词'里个'记录形式"部分所及用例之外又例：

(1) 左思（你个）右想（呃）是蛮（个）腻，因为冇钱咁可怜。（《总话核担好寻钱》）

(2) 三条（哩格）大河（就）冇只（格）渡，样甚过来同妹聊（啊）。（《样甚过来同妹聊》）

(3) 花开（嘞里格）牡丹叶（啰）又细，大妹妹（里格）细妹妹，过来过来话你（哟嗬）知。（《牡丹调》）

(4) 正月(哩格)跌苦(实在哩格)是新年,财主(哇哩格)全家(实在哩格)
　　喜连天。(《十二月跌苦》)

　　语用特征,一是使用频率进一步增加。仅对《中国民间歌曲集成》江西卷
赣南部分的调查发现,衬词"里个"即共现 178 例。二是模式化使用的特征更
加明显。较典型的是"里个"和"介支个"的呼应性使用。"里个"一般用于表
述对象前,"介支个"用于相关说明语前,二者接续出现。用例如前及赣南民
歌《十送红军》、赣南采茶戏《送郎调》。不赘。

(二) 现代曲词中"介支个"的来源

　　较之"里个"侧重衬词化过程而言,"介支个"研究侧重来源。

　　调查发现,古文献中未见"介支个"的原初形式,但存在"介个"和"子个",
且已一定程度衬词化。结合衬词形式往往为基础形式连用、叠用或糅合而成
的事实,我们认为,"介支个"是由次生衬词"介个"和"子个"糅合而成的。糅
合的时间,鉴于次生衬词"介个"和"子个"近代汉语中均已存在,而现代民歌
出现的实际时间往往也可上推至近代汉语诸因素,理论上大致推定为近代。

　　基于上述生成方式和时间的说明,"介支个"的来源大致可看作是近代汉
语中次生衬词"介个"和"子个"的历史性糅合。来源所及核心内容,以下分
"'介支个'的记录形式""次生衬词'介个'的来源""次生衬词'子个'的来源"
"次生衬词'介个''子个'的辩证糅合"四部分进行阐述。

　　1. "介支个"的记录形式

　　同"里个"相似,"介支个"也是赣南采茶戏《送郎调》:"一送(里个)表哥,
(介支个)柜子边,双手(里个)拿到,(介支个)两吊钱"中反复出现的衬词,也
存在着多个不同记录形式。以《中国民间歌曲集成》江西卷赣南、赣西、赣北
部分(吕骥等,1996)等为依据,查找到与"介支个"相应或局部相应的记录形
式有"介只格""该只""格只"等。例:

(1) 一送(里格)红军,(介支个)下了山,秋风(里格)细雨,(介支个)缠绵
　　绵。山上(里格)野鹿,声声哀号,树树(里格)梧桐,叶呀叶落完,问
　　一声亲人,红军啊,几时(里格)人马,(介支个)再回山。(赣南民歌
　　《十送红军》)

(2) 屠杀工农真可恨,屠杀工农(介只格)真可恨。(赣南民歌《十二月革
　　命歌》)

(3) 新打(该只)风车(就)本是(该只)四只(嘞)脚(嘞),你妹俚恋我不恋
　　我(嘞)? (赣西民歌《新打风车六块板》)

(4) 哎呀嘞,哎! 苏区干部(揸哇)好作风(揸)自带干粮(格)去办(呀格)
　　公。哎呀,日着(格只)草鞋(来)干革命(哪),同志(格)夜走(格只)

117

山路打灯(呃啊格)笼。(赣南民歌《苏区干部好作风》)

在这里,"介支个"与"介只格","该只""格只"与"介支""介只"确认为同一语音的不同记录形式的依据有二:

一是赣南、赣西民歌中同一语音的不同记录形式常常可出现在同一修饰性句法位置上,有时后接的词可细化至极小的类。如同是人造物,可以如上表述为"(该只)风车""(格只)草鞋",还可以表述为如下"(介只)船"。例:

(1) 撑得(介只)船(嘞)来去上滩(喂啰哟)!(赣西民歌《撑篙》)

(2) 喂哟嗨哟,大家合到脚来拉哟,拉得(介只)船(嘞)来上(介只)滩哟!
(赣西民歌《拉纤》)

二是这些具有对应关系的字在现代赣南方言中读音相同或相近,而且中古音,尤其是主要元音亦如此。查郭锡良《汉字古音手册》(郭锡良,1986),上古、中古部分对应字的读音分别是:

介:(古)见月 keăt　　　　(广)古拜切　见怪开二去蟹 kɐi

该:(古)见之 kə　　　　　(广)古哀切　见咍开一平蟹 kɒi

格:(古)见铎 keăk　　　　(广)古伯切　见陌开二入梗 kɐk

支:(古)章支 ȶiə　　　　　(广)章移切　章支开三平止 tɕiə

只:(古)章铎 ȶiăk　　　　　(广)之石切　章昔开三入梗 tɕiɐk

个:(古)见鱼 ka　　　　　(广)古贺切　见个开一去果 ka

在"介支个""介只格""该只""格只""介只"诸记录形式中以"介支个"作为代表,除采茶调所具有的普遍影响之外,主要是因为本形式还具有书写简单、用字常见等原因。

2. 次生衬词"介个"的来源

据考察,次生衬词"介个"当源于近代汉语较稳定的理性短语"介个",是"介个"衬词化的结果。

据对唐宋元《敦煌变文选》《古尊宿语录》《祖堂集》《朱子语类》《全元曲》等文献的调查,未见"介个""该个""格个"。明清时期,带有南方方言特征的民歌文献《明清民歌时调集》出现34例,而且,理性短语和衬词两类不同性质的"介个"同期出现。基于这种语言事实,我们分析认为,"介个"出现的时间大致为明代,两类不同性质的"介个"大致概括为两个不同的阶段,两个阶段正反映了次生衬词"介个"的来源。各阶段情况大致如下:

A. 理性短语"介(代词)+个(量词)"阶段。"介(代词)+个(量词)"的性质体现在其基本功能上。组合情况方面,其凝固度较高,但仍偶有中间可插入他词的情况。组合形式在句中充作定语。语义功能方面,"介"较明显地具有原始指代词所具有的远指、近指兼有的指代义,相当于今"这,那"等。"个"

则亦较明显表示有单位义。"介"和"个"组合在一起相当于今"这,这个"、"那,那个"诸意义或更虚泛、更隐晦的意义。各类用例:

(1) 我也道是你弗是个善人,就要捻我出去,弗匡你起介一片个毒心,遇着介个残冬腊月,一刻也弗容我留停。(《明清民歌时调集·山歌·门神》)

(2) 姐道:郎呀,今夜介个样天光弗用行灯火,却教明月送将来。(《明清民歌时调集·夹竹桃·却教明月》)

(3) 姐道:郎呀,介个美约良辰弗来奴处寻快活,再去空戴南冠学楚囚。(《明清民歌时调集·夹竹桃·空戴南冠》)

(4) 姐儿生性怕穿红,见了介个孤媚娘子打扮得忒玲珑,常言道若要俏时添重孝,嘿嘿里心头咒老公。(《明清民歌时调集·山歌·孝》)

(5) 讨一圆香圆肥皂打打身上,拆拽介两根安息香熏熏个衣裳,头上便是介个光景。(《明清民歌时调集·山歌·香烧娘娘》)

(6) 新做墙门黑枪篱,篱篱里面有介个小囡儿,天灾神祸,张做甚的,吃娘看见,一场是非。(《明清民歌时调集·山歌·小囡儿》)

(7) 西风起了姐心悲,寒夜无郎吃介个亏。(《明清民歌时调集·山歌·无郎》)

B. 衬词化了的"介个"阶段。代表性用例:

(1) 来迟去慢姐心烦,等待郎来就捻介个酸。低头谢罪,望娘恕宽。(《明清民歌时调集·夹竹桃·杖藜携酒》)

(2) 姐儿生得俊俏又尖酸,郎去料渠吃渠钉子介个眼睛拳,郎道姐儿呀,活泼泼个鲤鱼弗要跌杀子了卖,要铜钱及早傍新鲜。(《明清民歌时调集·山歌·姐儿生得》)

(3) 结识私情赛过天,弗曾养得介个男女接香烟,好像石灰船上平基板,常堂堂白过子两三年。(《明清民歌时调集·山歌·不孕》)

(4) 姐道我郎呀,好像一脚踢开子个绣球丢落子个气,做介个脱衣势子听你跌三交。(《明清民歌时调集·山歌·困弗着》)

(5) 过子年三十夜,拿到圆炉上当个火盆,咦要我支持拜节个茶汤茶水,咦要我照管个男儿大细个点心,一到子正月半,你搭受子个零碎银子,咦要来我身上煎介个煎饼。(《明清民歌时调集·山歌·镬子》)

结合诸用例分析,本阶段"介个"初步衬词化了。具体表现是:

a. 语法、语用功能大致为现于韵律节点处,以其舒缓韵律、增添韵致。分析可知,本阶段"介个"没有出现在充作主语的中心词前,而皆作为宾语的关联性内容现于述宾关系中。这种语法位置的"介个",应该说,其出现同必要的表义要求关系不大。这从以下两方面可以看出。

一是述宾关系是极紧密的逻辑结构关系，宾语前无须过多的修饰性成分。早期存在着只用一个词表示后起述宾结构义的现象较充分地说明了这一点。《论衡·讥日》："且沐者，去首垢也。洗去足垢，盥去手垢，浴去身垢，皆去一形之垢，其实等也。"其中，"沐""洗""盥""浴"等词皆表示了"行为＋对象"的述宾结构义。

二是比较句子结构和字数的多少可明显看出部分"介个"使用得可有可无。如(1)中"等待郎来就捻介个酸"较对应句"来迟去慢姐心烦"在不影响逻辑义表达基础上多出"介个"2字，较上下章相同位置无衬词句亦然。上下章文字：

村前村后结私情，且喜今宵好事成。(《明清民歌时调集·夹竹桃·晓窗分兴》)

灯前独坐等郎归，情郎酒醉烂如呢。(《明清民歌时调集·夹竹桃·家家扶得》)

风流小姐出妆台，红袄红裙红绣鞋。(《明清民歌时调集·夹竹桃·一枝红杏》)

栽花小姐瞌困来，半掩房门懒去开。(《明清民歌时调集·夹竹桃·前度刘郎》)

这一点，从《明清民歌时调集》"白"和"诗"的对比中看得更清楚。例：

我便开弗及个门闩，拔弗及个门销，渠再一走走进子个大门，对子房里一跪，就来动手动脚抓住子我个横腰，我便做势介一个苦毒假意介个心焦。(桂南枝)黄昏静悄，我把被儿来薰了，看看等到月上花梢，查冥冥全无消耗，听残更漏鼓，时你方才来到，我把脸儿变了，他跪在床前告，我假意焦，恨不得咬定牙，只是忍不住笑。(《明清民歌时调集·夹竹桃·困弗着》)

例中"白"表述为"假意介个心焦"，"诗"的表达则是"假意焦"，未用"介个"。

那么，为什么又要用"介个"呢？合理的解释是，在韵律节点处，以其舒缓韵律、增添韵致，满足韵律方面的需求。

b. 语义功能方面，在"介(代词)＋个(量词)"意义基础上理性义已弱化、脱落，转而表示相对单纯的情绪义。就"介个"内部语素义而言，主次地位决定"个"随"介"义而同步演进，而"介"在原始指代词阶段其指称范围即属最大化。众所周知，"大"之极即意味着"泛"和"空"。物极必反，随着句法位置的改变，其理性义进一步变得可有可无，其结果自然是弱化和脱落。就"介个"整体义而言，从句子语义结构关系的分析中可以看出，"介个"所表"这，这个"、"那，那个"诸意义有一定羡余性，去掉"介个"并不影响逻辑义的表达。

这一点,前及相同语法位置有的用"介个"有的不用是较好的说明。

3. 次生衬词"子个"的来源

次生衬词"子个"来源问题研究首先必须指出的是,近代汉语中,"子个"是密切关联的"则个""之个""只个""子个""此个"诸形式的代表。

据考察,近代汉语中"则个""之个""只个""子个""此个"诸形式存在密切的联系。

语音层面,据郭锡良《汉字古音手册》,"则""之""只""子""此"的古音分别为:

则:(古)精职	tsək	(广)子德切	精德开一入曾	tsək
之:(古)章之	tɕiə	(广)止而切	章之开三平止	tɕiə
只:(古)章铎	tɕiǎk	(广)之石切	章昔开三入梗	tɕiek
子:(古)精之	tsiə	(广)即里切	精止开三上止	tsiə
此:(古)清支	tsĩe	(广)雌氏切	清纸开三上止	tsĩe

孙锡信在研究"则个"的语音关系时亦指出:"'则个'在使用中产生了几个变音形式,主要有'则''之个''子个''只个'。"(孙锡信,1999:132)。

语义层面,据梅祖麟考察,"只"在唐代即有"这"义(梅祖麟,1986)。例如:

(1) 道只没道,亦无若为道。(《南阳和尚问答杂征义·刘澄集》)

(2) 只言知了尽悲伤。(《欢喜国王缘》)

进一步考察知,"则""之""子""此"在其共现时期亦皆有"这"义。

据单个词判定音同义近、音近义同的依据,"则个""之个""只个""子个""此个"诸形式应该具有渊源关系,当其作为衬词出现时,还可看作同一个词。而在诸形式中,因"子个"最为常见,故可看作它们的代表。

次生衬词"子个"来源问题研究,接下来得出的基本结论是:同"介个"的情况相类似,"子个"所代表诸形式据其自身性质亦大致可概括为具有阶段性特征的两大类型,而两大类型所蕴含的阶段性特征正反映了次生衬词"子个"的来源。各类型情况大致如下:

A. 固定理性短语"代词＋量词"或语气词等非衬词类。据初步调查,最初出现的是带短语性质"代词＋量词"形式"此个",它在唐代文献中即大量存在。例:

(1) 此个老人前后听法来一年,尚自不会《涅槃经》中之义理,何况卒悟众生,闻者如何得会?(《敦煌变文选·庐山远公话》)

(2) 白庄一见,乃语左右曰:此个僧人,堪与我为一驱使之人。(《敦煌变文选·庐山远公话》)

(3) 目连启言狱主:此个地狱中有青提夫人已否?(《敦煌变文选·大目乾连冥间救母变文》)

"则个"宋代即已出现,其使用时间不长,明清时期很少见到(侯会,1988)。例:

今日当次清凉境界,试操一曲,舒遣情怀则个。(《琵琶记》二十二)

宋代即已出现的还有"只个"。例:

恰似当天月。触是瞬若多。善恶总能和。屠割无瞋喜。只个是弥陀。(《古尊宿语录》卷十)

"子个"作为语气词亦早在宋金时期就出现了,而作为"代词+量词"形式明清时期较为常见,《明清民歌时调集》即有10余例。如下:

(1) 我遇子个样时光、教我那哼过,闲看儿童捉柳花。(《明清民歌时调集·夹竹桃·闲看儿童》)

(2) 若得武则天娘娘改子个本大明律,世间啰敢捉奸情。(《明清民歌时调集·山歌·捉奸》)

(3) 你后生家掉子花扑扑正经弗去干,到跟子个杖藜携酒看芝山。(《明清民歌时调集·夹竹桃·杖藜携酒》)

(4) 墙门阁落里、结识子个有情人,汗巾相赠表奴心,针针线线,是奴缉成,丝丝缕缕,是奴寄情,我郎弗要拿渠来轻抛,弃也不知多少工夫识得成。(《明清民歌时调集·夹竹桃·多少工夫》)

(5) 故人一去弗回头,教我锁住子两道春山暗泪流,薄情司马,空吟白头,风流张尹,(何日把)愁眉再修,尘昏子个镜台奴弗照,一任两山相对愁。(《明清民歌时调集·夹竹桃·一任两山》)

(6) 结识子兄弟又结识子个哥,你搭弟兄两个要调和,小阿奴奴有子田儿又要地,买子官窑邮少得哥。(《明清民歌时调集·山歌·兄弟》)

(7) 结识子因儿姨要结识子个娘,娘儿两个细商量,竹筒里点火相照管,撑弗过航船船同把浜。(《明清民歌时调集·山歌·娘儿》)

(8) 姐道郎呀,你没要过门不入来我面上做惯子个样缩手势,我听你斜插花强似以多为胜赌中壶。(《明清民歌时调集·山歌·投壶》)

(9) 姐儿光头滑面好像茄子能,爱穿青袄紫罗裙,虽是霜打风吹九秋末后像子个黄婆子,还有介星老瓢身分惹人寻。(《明清民歌时调集·山歌·茄子》)

(10) 子个黄豆,也来打个奴身,打得百践粉碎,折开子我个盖老,卖来别人,换子一个汤罐,倒找子渠银子三分,上子野蛮子个担上,一挑挑

出子闾门。(《明清民歌时调集·山歌·镬子》)

(11) 郎唱山歌响铃铃,北寺塔造起子两三层,南山和尚塔上打拳露出子个样真本事,下头人快活难为子上头人。(《明清民歌时调集·山歌·唱山歌》)

(12) 我也算后思前,我苦听你扯破子个面皮,你就要从头至尾捉我来牵扳。(《明清民歌时调集·山歌·歪缠》)

(13) 〖丑〗介没拿子个课筒,请娘娘通诚没是哉,〖贴〗是,晓得,〖表〗那芳兰,拿了课筒,来至帘内,〖贴〗娘娘,课筒在此,请娘娘通诚吓,〖旦〗芳兰吓。(《明清民歌时调集·白雪遗音·问卜》)

(14) 〖贴〗问行人,〖丑〗且住,吾想问行人,是要六合课个,那啥拿子个六冲课问起行人来吓,芳姑娘,吾搭嗯商量子罢,拿个单课来问了脱货求财,另起子一单问行人罢,阿好。(《明清民歌时调集·白雪遗音·问卜》)

B. 衬词类。孙锡信指出:"'则个'有时不作语气词使用,而只用为曲词中的'过门'。"(孙锡信,1999:133)张相《诗词曲语辞汇释》也是类似的看法:"则个亦有时变为话搭头。……'堪怜堪爱,倚定门儿手托则个腮,好伤则个怀。一似那行了他不见则个来,盼多则个才。'又:'一声说不得,满腹内愁肠诉于则个谁,好伤则个悲。一似那行了他不见则个回,受孤则个栖。'此则个仅取其曼声而无义可言矣。"(张相,1953:374)这里的"过门""话搭头"即衬词。因"子个"是"则个"的变音形式,"则个"具有衬词的性质,"子个"自然亦连带具有衬词的性质,一种源于语气词的原生衬词。以下是见于《明清民歌时调集》的诸用例。

(1) 眼前不见,(教我)泪痕怎干,挑起子个红灯、重把书上归期仔细看,计程应说到常山。(《明清民歌时调集·夹竹桃·计程应说》)

(2) 学子个姑苏台上西施去,门泊东吴万里船。(《明清民歌时调集·夹竹桃·门泊东吴》)

(3) 结识子个私情又怕外人猜,路上相逢两闪开,姐道郎呀,我听尔生牛皮做子汗巾无人拭得破,只怕凤仙花子绽笑开来。(《明清民歌时调集·山歌·孕》)

(4) 姐儿肚痛呷姜汤,半夜里私房养子个小孩郎,玉指尖尖抱在红灯下看,半像奴奴半像郎。(《明清民歌时调集·山歌·孕》)

(5) 结识私情鼓一般,钉紧子个张皮弗放宽。(《明清民歌时调集·山歌·鼓》)

(6) 万苦千辛结识子个郎,我郎君命短见阎王,爹娘面前弗敢带重孝,短

短头梳袖里藏,袖里藏,袖里藏,再来检妆里面摆祠堂,几遍梳头几遍哭,只见祠堂弗见郎。(《明清民歌时调集·山歌·摆祠堂》)

(7) 姐道郎呀,七月七个夜头你来得正凑子个巧,省得小阿奴奴镬子里无油空自熬。(《明清民歌时调集·山歌·敲门》)

(8) 郎有心,姐有心,屋少人多难近子个身,胸前头个镜子心里照,黄昏头团子夜头盛。(《明清民歌时调集·山歌·有心》)

(9) 嫁出囡儿哭出子个浜,掉子村中恍后生,三朝满月我搭你重相会,假充娘舅望外甥。(《明清民歌时调集·山歌·嫁》)

(10) 结识子个嫂咦结识子个姑,姑娘能白嫂能乌,深山里落叶弗要扫,脚桶宽来只要箍。(《明清民歌时调集·山歌·姑嫂》)

(11) 乡下人弗识枷里人,忽然看见只捉舌头伸,咦弗知头硬了钻穿子个板,咦弗知板里天生个样人。(《明清民歌时调集·山歌·乡下人》)

(12) 结识私情没要像个雨伞能,只图云雨弗图晴,拔出子销钉放下子个手,浑身骨解水淋淋。(《明清民歌时调集·山歌·伞》)

(13) 结识私情好像钓鱼船,命犯子个风波终日浪里颠。(《明清民歌时调集·山歌·钓鱼》)

(14) 姐儿生来像笼灯,有量情哥捉我寻,因为偷光犯子个事,后来忒底坏奴名。(《明清民歌时调集·山歌·灯笼》)

(15) 你搭自弗小心,吃个白日撞偷子物事,你再去请子个天地,扎子个草人。(《明清民歌时调集·山歌·镬子》)

4. 次生衬词"介个""子个"的辩证糅合

研究发现,"介支个"可看作近代汉语次生衬词"介个""子个"辩证糅合的结果。这种糅合,分两方面进行阐述。

A. "介个"和"子个"辩证糅合的前提

a. 同原生衬词类似,次生衬词也具有普遍的连用、叠用特征。反映这种特征的用例除衬词语用特征部分所及之外,再补充如下:

(1) 十七十八(筛嘞)好唱歌(哟糯米筛嘞),二十七八(筛糯米呀米筛米呀)崽女多(嘞)。(赣南民歌《十七十八好唱歌》)

(2) 高山峻脑子(オオ)打嘡台,(糯米筛米)打起嘡台(筛筛米哎呀米筛花呀)引老婆哟。(赣南民歌《高山峻脑子打嘡台》)

b. 同义组合形式中单个衬词的选择、单个衬词记录用字的选择均存在着较大的灵活性。衬词的使用目的是辅助性表示情绪义,情绪义是统帅。因为情绪义与衬词之间尚未建立起类似理性意义与理性词间较为严格的对应关系,而记录用字又缺乏严格的规范,所以,同一情绪义的表示,同义组合形式中单个衬词的选择、单个衬词记录用字的选择均存在着较大的灵活性。如以下(1)(2)皆是瑞金拉反歌,在相同句法位置一为"个"的异形"格"与"呃哩"的组合,一为"个"与"哇"的组合。(3)中"什么"与"圆圆"间一为单独的"个"的异形"格",一为"个"与"你"的组合。例:

(1) 拉反歌来(呃哩格)拉反歌,捡到一个田螺(就)四斤多。(瑞金县《拉反歌》)

(2) 拉反歌(哇个)拉反歌,纵掉(喂)老(哇)弟(哟)纵哥(哇)哥。(瑞金县《拉反歌》)

(3) 什么(格)圆圆(那个)在(呀)半天? (那个)什么(你个)圆圆(那个)水(呀)中生?(赣南民歌《什么圆圆在半天》)

c. 明清南方民歌"介"与"个"框式结构"介 X 个"的出现。例:

(1) 使尽机谋凑子我里个郎,听个外婆借子醉公床,等我里情哥郎来上做介一个推车势,强如凉床口上硬彭彭。(《明清民歌时调集・山歌・醉公床》)

(2) 你当先见我颜色新鲜邮亨介喝彩,装扮得花噪加倍介奉承,冉间帖得筋疲力尽,磨得我头鬓蓬尘,弗上一年个光景,只思量别恋个新人,你看我弗像个士女,我也道是你弗是个善人,就要捻我出去,弗匡你起介一片个毒心,遇着介个残冬腊月,一刻也弗容我留停,你拿个冷水来泼我个身上,我还道是你取笑。(《明清民歌时调集・山歌・门神》)

(3) 〖丑〗夭,弗为房钞,介没有啥个贵干,到要请教,〖外〗老汉特来请先生问卜。(《明清民歌时调集・白雪遗音・问卜》)

(4) 〖丑〗夭,又弗是二娘娘,介没是小娘娘,哉,也要倡社个,〖贴〗也不是小娘娘,〖丑〗吓,那啥弗大弗二弗小到底啥人,〖贴〗我是娘娘贴身伏侍的芳,〖丑〗夭,芳姑娘,认得个,芳姑娘,相烦嗯禀声娘娘,说吴松年来哩倡社哉,〖旦〗芳兰,对先生说,回礼不便,请坐待茶,〖贴〗吓,先生,娘娘说回礼不便,先生请坐待茶,〖丑〗嗳唷且往,个老虎声气,吾也听见歌个,是介呼呼的,那啥是介唧吟唧吟个,只怕喉咙小了,弗怕哩,让吾坐子落介,吓,芳姑娘,阿要问卜呢啥,〖贴〗正是,〖丑〗介没拿子个课筒,请娘娘通诚没是哉,〖贴〗是,晓得,〖表〗那芳兰,拿了课筒,来至帘内,〖贴〗娘娘,课筒在此,请娘娘通诚吓,〖旦〗芳兰吓。(《明清民歌时调集・白雪遗音・问卜》)

(5) 〖丑〗弗错个,咯句说话极是个,介没个行人,还是府上大叔呢哈,

〖贴〗是我家大爷,〖丑〗天,就是申大爷,介没几时出门个,〖贴〗三月初六。(《明清民歌时调集·白雪遗音·问卜》)

上述三个前提中,第一二前提使"介个""子个"的辩证糅合在方式和具体语词形式上成为可能,而第三前提,则提供了糅合的框架。

B. 糅合的表现

"介支个"确认为由次生衬词"介个""子个"辩证糅合而至最典型的表现是,"介支个"语音形式上与"介个""子个"叠加后糅合而成的"介子个"古音极为相近,今赣方言语音部分地区完全相同。这一点,从前及"介""子""支""个"等的语音资料中不难看出。

其次,存在着与"介支个"音同形异的"介只格"。例:

(1) 屠杀工农真可恨,屠杀工农(介只格)真可恨。(赣南民歌《十二月革命歌》)

再次,存在着不少局部糅合形式。其中,较典型的是"该只""格只""咯只""介只"等。例:

(1) 唱歌要唱(该只)老蟹虫,(该只)老蟹就住在(个)石隆空(呃)。(赣南民歌《十二只虫》)

(2) (格只)船来呦喂,大家合到力来啊,呦啊喂。(赣南民歌《上滩》)

(3) 咳哎!过了(咯只)一窝(么)又一窝,窝里什么(就)尾拖(呦)拖?什么(咯只)勾头(么)饮露水呀?妹子低头呀想哪(呦)个?(赣北民歌《妹子低头想情哥》)

(4) 一转茶,茶生芽,老妹生得白佳佳,牙齿当得高山雪(介只)嘴唇当得牡丹花。(赣西民歌《十转茶》)

第五节　相关问题的讨论

因为衬词是现行语言研究边缘性对象,是同音乐、文学等学科研究范围交织在一起的一类对象,本身关联的问题较多,加之研究不充分,所以,待研究的相关问题很多。这里仅选择其中几个关系较为密切且有必要说清楚的问题进行讨论。

一、歌唱语言及其与言说语言间的关系

(一) 语言视角的歌唱语言及其基本特征

《毛诗序》:"诗者,志之所之也。在心为志,发言为诗。情动于中而形于

言,言之不足,故嗟叹之,嗟叹之不足,故永歌之,永歌之不足,不知手之舞之,足之蹈之也。"据歌言二分理念,语言大致可分为歌唱、言说两大类型。以歌唱的形式出现的分音节声音表义符号是歌唱语言,以言说的形式出现的分音节声音表义符号是言说语言。

学界立足音乐视角对歌唱语言作过一些研究,但限于立足点,研究主要关注其艺术特征、艺术表现等内容,纯语言范畴内容涉及较少,甚至存有不合现代语言学基本理念之处。如不少学者认为,歌唱语言是歌词经过谱曲之后,通过演唱者唱出来的表义形式(杨立岗,2016)。按现代语言学的说法,这种形式不是语言,而是言语。这样,歌唱语言有必要立足语言视角进行一些针对性研究。

语言视角研究,实质上就是以言说语言为参照所作的对照性研究⑤。研究发现,同言说语言类似,歌唱语言也是分音节声音符号,内部结构也包括本体和运作机制两大部分。但是,无论符号系统整体还是内部结构要素,它都具有其鲜明的特征。

1. 整体上,歌唱语言是以歌唱的形式呈现出来的,且本体也存在一些差异。较之言说而言,歌唱的形式是歌唱语言外在的区别性特征。这种呈现意味着语音上具有明显的音乐性、语义上倾向于表达情绪。这些内容的具体指称内容,内部结构要素方面将具体论及,此处不赘。本体差异,主要表现为存在言说语言中少有的衬词和整体性表义模式。衬词前已及,在此简及整体性表义模式。

众所周知,音乐的篇章存在着众多特定表义模式,即以一定的篇章层级的曲调为外在形式、以特定情绪为表达内容的表义模式。这种表义模式因常以语言作为依托,故也可看作歌唱语言的整体性表义模式。其中,较典型的是以《菩萨蛮》《点绛唇》《浣溪沙》《蝶恋花》等词调为标志的歌唱语言形式。

较之词调而言,以唱腔为标志的歌唱语言形式也具有相同性质。一方面,一个单独使用的唱腔对应的语言单位往往是章段。另一方面,一个唱腔不仅曲调相同,而且对应大致相同的类型义。如"西皮流水"曲调是一具有固定性的声音模式,对应的意义通常概括为"活泼、欢快",纳入情绪类型,可概括为"愉快""愤怒"。典型词例:

(1) 铁镜公主(白)呀!(西皮流水板)听他言吓得我浑身是汗,十五载到今日才吐真言。原来是杨家将把名姓改换,他思家乡想骨肉就不得团圆。我这里走向前再把礼见,尊一声驸马爷细听咱言:早晚间休怪我言语怠慢,不知者不怪罪你的海量放宽。(《四郎探母·坐宫》)

(2) 秦琼:(西皮流水板)将身儿来至在大街口,尊一声过往宾朋听从头,一不是响马并贼寇,二不是歹人把城偷。杨林与我来争斗,因此上发配到登洲。舍不得太爷的恩情厚,舍不得衙役们众班头。实难舍街坊四邻与我的好朋友,舍不得老娘白了头。娘生儿连心肉,125 儿行千里母担忧。儿想娘身难叩首,娘想儿来泪双流。见得红日坠落在西山后,叫一声解差把店投。(《三家店》)

以现代较为流行的曲调为标志的歌唱语言形式也具有相同性质。如现代歌曲《十送红军》,其曲调较为固定,对应的歌词形式多样,而且均表示"慨叹"类情绪。例:

(1) 一送(里格)红军,(介支个)下了山,秋风(里格)细雨,(介支个)缠绵绵。山上(里格)野鹿,声声哀号叫,树树(里格)梧桐,叶呀叶落光,问一声亲人,红军啊,几时(里格)人马,(介支个)再回山。

三送(里格)红军,(介支个)到拿山,山上(里格)包谷,(介支个)金灿灿,包谷种子(介支个)红军种,包谷棒棒,咱们穷人搬,紧紧拉住红军手,红军啊,撒下的种子,(介支个)红了天……(张士燮、朱正本《十送红军》)

(2) 一送(里格)表哥(介支格)柜子边,双手(里格)拿到(介支格)两吊钱,一吊(里格)拿到零星用,一吊(里格)拿到作呀作盘钱,一人在外有呀有照应,出门(里格)浪子要(呀么)爱惜钱。

二送里格表哥(介支格)天井边,一朵(里格)乌云(介支格)遮半天,保佑(里格)龙君落呀落大雨,留下(里格)涯郎歇呀歇夜天,年头一走年尾归,歇了(里格)一夜(介支格)当一年。

三送(里格)表哥(介支格)桂花窝,拗枝(里格)桂花(介支格)来垫坐,左手(里格)攀到桂树枝,右手(里格)挽紧亲呀亲表哥。花恋(里格)枝头妹恋哥,两人(里格)实在(介支格)情意多……(赣南民歌《送郎调》)

2. 内部结构要素上,各方面均具有鲜明的个性特征。歌唱语言本体单位和运作机制两大部类诸特征,主要从本体四层面上进行概括。

A. 语音。声音的物理要素视角,四类物理要素并用是歌唱语言语音上的显著特征。同言说语言相类似,音质和音高也是歌唱语言音节中的基础。在讨论歌唱技巧时,人们通常所说的"字正腔圆"中的"字正"主要指的就是这种基础性内容。歌唱语言的音质和音高也存在一些个性特征。如为追求不同的艺术效果,同一音质,往往同时存在不同风格的特色。无论真声假声、民族或美声(刘大巍、夏美君,2000)。相比较而言,音长和音强,则是歌唱语言的灵魂,是赋予音乐色彩的抓手,是有别于言说语言的主要要素。歌唱语言所要表达的本质性意义是情绪,音长、音强最适合描摹情绪的过程、样貌和情绪的程度,因此,音长和音强在歌唱语言中表现非常突出。这一点,从主要与音长相关的语速上不难看出。一般而言,正常朗读的语言速率大约为每分钟250 个字或音节。平均每秒 4 个字或音节。而在音乐作品中最常见的音乐速度为行板约每分钟 64 拍,优雅的小快板约每分钟 100 拍;快板约为每分钟120 拍(刘大巍、夏美君,2000)。很显然,速率低即意味着音节时值拉长了。同与音强相关的声响音量也可看出。在比较安静的语言交流环境中人们交谈的正常音量只需在 20—40 分贝的声级范围之内,通常不会超过 50 分贝。而歌唱语言的音量常常超过 100 分贝。一般语言交谈的音强等级差不超过4 个强弱等级,而歌唱的音强级差达到 6 至 8 个强弱等级是很平常的事(刘大巍、夏美君,2000)。

　　音节视角,注重元音。因辅音属噪音,元音为乐音,故歌唱语言音节范围内往往注重元音。演唱时,辅音往往唱得快而短,元音则往往唱得慢而长。一般要领往往概括为快吐字头、延长韵母、字尾收音的"豹头、熊腰、凤尾"。

　　音节过渡视角,音节与音节间具有音乐性滑动的特征。所谓音乐性滑动,指的是依据曲调长短、快慢等要求由一个音节滑向另一音节的过渡性行为。音节的时长若长于言说语言,尤其是慢而极长的情况,滑动过程中过渡性音素会形成过渡性音节,亦即衬词。如现代京剧《沙家浜·听对岸响数枪》"听对岸响数枪,声震芦荡"中"对岸"由[i]滑向[a],中间经过[e]环节,故有的演唱时较明显表现出了由[i]和[e]组成的过渡音[ie],唱成"对(耶)岸"。这种情况在戏曲中较为常见。不赘。

　　B. 语义。侧重表示情绪义。原始歌唱语言,因全部语言形式均是原始叹词性质的表情音节(郭攀,2014a),故表示的意义是情绪义。这一点,从现代创作的原始性歌曲《忐忑》上不难看出。例:

　　"啊哦/啊哦诶/啊嘶嗫啊嘶嗫/啊嘶嗫咯嗫咯嗫/啊嘶嗫啊嘶嗫咯哎……"(《忐忑》,《百度知道》2011 年 1 月 19 日)

　　后起歌唱语言,因理性内容不同程度地有所渗入,意义性质上发生了一些变化,故所表示的意义大致可概括为以情绪义为主导的情理兼具义。这一点,从不同层级语言单位表示的意义上均可看出。较高层级的整体模式表示的意义以情绪义为主导,从前及整体模式义表现为情绪上不难看出。相比较而言,词句二层级语言形式,因与言说语言语表基本相同,意义单位较小、意义内容具体可感,故理性义性质较为明显。但是,从其主要特征是语音视角的音乐性,而这种音乐性对应的是心理世界的情绪性内容上分析可知,其表示的主导性意义仍应是与主要特征相应的情绪义。

C. 语法。逻辑规则、韵律规则兼具。其中,逻辑规则是基础性规则,它主要对应理性义表达形式的组合。这种组合,因其与言说语言基本相同,故不赘述。韵律规则是统帅性规则、主导性规则。它的具体表现形式是前述衬词语法特征部分所及诸内容,从音乐视角讲,即为动机与动机间、乐句与乐句间的组合规则。

歌唱语言中,两类规则配合使用,有机整合在一起。其中,逻辑规则对应理性义表达形式,韵律规则对应情绪义表达形式。二者一致的情况基本表现为逻辑规则,二者不一致的情况表现为逻辑规则服从韵律规则。词句二层级较典型用例:

(1) 一(呀)送(呀)东(呀)方摇(哇)钱树(呀咿哟咳),二(呀)送西(呀)方聚(喂)宝盆(哟嗬咳)。(赣南民歌《送宝》)

(2) 十八(个)姐(啰)嫩花(个)姣,你牙齿叽都赛过高山(个)雪,口边叽赛过胭(个)脂。(赣西民歌《十八个姐》)

(3) 战友啊战友,亲爱的弟兄,待到春风传佳讯,我们再相逢,再相逢。(王立平《驼铃》)

(1)(2)中"东方""西方""聚宝盆""胭脂"诸词依逻辑规则是整体性单位,服从韵律规则之后,整体单位被割裂了,音节间的组合主要表现为动机间的组合。(3)据逻辑规则为一个逻辑句。据韵律规则,为"战友啊战友""亲爱的弟兄""待到春风传佳讯""我们再相逢""再相逢"四个乐句,一个乐段,整个表达形式内部所涉及的组合,不是成分间的组合,而是乐句间的组合。

D. 运作方式。较多使用复叠和穿插。无论严格、非严格,无论哪个层级语言单位。在这里,非严格主要是就复叠而言的,指的是所叠语言形式不完全相同的情况。语言单位则指词句章段。复叠方式各层级语言形式严格、非严格用例:

(1) 一杆红旗空(呀)中飘,两家阵前又开火了。(哎哟哎哟)两家阵前又开火了。(陕北民歌《打得敌人满沟跑》)

(2) 伙计(那个)好搭(哎嗨哟哎哟哟哟哎嘞哟哟)心难(呀)揣,朋友(那个)好交(哎嗨哟哎哟哟哟哎哟哎哟)口难开。只要(那个)俩人(哎嗨哟哎哟哟哟哎哟哎哟)心里头好。(陕北民歌《朋友好觉口难开》)

(3) 他他他,走将来展脚舒腰。我我我,向前来仔细观了相貌。(孟汉卿《魔合罗》,《元人杂剧选》第247页)

(4) 哎唷唷,我恨恨恨,恨,怎个不动摇。(方成培《雷峰塔》,《中国戏曲选》下册第1031页)

(5) 高点(上)明灯照新人,照见新人(来)十七八,(年太平)小小的金莲

寸八分。(年太平,年太平)。(陕北民歌《偷红鞋》)

(6) 硕鼠硕鼠,无食我黍。……乐土乐土,爰得我所。(《诗经·硕鼠》)

(7) 枉将他气杀也么哥。枉将他气杀也么哥。告哥哥,临危好与人行方便!(关汉卿《窦娥冤》第二折)

(8) 蒹葭苍苍,白露为霜。所谓伊人,在水一方。溯洄从之,道阻且长。溯游从之,宛在水中央。

蒹葭萋萋,白露未晞。所谓伊人,在水之湄。溯洄从之,道阻且跻。溯游从之,宛在水中坻。

蒹葭采采,白露未已。所谓伊人,在水之涘。溯洄从之,道阻且右。溯游从之,宛在水中沚。(《诗经·蒹葭》)

(9) 骑青马过青台,妹在(那个)马上掉下一只鞋,哥哥给我拾起来,妹在(那个)马上不得下来。

骑青马过青台,妹在(那个)马上掉下了一只鞋,哥哥给我拾起来,羞得(那个)妹子头难抬。(陕北民歌《骑青马》)

(10) 梨花开,春带雨。梨花落,春入泥。此生只为一人去,道他君王情也痴,情也痴。天生丽质难自弃。天生丽质难自弃。长恨一曲千古迷,长恨一曲千古思。

梨花开,春带雨。梨花落,春入泥。此生只为一人去,道他君王情也痴,情也痴。天生丽质难自弃。天生丽质难自弃。长恨一曲千古迷,长恨一曲千古思。(翁思再、杨乃林《梨花颂》)

相比较同一语言类型中较规整的复叠而言,穿插则指的是歌唱、言说二语言类型一方植入另一方,二者交错出现的方式。上及诸例中的衬词即可看作歌唱语言本体穿插的实例。下面歌唱语言发展第二阶段还将列举大量穿插实例。故此不赘。

(二) 歌唱语言的发生和发展

歌唱语言的发生从人类语言的整体发生上体现得较为全面。历层地看,人类语言是从动物语言直接演化而来的。据考察,动物语言亦可分为歌言二类。如斑鸠的语言。其"言"的形式是一音一顿的"咕、咕、咕"。同人类交际类似,当一只斑鸠"咕、咕、咕"时,另一只斑鸠亦回应以"咕、咕、咕"。斑鸠"歌"的形式主要有三:

咕咕～。咕咕～。咕咕～。……。

咕咕咕～。咕咕咕～。咕咕咕～。……。

咕咕咕～咕、咕。咕姑姑～咕、咕。姑姑咕～咕、咕。……。

同人类歌唱行为类似,斑鸠的"歌"可以有回应,亦可以是无回应的自我抒发。

综合相关研究成果在此总结两点结论:歌唱语言与言说语言并行发生;歌唱语言当由动物语言的"歌"直接演化而来。

歌唱语言的历层发展也经历了一个纷繁复杂的过程。以较单纯情绪表示形式的存在情况为标志,具体概括为与文明层次相应的三个阶段:

1. 较单纯情绪表示形式阶段。本阶段,歌唱语言本体表现为较单纯的情绪表示形式,表示较单纯的情绪义。本体运作上普遍使用叠用、连用方式。本体所属文明层次上,基本对应纯情绪思维层次。早期文献中因观念原因而缺乏对此类歌唱语言的具体记录,不过,现行民歌中还能找到一些相关材料。较单纯情绪表示形式的民歌例:

(1) 嘘嘘哩嚯呀嘘嘘哩嚯,嚯嘘嘘嚯嘘嘘哩嚯,嘘嘘哩嚯呀,嘘嚯哩嘘,嘘嚯哩嘘呀嘘嚯哩嘘,嚯嘘嘘嚯嘘哩嚯,嚯嘘嘘嚯嘘嘘哩嚯。嘘嘘哩嚯呀嘘呀哩嚯呀嘘,嚯嘘哩嚯呀嘘嘘哩嚯。(赣西民歌《嘘嘘哩嚯》)

(2) 嗨哟嗨,嚯哩嗨,嚯嘿嗨呀嚯嘿嗨哟嚯,嚯哩慢慢的呀嗨,嚯嚯嗨哟嚯嗨嚯嘿嗨,嚯呀嗨呀嚯嘿嗨,哟嚯嗨呀嚯嘿嗨,哟嗨嗨,嚯嘿嗨,嚯呀嗨呀嚯嘿嗨,嚯呀嗨呀嚯嘿嗨。(赣西民歌《扛石》)

相比较而言,劳动号子和对唱性民歌中单一唱轮全为情绪表示形式的情况较为普遍。例:

(1) 领:哎哟嚎沙嚎。合:哟哦嚎。领:一声那个号子哟。合:嗨哟嚯。领:上木山呐。合:哎呀子哟嚯。领:哎哟嚎沙嚎。合:哟哦嚎。领:套起那个索子哟。合:嗨哟嚯。领:把木来盘啦。合:哎呀子哟嚯。领:哎哟嚎沙嚎。合:哟哦嚎。(湖南盘木劳动号子《根根大木飙落溶》)

(2) 甲:(也)清早(呃)(啊呜呜哎嚯哎)起来(哟)要下田(哪)。乙:哎呃嚯。和:呃呜呃哎哎嗨哪哎呃嗨嗨哎。甲领:(也)脚踏(啊)(啊呜哎呜哎哎嗨也)田塍(呃)(哟)把歌(呃)。乙:啊哎哎嗨呵嚯嚯嚯呃。和:呃哎嚯嚯。甲:(哎嗨)开(哟)。和:哎啊嚯嚯哟。甲:插起(哟)(呃呜呜啊)青苗(哟)往上(哪)。乙:哎呜哎。和:呃呜呃哎呃呜呃嚯哎。甲:(哎)长(哪)。和:哎哎呃嚯呃。甲:(也)结出(哟)(哎呃咳)五谷(哟)往下(哟哎)。乙:哎嗨。和:呵呜呃哎嗨。甲:(哎)驼(呀)。和:啊哎哎嗨哎嗨嗨哎。甲:(也)一年(哟哦哎嗨哎)胜过(哟)十年(哪)。乙:哎。甲:哦。和:呃哦嚯。甲:(哦)禾(哟)。和:呃哎嚯。(湖南长沙民歌《脚踏田塍把歌开》)

(3) 领：爆竹(哎)一响(哎呜哎)纸绽(呃)天,(哎呃嗬)。和：哦嗬嗬呃呜呃呃嗬嗬哎。领：我们(哎)冲里(呃呜哎)开秧(那)田。和：罗哎嗨呃嗬咿哟呃嗬呃哎嗨呃嗬。领：粳禾(呃)长得(呀呜哎)赛茅(咧)蓬,(罗呃嗬)。和：呃嗬嗬呃呜哎呃呃嗬。（湖南湘潭民歌《我们冲里开秧田》）

2. 情绪、理性二类表示形式交融阶段。本阶段,歌唱语言本体表现为较单纯情绪表示形式和理性表示形式的交融形式,表示以情绪为主导的情理交融义。本体运作上除复叠、连用之外,新增有穿插方式。本体所属文明层次上,基本对应情理交融的情绪思维层次。属本阶段同时亦体现出交融形式中理性表示形式由少至多的用例如：

(1) 观(哟噢)山石(哪呀哈哪咿呀哈呀哈哈呀)层层(了哟)阶阶(是)倒(哟呀吃呀哈)好(啊哈哈的个)看(哪呀哈哪咿呀哈呀哈哈呀),观(哟)水景(哪哈哈呀)弯弯(了)盘盘(是)流(哟呀哈哈呀)不断(哪呀哈哈呀呀哈哪呀哈咿哟呀哈哈呀呀呀哈哪呀哈哈呀哈哈）。（陕北民歌《朋友送奴一柄扇》）

(2) (咿儿哟咿哟号)走的(哪)紧了(哟)还嫌慢(儿哟),(三枝花儿开一朵莲花花)恨不得插翅膀(呀)飞向前(么杨柳青呀)。（嗨嗨哩啦哩花唑嘿嘿金钱梅花落哎嗨哎）。（陕北民歌《陈姑娘赶船》）

(3) 一颗瓜子灰不溜溜灰(呀呼啦嗨呀),那里边又有亲仁(哟嗬)仁(呀呼啦嗨),(哎嗨哎嗨哟呀哟哟的哟呀)那里边又有亲仁(哟嗬)仁(呀呼啦嗨)。（陕北民歌《叫一声艄公好好扳》）

(4) 大门(那个)落下一乘(哟)轿(么哟吼)……(哎)坐下那好像神娘(哟)娘(哟吼嗨),(嗨么咿呼咿呀嗨)(哎)坐下那好像神娘(哟)娘(哟吼嗨)。（陕北民歌《娶媳妇》）

(5) 一更(哪)里(来也)跳粉(也)墙(哪),双脚(啊)跳在粉(哪)墙上,粉墙头上打一望(呃),[妹妹(啊咿呀)]瞧见了干妹妹绣(啊)花绫。[哥(啊也)妹妹(啊咿呀)]瞧见了干妹妹绣(哪)花绫。（湖南宁乡民歌《跳粉墙》）

(6) 我们的家乡在希望的田野上,炊烟在新建的住房上飘荡,小河在美丽的村庄旁流淌,一片冬麦(那个)一片高粱,十里(哟)荷塘十里果香,(哎咳哟嗬呀儿咿儿哟,咳)！我们世世代代在这田野上生活,为她富裕,为她兴旺。（陈晓光《在希望的田野上》）

(7) 马儿啊你慢些走(呀)慢些走,我要把这迷人的景色看个够。肥沃的大地好像把浸透了油,良田万亩好像是用黄金铺就。没见过青山滴

翠美如画,没见过人在画中闹丰收,没见过绿草茵茵如丝毯,没见过
绿丝毯上放马牛,没见过万绿丛中有新村,没见过槟榔树下有竹楼,
有竹楼。(哎哎哎哎哎哎哎嗨哎哎哎),没见过这么蓝的天哪,这么
白的云,灼灼桃花满枝头。(李鉴尧、生茂《马儿啊你慢些走》)

3. 理性表示形式阶段。本阶段,歌唱语言本体表现为理性表示形式,尽
管理性义有所凸显,但因整体仍为歌唱形式,故表示的仍为以情绪义为主导
的情理交融义。本体运作上,前阶段诸方式中基本只沿用了复叠方式。本体
所属文明层次上,立足宏观判定为情理交融的情绪思维层次,但细化分析,当
为本层次诸次类情理相互关系中理性内容占比最多的一类。例:

(1) 几度风雨几度春秋,风霜雪雨搏激流,历尽苦难痴心不改,少年壮志
不言愁。金色盾牌,热血铸就,危难之处显身手,显身手。为了母亲
的微笑,为了大地的丰收,峥嵘岁月,何惧风流。(林汝为、雷蕾《少
年壮志不言愁》)

(2) 童白:朝花夕拾杯中酒,寂寞的人在风雨之后,醉人的笑容你有没
有,大雁飞过菊花插满头。

唱:朝花夕拾杯中酒,寂寞的我在风雨之后,醉人的笑容你有没有,
大雁飞过菊花插满头。

时光的背影如此悠悠,往日的岁月又上心头,朝来夕去的人海中,远
方的人向你挥挥手。

南北的路你要走一走,千万条路你千万莫回头,苍茫的风雨你何处
游,让长江之水天际流。

......

(张晓松、冯晓泉《中华民谣》)

(3) 岩烧店的烟味弥漫,隔壁是国术馆。

店里面的妈妈桑,茶道,有三段。

教拳脚武术的老板,练铁沙掌,耍杨家枪。

硬底子功夫最擅长,还会金钟罩铁布衫。

他们儿子我习惯,从小就耳濡目染。

什么刀枪跟棍棒,我都耍得有模有样。

什么兵器最喜欢,双截棍柔中带刚。

想要去河南嵩山,学少林跟武当。

干什么? 干什么?

呼吸吐纳心自在。

干什么? 干什么?

气沉丹田手心开。

干什么？干什么？

日行千里系沙袋。

……

（方文山、周杰伦《双截棍》）

（三）歌唱语言与言说语言间的关系

因歌唱语言研究不很充分，故歌唱语言与言说语言间的关系只能得出一些较初步的结论。以下从不同视角简及几个基本要点，不举例。

1. 宏观理论体系视角。如果将歌唱语言和言说语言的全部表义形式及其运作原则、规则、方式等内容进行整合，概括出一个以声音为统帅的大语言理论体系的话，那么，不难看出，歌唱语言和言说语言是大语言范畴两个并列的次位语言类型。

2. 异同视角。分三方面说明。

A. 相同方面。歌唱语言和言说语言均是通过声音进行表义的人文性符号。具体说来：

a. 本体方面。作为表义依托的声音符号基本相同，尤其是纯情绪思维层次，二者基本皆是相同的情绪表示形式。

b. 运作机制方面。表义所遵循的分析性方向基本相同。借助音节中音质和音高的整合形式进行表义，运用组合和复叠方式表义等方面基本相同。组合所遵循的逻辑规则亦基本相同。

B. 不同方面。笼统地讲，歌唱语言是以歌唱的形式表现出来的语言系统，而言说语言则是以言说的形式表现出来的语言系统。具体说来：

a. 本体方面。歌唱语言和言说语言各存在一些独有或主要领有的本体形式。前者如唱腔、曲调、动机和衬词，后者如表示逻辑关系的部分连词和结构助词、破折号等标示符号。歌唱语言和言说语言本体的稳固度不同。前者多不固定，后者则较为固定。歌唱语言和言说语言表义的侧重点亦不相同。前者侧重表示情绪义，后者侧重表示理性义。

b. 运作机制方面。歌唱语言和言说语言借助物理要素的多少不同。后者只侧重借助音节中音质和音高进行表义，而前者则借助音节中四项物理要素进行多式变化性表义。歌唱语言和言说语言运作方式不尽相同。前者普遍使用复叠、连用和穿插等方式，后者这些方式使用的普遍度极为有限。歌唱语言和言说语言组合的规则的总体倾向性亦有别。前者倾向韵律规则，后者倾向逻辑规则。

c. 异同视角总体关系。因歌唱语言和言说语言有同有异，相互交叉，故二者间的关系总体上看作一种交织关系。这种关系,侧重相同的本体部分,大致可概括为"一体两面",即同一本体的歌言两个侧面。

二、衬字、衬词及相关术语规范化问题

说到衬词,自然会联想到传统文化概念"衬字"。那么,二者间是什么关系? 在现代语言文化生活中如何清晰地界定它们? 这是一些无法回避的问题,以下简要对其作些探讨。

(一) 衬字、衬词的出现

衬字、衬词是历史上先后出现的两个名称。其中,衬字,一般认为始见于元代周德清《中原音韵》(刘少坤,2014)。《中原音韵·序》指出:"有板行逢双不对,衬字尤多,文律俱谬,而指时贤作者。"《中原音韵·作词十法》"用字"一法中指出:"用字,切不可用……衬垫字。"并解释道:"套数中可摘为乐府者能几? 每调多则无十二三句,每句七字而止,却用衬字加倍,则刺眼矣。倘有人作出协音俊语,无此等病,我不及矣。紧戒勿言,妄乱板行。〔塞鸿秋〕末句本七字,有云:'今日个病恹恹刚写下两个相思字'却十四字矣,此何等句法而又托名于时贤,没兴遭此诮谤,无为雪冤者,已辨于序。"

从周德清至今,论及衬字的学者不乏其人。结合乐理基础,王骥德《曲律》对韵文中衬字出现的时间及其与弦索、板眼的关系有过一些著名的论述。其谓:"古诗余无衬字,衬字自南、北二曲始。北曲配弦索,虽繁声稍多,不妨引带。南曲取按拍板,板眼紧慢有数,衬字太多,抢带不及,则调中正字,反不分明。大凡对口曲,不能不用衬字;各大曲及散套,只是不用为佳。细调板缓,多用二三字尚不妨;紧调板急,若用多字,便躲闪不迭。"

较之衬字,衬词的出现要晚得多。冼星海较早从比较视角对汉语衬词进行过讨论:"中国民歌还有它的衬词,比如呀、哪、哟、啊、嗨等等,都是为外国音乐所没有的。这些衬词表达出民众愉快或悲苦的情绪。"(冼星海,1940)其后,衬词在学界逐渐普遍使用开来。

(二) 衬字、衬词指称内容的纠葛

同其他传统名称的使用类似,学界使用衬字、衬词时并没有对其指称的内容进行严格意义的界定。

衬字早期指称的内容,以其相对普遍的使用情况为依据进行分析,今通常概括为两类用字。

1. 基本字数要求之外的陪衬性用字。王力《汉语诗律学》指出(王力,2005:715 - 716):"衬字,就是曲律规定必需的字之外,增加的字。就普通说,这种衬字在歌唱时,应该轻轻地带过去,不占重要的拍子。"他还比较了元代

萨都剌词《念奴娇·登石头城》和郑德辉曲《念奴娇·梅香》,指出曲中现加括号的字就是衬字。

《登石头城》:石头城上,望天低吴楚,眼空无物。指点六朝形胜地,唯有青山如壁。蔽日旌旗,连云樯橹,白骨纷如雪。一江南北,消磨多少豪杰。

《㑇梅香》:惊飞幽鸟,荡残红,(扑)簌簌胭脂零落。门掩苍苔书院悄,润破窗纸偷瞧。(则为)一操瑶琴,一番相见,(又不)曾道闲期约。多情多绪,等闲肌骨如削!

曲源自词,曲中存在衬字,以此类推,词乃至于诗中也应该存在着格律所要求基本字数之外的用字。沈括《梦溪笔谈·乐律》说:"诗之外,又有和声,则所谓曲也。古乐府皆有声有词,连属书之,如曰贺贺贺、何何何之类,皆和声也。今管弦中之缠声,亦其遗法也。唐人乃以词填入曲中,不复用和声。"朱熹《朱子语类》:"古乐府只是诗,中间却添许多泛声。后来人怕失了那些声,逐声添个实字,遂成长短句,今曲子便是。"沈括所谓"和声""缠声",朱熹所谓"泛声",用字记录下来,就是诗词中的这类衬字(羊春秋,1992)。

2. 基本曲调要求之外的陪衬性用字或音节形式。基本说法是,衬字是声腔化了的曲体中超出原来声腔的字(声)(刘少坤,2014)。落实到书面,这类说法较基本字数要求之外的陪衬性用字没有区别。"声"就是音节形式,用字记录下来就是"字"。但是,它是就口头和书面两个层次而言的,故在一些相关内容上体现出了差别。其中,体式限制得更小。仅限于声腔化了的曲体,没有声腔化的诗和词不在所限范围。具体指称的对象则更为丰富。除落实在书面上的"字"之外,还包括口头称之为"字"但实质上尚未用字记录下来的衬辅性音节。

衬词,因为它是在现代语言学引进之后以"词"为参照所出现的概念,所以,其早期指称的内容基本可认定为就是前述"衬词的定义"部分作出的概括:歌唱语言中类似言说语言词一级的语言单位,一种衬辅理性表示形式而出现并具有如下语言特征的词:音节多少不定且音长、音强因素明显;记录用字不甚固定;侧重与韵律单位发生组合关系;基本只表示情绪义;常连用和叠用。

不难看出,衬字、衬词早期指称内容的区别还是较为明显的。一侧重所指语言单位大小不定但有固定格式作为参照性标志的衬辅性表义形式,一侧重较严格意义的词级语言单位。二者观照的视角和侧重点均不相同。但是,在衬词出现之后的使用过程中,因缺乏明确的规范,加之传统文化中灵活理解和赋义习惯的影响,二者普遍出现了以对方指称的内容作为内涵的使用情况,从而一定程度地模糊了二者间的界限,造成了不可轻忽的纠葛。

1. 存在着用衬字表示衬词性指称内容的情况。一般学术论文之外,《现代汉语词典》释"衬字"所举用例也一定程度体现出了这种情况:"曲子在曲律规定字以外,为了行文或歌唱的需要而增加的字。例如《白毛女》'北风(那个)吹,雪花(那个)飘',括号内的'那个'就是衬字。"分析可知,这里的指代词"那个"更多地体现出的是衬词性指称内容。除现代歌剧唱词不存在严格意义规定字数之外,主要是"那个"具有较明显的衬词性质。它不仅是现代语言学眼光的词,不仅表示情绪义,而且使用上还常以"北风那个吹,雪花那个飘"的形式较普遍地出现在晋方言中。就是今天一般口语中也不乏类似使用情况,"我勒个去"就是一例。

2. 存在着用衬词表示衬字性指称内容的情况。张统宣《陕北说书衬词研究》指出(张统宣,2017),陕北说书中有一些特定的格式性书套。如表达威武的将领点兵过程时用到的点岳段书套:"啊哈催队鼓打得叮当响亮,迎风的红旗那就来日飘扬,只见大人点将台,炮响那么三声把那大兵点过来,西营、南营点罢点北营,呀么五营四响,霎时点起十万兵。"张文将此类书套说成衬词。其实,它是早期认定的衬字性指称内容。

3. 存在着衬字、衬词混而为一的情况。涉及衬字、衬词关系,肖艳萍曾指出(肖艳萍,2010):"衬词是民歌中广泛运用的术语。故名,'衬'为陪衬,辅助,在民歌中起陪衬辅助的字或词,一般多以语气虚词的形式出现。具体地说,以这种形式出现的字称'衬字',所出现的词称'衬词',用几个衬词所形成的句子则称为'衬句',但现在一般意义上习惯统称为衬词。根据《辞海》'衬词'的释义:'在曲调规定的字数定额以外,句中的字叫'衬字'。一般只用于补足语或描摹情态,在歌唱中不占'重拍子',不能用于句末或停顿处,字数并无规定。北曲用衬词较多。'"很显然,其将衬字、衬词等同看待了,而且,将《辞海》"衬字"条的名称也改为"衬词"了。这种混同情况在学界较为普遍。又如闫兵《中国民歌中衬词成因初探》(闫兵,1999):"民歌是我国民族民间音乐宝库中的重要组成部分。'衬词(字)'在中国民歌当中起着重要作用。""衬词"之后直接括了一个"字",将"衬词"与"衬字"直接等同了。

(三)衬字、衬词二术语的规范化问题

客观地讲,衬字、衬词指称内容间存在纠葛不难理解。但是,上升至学术规范化高度即不难发现,它又的确存在一些需认真思考的问题。

1. 纠葛使研究缺乏基本的交流平台,致使研究难以顺畅地进行。落实在学习上,则更易于引起不解、乃至于混乱。

2. 纠葛状态实质上是一种含混状态,一种无序状态,一种较低层级存在状态,不仅谈不上新的时代里引领文化的发展,反而还一定程度地拉低了汉民族文化整体品位。

上述问题理应使我们警醒。它提醒我们,需严肃地将衬字、衬词纳入术语规范化范围,对二者间的联系和区别进行明确界定。基于此,以下即以已有研究为基础,对衬字、衬词定义所关涉诸前提性内容进行尽可能系统的梳理,简要概括出各自相对而言的基本特征、彼此间的异同和交叉点等内容,给出一个较为合适的定义。

在这里,定义所关涉诸前提性内容据其倾向性统括为四点。

1. 衬字、衬词的时代特征。衬字是古代音乐学和文学术语,衬词是后起语言学术语。

2. 衬字、衬词的出现所基于的原有表达状态及各自所侧重的视角。衬字基于定格,即曲调或歌唱类韵文业已设定的基本格式。这样,它所侧重的视角就是体式。衬词,基于常规,即没有对情绪义特别强调情况下意义的常规表达样式。但是,它所侧重的视角是具体表达形式中词一级单位。

3. 衬字、衬词出现的动因。衬字主要是满足曲调的和谐、灵活和理性义表达的形象、丰富等需求。衬词则主要是满足情绪义强调性表示的需求。这从它们在古今戏、歌常见唱段中的出现情况上不难看出。

(1) 伤员们日夜盼望身健壮,为的是早(喂)早回前方。(现代京剧《沙家浜》选段《祖国的好山河寸土不让》)

(2) 毛主席党中央指引方向,鼓舞着我们奋(嘞)战在水乡。(现代京剧《沙家浜》选段《毛主席党中央指引方向》)

(3) (海哎)海岛冰轮初转腾,见玉兔,玉兔又早东升。那冰轮离海岛,乾坤分外明。(京剧《贵妃醉酒》)

(4) (我是个蒸不烂、煮不熟、捶不扁、炒不爆)响珰珰一粒铜豌豆,(恁子弟每谁教你钻入他锄不断、斫不下、解不开、顿不脱、慢腾腾)千层锦套头。(关汉卿《不伏老》)

(5) 一送(里格)红军,(介支个)下了山,秋风(里格)细雨,(介支个)缠绵绵。山上(里格)野鹿,声声哀号,树树(里格)梧桐,叶呀叶落完,问一声亲人,红军啊,几时(里格)人马,(介支个)再回山。(赣南民歌《十送红军》)

分析可知,(1)中"喂"是为了和谐"早早"间生硬的复叠关系,使音流内部衔接变得柔和而自然添加的"声"。(2)中"嘞"是为了和谐"奋战"特别强调的方式与行为间的过渡关系,使强调、突出的"奋"不至于突兀而添加的"声"。(3)中"海哎"是追求不至于机械、呆板的表达效果而重复"海"并拉长"海"的韵母而唱出的"声"。这些声音形式,用字记录下了就是衬字,没有记录下来的,即为以衬字表述出来的衬辅性音节。

同(1)(2)(3)曲调范畴动因不同,(4)侧重满足理性义更丰满表达的需求。例中加入括号中衬字性内容之后,不仅明确了行为的主体,而且形象揭示出了表现对象诸多特征。(5)则侧重满足情绪义强调性表达。例中"里格""介支个"的添加当与原始指代词的习惯性使用相关,而满足这种用词习惯,落实到意义的表达上,实质上就是满足"兴趣(爱好)"类情绪义强调性表达的需求(郭攀,2014)。

4. 衬字、衬词本体及其交叉关系。衬字,侧重指称曲调或歌唱类韵文业已设定基本格式必需的字之外增加的言语形式;也兼指言语形式内部构成单位字、音节及其短语、句诸不定组合形式。衬词,侧重指称常规表达之外所增加言语形式中词一级语言单位,一种单纯表示情绪义且侧重于韵律单位发生模式化组合关系的语言单位;也兼指词级单位组合而成的言语形式。衬字、衬词之间总体上是一种交叉关系。其中,一部分指称内容为各自所独有。衬字指称内容中非基于强调情绪义表达的言语及其内部构成单位不属于衬词范围指称内容。衬词指称内容中以日常语言为基础的言说语言范围的指称内容,因超出衬字所对应歌唱语言范围而不属于衬字范围指称内容。上述各自独有性所致之外的绝大部分指称内容为二者共有。不过,在一些相关参项上存在区别。

所属学科,尽管总体上语言、音乐、文学三学科兼属,但衬字侧重音乐和文学,衬词侧重语言。

言文性质,总体上二者语言、言语两类性质兼属,但彼此存在明显倾向性。衬字也指称语言性基础单位字、音节及其短语、句诸不定组合形式,但是,其明显侧重言语性质。因为无论字数上的一个字还是几十字,实质上都可看作言语片段,都是相对已有格式而言的一类增加的"文"。相对而言,衬词尽管也指称衬辅性表示情绪义且侧重于韵律单位发生模式化组合关系的言语表达形式,但明显侧重语言,侧重语言中词一级语言单位。

立足的视角,各不相同。衬字也兼指言语形式内部构成单位字、音节及其短语、句诸不定组合形式,但其立足的是体式视角,是自觉不自觉地先关注体式然后再关注言语形式、关注言语形式的构成单位的结果。衬词也兼指词级单位组合而成言语形式,但其立足的是语词视角,是意识下意识地先关注语词性质然后再关注语词构成或组合而成的整体言语形式的结果。

结合上述前提性内容,衬字、衬词大致给出如下规范化定义:

衬字,古代音乐学和文学术语,侧重指称基于曲调和谐、灵活和理性义表达形象、丰富等需求,在曲调和歌唱类韵文基本格式规定必需的字之外增加的一种言语形式;也兼指体式视角言语形式的基本结构单位字、音节及其不定组合形式。

衬词,现代语言学术语,侧重指称在常规表达之外所增加言语形式中的词一级语言单位,一种因强调情绪义而出现的单纯表示情绪义且侧重与韵律单位发生模式化组合关系的语言单位;也兼指语词视角词级单位组合而成的言语形式⑥。

三、单一语境中衬词、叹词、语气词判定失当情况考察

单一语境中衬词判定的理论依据问题前已论及,对照其依据,我们对文献中衬词、叹词、语气词判定失当的情况进行了具体考察。考察以《中国民间歌曲集成》江西卷为代表进行。据考察,其书中判定失当情况,主要体现在原生表情音节的判定上(郭攀,2014b),大致可概括为四类情况。

(一) 叹词性表情音节误判为衬词了。例:

(1) 领:(哟哟)! 众:(哟哟哩嗨哟)! 领:同志们(啰)。众:(嗨哟)! 领:加把劲(啰)。众:(嗨哟)! 领:来打夯(哟)! 众:(嗨哟哩嗨哟哩嗨哟哩嗨哟哟哟哩嗨哟)! (赣西民歌《打夯》)

(2) 领:风吹(哟嗬)杨柳(呃),众:(哟嗬也嗬哟嗬也)。领:(哦)卷百枝(呀),众:哟嗬也嗬也嘿嗬也嗬嗬嗬哦)。领:好朋(呃)好友(呃),众:(哟嗬也嗬也嗬也)。领:(哦)在一堆(呀)。众:(嗬嗬也嗬也嘿嗬也嘿也嗬也)。(赣北民歌《打夯》)

对照前述衬词语法层面标志性陪辅特征不难看出,(1)(2)中"哟哟""哟哟哩嗨哟""嗨哟哩嗨哟哩嗨哟哩嗨哟哟哟哩嗨哟""哟嗬也嗬也嘿嗬也嗬嗬嗬哦"等表情音节均是唱轮中独立出现的,并非陪辅性质,理应判定为叹词,而不是衬词。

(二) 语气词性表情音节误判为衬词了。例:

(1) 亲爱(哩)哥(呀),我亲哥,你为何不到咯里请个媒人向我爹娘(嘞)说? 姐(呀),我一来(个只)身上(就)冇衣着(呀),……哥(呀)你一来(个就)身上(个)穿着也不(哩)错(呀)。(赣西民歌《不恋你来恋何个》)

对照前述语法、语义二层面标志性特征不难看出,例中语气词性表情音节"呀"被误判为衬词了。语法层面看,它出现的表达模式应该是点线意象结构模式,而不是严格意义的韵律结构模式。语义层面看,它表示的意义不只是单纯的"愤怒(责备)"类情绪,还存在着明显的感叹语气。

（三）衬词性表情音节误判为叹词了。例：

（1）嗨哟嗨，嗬哩嗨，嗬嘿嗨呀嗬嘿嗨哟嗬，嗬哩慢慢的呀嗨，嗬嗬嗨哟嗬嗨嗬嘿嗨，嗬呀嗨呀嗬嘿嗨，哟嗬嗨呀嗬嘿嗨，哟嗨嗨，嗬嘿嗨，嗬呀嗨呀嗬嘿嗨，嗬呀嗨呀嗬嘿嗨。（赣西民歌《扛石》）

（2）喂哟嗬咳合力来哟嗬喂咳。（赣南民歌《安桅子》）

（3）领：呵扯起蓬哟！呵哟扯起蓬哟！众：啊呀喂哩呀！啊呀喂哩呀！（赣西民歌《扯蓬》）

（4）哎呀嘞哎！炮火声来战号声（嗒），（捱就）打只山歌亲人（哪哈哈）听，（哎呀个就）快与敌人决死战，一点年纪（个）红军哥，活捉老蒋何应（哟呵呵个）钦。（赣南民歌《炮火声来战号声》）

对照前述衬词语法、语音等层面标志性特征不难看出，上述例中"嗨哟嗨，嗬哩嗨，嗬嘿嗨呀嗬嘿嗨哟嗬，嗬哩""呀嗨，嗬嗬嗨哟嗬嗨嗬嘿嗨，嗬呀嗨呀嗬嘿嗨，哟嗬嗨呀嗬嘿嗨，哟嗨嗨，嗬嘿嗨，嗬呀嗨呀嗬嘿嗨，嗬呀嗨呀嗬嘿嗨""喂哟嗬咳""哟嗬喂咳""呵""呵哟""哎呀嘞哎"等表情音节均是误判为叹词的衬词。其中，（1）（2）（3）中诸表情音节均现于以原生表情音节为主的语境，又因语境中存在理性表示形式"慢慢的"等而处于明显的陪辅地位，性质上只能判定为衬词。（4）中"哎呀嘞哎"对照语音层面"4音节"等标志性特征，也应判定为衬词。另外，前述衬词语用层面复叠、连用等特征也可一定程度地证明这一判断。调查发现，"哎"可看作"哎呀嘞"中"哎"的复叠。而在《中国民间歌曲集成》江西卷中不乏"哎呀嘞哎"的变体复叠、连用的情况。例：

（1）（哎呀嘞呃）！唔得倷妹（就）听妹声（哦），唔晓老妹精唔（哦）精……？（哎呀嘞呃）！倷哥唱歌（都）好声音（啰），实在老妹（就）听唔（哦）清。（赣南民歌《恋你唔到也甘心》）

（2）（哎呀嘞格都）会唱山歌（都）歌驳歌，（倷）会织绫罗（都倷）梭驳（个）梭……（哎呀嘞格都）十八岁哥哥（都）好人才，（哟格都）你唱山歌（就）倷都（喔）来。你话（格都）你就唱只梁山伯（格都），倷来唱（只都）祝英台。（赣南民歌《会唱山歌歌驳歌》）

有意思的是，与上述误判相对，同一类情况《中国民间歌曲集成》江西卷中也不乏正确判定的用例。如：

（1）（嗬嗬啰啰嗬嗬啰嗬嗬啰嗬啰嗬嗬嗬啰啰啰啰啰啰啰嗬啰嗬啰嗬）放牛（嗬嗬嗬）。（赣北民歌《放牛去》）

（2）（嗬嗬哟哟嗬嗬）放牛（欧嗬哟嗬），吃罢了饭来去放牛（欧嗬嗬哟嗬）。牛跑了伢儿来牛崽跑了，扯了田里的苗（哟）。（赣北民歌《牛

吃了苗哟》)

(3)(哎呀嘞哎!)(我)日头一出(就红彤彤),(格)来了个朱德(格)毛泽(哎)东(哦),(哎呀我都)千年铁树(就)开鲜花,你又几晓得我同志格,(我)工农(格)做了主人(噢嗬嗬)翁。(赣南民歌《日头一出红彤彤》)

(4)(哎呀嘞,哎):打支山歌(就)过横排,横排路上(就)石崖(呀啊格)崖……(赣南民歌《打支山歌过横排》)

(5)(哎呀嘞呃)苏区干部(捱哇)好作风(捱)自带干粮(格)去办(呀)格公。哎呀,日着(格只)草鞋(来)干革命(哪),同志(格)夜走(格只)山路打灯(呃啊格)笼。(赣南民歌《苏区干部好作风》)

(6)(哎呀嘞)!老妹住在竹山窝(哇),又会梳头(么)又会(有个)抹,(哎呀)又会挑花又会打带子……(赣西民歌《老妹住在竹山窝》)

(四)衬词性表情音节误判为语气词了。例:

(1)新打高车团团圆,打起高车润好田哦田。(捱)好田(哦)唔用高车水,好妹唔用郎格钱哦钱。(喂打打)!(赣南民歌《好妹不嫌哥冇钱》)

(2)盘古分天至如今啊,叫娘亲生男育女是(呀)妇人(呐)。叫娘亲报娘恩啊,十月怀胎身苦楚啊,叫娘亲听我(呃)从头(呃)说原因啊。(赣南民歌《十月怀胎》)

对照前及语法、语义等层面标志性特征不难看出,(1)"田哦田""钱哦钱"中的"哦"明显出自强化情绪义性质的复叠性结构中,衬词性质较为明显。(2)中诸"啊"不仅皆现于句末,模式化程度高,而且,只表示单纯的情绪义,不存在明显的语气内容。从语气视角分析可知,"叫娘亲报娘恩""十月怀胎身苦楚"为感叹语气,其他接"啊"的各小句均为陈述语气。由不同语气类型均接"啊"可知,"啊"未明显表示语气内容,只表示较为单纯的"慨叹(感叹)"类情绪义,应该属衬词性质,书面上应加括号括起来。

注释:

① 衬词的类型系统以叹词为参照。原生衬词主要限定为语言系统形成过程中在所表情绪义基本不变情况下经由叹词转化性生成的一类词(Poggi,2009)。次生衬词则是语言系统形成之后由他类理性词或短语等理性形式演化之词。

② 这种情况在后文所及"里个""哩个""里格""哩格"等同形关系部分有更典型的表现。

③ 这里的"性质",有人表述为"功能"。我们认为,"功能"是"性质"的外在表现,"性质"更加根本,故表述为"性质"。

④ 这种情况,从今部分孩童哭喊"妈嘞"时喊成"我妈嘞"、成人自我感叹时将"妈呀"

说成是"我的个妈呀"的比较上不难看出。难道别人不知道他所说的"妈"是他所领属的吗？是一定程度地强化这种自然领属关系的情绪促成了这种表达的出现。

⑤ 在此研究的初始阶段，研究结果的表述也只能暂时借用言说语言研究的话语体系。

⑥ "衬词的定义"部分已给出了一个定义，这里又给出了一个定义。尽管数量上是两个，但本质内容一致，只是侧重点不同。前者立足较单纯的学术研究，侧重揭示概念的内涵。后者立足术语的规范化，侧重于衬字多方面的比较。

参考文献：

曹广顺　1995　《近代汉语助词》，语文出版社。

冯梦龙　王廷绍　华广生　1987　《明清民歌时调集》，上海古籍出版社。

冯胜利　1997　《汉语的韵律、词法与句法》，北京大学出版社。

郭　攀　2012　《汉语历层研究纲要》，北京师范大学出版社。

郭　攀　2014a　《叹词、语气词共现所标示的混分性情绪结构及其基本类型》，《语言研究》第 3 期。

郭　攀　2014b　《现行歌曲唱词中的原始叹词》，《华中学术》第 2 期。

郭　攀　2015　《汉语叹词定位的历层模式》，《澳门语言学刊》第 1 期。

郭　攀　2017　《论语义的跨层潜含》，《澳门语言学刊》第 1 期。

郭　攀　2019　《近现代曲词中"里个"的衬词化》，《华中学术》第 4 期。

郭锡良　1986　《汉字古音手册》，北京大学出版社。

侯　会　1988　《从"则个"一词的隐现看部分话本小说的创作年代》，《语文研究》第 8 期。

胡明扬　1981　《北京话的语气助词和叹词》，《中国语文》第 5、6 期。

刘大巍　夏美君　2000　《论歌唱语言与生活语言之差异》，《黄钟》第 2 期。

吕　骥等　1996　《中国民间歌曲集成》，中国 ISBN 中心出版。

刘少坤　2014　《南北曲"衬字"考论》，《中国戏曲学院学报》第 3 期。

刘师培　1905　《中国文学教科书》（第一册），国学保存会版。

李映明　1986　《民歌衬词简论》，《华中师范大学学报》第 4 期。

李壮鹰　2007　《嗟叹与咏歌》，《中国文化研究》春之卷。

梅祖麟　1986　《关于近代汉语指代词》，《中国语文》第 1 期。

倪淑萍　2011　《民歌衬词的文化内涵探究》，《艺术百家》第 8 期。

宋大能　1958　《谈中国民间歌曲中衬词、衬句的运用》，《音乐研究》第 2 期。

孙锡信　1999　《近代汉语语气词：汉语语气词的历史考察》，语文出版社。

吴洁敏　朱宏达　2001　《汉语节律学》，语文出版社。

王　力　2005　《汉语诗律学》，上海教育出版社。

闻一多　1993　《歌与诗》，《闻一多全集・文学史编》，湖北人民出版社。

夏凤梅　郭　攀　2017　《"呜呼哀哉"的情绪化和理性化》，《语言研究》第 2 期。

冼星海　1940　《民歌与中国新兴音乐》，《中国文化》创刊号。

肖艳萍　2011　《中国传统民歌中衬词的功能探析》，《民族音乐》第 4 期。

闫　兵　1999　《中国民歌中衬词成因初探》，《青岛教育学院学报》第 1 期。

游国恩　1963　《中国文学史》一册，人民文学出版社。

羊春秋　1992　《论衬字》,《中国韵文学刊》总第 6 期。

杨立岗　2016　《歌唱语言与旋律关系的把握》,《当代音乐》第 2 期。

张统宣　2017　《陕北说书衬词研究》,《文化创新比较研究》第 17 期。

张　相　1953　《诗词曲语辞汇释》,中华书局。

［美］弗朗兹·博厄斯　2004　《原始艺术》,贵州人民出版社。

［意］Poggi, Isabella. The language of interjections［A］. *Multimodal Signals*: *Cognitive and Algorithmic Issues*［C］. Ber-lin/Heidelberg：Springer，2009.

第五章　情理交融性情绪思维层次汉语语气词系统

　　语气词研究是汉语研究的一大难点,限于本研究侧重研究内容的系统性而不求对局部性内容均进行全面而深入研究的性质,故在此拟沿着以下思路有所侧重地展开一些研究:先对语气词研究进行总体梳理和概述,然后再根据自己的知识积累有选择地对几个散点问题进行专题研究。

第一节　语气词研究概述

　　经较系统的调查和分析,现概略地对汉语语气词研究阐述三点。

一、语气词研究的前提

(一) 重大性

　　众所周知,语气词涉及的问题极大。一方面,表示的意义主要是语气,但总体上还兼含"体"等内容。另一方面,语气涉及的层级不仅是句,还有短语,乃至章段。语气词研究具有重大的特性。这一点,史有为在给 2022 年"汉语语气问题"国际学术会议的贺信中有过相关表述。他说:"语气是个大问题,也是个含有汉语特点的大课题……了$_2$比了$_1$复杂多了,因为混合了语气和体。如果这个想法也有些道理,是否其他句末语气词也如此? 是否也有语气和体的混合。只是比例不同,有的可能是一百与零的比例。"(华中师范大学语言与语言教育研究中心,2022)

(二) 复杂性

　　汉语语气词涉及的问题还有其独有的复杂性。一方面,汉语拥有庞大的语气词系统。另一方面,汉语语气词出现时间早,历史演化过程复杂。再一方面,汉语方言众多,各方言均有其具有一定个性特征的语气词系统,彼此间关系复杂。

（三）社会现实提出的挑战

除以下将及基础研究中客观存在着且难以解决的问题之外,主要是现实生活中信息处理方面提出的挑战。众所周知,OpenAI 研发的 ChatGPT 是人工智能技术驱动的自然语言处理工具,它能够通过理解和学习人类的语言来进行对话,还能根据聊天的上下文进行互动,真正像人类一样来聊天交流,甚至能完成撰写邮件、视频脚本、文案、翻译、代码、论文等任务。ChatGPT 出现后,给国内汉语信息处理界带来很大压力,不少公司迅速开展了类似研究,包括语气处理的研究。如科大讯飞制定目标,其星火大模型将对标 ChatGPT,拟在英文能力上做到与 ChatGPT 相当,在中文能力上超过 ChatG-PT。当然,结果怎样,现在确实难以预估。

二、语气词已有研究取得的成就

已有语气词的研究基本是全面铺开的,故几乎各方面均取得了一定的成就。

（一）理论体系方面的成就

语气词是因其所表示的意义"语气"而得名的。学界已有语气词理论体系是以语气理论体系为基础的。语气理论体系,覆盖范围上,往往是广义的。词义范围包括语气词义和语气副词义;意义类型包括狭义语气和口气。其中,狭义语气多理解为通过语法形式表达的说话人针对句子命题的一种主观

表 1　王力、吕叔湘、高名凯的语气体系

王力的分类		吕叔湘的分类			高名凯的分类	
确定语气	决定语气	语意	正与反	肯定	否定命题	
	表明语气			不定	确定命题	
	夸张语气			否定	询问命题	
不定语气	疑问语气	语气	虚与实	实说	疑惑命题	传疑命题
	反诘语气			虚说		反诘命题
	假设语气		与认识有关	直陈	命令命题	强制命题
	揣测语气			疑问		非强制命题
意志语气	祈使语气		与行动有关	商量	感叹命题	
	催促语气			祈使		
	忍受语气		与感情有关	感叹、惊讶		
感叹语气	不平语气	语势	轻与重			
	伦理语气		缓与急			

表2 贺阳的语气系统

贺阳的分类			形式标志
功能语气	陈述语气		句末用句号,而不具有祈使语气。
	疑问语气	询问语气	句末用问号,而不是反诘语气。
		反问语气	句末有问号,句中有语气副词"难道、何尝"及"不行、不成"等词语,或句末带问号的否定句。
	祈使语气		句末用句号或感叹号,而不具有陈述或感叹语气。
	感叹语气		句末有感叹号,句中有"太、多么"等程度副词,或有"这么、那么"等表程度的指示代词。
判断语气	认知语气	确认语气	句末没有问号,也没有语气词"吧"。
		非确认语气	句末有问号,而不是反诘语气;句末无问号,但有语气词"吧"。
	模态语气	或然语气	助动词"会、可能"等或语气副词"也许、或许"等。
		必然语气	语气副词"一定、必然、必定"等。
	履义语气	允许语气	助动词"能、能够、可以"等。
		必要语气	助动词"应、应该、要"等或语气副词"必须、一定、务必"等。
	能愿语气	能力语气	助动词"能、能够、可以、会"等。
		意愿语气	助动词"肯、愿意、情愿、想"等。
感悟语气	诧异语气		语气副词"竟、竟然、居然"等。
	料定语气		语气副词"果然、果真"等。
	领悟语气		语气副词"难怪、原来、敢情"等及叹词"噢"。
	侥幸语气		语气副词"幸亏、幸而、幸好"等。
	表情语气		不属于上述四种情感语气,用叹词或语气副词表达。

表3 齐沪扬的语气系统

齐沪扬的分类			例　句	形式标志
功能语气	陈述语气	肯定语气	他去看电影了。/他会来开会的。	语气词"了""的"。
		否定语气	他不去看电影。/他不会来开会的。	语气词"了""的"与否定词"不""没有"。
	疑问语气	询问语气	你去北京吗?/你准备去哪儿呢?	语气词"吗""呢"。
		反诘语气	这不是你的书吗?/难道就这样算了吗?/我何尝不想去呢?	语气词"吗""呢"与语气副词"难道""何尝"。
	祈使语气	请求语气	您先吃饭吧!/让我去吧!	语气词"吧"。
		命令语气	别说话!/把窗户关了!	
	感叹语气		太好了!/真美啊!	语气词"了、啊"。

齐沪扬的分类			例　句	形式标志
意志语气	可能语气	或然语气	他可能去北京了。/他大概三十岁了。	助动词"可能",语气副词"大概""也许"等。
		必然语气	他一定去北京了。/见到你他必定会高兴的。	语气副词"一定""必然"。
	能愿语气	能力语气	他能用左手写字。/他不会说汉语。	助动词"能""会"等。
		意愿语气	他愿意来这儿。/他不想去北京。	助动词"愿意""想"等。
	允许语气	允许语气	你可以来这儿。/你能够考出来。	助动词"可以""能够"。
		必要语气	你应该来这儿。/你务必要来这儿。	助动词"应该""要",语气副词"必须""务必"。
	料悟语气	料定语气	他果真来这儿了。/他果然没去。	语气副词"果然""果真"。
		领悟语气	打电话的原来是你。/下雪了,怪不得这么冷。	语气副词"难怪""原来""怪不得"等。

意识,一种表达目的(齐沪扬,2002:1)。口气则理解为主体所持有的一种主观态度(张云秋,2002)。具体成就上,则表现为构建出了一些富有深度的理论体系。其中,代表性体系如下(齐沪扬,2002:11-21)。

(二) 断代研究方面的成就

学界对汉语语气词作过一些有意义的断代研究。其中,不乏宏观概括。如孙锡信《近代汉语语气词》指出:"唐五代时期语气词的使用发生了大的更迭,一方面承用的文言语气词在口语中出现较多的变体,反映出超越规范和不敷应用的状况;另一方面,新兴的语气词适应语言发展的需要应运而生。……宋元时期,语气词获得长足的发展,这种发展主要应归因于白话的广泛运用。……明清时期语气词的发展较少有质的变化,只是表现为一些元代特有的语气词逐渐被淘汰掉,或者产生音变,保留在方言之中,还表现为一些常用语气词逐渐用统一、规范的字形加以表示。"(孙锡信,1999:40)潘允中指出:语气词"西周时期才逐渐出现,甚至有在一句之中连用两三个语气词的","由古汉语发展而来的句末语气词'么''吗''呢''哩''呀',在近代书面语言里已广泛出现"。(潘允中,1982:11-17)当然,还有断代单个语气词系统的具体概括。其中,较有成就的是孙锡信的近代汉语语气词研究(孙锡信,1999)。书中,对近代各次位时间层次新出现的语气词分别作了梳理和概括。主要如下:

1. 唐五代

a.後。b.无、摩。c.聻、裏。d.了。e.者、着。f.在。

2.宋元

a.呵、阿。b.哑、呀。c.哪、剌、喇。d.咱、则个。e.休、罢、波。f.些、沙、呒。g.的。h.去来。i.也么哥。J.罗、啰。k.咳。

3. 明清

a.呦。b.喽。C.唩。d.啵。

（三）类型性研究方面的成就

意义内容方面,主要是语气词表示句子结构要素所具有的口气。其中不少说法,基本成为学界的共识。如胡明扬指出,"吧"有时赋予话题以不肯定的口气(胡明扬,1981)。邵敬敏指出,"呢"在是非问句的简略式中兼起标记话题口气的作用(邵敬敏,1989)。

语言形式方面,语气词连用较为深入。这方面研究,不仅对连用进行了一般性描写,还深入到彼此间的层次关系了。如黄国营指出,现代汉语"呢""了"等语气词既可能属于全句,也可能只属于句子的部分成分(黄国营,1994)。杨永龙指出,王力(1962)、郭锡良(1988,1989),曾精审地观察到,语气词连用,语气重心在最后一个语气词。显然,之所以如此,是因为只有最后的语气词才可能是真正的句尾语气词,才可能属于整个句子,它前面的语气词严格地说仅仅属于句中短语或小句而已(杨永龙,2000)。

（四）单个词研究方面的成就

除大量单个语气词的判定、单个语气词语法位置和功能的描写之外,较为显著的成就是语气词来源的研究。如江蓝生对"呢"的来源进行了考察,将现代汉语语气词"呢"的源头追溯至文言词"尔"(江蓝生,1986)。杨永龙对汉语方言中表示先时、相当于"再说"的语气词"着"进行了研究,认为它不是源于"再说"的合音,而是由唐代以后表示祈使的"着"演化而来(杨永龙,2002)。

三、语气词已有研究存在着且难以解决的问题

对汉语语气词及相关内容的研究进行考察不难注意到这样一个事实:语气词研究既几乎在各方面均取得了一定的成就,同时,又在这些方面几乎都存在着大量难以解决的问题。这些问题,经重新梳理之后大致对应性概括为以下几个方面。

（一）语气及其理论体系的探讨仍有待完善

如上所述,已有汉语语气理论体系研究所做工作的确不少,也揭示出了一些基本事实,但总体深度仍嫌不够,有待完善之处仍不少。一方面,限于跟随性思路,理论体系构建中具有汉语特色的历史、历层性因素未予考虑,不同层次汉语简单化地使用同一体系。另一方面,具体内容细化度仍不甚高,文明层次等内容未予区别性细化概括。

(二)语气词的界定仍不充分

在现行学科体系中,一定程度上表示语气的词,除语气词之外还有叹词、衬词、语气副词、衬音助词等。这些词同语气词之间是一种什么关系,有何区别?因这些问题尚未得到有效梳理,故语气词的界定仍处于一种不甚充分的含混状态。相应地,归类等问题上也多有分歧。如胡明扬曾主张叹词、语气词合为一体,认为它们一方面都表示语气,另一方面彼此难以分清,"因此可以统称为语气词"(胡明扬 1981)。吕叔湘也持相似的看法。他说:"感叹词就是独立的语气词。"(吕叔湘,1956:316)徐世荣则对叹词、语气词划界的依据提出过质疑。他说:"叹词除独用于句前之外,还可以跟句末助词或'句尾'后缀、叠式称呼等轻音节由粘附而变为熔合,成为一个音节。这个音节不轻而重,且有语调,即为叹词面貌之明证。用此例证,说明叹词并不一定全都独立、自由。相沿的定义还可再作研究、讨论。"(徐世荣 1989)

(三)语气词基本事实的调查、概括仍不充分

客观讲,学界对核心范围中语气词基本事实进行了不少研究。除大量单个语气词的研究之外,还有不少语气词系统断代研究和历时发展性研究。但是,相对而言,歌唱语言、方言口语以及文学性不很强的书面语等边缘范围中语气词基本事实的研究却不充分。

王飞华在讨论近代汉语语气词研究中存在着的不足时指出:"就目前来看,只有一些专书,尤其是相对而言文学成就较高的作品中的语气词有了较多的研究。大致有以下作品,如《敦煌变文》《祖堂集》《景德传灯录》《老乞大》《朴通事》《朱子语类》《古尊宿语要》《京本通俗小说》《清平山堂话本》《古今小说》《醒世恒言》《警世通言》《三侠五义》《元曲选》《水浒传》《金瓶梅》《金瓶梅词话》《红楼梦》《儿女英雄传》等专书中的语气词得到了较全面的描写或论述。而一些文学成就不太高的作品中的语气词往往为研究者所忽视。近代汉语时期的作品非常丰富,不同时期的作品,甚至同一时期不同地域的作家作品在语气词使用上都存在着差异。这些专书中的语气词都是值得进行系统研究的。例如笔者曾对明万历年间罗懋登所著小说《三宝太监西洋记通俗演义》(以下简称《西洋记》)中的语气词有所研究。据笔者所能获得的资料,似乎还没有什么文章谈及此书中的语气词,甚至在论述明清语气词发展演变的文章中,引用该书中的语料作为例证的情况也极为少见。"(王飞华,2006)

史有为在给 2022 年"汉语语气问题"国际学术会议的贺信中也有方言语气词研究不充分的相关表述。他说:"了₂比了₁复杂多了,因为混合了语气和体。如果这个想法也有些道理,是否其他句末语气词也如此? 是否也有语气和体的混合。只是比例不同,有的可能是一百与零的比例。

......

......这些都给我们提供了许多很有意思的研究课题。"(华中师范大学语言与语言教育研究中心,2022)

很明显,语言事实研究不充分,将直接影响对语气词全面的认识。

(四) 语气词的来源仍需进一步揭示、不少争议问题仍需切实解决

调查可知,次生语气词来源的研究较多。相对而言,原生语气词的来源研究则较为匮乏。

语气词所及词类界定、单个词词性判定、单个词的功能等方面争议问题较多,需要给出一些较为可靠的说法。

(五) 语气词的应用研究尚未找到较好的突破口

语气词的规划以什么为依据,学界多采用回避的态度。

语气词的研究,直接同句乃至于话语的信息处理密切相关。而如何全面、可靠地对语气词义进行有效的计算,目前尚未找到较好的突破口。

第二节　文言语气词"也"所及争议性问题

语气词内部存在着的问题很多[①],这里选择其中一个较有代表性的"也"所及争议性问题进行一些探讨。其目的,一是试图通过研究模式的转换,一定程度地对问题提出一些解决方案,二是为此类问题后续更全面、更深入的历层研究打下一些基础,为情理交融性情绪思维层次汉语语气词系统的历层研究积累一些局部结论。

已有研究中,文言语气词"也"所及争议性问题主要有三个。

一、"也"语气词与判断动词之争

文言判断句句末帮助判断的"也"初现时一般认为属语气词,但王统尚、石毓智等学者认为是 SOV 语言类型中后置的判断动词,语气词性质是判断动词虚化的结果(王统尚、石毓智,2008;鹿佞钦,2014)。

　　判断动词的说法作为对"也"具有判断功能的一种解释,也的确存在一些语言接触方面的依据。正如李葆嘉所综述:"华夏语言的原始类型是粘着型,历史上经历过粘着型→不完全曲折型→孤立型的动态演变。""三代以前的原始华夏语不可深究,三代华夏语也只能大致推测:原始胡狄(阿尔泰)类的戎夏语是华夏语的最底层,原始胡狄语被原始夷越(南岛)类的夷商语所覆盖,原始夷越语又被原始氐羌(藏缅语)类的羌周语所覆盖。""在周秦汉语中,南方型的 SVO 及 NA 与北方型的 SOV 及 AN 共存,并逐步稳定为顺行的SVO 与逆行的 AN 的混合性结构。"(李葆嘉,2003:113 - 146)但是,总体说来,这些说法推断成分较多,缺乏确证性材料。与之相类似,语气词说也未拿出较有说服力的依据。

　　文言判断句句末帮助判断的"也"初现时是语气词还是判断动词的问题学界已有争议性解释都是据历史性研究模式作出的。历史性研究模式不能很好解决的问题若涉及文明层次间的关系,历层研究模式则往往能够一定程度地帮助解决。文言判断句句末帮助判断的"也"初现时性质的判定,正是这种涉及文明层次间关系的问题,有必要据历层研究模式作一些探讨。

　　历层模式探讨的基本思路是,以"也"所属文明层次的判定为先导,据文明层次与所属词类间的对应关系对"也"的词性进行判定。

　　以下两方面考察结果告诉我们,"也"当属情理交融性情绪思维层次。

　　(一)"也"出现的基本事实。"也"始见于春秋(曹银晶,2012),周秦时期的出现有三种情况。其中,两种情况有伴随性标记词的出现。如下:

　　1."也"与叹词共现,表义上与叹词相呼应,辅助句类以表示判断。其中,叹词是伴随性标记层次关系的词。例:

　　(1) 意,治人之过也!(《庄子・在宥》)

　　(2) 噫! 物固相累,二类相召也!(《庄子・山木》)

　　(3) 恶! 是何言也!(《孟子・公孙丑上》)

　　(4) 师旷曰:"哑! 是非君人者之言也。"(《韩非子・难一》)

　　2."也"与其他语气词共现或连用,辅助句类表示判断。其中,语气词是伴随性标记层次关系的词。例:

　　(1) 子谓韶,"尽美矣,又尽善也。"(《论语・八佾》)

　　(2) 嘻,异哉! 此非吾所谓道也。(《庄子・让王》)

　　(3) 子不我思,岂无他人? 狂童之狂也且!(《诗经・褰裳》)

　　(4) 栾怀子曰:"其为未卒事于齐故也乎?"(《左传・襄公十九年》)

　　(5) 晏子立于崔氏之门外。其人曰:"死乎?"曰:"独吾君也乎哉? 吾死也!"(《左传・襄公二十五年》)

第三种情况是没有伴随性标记词,单独辅助句类表示判断。例:

(1) 董狐,古之良史也。(《左传·宣公二年》)

(2) 鱼我所欲也,熊掌亦我所欲也。(《孟子·告子上》)

第三种情况尽管没有显性伴随性标记词,但因文言判断句格式"……,……也"往往为"……者,……也"省略而至,故"也"可理解为暗含有共现性语气词"者",实质上存在着隐性的伴随性标记词。

(二)"也"侧重表示的意义内容。 综合研究表明,上述语言事实中的"也",侧重表示的是兼含判断内容的情绪义。众所周知,汉语理性义或以理性义为主的意义内容往往需要用语词进行表示,而情绪义则或可不表、或通过语调进行表示。据此,"也"侧重表示兼含判断内容情绪义的结论从以下表示相同内容的句中"也"可用可不用上不难看出。例:

(1) 兵者,凶器也。(《韩非子·存韩》)

(2) 臣闻兵者,凶器也。(《史记·越王勾践世家》)

(3) 兵者,凶器。(《史记·酷吏列传》)

上述两方面考察中,"也"出现的基本事实告诉我们,其所处文明层次,当属于情绪、理性两大思维层次的中间状态。因为,"也"前既有伴随性标记词出现,同时又存在"理性说明语",所属表义模式明显属于情理组配结构(郭攀,2018)。当然,这一中间状态还是存在两种可能:或为靠近情绪思维层次汉语的子系统,或为靠近逻辑思维层次的汉语的子系统。那么,其到底属于哪一个子系统呢?"也"侧重表示的意义内容紧接着回答了这个问题。因其侧重表示的是兼含判断内容的情绪义,故所属子系统只能是靠近情绪思维层次汉语的子系统。这也就是说,"也"所属文明层次为情理交融性情绪思维层次。

"也"属于情理交融性情绪思维层次是较为可靠的结论。而据文明层次与所属词类间的对应关系分析,情理交融性情绪思维层次对应兼含判断内容的情绪义的词类是语气词,所以,"也"的词性应该是语气词,而不是理性思维层次以表示理性义为特征的判断动词。

二、单一功能与多功能之争

语气词的功能,学界大多持多功能观,即一个语气词可以表示多种语气。如杨树达认为,"也"有八种语气,"矣"有七种语气,"焉"有六种语气(杨树达,1984:368-406)。吕叔湘说:"语气词与语气不是一一相配的。一方面,一个语气词可以用来表达不同的语气。一方面,同一语气可以用几个语气词。"(吕叔湘,1956:261)但郭锡良持单一功能观(郭锡良,1988)。其指出:"汉语语气词是单功能的,任何一个句尾语气词都是表示某一特定语气的。一个语气词在不同类型的句子中所表示的语气可能有些变化,但是它所表示的基本语气应该是固定的。"并以具有代表性的"也"为例进行了说明。例:

(1) 且夫栾氏之诬晋国久也。(《国语·晋语》)

(2) 夫《易》,何为者也?(《易·系辞上》)

杨树达《高等国文法》认为(1)中"也"同于"矣",表陈述语气,(2)中"也"表疑问语气。郭锡良则认为,(1)的陈述语气是由其叙述句类本身决定的,"也"仍表示论断语气,且使句子构成了一种陈述语气中兼含论断语气的复杂语气。(2)的疑问语气是由疑问代词"何"表示的,"也"表示的还是论断语气。

单一功能与多功能问题是所有语气词面临的问题,当然也是文言语气词"也"不可回避的问题。就"也"而言,到底是单一功能还是多功能,我们进行了一些考察,初步形成的看法大致概括为三点:

(一)"也"与语气之间关系的基本事实是:它与不同类型句子语气之间客观上形成了一定的对应关系,一定程度地对不同类型句子语气进行了同语调并行的表示。

(二)"也"在句中事实上对应的语气是否为其领有功能应重点以客观表现为依据,客观上存在对应关系即大致可看作其领有功能。

(三)"也"所领有语气功能是否为其基本功能项,"也"到底为单一功能还是多功能,至少可粗线条地以其领有功能所对应次位文明层次语气类型的多少为依据进行判定。若只对应一个次位文明层次的语气类型,则大致可最粗略地判定为单一功能;若对应两个或三个次位文明层次的语气类型,则因不同文明层次间存在着的较大差别而应至少看作两项或三项功能[②]。这样判定的道理不难理解。若对应了一个下位文明层次的功能,即代表拥有了一个下位文明层次的语气类型,而这种代表文明层次的语气类型是不能够作为一般相关、相近类型轻易忽略的,必须给予语气义项的地位。

进一步结合语气的历层演化情况分析发现,汉语语气内部,大致可概括出三个具有一定历层关系的次位文明层次,概括出三种与次位文明层次相应的语气类型。如下:

(一)侧重原始情绪层次。语气类型为感受性内容中的纯情绪义,一种"意图""态度"性成分不很明显的侧重原始性情绪的意义(齐沪扬,2002:3;王力,1985:160;郭攀,2014a;裘燮君,1999)。

(二)多维评价层次。语气类型为感受性内容中的一个部分,一种评价性态度。

(三)整体意向层次。语气类型为前及感受性内容中的一个部分,一种整体的笼统性意向。

汉语语气的次位层次，连同进一步细化概括出的语气类型、表示各语气类型在文言中的代表性语词表列如下：

表 4　汉语语气系统

次位层次和语气类型			代表性语词
原始情绪	慨叹		哉、兮、也、夫、且、只
	惊奇		哉、乎
	嫌恶		邪、兮
多维评价	是否维		也、已
	确否维		也、尔、焉、者也
	信否维		耳、尔
	终否维		矣、也、耳
	程度维		惟、夫、者、也、已、耳
整体意向	祈使	请求	也、矣、哉
		命令	也、与
		劝阻	也、焉
	疑问	传问	与、哉、邪(耶)、矣、乎、者乎
		传疑	哉、也、也无、也未
		传诘	也、哉、乎、邪、与、矣、焉、乎哉
	其他	指示	焉、夫
		呼唤	乎、邪

对照上述汉语语气考察发现，文言语气词"也"所领有语气功能覆盖了全部的三个次位文明层次。结合其细化类型大致可整理如下：

（一）原始情绪层次。 主要是慨叹类。例：

（1）胡然而天也！胡然而帝也！（《诗经·君子偕老》）

（二）多维评价层次。 主要是是否维和确否维二类。例：

（1）让，礼之主也。（《左传·襄公十三年》）

（2）我心匪席，不可卷也。（《诗经·柏舟》）

（三）整体意向层次。 主要是祈使和疑问二类。例：

（1）鞅也，请终身守此言也。（《左传·昭公二十五年》）

（2）孔子曰："恶！赐，是何言也！"（《荀子·法行》）

由上述语气功能的整理情况不难看出，文言语气词"也"的基本功能至少最粗略地具备了三个次位文明层次的功能，三个大类的功能，基本功能量度上指向的应该是多,而非单一③。

三、语气功能与非语气功能

文言语气词"也"还存在着有些功能是否应看作语气功能的问题。这主要涉及两类观点所概括的一些功能。

(一) 停顿功能观。马建忠说:"'也'字助读,其为用也,反乎其助句也。助句以结上文,而助读则以起下文。其起下文也,所为顿宕取势也。盖读句相续以成文,患其冗也,助以'也'字,则辞气舒展矣……'也'字助实字,凡实字之注意者,借助'也'字,则辞气不直下。"(马建忠,1983:341 - 345)王力说:"在上古汉语里,'也'字不但用来煞句,有时候,它还被用来表示一个小停顿,并表示这个句子没完。"(王力,1980:447)吕叔湘说:"'也'字用在句中,表示停顿的语气,正如白话里的'啊'字一样。"(吕叔湘,1959:94)

(二) 语法要素标示观。蒲立本认为古汉语中的"也"是名词谓语的标记,他发现"'也'可出现在名词化的动词短语的后面,这个短语用作话题或动词次动词的宾语。'也'还可用作专有名词的标记。另外,'也'还可以用在典型的动词谓语后面。"(蒲立本,2006:81 - 82)郭圣林以现代语言学中关于主位—述位的理论为依据,指出句中的"也"应被看作是古代汉语中话题主位的标记(郭圣林,2012)。

文言语气词"也"的停顿功能和语法要素标示功能是否为语气功能,至少需结合二参项上的定位进行分析。

(一) 研究路向。汉语历层研究模式主张顺向研究,即沿着文明程度由低至高的顺序,以所及文明层次语言事实基础上概括出来的语言理论为指导展开研究(郭攀,2012:7 - 44)。语言要素标示观是逆向研究的表现。即,顺序上由今及古,理论上以现代语言理论为统帅指导古代语言研究。

(二) 考察视角。语气系统所属视角为语义,而上述观点的视角则有所不同。其中,停顿观的视角是语音,反映的是语流停延方面内容。这些内容,也有人落实到了语用视角,将其概括为"强调"或"对比"(张小峰,2008)。至于语法要素标示观的视角,则明显属于语法。

研究路向是一个原则方面的问题。古代语言事实并非不能参考现代语言理论进行研究,但确又存在是否妥帖的问题。毕竟,语气词"也"所处的是情理交融性情绪思维层次,而现代理论立足的是逻辑思维层次。不同文明层次语言事实和运作机制不同,统括事实和运作机制的语言理论亦应有别。与其没有把握地逆向研究,不如脚踏实地、老老实实地顺向探讨。基于此,路向上我们主张直接切入情理交融性情绪思维层次顺向研究。具体说来,以混分性情绪结构模式为参照(郭攀,2014a),据其中理性说明义与情绪义之间各层、各类关系进行分析。

考察视角直接决定停顿功能和语法要素标示功能是否为语气功能。严格意义上讲,非语义视角的概括不能纳入语气范畴。当然,经视角转换而落实到语义视角重新分析,部分非语义视角的功能亦可概括为语气功能。

由上分析可知,停顿功能和语法要素标示功能都不应是严格意义的语气功能,但其中有可能兼含有语气功能。以下是选取前述二类功能观所及主要内容对其所兼含语气功能分析的结果。其中,分析对象是位于句中话题后的"也",分析方式是结合路向内容将语音、语用、语法视角转换至语义视角。所得语气功能主要有:

(一) 慨叹类情绪。例:

(1) 母也天只! 不谅人只!(《诗经·柏舟》)

(2) 今由与求也,相夫子,远人不服而不能来也,邦分崩离析而不能守也。(《论语·季氏》)

"也"带有较明显慨叹成分,类似于今之"啊"。其中,"母也天只"可看作是省去叹词后的二混分性情绪结构的复叠,由"只"的对照更可看出其慨叹功能。

(二) 强程度确认。其中,主要是强化性确认。例:

(1) 乡也吾见于夫子而问知,子曰,"举直错诸枉,能使枉者直",何谓也?(《论语·颜渊》)

(2) 吾闻之也:有官守者,不得其职则去;有言责者,不得其言则去。(《孟子·公孙丑下》)

(3) 是行也,诸大夫欲召狄。(《左传·宣公十一年》)

(三) 强程度指示。指示功能指示的是信息结构中的话题。例:

(1) 夫也不良,国人知之。(《诗经·墓门》)

(2) 然明曰:"蔑也今而后知吾子之信可事也。小人实不才,若果行此,其郑国实赖之,岂唯二三臣?"(《左传·襄公三十一年》)

第三节　原生语气词来源研究

语气词亦可分为原生、次生。原生语气词主要限定为语言系统形成过程中在所表情绪义基本不变情况下经由叹词、衬词等转化性生成的一类词。次生语气词则是语言系统形成之后由他类理性词或短语演化之词(Poggi,

2009)。

次生语气词研究较为充分。除前及江蓝生的研究之外,孙锡信也作了不少类似研究。他认为,"啊"源于"後","呢"源于"尔"和"裏","呀"源于"也","吗"源于"无"(孙锡信,1999:48－116)。太田辰夫与孙锡信的结论类似,且以表的形式呈现了出来(太田辰夫,2003:357－359)。但是,原生语气词的研究则较为薄弱。裘燮君指出:早期类似"候人兮猗"中"兮""猗"等词是句尾语气词;句尾语气词源于"兮猗兮猗"类叹词(裘燮君,1999)。这是目前所能见到的较为专门的研究。这些研究在词类间渊源关系的探索上有一定开创之功,然而也暴露出了较多问题。其中,主要是材料问题未能得到解决。其研究据历史性研究理论展开,材料方面局限在依据上古原始民歌材料对原生叹词、语气词间渊源关系所进行的研究上。而上古原始民歌材料因种种原因极其匮乏,故研究难以找到反映叹词、语气词渊源关系的基本材料。众所周知,没有材料,研究即无法深入进行。这样,其研究最终也就只能停留在推测状态,结论也自然不尽可靠。

本节"原生语气词来源研究"基于上述研究现状采用历层研究模式展开,具体从语气词与衬词间客观体现出的异同关系入手分三个部分开展研究(郭攀,2019)。

一、语气词与衬词的异同及其显示的渊源关系

语气词与衬词异同关系比较,选择外在形式特征、语法特征、语义特征三个主要参项进行。依据的语料,主要是吕骥等《中国民间歌曲集成》江西卷下册和王朔等《编辑部的故事》。衬词的判定,基本依据书中现成的加有括号的标示。

(一) 语音、字形及词化度诸外在形式特征

一般而言,语气词和衬词皆存在一个单个词不止一个记录形式的现象,它们或因涵盖的语音略有差异,或因同一语音形式的记录采用了不同借字。但是,衬词这方面的表现更加突出。以下是选取代表词的对比例。其中,音略异而有不同记录形式的语气词是"哪/啦",衬词是"哎呀嘞/哎呀嘞,哎/哎呀嘞呃"。音同而有不同记录形式的语气词是"啊/阿",衬词是"里个/里格/哩格/你个/尼格"。

(1) 哦,我怎么看不见哪?(《编辑部的故事·飞来的星星》)

(2) 小市民心理怎么啦?我就是小市民。(《编辑部的故事·甜蜜的腐蚀》)

(3)(哎呀嘞)!摘了个木子下了山,各位(个)伙计(呀)做一(啰嗬)班。

（赣西民歌《摘了个木子下了山》）

(4) (哎呀嘞,哎):打支山歌(就)过横排,横排路上(就)石崖(呀啊格)
崖……(赣南民歌《打支山歌过横排》)

(5) (哎呀嘞呃)!唔得侄妹(就)听妹声(哦),唔晓老妹精唔(哦)精?
（赣南民歌《恋你唔到也甘心》）

(6) 到底有没有这档子事儿,你们自个儿看。科学啊,是不以人的意志
为转移的。(《编辑部的故事·飞来的星星》)

(7) 这从小儿阿,就得让他知道个好、坏、美、丑。(《编辑部的故事·侵
权之争》)

(8) 一送(里个)表哥,(介支个)柜子边,双手(里个)拿到,(介支个)两吊
钱。(赣南采茶戏《送郎调》)

(9) 一送(里格)红军,(介支个)下了山,秋风(里格)细雨,(介支个)缠绵
绵。(赣南民歌《十送红军》)

(10) 莲花(哩格)出水塘中间,塘水再深倨也探。因为(哩格)恋妹跌落
水,浸死阿哥心也甘。(赣南民歌《浸死阿哥心也甘》)

(11) 总话(你个)挨担(呃)好寻(个)钱,哪人晓得咁可怜。(赣南民歌
《总话挨担好寻钱》)

(12) 日头(尼格)到岭(就)夜了(哟尼),门前(呐)黄竹(哇)低了(哇)头
(喔)。(赣南民歌《妹子低头哥来了》)

共性内容之外,还有一些特征基本只表现在衬词方面。

一是多音节形式的普遍存在,尤其是原生衬词。例:

(1) 正月(哩格)嘛格叫(呀啊嘿)? 正月(哩格)斑鸠叫(呀啊嘿),斑鸠
(哩格)叫(呀啊嘿)? (赣南民歌《斑鸠调》)

(2) 大屋(哩呃嘿)门前(啰咿哟啊呜啊呜啊呜啊呃)好唱(呃)歌(啰咿哟
啊呜啊呜啊呜啊呃),唱个(呃)少来(哟呜啊呜啊呜啊呃),听个(嘞)
多。(赣西民歌《大屋门前好唱歌》)

二是原生衬词词化程度不很高。主要表现为可切分性不很强和规整程
度不很高。如上述"啰咿哟啊呜啊呜啊呜啊呃"是一个整体还是切分为"啰咿
哟啊/呜啊/呜啊/呜啊/呃"或"啰咿哟/啊呜/啊呜/啊呜/啊呃",判定起来存
在一定主观性。而"啰咿哟啊呜啊呜啊呜啊呃"较之"哟呜啊呜啊呜啊呃"而
言,多了"啰咿"两个音节,但所表均为"快乐"类情绪义,二者处理为一个衬词
的话,形式上则存在着不规整的情况。前述"哎呀嘞/哎呀嘞,哎/哎哟嘞呃"
亦然,三种不同形式,其实是一个衬词,只不过后二形式将延音记录下来了
而已。

(二) 语法特征

体现在与理性要素间的组合功能上,语气词和衬词均与理性要素发生非严格意义的组合关系。其中,部分语气词和衬词均与"理性说明语"之间发生组合关系(郭攀,2014a),组合对象,均是具有整体特性的"理性说明语",而不是整体中某独立的理性词。这主要体现在位于句尾的语气词和衬词身上(黄国营,1994)。例:

(1) 干吗呢? 加班儿啊?(《编辑部的故事·侵权之争》)

(2) 正月小娘坐一春(呐青嗦),叫个媒人去说婚(呐溜嗦)。说是说个读书郎(呐青嗦),不要说个流浪郎(呐溜嗦)。流浪郎来流浪郎(呐青嗦),一日三餐冇米粮(呐溜嗦)。(赣西民歌《小娘歌》)

而体现在情绪要素内部的组合功能上,衬词除拥有语气词连用功能之外,还有着语气词所没有的复叠功能。"呐呀咿子哟""哎呀咿子哟咿哟"复叠例:

(1)(呐呀咿子哟呐呀咿子哟)划起(那个)篷船打起浆,采莲(哎)歌子(呀)唱得心里甜(嘞呐呀咿子哟咿哟)。(赣西民歌《夫妻双双去采莲》)

(2) 我和他是并蒂莲(呀咿子哟哎咿子哟),一双(那个)红花绣花鞋(哪嗬咿子哟咿子哟),小小女子坐在(那个)绣花楼,(哎呀哎子哟)手拿(个)红线慢慢绣起来,(哎呀咿子哟咿哟哎呀咿子哟咿哟)手拿红线慢慢绣起来(呀子咿呀咿子哟)。(赣西民歌《绣花鞋》)

组合功能之外,语法位置也是重要语法参项。这一点上,二者相同之处是均存在逻辑语法位置。但是,语气词只有单纯的逻辑语法位置,而衬词除此之外,还存在与逻辑语法位置不一致的韵律语法位置,一种受制于韵律结构模式而与逻辑停延节律不相一致的语法位置。其中,较突出的是前及诗化韵律音顿处,一种与近体诗音步结构模式相应的音顿处的语法位置。例:

(1) 濛濛(个)雨子(是)不离(个)天,麻雀(个)不离(哟)瓦檐(个)边,燕子(个)不离(是)高粱(个)沿,老妹(个)不离(哟)郎身(个)边。(赣南民歌《老妹不离郎身边》)

(2) 正月逢春(哟哎就)树开(冇哎)花(啰哦),门前(嘞哎)黄雀(啰)叫喳(啰)喳(啰嗬)。(赣西民歌《正月逢春树开花》)

例中"郎身(个)边"中"个"、"树开(冇哎)花"中"冇哎"、"叫喳(啰)喳"中"啰"均位于近体诗"二二二一"音步结构中第三音步音顿之处,且将逻辑单位"身边""开花"和"喳喳"分割开来了。

(三) 语义特征

语气词和衬词皆表示情绪义。但是,语气词的表义不单纯,一般情绪义之外,还兼表具有一定理性特征的陈述、祈使、疑问、感叹等语气义。相比较而言,衬词则只单纯表示情绪义。这一点,从明显与语气没有对应性标示关系的不同语气的句子均模式化使用同一衬词和一字一衬的衬词语义功能上不难看出。例:

(1) 打只山歌进了冲(哦),冲里竹子几多根(哦),几多竹子坡上长(哦),几多竹子屋里生? (赣西民歌《打只山歌进了冲》)

(2) 一(呀)杯(子)酒(呀啰嗬咳)引(呀)郎(哩)来(呀啰嗬咳)。(赣西民歌《小妹妹把酒筛》)

(3) 一(呀)送(呀)东(呀)方摇(哇)钱树(呀咿哟咳),二(呀)送西(呀)方聚(喂)宝盆(哟嗬咳)。(赣南民歌《送宝》)

经语气词与衬词的比较可知,二者的基本特征是相同的。不同部分,立足衬词方向,参照汉语历层研究的相关论述分析(郭攀,2012:7-44),表现出来的当是更接近原始语言的内容。这种比较的结果,仅就语气词与衬词间的关系而言④,初步显示出了这样一种渊源关系:语气词源于衬词。进一步细化分析,因衬词和语气词皆可细分为原生和次生,原始语言的内容对应的是原生,故此渊源关系大致可进一步概括为原生语气词源于原生衬词。

二、原生语气词生成的基本过程

尽管学界缺乏对原生语气词与原生衬词渊源关系较严格的研究(肖艳萍,2011),但部分关联性论述仍可提供一些启示。弗朗兹·博厄斯曾对众多原始部落乐歌进行对比考察后指出:"有词的歌曲是从有音无词的歌曲逐渐发展演化而来的。"(弗朗兹·博厄斯,2004)以此为基础,结合历层研究提供的宏观参照和思想方法从历层关系上进一步考察,拟以原生叹词为起点将原生语气词生成的整个过程概括为三个递相关联的阶段(郭攀,2014b)。

(一) 原生叹词阶段

这里的原生叹词是以纯表情音节的单个或组合形式出现在原始性民歌中的。反映这种原生叹词的原始性民歌,古代文献中偶有提及。《路史》:"东户氏,其歌有乐而无谣。"东户氏为传说中远古帝王之名,其所处时代极为久远。而《左传·昭公二十五年》所载夏禹之乐《大夏》,《周礼·春官·大司乐》所载之乐《云门》,《庄子·天下》所载黄帝之乐《咸池》、尧之乐《大章》、《尚书·益稷》所载之乐《九韶》等等,实质上大抵都是一些有曲无词的歌乐(李壮鹰,2007)。遗憾的是,因种种原因,这些民歌的内容皆未保存下来。历层研究认为,即使现代,也应该存在这种原始性民歌,因为,几千年来人的基本属性尚未发生根本变化。经调查,我们找到了一些这类民歌,由此,得以窥见其中原生叹词的真容。以下是《中国民间歌曲集成》江西卷放牛调和号子,其基础性语言单位全是原生叹词。

(1) 嘘嘘哩啲呀嘘嘘哩啲,啲嘘嘘啲嘘嘘哩啲,嘘嘘哩啲呀,嘘啲哩嘘,嘘啲哩嘘呀嘘啲哩嘘,啲嘘嘘啲嘘嘘哩啲,啲嘘嘘啲嘘嘘哩啲。嘘嘘哩啲呀嘘呀哩啲呀嘘,啲嘘哩啲呀嘘嘘哩啲。(赣西民歌《嘘嘘哩啲》)

(2) 啲嗨,嗨嗨嗨嗨!嗨呀么呵嗨嘿,嗨嗨喂嗨嘿,嗨呀啲啲啲,嗨嗨嗨嗨,嗨嗨啲啲,嗨嗨呃嗨,嗨嗨呵嗨嗨,嗨嗨嗨嗨。(赣西民歌《打石》)

(3) 领:嗨哟,嗨哟啲啲嗨呀啲啲啲,众:啲啲!领:嗨哟啲啲嗨呀啲啲啲,众:啲啲!领:嗨呀啲啲啲,众:嗨呀啲啲啲!领:嗨呀啲啲啲啲,众:嗨呀嗨啲。(赣北民歌《拉船》)

现代新创歌曲《忐忑》的基础性语言单位其实也是这种原生叹词。如下:

"啊哦啊哦诶啊嘶唞啊嘶唞啊嘶唞咯唞咯唞啊嘶唞啊嘶唞咯哎……"(《忐忑》)

(二)原生衬词阶段

不难发现,单纯原生叹词的"无词"歌加入理性表示形式"词"之后,部分原生叹词就变成了衬词。汉语中已知最早的衬词,学界认为是《候人歌》"候人兮猗"中的"兮猗"(肖艳萍,2010)。《吕氏春秋·音初篇》:"禹行功,见涂山氏之女。禹未之遇,而巡省南土。涂山氏之女乃令其妾候禹于涂。女乃作歌,歌曰'候人兮猗'。"考察"兮猗"的出现,大致为原生叹词"兮猗"添加"候人"而来。现代民歌中也可找到类似"候人兮猗"的例子,并因此更多地感知到这种早期原生衬词。例:

嗨哟嗨,啲哩嗨,啲嘿嗨呀啲嘿嗨哟啲,啲哩慢慢的呀嗨,啲啲嗨哟啲嗨啲嘿嗨,啲呀嗨呀啲嘿嗨,哟啲嗨呀啲嘿嗨,哟嗨嗨,啲嘿嗨,啲呀嗨呀啲嘿嗨,啲呀嗨呀啲嘿嗨。(赣西民歌《扛石》)

不难看出,"啲哩慢慢的呀嗨"是"啲哩呀嗨"插入理性表示形式"慢慢的"而成,"慢慢的"插入之后,"啲哩"和"呀嗨"就变成了它的衬词,亦即原生衬词。

据考察,前述异同比较部分属下列情况的衬词原则上皆可看作这类原生衬词:音节数为两个及以上、词化程度不高、与"理性说明语"整体组合、可复叠使用,衬词内部单一音节往往没有独立的意义、音节间往往连缀表义。历层关系上,它们皆源于原生叹词。

(三) 原生语气词阶段

据考察,当原生衬词一旦综合具备以下诸条件即初步成为原生语气词了。

语言外在形式:词化程度高,为单音节形式且记录形式较为稳定。

语用特征:在篇章中出现频率低且不具有为营造整体韵律模式而构成的呼应关系。

语法特征:同理性要素中"理性说明语"整体组合,情绪要素内部则只存在连用性组合。处于句子语气重心的逻辑化语法位置上。

语义特征:标示语气的功能义初步凸显。

但是,因古代对衬词的记录非常有限,故具备上述诸条件的原生语气词较难寻找。古代语料中"兮猗"是原生衬词,那么,由其分解而来的语气词"兮"和"猗"基本可看作原生语气词。例:

(1) 坎坎伐檀兮,置之河之干兮。河水清且涟猗。不稼不穑,胡取禾三百廛兮? 不狩不猎,胡瞻尔庭有县貆兮? 彼君子兮,不素餐兮!(《诗经·伐檀》)

(2) 于嗟阔兮! 不我活兮! 于嗟洵兮! 不我信兮!(《诗经·击鼓》)

(3) 桑之未落,其叶沃若。于嗟鸠兮,无食桑葚。于嗟女兮,无与士耽。(《诗经·氓》)

(1)中"兮"有一些模式化使用的特征,而且无论陈述还是疑问、感叹语气均用的是同一"兮",故可看作原生衬词。(2)中"兮"尽管模式化程度较高,但与句子感叹语气间具有对应性,故可看作原生语气词。(3)中"兮"模式化程度弱化了,同时,与句子感叹语气间对应关系明显,原生语气词特征更加明显。

现代语料中,以具有原始特征的民歌为依托,可以找到相对较多由原生衬词演化而来的原生语气词。据考察,在兼顾历史因素前提下,与同形原生衬词能够建立起历层关系的语气词,基本皆可看作这类原生语气词。其中,历史因素指的是原生衬词出现在先、原生语气词在后的历史关系。所谓历层关系则指的是不同文明程度间的关系。以下例中语气词"啰""呀""呐""嘞""啊"因在兼顾历史因素前提下与同形原生衬词具有上述历层关系故基本即为这类原生语气词。

(1) 领:推(啰)! 众:嗨! 领:推(啰)! 众:嗨。领:推啰! 众:嗨! 领:推

啰！众：嗨！（赣西民歌《推船》）

(2) 甲：快快（介）扯呀，乙：啊啰哩喂！甲：过了滩（呀），乙：来了风（呀）。（赣西民歌《扯蓬》）

(3) 爹！为人难报（咕）父母（哩）恩（呐），爹呐！亲爹爹呐！（赣西民歌《灵前哭爹》）

(4) 亲爹（哩）爹嘞！恳呐！女（嘞）肉！（赣西民歌《十哭》）

(5) 山是（就）高又高啊，花山坑啊！花（哟）多（啊）水都（哇）冇喔。歌凿（啦）石岗俚唔觉得（啰），问妹（啦哎）！你挑水（啦啊）苦尽（呐）了啊。（赣南民歌《花山坑花多水都冇》）

必须指出的是，判定上述同形原生衬词演化为原生语气词时需考虑的历史因素和历层关系相对复杂。为明确起见，以下对这一些内容分别作一些说明。

1. 历史因素。如前所述，历史因素指的是原生衬词出现在先、原生语气词在后的历史关系。但即使现代民歌中，有时还是很难找到与原生语气词同形的原生衬词的实例。在这种情况下，我们采取的措施是，寻找与原生语气词同形的原生叹词作为间接依据进行判定。如上及"啰""呀""呐""嘞""啊"，据考察，它们在同一语言系统中皆可找到同形原生叹词，从而一定程度地对其源于原生衬词的结论进行了说明。例：

(1) 领：哦啰啰啰啰啰啰哦哦哟嗬嗬喂。众：嗨！（赣北民歌《竖桅杆》）

(2) 嗬嗨，嗨嗨嗨嗨！嗨呀么呵嗨嘿，嗨嗨喂嗨嘿，嗨呀嗬嗬嗬，嗨嗨嗨嗨，嗨嗨嗬嗬，嗨嗨呃嗨，嗨嗨呵嗨嗨，嗨嗨嗨嗨。（赣西民歌《打石》）

(3) 甲：啰呐！啰呐！嗨呐！嗨呐！啊呐啊呐嗨！嗨！嗨呐！乙：嗨呐！嗨呐！嗨呐！嗨呐！嗬啦！嗬啦！嗨呐！（赣北民歌《打石》）

(4) 领：嘿沙嘞！众：嗨嗬！（赣南民歌《打夯》）

(5) 领：呵扯起蓬哟！呵哟扯起蓬哟！众：啊呀喂哩呀！啊呀喂哩呀！（赣西民歌《扯蓬》）

2. 历层关系。它主要体现在上述语义条件中标示语气功能义与否上。没有此项功能的为原生衬词，拥有此项功能的为原生语气词。不难看出，同形的原生衬词与原生语气词"啰""呀""呐""嘞""啊"间正好具备这种没有与拥有间的历层关系。结合同一民歌这一语境条件还不难就各例演化情况作出一些具体分析。判定所及用例(1)中原生衬词"啰"表没有太大压力情况下自得其乐的"快乐"类情绪。而当推船压力增大，要求大家切实地加大力气使劲推时，"领"自然赋予了"啰"明确的祈使语气，即力图通过言语行为来协调新出现的高强度劳动。这样,"啰"在表单纯情绪义基础上就新增加了一层祈使语气义,就由原生衬词演化为原生语气词了。(2)中"呀"的情况与"啰"类似。(3)中原生衬词"呐"表轻度"慨叹"类情绪,随着"慨叹"程度的加重和与呼唤性内容相伴随的祈使语气的出现,原生衬词"呐"演化为原生语气词了。(4)中"嘞"的情况与"呐"近似,不同的是,演化动因中增加了由单纯韵律语法位置至韵律、逻辑语法位置兼属的因素。(5)中"啊"的情况与"嘞"类似③。

三、原生语气词源于原生衬词补证

除语气词、衬词异同关系和两类词三阶段演化体现出的渊源关系之外,原生语气词源于原生衬词还可找到一些补充性依据。其中,主要是现代汉语同义语气词连用。

关于现代汉语同义语气词连用,学界已论及的几乎皆为异类语气词的连用(齐沪扬,2002:175-180)。其实,还存在着一些同义语气词的连用。同是疑问类和同是感叹类语气词"哪啊""啦啊"连用例:

(1) 还折腾哪?还折腾哪啊?别喝了!你,还喝!还……(《编辑部的故事·飞来的星星》)

(2) 哎呀,大伙儿可辛苦啦啊。(《编辑部的故事·捕风捉影》)

这些同义语气词的连用与同义原生衬词连用使用方法上具有极大的一致性。同是"兴趣"类和同是"快乐"类原生衬词"哟嗬""喂哟"连用例:

(1) 三号注意(哟嗬),木头又来了(喂嘿呀)。下面注意(呀),木头来了(喔嗬呀)。(赣南民歌《溜木》)

(2) 老妹端茶亲郎来止渴(多喂),亲郎端饭叫妹来充饥(喂哟)。(赣南民歌《日头正中晏掉哩》)

上述对比性用例中体现出来的一致性说明现代汉语同义语气词连用仍保留了原生衬词的使用方法,具有一定原生语气词的性质,因而,从使用方法的一致性传承上也一定程度地证明了原生语气词源于原生衬词的事实。

第四节 语气词发展的社会基础

这里的发展,仅就作为文明层次次位层级的时间层次而言的。

语言事实告诉我们,尽管语气词产生之后汉语历经了文言、古白话、现代汉语三大语言系统的演化,但语气词一直保留在汉语之中,一直不间断且递增性发展至今。考察汉语语气词的发展,其根植的社会基础,需重点指出的当主要有两点。

一、对语气词存在价值的认识。不可否认,语气词客观上存在着特有的语言价值

语气词的价值,人们通常立足功用表述为同语调一道对语气义进行并行表示,是语气义的一种表示形式。其实,深入一些研究就会发现,使用语气词对语气义进行表示不是简单地重复性表示,而是一种采用语词强化方式所作的强调性表示,一种源于其前身"原生句末衬词"所表情绪义的在情绪性质和程度上有所强调的表示。这种强调性表示,比较语言中,尤其书面语中有无语气词的对应性表达形式可较清楚地看出。例:

(1)啊!真美!/啊!真美啊!

(2)是这样的?/是这样的吗?

不难看出,有了语气词之后,语音上,多了一个几可与句子增加语气词之前的语音单位并行的语音单位,二语音单位并行,经语流体现出来的强调效果非常明显。意义上,句中所兼含感叹、疑问类情绪的性质及其程度层级有了明显的增强。

语气词对语气义实质上进行了强调性表示。经其表示,句子语音层面增加了一个强调性语音单位,使句子语音形式更加丰富、更加丰满,更加具有表现力。句子意义层面的强调性语气义有所增加或强化,使句子语气义更加明显,更加突出,更加充分地得以展现。这一些,就是语气词所存在深入一些的特有语言价值。

语气词特有的价值,值得着重强调的是,自古泊今,人们对它理应拥有一定程度的认识。这一点,仅从学界以下相关论述中即不难看出。

诗人以"兮"字入于句限,楚辞用之,字出句外。寻"兮"字成句,乃语助余声。舜咏南风,用之久矣。(刘勰《文心雕龙·章句篇》)

文之隐显起伏,皆由语助。虽西方之书,犹或用之,盖非假此以成声,则不能尽意。其精微杳眇,惟在所用之确,而不问乎少多也。(陈叔方《颖川语小》)

文有语助犹礼之有傧,乐之有相也。礼无傧则不行,乐无相则不谐,文无助则不顺。(陈骙《文则》)

孟子"晋国天下其强焉",此一句不用"焉"字便不成语,故谓之语助。(伍兆鳖《虚字浅解》)

所谓助字者,盖以助实字以达字句内应有之神情也。(马建忠《马氏文通》23页,商务印书馆,1998年)

助词,是用来帮助词和语句,以表示说话时的神情、态度的。(黎锦熙《新著国语文法》23 页,湖南教育出版社,2007 年)

语气词是用来表达某种情绪的,比如"我吃了三碗呢!"用"呢"的地方也可用"啦",但"啦"明显比"呢"更带有夸张的情绪。情绪的表达借助于语音,因此语气词有许多带有标音的性质。(孙锡信《近代汉语语气词》4 页,语文出版社,1999 年)

基于此,人们对语气词所存在特有价值的认识,当是语气词产生后一直保留在汉语之中,一直不间断且递增性发展至今的重要社会基础。

二、建立在对人与自然间理应持有诸类关系深刻体悟基础上的"顺应自然""无为而治"的道家思想

《老子》第二章:"是以圣人处无为之事,行不言之教,万物作焉而不辞,生而不有,为而不恃,功成而弗居。"《老子》第八十章:"小国寡民。使有仟伯之器而不用,使民重死而不远徙。虽有舟舆,无所乘之;虽有甲兵,无所陈之。使人复结绳而用之。"老子说得很清楚,行事应顺应自然,不要将与自然不和谐的意志强加给自然。为了保持与自然和谐共处的状态,即使能够带来一些功利的发明创造也应弃之不用。众所周知,哲学思想具有普遍的统帅和指导作用。考察发现,语气词产生后被有效地保留,被不间断地发展至今,"顺应自然""无为而治"思想自觉不自觉的作用是其重要的社会基础。具体而言,即自觉不自觉地指导人们顺应自然状态下形成的汉语使用习惯,不人为地轻易改变它们。这一点,从与"顺应自然""无为而治"思想不间断延续相应,虽语言系统由文言至古白话、现代汉语不断变化,可"视点/话题+语气词,线性勾勒语/说明语+语气词"模式一直未变的语言事实上可见一斑。各语言系统较典型用例:

(1) 旄丘之葛兮,何诞之节兮!叔兮伯兮,何多日也!(《诗经·旄丘》)

(2) 母也天只,不谅人只!(《诗经·柏舟》)

(3) 帝颛顼高阳者,黄帝之孙而昌意之子也。(《史记·五帝本纪》)

(4) 陈胜者,阳城人也。(《史记·陈涉世家》)

(5) 孩儿也,你又做甚么买卖哩?(《元曲选·东堂老》第 3 折)

(6) 徒弟啊,却怎生寻得马着么?(《西游记》第 15 回)

(7) 这个锻炼的事儿吧,这戈玲儿你还得继续啊。(《编辑部的故事·胖子的烦恼》)

(8) 你呀,乱读书有什么好处啊?(《编辑部的故事·胖子的烦恼》)

注释:

①　语气和语气词的界定问题一时难以得出令人信服的结论,在此姑且沿用教学语法系统中的说法。

②　这样做的目的,除了帮助解决单一功能与多功能问题之外,还试图借此专题附带着对语气意义内部较深层的历层性内容进行一些初步探讨。即,对语气意义内部是否存在不同的次位文明层次、各次位文明层次存在哪些语气类型、诸层次和类型整合为怎样的一个历层语气系统等内容进行初步探讨。

③　"也"多功能观从不同文明层次汉语词义特征上也能得到一定程度的证明。据考察,情绪思维层次汉语的词义大致具有如下特征:

第一,词义大致对应现今类型性意义,而非类型性意义下位的义项。

第二,词义难以追溯类型性源头。

第三,一个词往往表示多个类型性意义。

相对而言,理性思维层次汉语的词义特征是:

第一,词义往往落实在类型性意义的下位义项上。

第二,词义往往可追溯到源头。

第三,一个词可以表示一项意义,也可表示多项意义。

众所周知,反映上及理性思维层次汉语词义特征的词例极多。而进一步调查不难发现,反映情绪思维层次汉语词义特征的词例亦为数不少。如江淮方言区较常用到的叹词兼衬词"哎呀嘞(哎耶)",至少表示了如下类型性词义。正极:惊奇(惊喜)、惊奇(惊赞)、惊奇(惊美)。中性:惊奇(惊叹)。负极:惊奇(惊恐)、惊奇(惊惧)。很明显,它表示的是多个类型性词义,而且,因其词义是在不同情境中体现出来的,情境的变化又复杂多样,故难以实证哪个类型的词义最先出现。

对照情绪、理性两大文明层次汉语词义特征进行分析不难看出,从文明层次整体上看,"也"多功能观要切合实际一些。

④　之所以要说明仅就语气词与衬词间的关系而言,是因为语气词的来源还涉及与叹词间的关系,还存在源于叹词的情况。这一点,从现代汉语混分性情绪结构中叹词、原生语气词同形共现上不难看出(郭攀,2014a;徐世荣,1989)。代表性用例:

(1) 啊!真惊人啊!(刘白羽《我爱大西北》,《人民日报》2000 年 5 月 20 日)

(2) 啊,这个,挺耳熟啊。怎么,你们还打算请国际影星啊?(王朔等《编辑部的故事·人民帮人民一把》)

例中"啊"叹词、原生语气词同形共现,其中的原生语气"啊"就是由叹词"啊"转生而来的。

参考文献:

曹银晶　2012　《"也、矣、已"的功能及其演变》,北京大学博士研究生学位论文。

陈中立等　2001　《思维方式与社会发展》,社会科学文献出版社。

郭　攀　2012　《汉语历层研究纲要》,北京师范大学出版社。

郭　攀　2014a　《叹词、语气词共现所标示的混分性情绪结构及其基本类型》,《语言研究》第 3 期。

郭　攀　2014b　《现行歌曲唱词中的原始叹词》,《华中学术》第 2 期。

郭 攀 2017 《论语义的跨层潜含》,《澳门语言学刊》第 1 期。

郭 攀 2018 《"情理组配"表述模式及相关叹词、语气词方面问题》,《华中学术》第 4 期。

郭 攀 2019 《原生语气词源于原生衬词》,《语言研究》第 3 期。

郭圣林 2012 《古汉语句中"也"的篇章功能》,《山西财经大学学报》第 5 期。

郭锡良 1988 《先秦语气词新探(一)》,《古汉语研究》第 1 期。

郭锡良 1989 《先秦语气词新探(二)》,《古汉语研究》第 1 期。

黄国营 1994 《句末语气词的层次地位》,《语言研究》第 1 期。

胡明扬 1981 《北京话的语气助词和叹词》,《中国语文》第 5、6 期。

贺 阳 1992 《试论汉语书面语的语气系统》,《中国人民大学学报》第 5 期。

华中师范大学语言与语言教育研究中心 2022 《"汉语语气问题"国际学术研讨会摘要汇编》。

李葆嘉 2003 《中国语言文化史》,江苏教育出版社。

鹿佺钦 2014 《先秦汉语"也"字判断句的由来——来自语言接触的证据》,《上海师范大学学报》第 1 期。

吕 骥等 1996 《中国民间歌曲集成》,中国 ISBN 中心出版。

吕叔湘 1956 《中国文法要略》,商务印书馆。

吕叔湘 1959 《文言虚字》,上海教育出版社。

李壮鹰 2007 《嗟叹与咏歌》,《中国文化研究》春之卷。

江蓝生 1986 《疑问语气词"呢"的来源》,《语文研究》第 2 期。

马建忠 1998 《马氏文通》,商务印书馆。

潘允中 1982 《汉语语法史概要》,中州书画社。

齐沪扬 2002 《语气词与语气系统》,安徽教育出版社。

袁毓君 1999 《〈诗经〉句尾语气词的原始性质》,《广西师院学报》第 3 期。

邵敬敏 1989 《语气词"呢"在疑问句中的作用》,《中国语文》第 3 期。

孙锡信 1999 《近代汉语语气词》,语文出版社。

王飞华 2006 《借鉴现代汉语浅议近代汉语语气词研究之不足》,《宁夏大学学报》第 5 期。

王 力 1980 《汉语史稿》,中华书局。

王 力 1985 《中国现代语法》,商务印书馆。

王统尚 石毓智 2008 《先秦汉语的判断标记"也"及其功能扩展》,《语言研究》第 4 期。

闻一多 1993 《歌与诗》,《闻一多全集·文学史编》,湖北人民出版社。

徐世荣 1989 《汉语口语中叹词的熔合现象》,《语言教学与研究》第 2 期。

肖艳萍 2010 《赣南客家传统民歌衬词的文化内涵》,《民族音乐》第 5 期。

杨树达 1984 《高等国文法》,商务印书馆。

杨永龙 2000 《先秦汉语语气词同现的结构层次》,《古汉语研究》第 4 期。

杨永龙 2002 《汉语方言先时助词"着"的来源》,《语言研究》第 2 期。

赵仁珪 章景怀 2009 《启功隽语·论学篇》,文物出版社。

张小峰 2008 《先秦汉语语气词"也"的语用功能分析》,《古汉语研究》第 1 期。

张云秋 2002 《现代汉语口气问题初探》,《汉语学习》第 2 期。

［加］蒲立本　2006　《古汉语语法纲要》，语文出版社。

［美］弗朗兹・博厄斯　2004　《原始艺术》，贵州人民出版社。

［日］太田辰夫　2003　《中国语历史文法》，北京大学出版社。

［意］Poggi, Isabella. The language of interjections［A］. *Multimodal Signals：Cognitive and Algorithmic Issues*［C］. Berlin/Heidelberg：Springer，2009.

第六章　情理交融性情绪思维
层次汉语句类系统

　　句子也是一个历层性概念。情理交融性情绪思维层次汉语的句子是从表义模式视角概括出来的,因此,它与现行句子存在着一些区别。其具体指称的内容,是情理交融性情绪思维层次汉语基本的表义模式。具体范围,较现行句子要大。除对应现行句子部分之外,还包括少部分今处理为章段的语言单位。

　　本来,情理交融性情绪思维层次汉语以情绪性内容为研究对象,但是,句子层级单位的基本状况是情绪和理性两方面内容彼此交织在一起共同构成一个完整的表述单位,要讨论作为整体的句子就不得不一定程度地涉及理性内容,所以,本章拟情理兼顾性地对情理交融性情绪思维层次汉语句类系统进行研究。侧重点,是句子所及情绪部分,至于句中理性部分,原则上作为一个囫囵的整体进行分析,其内部结构无法回避之时,才暂借用今句子结构理论作些简要分析。

　　情理交融性情绪思维层次汉语句类系统着重讨论这样一些基本问题:情理交融性情绪思维层次汉语句子基本模式;情理交融性情绪思维层次汉语句子基本类型;情理交融性情绪思维层次汉语句子中情理要素的运作机制;情理交融性情绪思维层次汉语句子的来源。

第一节　情理交融性情绪思维层次汉语句子基本模式

　　情理交融性情绪思维层次汉语句子基本模式是基于以下类型语言事实而言的。例:

　　(1)呜呼!邦伯师长百执事之人,尚皆隐哉!(《尚书·盘庚下》)

　　(2)放寒假了,回到故乡。走进宅院,菜花婶子正在院里晾被子。
　　　　"婶儿,年货置办齐备了吗?"

"呦! 大学生啊! 啥时从北京来的呀?"(李以所《棉花应该卖给谁?》,《人民日报》1995 年 2 月 18 日)

(3) 我要爱歇着,还不来催呢! 哼!(老舍《春华秋实》)

关于以上类型语言事实,学界已有一些相关论述。吕叔湘指出:"感叹词就是独立的语气词。我们感情激动时,感叹之声先脱口而出,以后才继以说明的语句。后面所说的语句或为上文所说的感叹句,或为其他句类,但后者用在此处必然带有浓郁的情感。"(吕叔湘,2002:317)王力亦指出:"情绪的呼声是表示各种情绪的。自然,极微妙的情绪绝对不是呼声所能传达;它只是表示一种大概的情绪,未竟之处是须待下文整句的话来说明的。"(王力,2000:326)。以上述相关论述为基础,我们将蕴含在此类语言事实中的基本模式从意义视角统括为"情理组配结构"(郭攀,2014;2018),并拟进一步作如下细化概括。

一、语表形式

大致概括为:

情绪词$_1$·理性说明语—情绪词$_2$

上述模式中,"情绪词$_1$"依其常见度分别为叹词、衬词、原始动词、原始指代词、句首语气词,"情绪词$_2$"则分别为语气词、衬词。无论情绪词$_1$还是情绪词$_2$,其在句子相同或相似位置中的出现,数量一般为一个,但也有少量不止一个的情况。"理性说明语",是对理性义进行说明的语词或其短语、句子乃至话语层级单位,这里广义地将其看作短语或句级语言单位。"·",标示多项选择关系:情绪词可有可部分略去;情绪词是叹词、衬词、原始动词、原始指代词的话,其位置可以在"理性说明语—情绪词"前,也可以在其后。"—",则标示两重关系:一是语气词、衬词可有可略的选择关系;二是语气词、衬词之于理性说明语的后附关系。

二、语里意义

同语表形式相应,大致可据侧重点概括为:

混整性情绪义·理性说明义—分解性情绪义

模式中"混整性情绪义"(郭攀,2014),即情绪词$_1$所表示的因尚未生成严格意义的理性义而不同程度地暂处的一种混整状态的意义,一种尚停留在心理上模糊、笼统的情绪性感知状态的意义。分解性情绪义,亦即情绪词$_2$所表示的由混整性情绪义分解而来的情绪义[①]。

以下是进一步反映情理组配结构不同情况的代表性用例。其中,语料主要源于对《国学宝典》(2003)，老舍、王朔作品、1946—2006 年《人民日报》和《中国民间歌曲集成》江西卷。因叹词、语气词后面还将例及，故在此侧重列举衬词、原始动词、原始指代词的用例。例：

(1) (哎咳)！昨日在你门前(咯)过，听得你老师傅(喂)打盘(啰)歌，你老师傅唱歌又有喉咙又有(个)音，好比个笛子配(哟)胡琴。(赣北民歌《好比笛子配胡琴》)

(2) (哟喂哟喂哟咳)隈边娃(啦)隈边崽(呀)、隈边伢(啦)、隈边乖(呀)、隈边儿(呀)，拌嘴嚼舌非好佬(哇)，拳打脚踢非好佬(哇)，我俩还是把歌赛(呀)，把歌赛(呀)(嗬嗬咿；哟嗬嗬)。(赣北民歌《我俩还是把歌赛》)

(3) "滚！永远别再教我瞧见你，上他妈的这儿找便宜来啦，啊？"(老舍《骆驼祥子》)

(4) 孔子曰："诺，吾将仕矣。"(《论语·阳货》)

(5) "大家听呀！本老板是中国人，你们也是中国人，中国人要帮中国人！你们来干么？要我开工！对啦，厂不开工，你们要饿死，本老板也要饿死！你们不要吵闹，我也要开工。谢谢老天菩萨，本老板刚刚请到两位财神爷，——喏，坐在厢房里的就是！本老板借到了钱了，明天就开工！"(茅盾《子夜》)

(6) 仁贵哈哈大笑说："若果是樊哙留得古载，方是我薛仁贵用的器械也！快些领我去看来。"员外与庄汉领了仁贵同进柴房，说："喏，客官，这一条就是。"(无名氏《说唐后传》第二十一回)

关于情理组配结构，这里还集中对其两个较为深入的问题展开一些探讨。

一、情理组配结构基本特征

总的说来，情理组配结构存在多方面特征。

(一) 组配关系方面，具有显著的人性化特征

这种特征，主要体现在组配视角。情绪词₁与理性说明语间是一种因混分性配合表义而呈现出的配合关系，情绪词₂与理性说明语间则可看作一种准组合关系。情绪词与理性说明语间组配上的人性化指的是一种较之逻辑化而言与人的生理、心理特征相应的自然组配特征。即，作为情绪表示形式的情绪词与理性说明语的组配，受人情绪和理性的自然组配属性支配，并非独立的逻辑性运作的一种特征。它可借助三个世界间的对应关系从表述模式与人的个性特征上观察到。

1. 组配要素视角,情绪、理性二分是宏观意义结构人性化的表现。它同人既是理性的高级动物又为富有情绪的自然动物的双重特性一致。

2. 组配要素顺序视角,"情理组配结构"三大部分的基本组配顺序是语序人性化特征的表现,它同接受刺激后主体反应的过程性一致。至于情绪词$_1$置后,则是语言世界突出或强调"理性说明语—情绪词$_1$"的结果,是人的灵活性在语序上的语用性投射。

3. 组配要素完备度视角,"情理组配结构"结构单位的变与不变则是完备度上人性化特征的表现。上述(2)(3)(4)各结构项皆有所出现的情况是本模式完备性人性化特征的表现。这一点,从三个世界中语言世界之于前二世界的对应关系上不难看出。"情理组配结构"还存在着诸多变体。其中,部分结构项缺失而致的变体已见于上述(1)(5),其他结构项中诸如叹词重复、理性说明语裂变或延伸并致使语气词句法位置相应地灵活出现于句中等变体例则如:

(1) 哎,哎唷! 我说,那是两份儿红烧肉呢。(王朔等《编辑部的故事·飞来的星星》)

(2) 呕呕,不行不行不行,这可不行啊! (王朔等《编辑部的故事·捕风捉影》)

(3) 就是要用事实来教育读者啊,自觉地抵制这流言蜚语对社会跟生活的侵袭。哎唷,提高对谣言的,哎唷,抵抗力啊。(王朔等《编辑部的故事·飞来的星星》)

(4) 唉,一边作一边学吧,指着这个吃饭嘛。(老舍《茶馆》)

(5) 文惠君曰:"嘻,善哉! 技盖至此乎!"(《庄子·养生主》)

(6) 野马也,尘埃也,生物之以息相吹也。(《庄子·逍遥游》)

(7) 人不堪其忧,回也不改其乐。(《论语·雍也》)

这些变体是现实语言生活中灵活多变的人性化特征的表现,它反映了人性中情绪类型常错综交织、对情绪进行强化、舒缓、确认等方向适时调整、在语气节点处自然停顿诸特性。

(二) 覆盖范围方面,具有普遍性特征

"情理组配结构"模式是基于汉语事实而概括出来的,针对的语言单位是句群或句。但继续研究可知,其覆盖的单位还可向大小两极延伸。

小的一极有与单音节词相应的音节结构模式。郑张尚芳将上古汉语音节内部完备的音素结构描述如下(郑张尚芳,2007):

$$\underline{c\ c} \cdot \underline{C\ c\ s\ V\ c} \cdot \underline{c}$$

前冠音　　　　基音　　　　后附尾

175

尽管现在尚不能够对此结构与"情理组配结构"结构模式间的内在关系进行证实,但其相似性却是一种客观存在,并可由此作出此音节结构深层反映的亦是"情理人性化组配"结构的推断。

大的一极是篇章结构模式。其中,韵文中的用例相对较多[②]。例:

(1) 猗嗟昌兮,颀而长兮。抑若扬兮,美目扬兮。巧趋跄兮,射则臧兮。
    (《诗经·猗嗟》)

(2) 噫吁嚱,危乎高哉! 蜀道之难,难于上青天……侧身西望长咨嗟!
    (李白《蜀道难》)

(3) 啊牡丹,百花丛中最鲜艳……你把美丽带给人间。(乔羽《牡丹之歌》)

"情理组配结构"还可覆盖动物语言范围。以下是对狗和母鸡一定情况下叫声的观察。

卧伏在农家院中的看门狗在发现有路人经过时,往往先"呜"一阵,然后再站起"汪汪汪"地吠叫,送走路人重回卧伏状时,还常"呜"一下而逐渐恢复平静。

觅食中受惊扰的母鸡,往往先"咯、咯"酝酿性地叫,然而是放开喉咙"咯嗒、咯嗒"地叫,收尾时还免不了"咯、咯"地叫几声。

二、情理组配结构的生成基础

"情理组配结构"是语言世界存在的一个基本事实,它生成的基础,需在有着依存关系的心理世界和物理世界中去寻找。基础找到之后,依据通常习惯的由内至外、由基础至结果的表述模式,就有了具有对应关系的"物理世界—心理世界—语言世界"这三个世界的表现(沈家煊,2008)。

"情理组配结构"涉及的是涵盖情感的广义情绪与理性在自然话语中由混整的情绪表达过渡至有所分解的情绪和理性交织性表达、再至弱化了的单纯情绪表达的一种过程性语言事实。这类事实三个世界的表现,在现实语言生活中即可一定程度地观察到。

儿童因被错认为打了隔壁小姑娘而极度委屈的表现:生理上鼻孔扯动、身体抽搐"开始—加速—趋向平复"的过程。心理上"痛苦类情绪酝酿—痛苦类情绪爆发并明确判定其委屈—痛苦类情绪趋向平复"的过程。语言上"轻声'哼'—大声哭且伴随着申说'我没打、我没打'—伴随抽搐的缓退而渐弱的'哼'"。其中,"—"表示阶段性转换过程中的过渡关系。

成人打针时的表现:生理上最易感知到臀部肌肉抖动"陡然开始—平稳地持续—渐止"的过程。心理上"痛苦类情绪突然发生—痛苦类情绪持续并伴随着逃避意识—痛苦类情绪渐止"的过程。语言上"哎哟—轻点儿、轻点儿—哎"的过程。

如果从侧重点上将认知归为理性、将活动限定为与情绪和理性相关的言语行为的话，那么，心理学关于人接受刺激后感官、情绪、认知、行为诸方面反应的过程性论述也可看作是侧重点不尽相同的对此类三个世界表现的论述。

艾克曼："某种情绪刚出现时，在几毫秒的时间里就会控制我们的语言、行为和思想。没有经过判断，你就会下意识地转动方向盘、踩刹车来躲避对面来车。与此同时，你的脸上会闪现恐惧的表情——皱紧眉头、瞪大双眼、嘴角咧向耳根。你心跳加速，出冷汗，双腿肌肉迅速充血。……危险过后，你对刚才的情形还心有余悸。大约要过 10—15 秒，情绪才会渐渐平复。"（艾克曼，2008：28）

奥特勒："情绪经常是在有关重要事件作用下，有意识或无意识地被引起；情绪的核心是对计划采取某种迅速行动的准备状态；情绪是对某种动作提供紧迫感的在先状态，……情绪经常被体验为一种明晰而可区分的心理状态，时常伴随着身体变化，表情和活动。"（孟昭兰，2005，32—33）

黄进等："杏仁核很可能是机体的情绪整合中枢，负责将来自内外环境的感觉信息在下意识水平整合成情绪反应的初始动力，并进而投射到皮层、下丘脑及脑干诸核团，形成意识水平的情感以及躯体和内脏的情绪反应。"（黄进等，2005）

考夫卡："情绪，至少作为体验到的情绪，可能属于整个动力情境的不同部分或不同方面。随着张力的产生，张力的运作，以及张力的解除，都可能产生情绪。"（考夫卡，1997：534）

刘烨等："认知与情绪的加工过程不但彼此交互，而且它们的神经机制还存在功能整合，共同构成了行为活动的基础。"（刘烨等，2009）

综合以上观察和相关论述，前述语言事实三个世界中的表现系统概括为如下模式。

物理世界：较强的感官反应—理性参与的感官反应—弱化了的感官反应

心理世界：混整性情绪的心理波动—侧重理性的心理掌控—单纯性情绪的心理波动

语言世界：混整性情绪的声音表达—侧重理性的声音表述—单纯性情绪的声音表达

不难看出，这里语言世界的表述模式就是情理组配结构，而心理世界和物理世界的表述模式就是其生成的基础。

第二节　情理交融性情绪思维层次汉语句子基本类型

　　情理交融性情绪思维层次汉语的句子总称为情理组配结构句。它是情理两部分组配在一起共同表达情理交融义的句子,一种语表形式表现为"情绪词₁·理性说明语—情绪词₂"、语里意义表现为"混整性情绪义·理性说明义—分解性情绪义"的句子结构模式(郭攀,2014;2018)。具体说来,其下位类型,从语表形式和语里意义两个视角据其各自内部差异概括为两个类型系统。

一、语表形式视角类型系统

　　本系统,以"情绪词₁·理性说明语—情绪词₂"中"情绪词₁"所表现出的词类为依据分类概括,"理性说明语—情绪词₂"的内容通过各类形式中的用例予以体现,不作为分类依据综合考虑。据此,概括为如下类型:

(一)"情绪词₁"表现为叹词的"情绪词₁·理性说明语—情绪词₂"
例:

(1) 诶哟,牛大姐,还没走呢?(《编辑部的故事·侵权之争》)

(2) 哎哟,啧啧啧啧,你瞅你们俩这是什么样子,这是!(《编辑部的故事·飞来的星星》)

(3) "唉,唉,人生若梦,为欢几何,受不了,受不了……"(杨沫《青春之歌》)

(4) 嗟呼! 嗟呼! 如仆尚何言哉! 尚何言哉!(《汉书·司马迁传》)

(5) 老人　(喝了茶)多谢! 八十二了,没人管! 这年月呀,人还不如一只鸽子呢! 唉!(老舍《茶馆》)

(6) 余:哎哟,我的妈哟,外头跟下火的似的嘿,呵,哎呀,我也享受享受这空调。

　　戈:哎,你还是关了吧,还不够闹腾的呢?

　　余:一会儿,一会儿,一会儿,一会儿,呵,哎哟嘿,嘿,哎,你还别说,比电扇强。

　　牛:哎,呀,小余子,你就不能让我们安静点儿吗?

　　余:哎,差不多了,差不多了,哎哟,哎哟。(《编辑部的故事·甜蜜的腐蚀》)

(二)"情绪词₁"表现为衬词的"情绪词₁·理性说明语—情绪词₂"
例:

(1)(呜喂)! 哪一个叽在我屋后背(是)打山(个)歌(啰)? 打得我脚溜

手软手溜脚软织不得绫罗抛不得梭,我的个哥(呀)! (赣西民歌《织坏绫罗怨情哥》)

(2) (咿咿啰咿啰咿啰啰咿啰啰啰喂喂)打起锣鼓就唱起来(哟喂),我把(那个)麻雀(就)数起来(哟)。(赣南民歌《绞车》)

(3) 一根牛索(哎咳咳)拖一拖(哟嗬嗬),拖的呀都是(也咳咳)放牛歌呀(哟嗬),牛歌我多的(哎咳咳)像牛毛(喂咳咳),谁要来赛歌(哎咳咳)就赛歌(啦哟嗬)。(赣北民歌《谁要赛歌就赛歌》)

(4) 解放来(里)好得多,打倒地主好生活,从前剥削利滚利,一担谷子还三箩。(哟喂)! (赣西民歌《解放来好得多》)

(5) 哪桩(介)事情(啊喂)喜人(介)心? 哪桩(介)事情要抓紧(啊)? ……哪桩(介)事情有名声(啊)? (啊喂喂打喂)! (赣西民歌《哪桩事情》)

(三)"情绪词₁"表现为原始动词的"情绪词₁·理性说明语—情绪词₂"
例:

(1) "哦,哦;十月,十一月,十二月,一总三个月,三三得九,是九块罢? ——明天你送来? 哦,哦,不要送,让我带了去。嗯!"朱三太扭着她的瘪嘴唇,很艰难似的说。(茅盾《林家铺子》)

(2) 没等文玉表示出来愿代接电的意思,包善卿的小胖脚紧动慢动地把自己连跑带转地挪过去,象着了忙的鸭子。摘下耳机,他张开了大嘴喘了一气。"哪里? 呕,冯秘书,近来好? 啊,啊,啊! 局长呢? 呕,我忘了,是的,局长回家给老太太作寿去了,我的记性太坏了! 那……嗯……请等一等,我想想看,再给你打电,好,谢谢,再见!"挂上耳机。(老舍《且说屋里》)

(3) 哎哟,好,好。喂喂,喂,诶,老何,我们头儿刚才说了,哦,希望能去您那儿拜访,您看……,噢,好,没问题啊? 好,好。您看什么时候儿去啊? 下午,诶,好,可以可以。诶,好。诶,不用不用,我们自己去啊,不用,不,不麻烦了。我们……,哎呀,一定要接啊。那好,您看……,啊,下午两点,我们等着。诶诶,好。诶,再见,诶诶,下午见。下午两点他们来个面包接咱们。(王朔等《编辑部的故事·侵权之争》)

(4) 信曰:"唯,然! 往冬时,为王使于楚,至莒县阳周水,而莒桥梁颇坏,信则揽车辕未欲渡也,马惊,即堕,信身入水中,几死,吏即来救信,出之水中,衣尽濡,有间而身寒,已热如火,至今不可以见寒。"(《史记·扁鹊仓公列传》)

(5) 忽树中人语曰："咄！已而,若亦浅之乎窥世,褊之乎其自处矣。" (《耳食录·猫犬》)

(6) 大姑咋舌摇手曰："咄咄,此贞而烈者,何可犯也。"(《耳食录·龙某》)

(7) 齐威王勃然怒曰："叱嗟,而母婢也!"(《史记·鲁仲连邹阳列传》)

(四)"情绪词₁"表现为原始指代词的"情绪词₁·理性说明语—情绪词₂" 例:

(1) 齐凌云　那,哼,还真不好办呢!(老舍《女店员》)

(2) 我立刻心里一沉,说:"那……那你怎么让那个拎黄口袋的人上车了啊?"(郎玥《作为口头禅的"那"》,《北方文学》2012年2月刊)

(3) 那……那要上法庭多丢人!(郎玥《作为口头禅的"那"》,《北方文学》2012年2月刊)

(4) 秋谷见他和了这样一副大牌,又有三张中风,诧异起来,连忙把自己的牌摊出一看,见白板依然不动,中风却少了一张,方才晓得误发了一张中风,致被辛修甫和了一副倒勒,忍不住哈哈大笑道:"我真是有些昏了,你们来看,喏,一对中风竟会打了一张出去,被他和了这样一副大牌,你说可笑不可笑!"(张春帆《九尾龟》第二十九回)

(5) 那三大王跨上雕鞍,手提丈八蛇矛,带领了喽罗,豁喇喇冲下山来。才走得二三里,只见这些喽罗说:"三大王,喏、喏,那边这个穿白的就是了。"(无名氏《说唐后传》第二十一回)

(6) 喏喏喏辫子军来了。(姜泣群《朝野新谭》甲编)

(五)"情绪词₁"表现为句首语气词的"情绪词₁·理性说明语—情绪词₂"
这里的句首语气词指的是叹词、原始指代词至句首语气词演化过程中处于二者中间状态的一类词。例:

(1) 哦深圳/这件后来老人常引以为荣的得意之作/在这条气贯长虹的道路上/它是第一座独具特色四通八达的立交桥梁(毕东海《怀念一位筑路的老人》,《人民日报》2001年6月27日)

(2) 啊雨要落下来得要下雨了。
啊牛发牛瘟要死得牛发牛瘟快要死了。
啊作业做了了呗作业做完了。
啊学生伢崽早就放学了学生娃早就放学了。
啊钱哪个都喜欢嘞钱谁都喜欢呢。(鲁娜《咸宁方言叹词、语气词及其呼应关系研究》,华中师范大学2012年硕士论文)

(3) 夫颛臾,昔者先王以为东蒙主,且在邦域之中矣,是社稷之臣也。(《论语·季氏》)

(4) 惟十有三年春,大会于孟津。(《尚书·泰誓》)

二、语里意义视角类型系统

语里意义视角类型系统的概括所及范围,为突出重点,混整性情绪义仅及叹词义,分解性情绪义仅及语气词义中较单纯的情绪义,所用语料,仅及现代汉语。

上述范围语里意义视角具体的类型系统,拟以"混整性情绪义·理性说明义—分解性情绪义"中较能说明情理两部分情绪变化的混整性情绪义与分解性情绪义间的对应情况为依据进行分类。据此,大致分为两大类型。

(一) 基本类

即基本的结构类型。该类型基本对应情况是:混整性情绪义与分解了的情绪义上下位情绪类型均相同。这种相同,笼统地讲,指的是前者上位若是八大类型情绪义中的什么类型,那么后者亦为什么类型;前者下位类型若是八大情绪类型中的什么次类,后者亦为什么次类。

基本类的说明,涉及混整性情绪义与分解了的情绪义间的对应关系,涉及对混整性情绪义和分解了的情绪义二者准确地把握,说明清楚有一定的难度。其中,作为相同关系基础的叹词所表示的混整性情绪义因叹词的单纯性而较好说明,语气词所表示的分解了的情绪义则往往因语气词出现的数量和所标示的层级较多而较难说明。据考察,单个语气词所标示的单位有话语、句子、句子要素三个层级,同一层级语气词的数量有的不止一个,句子要素层级语气词还有句首、句中、句尾三类句法位置之分。这样,在细致地说明之前,就有必要先集中作一些有关语气词说明的操作方面的铺垫。具体说来,立足层级关系,着重做两方面工作。一方面对出现的名称进行简缩。将三个层级简称为话层、句层、要素层;将要素层句首、句中、句尾位置语气词简称为首语、中语、尾语。另一方面,用标序号的形式对个体语气词进行定位。具体标示方式是:

1. 话层、句层、要素层诸不同层级分别以数字1、2、3进行标示。

2. 话层、句层二层级内部相同层级先后出现诸语气词的前后位置关系,继话层、句层二不同层级单位的数字标示之后续以1、2…n标示。

3. 要素层内部相同层级先后出现诸语气词前后位置关系的标示相对复杂。因其内部存在首语、中语、尾语之别,而首语、中语、尾语的数量亦存在区别,其中,首语和尾语的语气词数是固定的,只有一个,中语却是灵活的,可以是很多个,故其标示方式是:首语、中语、尾语继成分层级单位的数字标示"3"之后续以1、2、3分别标示。中语内部先后出现的语气词再增加一个层级,并继续以 1、2 ⋯ n 进行标示。

两方面工作综合起来之后,语气词的说明大致即可较为清晰地采用如下形式:

话层出现的并列性语气词分别为:语 1.1;语 1.2⋯语 1.n。

句层出现的并列性语气词分别为:语 2.1;语 2.2⋯语 2.n。

要素层存在着语法位置差异的语气词分别为:首语 3.1;中语 3.2.1;中语 3.2.2⋯中语 3.2.n⋯;尾语 3.3。

考虑进上述语气词的复杂性和说明时操作方面的铺垫之后,前述混整性情绪义与分解了的情绪义上下位情绪类型相同就可相对细致地进行说明。具体说来,相同,大致包括两类情况:

A. 语气词为单一层级,叹词表示的混整性情绪义与单一层级语气词所表示的分解了的情绪义上下位情绪类型均相同。以下是代表性用例。例后附以语里意义中叹词、语气词所表情绪义上下位类型的说明。后文其他部分的说明同此。

(1) 啊!真惊人啊语 2.1!(刘白羽《我爱大西北》,《人民日报》2000 年 5 月 20 日)『啊:慨叹(赞叹)—啊语 2.1:慨叹(赞叹)』

(2) 哼,你们这一对儿够多么漂亮啊语 2.1!(老舍《龙须沟》)『哼:嫌恶(不屑)—啊语 2.1:嫌恶(不屑)』

(3) 哎唷嗬,你看,你多神气啊语 2.1!(王朔等《编辑部的故事·谁是谁非》)『哎唷嗬:嫌恶(嘲讽)—啊语 2.1:嫌恶(嘲讽)』

(4) 哎唷,敢情出自您的手笔啊语 2.1?(王朔等《编辑部的故事·侵权之争》)『哎唷:惊奇(惊疑)—啊语 2.1:惊奇(惊疑)』

(5) 造这种谣言就是缺了大德喽语 2.1!哎唷!(王朔等《编辑部的故事·飞来的星星》)『哎唷:慨叹(喟叹)—喽语 2.1:慨叹(喟叹)』

本类结构中,叹词除单一形式出现之外,连用或复叠的情况也为数不少。其中,连用,书面上不计何类标点断开方面因素。复叠,主要指叹词语用上的反复。范围上包括叹词连续或非连续性出现两类情况。连续出现时,书面上是否加标点断开,皆归入复叠。例:

(1) 哎,哎唷!我说,那是两份儿红烧肉呢语 2.1。(王朔等《编辑部的故事·飞来的星星》)『哎;哎唷:兴趣(兴奋)—呢语 2.1:兴趣(兴奋)』

(2) 呕呕,不行不行不行,这可不行啊语 2.1!(王朔等《编辑部的故事·捕风捉影》)『呕;呕:惊奇(惊异)—啊语 2.1:惊奇(惊异)』

(3) 哎唷,哎唷,哎唷,你们看,她还能眨眼睛哪语 2.1!(王朔等《编辑部的故事·人工智能人》)『哎唷;哎唷;哎唷:惊奇(惊叹)—哪语 2.1:惊奇(惊叹)』

相比较而言,单一层级语气词同层连用或同层间隔性复叠对应一个或多个同层叹词的情况在本结构中数量更多。以下依语气词同层连用、同一单个词同层间隔性复叠、不同单个词同层间隔性复叠的顺序列举:

(1) 哎哟! 好! 老娘也不是好惹的,你等着我的语2.1吧语2.2! (老舍《方珍珠》)『哎哟:嫌恶(轻蔑)——的语2.1;吧语2.2:嫌恶(轻蔑)』

(2) 哼,你下狱,我上民教馆开会! 变了语1.1,天下变了语1.2! (老舍《龙须沟》)『哼:愤怒(鄙斥)——了语1.1;了语1.2:愤怒(鄙斥)』

(3) 啊,是你! 又来打我? 打吧语1.1! 我不跑,也不躲! 我可也不怕你! 你打,我不还手,心里记着你;这就叫结仇! 仇结大了,打人的会有吃亏的那一天! 打吧语1.2! (老舍《龙须沟》)『啊:愤怒(怨恨)——吧语1.1;吧语1.2:愤怒(怨恨)』

(4) 唉咳哟哇! 唉咳哟! 修路困难多呀语2.1! 挡不住共产党呀语2.2! 多努一把力呀语2.3! (吴大中《歌唱在陇海路上》,《人民日报》1949年11月24日)『唉咳哟哇;唉咳哟:快乐(愉快)——呀语2.1;呀语2.2;呀语2.3:快乐(愉快)』

(5) 哼,我用自个儿攒的天文望远镜儿看天儿,也不是一年两年了,什么飞碟呀中语3.2.1,飞虫呀中语3.2.2,我可全看过。(《编辑部的故事·飞来的星星》)『哼:嫌恶(不在意)——呀中语3.2.1;呀中语3.2.2:嫌恶(不在意)』

(6) 唉! 我大概永远死不了啦语2.1! 近来连伤风咳嗽都跟我请了假喽语2.2! (老舍《全家福》)『唉:慨叹(喟叹)——啦语2.1;喽语2.2:慨叹(喟叹)』

(7) 唉! 慢慢地熬着吧语2.1,横是离好日子不远啦语2.2! (老舍《龙须沟》)『唉:慨叹(喟叹)——吧语2.1;啦语2.2:慨叹(喟叹)』

(8) 哎唷,没有喽语2.1。那种幸福时光,再也没有了语2.2。(王朔等《编辑部的故事·胖子的烦恼》)『哎唷:慨叹(哀叹)——喽语2.1;了语2.2:慨叹(哀叹)』

B. 语气词为多层级,叹词表示的混整性情绪义与多层级结构中上层语气词所表示的分解了的情绪义上下位情绪类型均相同。例:

(1) 哎呀,你们听风就是雨,我也拦不住,反正我不信。诶,贾玉言同志,我可告诉你啊语1.1,咱国家这种稳定局面来之不易啊语2.1。你这么信口开河,扰乱民心,出了问题,你要负责啊语2.2。(王朔等《编辑部的故事·飞来的星星》)『哎呀:嫌恶(不满)——啊语1.1;啊语2.1;啊

183

语2.2:嫌恶(不满)』

(2) (喝了茶)多谢! 八十二了,没人管! 这年月呀中语3.2.1,人还不如一只鸽子呢语2.1! 唉! (老舍《茶馆》)『唉:慨叹(喟叹)——呢语2.1;呀中语3.2.1:慨叹(喟叹)』

(3) 唉! 福喜,咱们哪中语3.2.1,全叫流行歌曲跟《纺棉花》给顶垮喽语2.1! (老舍《茶馆》)『唉:慨叹(哀叹)——喽语2.1;哪中语3.2.1:慨叹(哀叹)』

(4) 哎,那谁,老莫,老莫,我跟你说呀中语3.2.1,听说过,但是啊中语3.2.2,现在这冰箱牌子太多了语2.1,记不住。(王朔等《编辑部的故事·甜蜜的腐蚀》)『哎:慨叹(喟叹)——了语2.1;呀中语3.2.1;啊中语3.2.2:慨叹(喟叹)』

(5) 在列车式的宿舍里睡了一夜,起来登到沙丘顶上,啊! 真惊人啊语1.1! 什么叫伟大,什么叫浑雄?……要从这里修一条管道把天然气送到上海,这是多么豪迈壮举的工程呀语2.1! 我忽然想起,几十年前我骑马走过的榆林沙漠不已经把天然气送到我家的灶火眼喷吐着悠悠的蓝色火苗,多么可爱的大西北呀中语3.2.1,你把你的精华,你把你的宝贵,都将开发出来了语2.2。(刘白羽《我爱大西北》,《人民日报》2000年5月20日)『啊:慨叹(喟叹)——啊语1.1:慨叹(喟叹);呀语2.1;了语2.2;呀中语3.2.1:慨叹(赞叹)』

(二)基变类

即在基本类基础上略有变化的结构类型。该类型基本对应情况是:叹词所表示的混整性情绪义与单一层级语气词所表示的分解了的情绪义上位类型大多相同,但下位类型部分或整体存在着差异,亦即个别或全部语气词的下位类型情绪义有所转移。因为此类情况涉及的不同结构间划界等问题较为复杂,需专门讨论,同时,搜集到的典型用例数量有限,故不继续下分次类,只一并列举一些相对典型的用例。

(1) 哎呀,你想干吗语2.1呀语2.2你? (王朔等《编辑部的故事·谁是谁非》)『哎呀:惊奇(惊讶)——嘛语2.1:惊奇(惊疑);呀语2.2:惊奇(惊讶)』

(2) 唉,一边作一边学吧语2.1,指着这个吃饭嘛语2.2。(老舍《茶馆》)『唉:嫌恶(不满)——吧语2.1:嫌恶(不满);嘛语2.2:慨叹(喟叹)』

(3) 啊,这个,挺耳熟啊语2.1。怎么,你们还打算请国际影星啊语2.2? (王朔等《编辑部的故事·人民帮人民一把》)『啊:惊奇(惊讶)——啊语2.1:惊奇(惊讶);啊语2.2:惊奇(惊异)』

(4) 哎呀,你这你放心吧语2.1。我还没见过谈不通的人哪语2.2。(王朔等《编辑部的故事·谁是谁非》)『哎呀:兴趣(热情)——吧语2.1:兴趣(热情);哪语 2.2:慨叹(喟叹)』

(5) 你呀! 哼! (到后边去)(老舍《茶馆》)『哼:愤怒(恼怒)—呀:愤怒
(恨恨)』

(6) "哦,哦;十月,十一月,十二月,一总三个月,三三得九,是九块罢?
(茅盾《林家铺子》)『哦;哦:惊奇(醒悟)—罢:惊奇(惊疑)』

第三节　情理交融性情绪思维层次 汉语句中情理要素的运作方式

情理交融性情绪思维层次汉语句中情理要素的运作涉及的内容较多,也
较为复杂,这里仅简要讨论情理两方面要素组合成句的运作方式③。

据研究,情理交融性情绪思维层次汉语句中情理要素的运作方式主要有
两类。

一、块状拼合

这是一种以情理整体形式为单位两部分简单相加的拼合。如果将情绪
表示形式标为大写拉丁字母,理性表示形式标为小写拉丁字母,"·"表示前
后不定的选择关系的话,那么,其块状拼合即可统括为:

ABCDEF … · abcdef …

立足情绪表示形式内部差异,各类情况的代表性用例如:

(1) 呜呼嗟乎,遐哉邈矣。时来曷迟,去之速矣。屈意从人,非吾徒矣。
正身俟时,将就木矣。悠悠偕时,岂能觉矣! (董仲舒《士不遇赋》)

(2) 陟彼北芒兮,噫。顾览帝京兮,噫。宫室崔嵬兮,噫。民之劬劳兮,
噫。辽辽未央兮,噫。(《乐府诗集·五噫歌》)

(3) (喂当格喂当格)钢板头铁板角,大牛触死了细牛我来剥。
(喂当格喂当格)你得头我得脚,只等天黑了回家就下锅。(赣北民
歌《牛对角》)

(4) 蓝天里有阳光,树林里有花香,小鸟小鸟,你自由地飞翔。在田野,
在草地,在湖边,在山冈,小鸟小鸟迎着春天歌唱。(啦啦啦啦啦)。
(金波《小鸟小鸟》)

(5) 得得得,我帮你归着还不行吗? 哎呀。(《编辑部的故事·歌星
双双》)

二、穿插式整合

这是一种以理性表示形式为主体,情绪表示形式据与字、词或句相应的不同的韵律穿插其间的整合方式。同块状拼合相应,其穿插式整合大致可统括为:

aAbBcCdDeEfF ...

立足情绪表示形式内部差异,不同情况的代表性用例如:

(1) 正(呀)月(嘞)来(呀)花(也)兰(呀)花(也)开(呀)开(哟嗬),二(呀)月(嘞)来(呀)花(也)海(呀)棠(也)开(呀)开(哟嗬)。(赣北民歌《十二个月采花》)

(2) 栀子(里)打花(里)叶又青(呐),(有情哥郎妹,姊妹我个郎哦哎呀哎),先(呐)有(个个)南(嘞)京(嘞嗦一个啷当嗦嘞,铜钱呐咕响哎,锣鼓响叮当哎)后(啊)北京(嘞)(哥呀我的妹,呵妹妹同劝夫哎,小奴思家乡)。(赣北民歌《打戒箍》)

(3) (哎咳)!盘歌好打啦口难(咯)开,枇杷好吃(啰)树(哟)难(啰)栽,白米饭仔好吃(哟)田难(啰)耕,鲜鱼仔好吃(哎)网难(啰)罾。(赣北民歌《盘歌好打口难开》)

(4) 信近于义,言可复也;恭近于礼,远耻辱也;因不失其亲,亦可宗也。(《论语·学而》)

(5) 君子食无求饱,居无求安,敏于事而慎于言,就有道而正焉,可谓好学也已。(《论语·学而》)

(6) 赐也,始可与言《诗》已矣! 告诸往而知来者。(《论语·学而》)

(7) 回也,视予犹父也,予不得视犹子也。非我也,夫二三子也。(《论语·先进》)

(8) 这个呀,看看吧,矿泉壶。(《编辑部的故事·侵权之争》)

(9) 这准确的出处啊,我说不上来,我也不好说,不过,我天天啊,我,抱着收音机听短波,像什么日本呀、朝鲜呀、苏联呀、美国呀……(《编辑部的故事·飞来的星星》)

(10) 唉,按说呀,让你们吃一顿也没什么,也吃不穷我们啊。(《编辑部的故事·捕风捉影》)

(11) 哎唷,老陈这人也真是,现在怎么也……,诶,不过这水儿我还真没喝过呀。(《编辑部的故事·侵权之争》)

(12) 您干吗呀,跟宝贝似的,藏着掖着舍不得拿出来呀?(《编辑部的故事·捕风捉影》)

第四节　情理交融性情绪思维层次汉语句子的来源

基于衬词、语气词来源等内容的考察可知,情理交融性情绪思维层次汉语句子源于单纯性情绪思维层次句子,是单纯性情绪思维层次句子加上理性说明语之后发展而来的。

如果将单纯性情绪思维层次汉语句子和情理交融性情绪思维层次汉语句子结合在一起系统地细化考察的话,那么,沿着发生发展过程,它们的现实表现大致可综合概括为依次体现出了一定渊源关系的五类形式(郭攀,2012)。

一、单纯情绪形式

形式上表现为只有叹词、原始动词、原始指代词及其组合形式。用例第二章已及,不赘。

二、情理块状配合结构形式

形式上表现为情理两部分均以块状形式出现,彼此间以句号、叹号、问号诸句级标点符号分隔开来④。前及研究基础上再补充例:

(1) 诶唷,哎唷! 算了。没法儿看。这可怎么办呢? 你说动不动做什么动作,肚子都在那儿挡横! 诶,这样吧,咱们先练腹肌。(《编辑部的故事·胖子的烦恼》)

(2) 哎唷,这汤喝了怎么这反应啊? 哎唷,好像是要蹲稀似的。哎唷。(《编辑部的故事·捕风捉影》)

(3) 造这种谣言就是缺了大德喽! 哎唷! 好在我把中午那五块钱吃回来了。哎唷!(《编辑部的故事·飞来的星星》)

(4) 是吗? 哎唷诶。谢天谢地。唉。(《编辑部的故事·飞来的星星》)

(5) 啊! 夜幕上斜挂着一串天灯! 听,空中传来声声乐音,在万籁俱寂的深夜,听来真如仙韵。(仲远《搬家》,《人民日报》2003 年 7 月 26 日)

(6) 三月里(的个)太阳红又红,为什么我赶脚人儿(哟)这样苦命?(嗬打啾)

我想起(那个)我家好(呀)心伤,可恨(的那个)王家奴才(哟)把我逼走。(嗬打啾)

离家的(那个)到今三年有零,不知道(那个)妻儿(哟)还在家中?(嗬打啾)

我在(的那个)门外你在(那)家,不知道(那个)咱娃儿(哟)干(哟)什么?(嗬打啾)

自从我(那个)走了甩下(的那)她,十二岁(的个)小娃娃(哟)做(哟)什么?(嗬打啾)(《中国民间歌曲集成·陕西卷·脚夫调》)

(7) 高点(上)明灯照新人,照见新人(来)十七八,(年太平)小小的金莲寸八分。(年太平,年太平)

揣见新人(来)两条腿,(年太平)脱得红鞋揣在怀。(年太平,年太平)

红鞋摆在桌面上,(年太平)看上红鞋喝上酒。(年太平,年太平)

我寻女婿何处用,(年太平)连只红鞋保不定。(年太平,年太平)

有人拾起那红绣鞋,(年太平)叫我的妻儿拜你来。(年太平,年太平)(《中国民间歌曲集成·陕西卷·偷红鞋》)

三、情理块状准组合结构形式

形式上表现为情理两部分均以块状形式出现,彼此间以逗号、顿号、省略号诸句内标点符号分隔开来。前及研究基础上再补充例:

(1) 哎唷诶,蕾丝啊,蕾丝。你要是人的话,你大概属于层次比较低的那种人。(《编辑部的故事·人工智能人》)

(2) 那你可以揭竿而起嘛,像在饭馆儿那样儿。在饭馆儿,哎唷嗬,你看,你多神气啊!(《编辑部的故事·谁是谁非》)

(3) 哎唷,哎唷哎唷,晚了晚了,又没赶上饭。诶,听说了吗?(《编辑部的故事·飞来的星星》)

(4) 哎哟哟……赖我,赖我,赖我。您是那个莫仁远,莫先生?(《编辑部的故事·甜蜜的腐蚀》)

四、情理穿插性组合结构形式

形式上表现为情理两部分均以不同层级语言单位相互穿插的形式出现,彼此间密切组合,没有标点符号分隔开来。前及研究基础上再补充例:

(1) 请读者大可不必去怨恨那位"亲信"——他,也出于百般无奈,人啊人,在那冰冷的年月,除了无情打击之外,还有多少人性的温存?还有几分含笑的目光?利己主义的冰水浸透了人心。(叶永烈《罗隆基之死》)

(2) 毛主席几乎是有舞会必到的,而我和尚奎都喜欢跳舞,所以我已几

次看到毛主席了。人啊就是这么奇怪，当一个梦实现之后，另一个梦又在那儿招手了。（水静《在毛泽东的专列上》）

(3) 我等啊等啊，个月过去了，又一个月过去了，夏天去了，秋天也接近末尾了。（尤凤伟《石门夜话》）

(4) 我打开信，看见了两个 800 分，我高兴得跳啊跳，我告诉了我的父母，我们一起欢跳，把房子都快掀开了。（黄晴《华盛顿"高考女状元"》，《人民日报》1995 年 5 月 28 日）

(5) 想想这个理儿吧：纵然你装修得再漂亮，可老让人家不停地走啊看啊买啊，累得腰酸腿疼气喘吁吁却没有片刻的落座机会，更不要说随时可能出现的"内急"了，这能不影响逛商场、买东西的兴致吗！（娄禾青《方便也是购物环境》，《人民日报》1995 年 8 月 16 日）

(6) 你知道吧，脸上得洋溢着那种，哎哟神了的那种感觉，您知道吗？见之五体投地。啊，再来。劳动人民出身？（《编辑部的故事·人民帮人民一把》）

(7) 同志（们）拉起来（哟号嗨哟嗨上呀哈哈嗨上呀哈哈嗨嗨嗨上呀哈哈嗨上嗨呀哈哈）同志们拉起来。
英雄（你）戴红花（哟号嗨哟嗨花呀哈哈嗨花呀哈嗨嗨嗨花呀哈哈嗨花嗨呀哈）英雄（你）戴红花。（《中国民间歌曲集成·陕西卷·英雄戴红花》）

(8) 同志们（呀）拉起（个）夯（哟嗨哎哟），小心（哎）要留（哟）神（哎呀嗨呀）。
四面（你就）四条（个）绳（哟嗨哎哟），当中（哎）有两（个）人（哎呀嗨呀）。
这一下（咱）准备（个）好（哟嗨哎哟），举起个朝天（哟）扬（哎呀嗨呀）。
每夯（你就）打三（个）下（哟嗨哎哟），三下（是）一个（哟）印（哎呀嗨呀）。
万丈高楼从地（个）起（哟嗨哎哟），地基（呀）最重（那）要（哎呀嗨呀）。（《中国民间歌曲集成·陕西卷·万丈高楼从地起》）

(9) 咱们拉起来（呀嗨哟嗬嗨哟），一夯一夯来（呀嗨哟嗬嗨哟）。
咱们要拉高（呀嗨哟嗬嗨哟），咱们慢慢排（呀嗨哟嗬嗨哟）。
拉起要拉稳（呀嗨哟嗬嗨哟），夯夯要打平（呀嗨哟嗬嗨哟）。
拉起小石夯（呀嗨哟嗬嗨哟），浑身有力量（呀嗨哟嗬嗨哟）。
基础要打好（呀嗨哟嗬嗨哟），这是搞修建（呀嗨哟嗬嗨哟）。（《中国

民间歌曲集成·陕西卷·咱们拉起来》）

五、情理有机融合结构形式

形式上表现为只有理性表示形式。用例极常见，不赘举。

注释：

① 本内容，国内外也有一些相关研究可供参考（Ullmann，S.，1964：101；马清华，2011；刘丹青，2011）。另，混整性情绪义，不同类型的情绪词所混整的内容不尽相同。其中，叹词、衬词、语气词所混整的主要是不同类型的情绪义，原始动词、原始指代词所混整的则主要是情绪义和兼含性理性义。分解性情绪义的具体指称的内容，落实在衬词和语气词上亦存在一定区别。落实在衬词上是其整体性意义内容，落实在语气词上，则主要是所兼含二类意义中较单纯的情绪义。

② 篇章结构理论中与之较为接近的是"宏观结构"（徐赳赳，2010：408－412）。因汉语篇章语言学主要源自西方语言学，而西方语言中情绪性成分不及汉语多，结构模式也没有汉语这样富有特征，故现行汉语宏观结构中未见"情理人性化组配"方面的专门性论述。希望本模式对该方面研究有所补益。

③ 情理交融性情绪思维层次汉语句中情理要素的运作方式衬词部分有所论及，但一方面这里的情绪要素的范围要大，另一方面，已有研究中未曾涉及相关内容，故拟作一简要概括。

④ 以句级标点符号断开的情况归入句范畴的考虑，主要是句级标点符号的标示带有一定主观性，同词级标点符号断开没有绝对区别。这一点，从同一叹词与相似"理性说明语"之间句级或词级标点符号的使用具有不定性上可以看出（郭攀，2012）。以下是2000—2006 年《人民日报》中所选用例：

(1) 啊，纳木错！啊，净土！（熊召政《啊，纳木错！》，《人民日报》2003 年 11 月 15 日）

(2) 翻过一座座山，趟过一道道水，眼前，猛地一亮，啊，神秘的喀纳斯，朝思暮盼的喀纳斯，流金洒银的喀纳斯终于来到了身边。（车吉心《燃烧的喀纳斯》，《人民日报》2005 年 4 月 19 日）

(3) 啊！夜幕上斜挂着一串天灯！听，空中传来声声乐音，在万籁俱寂的深夜，听来真如仙韵。（仲远《搬家》，《人民日报》2003 年 7 月 26 日）

(4) 唉，世间饮料上百种，人们为何偏爱纯净水呢？（赵大年《新鲜饮食》，《人民日报》2001 年 8 月 30 日）

(5) 唉，还是百密一疏，只考虑了门，门两边的柱子却忽略了。（王慧敏《别让我为门柱担心》，《人民日报》2004 年 8 月 30 日）

(6) 唉！停水的日子真是不堪忍受。（郑金修《停水的日子真难受》，《人民日报》2005 年 10 月 17 日）

古代文献中的标点也有这种表现。以下是杨伯峻、何乐士《古汉语语法及其发展》中的用例（杨伯峻、何乐士，1992：899）：

(1) 放齐曰："胤子朱启明。"帝曰："吁！嚚讼可乎？"（《尚书·尧典》）

(2) 孔子喟然而叹曰："吁，恶有满而不覆者哉！"（《荀子·宥坐》）

参考文献：

陈中立等　2001　《思维方式与社会发展》，社会科学文献出版社。

郭　攀　2012　《叹词语气词分类方面存在着的问题》，《宁夏大学学报》第 5 期。

郭　攀　2014　《叹词、语气词共现所标示的混分性情绪结构及其基本类型》，《语言研究》第 3 期。

郭　攀　2018　《"情理组配"表述模式及相关叹词、语气词方面问题》，《华中学术》第 4 期。

黄　进等　2005　《杏仁核参与疼痛情绪过程的研究进展》，《生理科学进展》第 4 期。

刘丹青　2011　《叹词的本质——代句词》，《世界汉语教学》第 2 期。

吕叔湘　2002　《中国文法要略》，辽宁教育出版社。

刘　烨等　2009　《认知与情绪的交互作用》，《科学通讯》第 54 卷，第 18 期。

马清华　2011　《论叹词形义关系的原始性》，《语言科学》第 5 期。

孟昭兰　2005　《情绪心理学》，北京大学出版社。

沈家煊　2008　《三个世界》，《外语教学与研究》第 6 期。

王　力　2000　《中国现代语法》，商务印书馆。

徐赳赳　2010　《现代汉语篇章语言学》，商务印书馆。

郑张尚芳　2007　《上古汉语的音节和声母的构成》，《南开语言学刊》第 2 期。

Ullmann, S.　1964　《意味论》，纪伊国屋书店。

［美］艾克曼　2008　《情绪的解析》，海南出版公司。

［德］考夫卡　1997　《格式塔心理学原理》，浙江教育出版社。

第七章　情绪思维层次汉语
与现代汉语富情特征

　　经对语言特征进行界定之后不难发现,情绪思维层次汉语与汉语的语言特征密切相关。立足特定时间层次的汉语系统,以情绪思维层次汉语作为相对语言系统进行对照性考察,可以揭示出特定时间层次汉语中存在着的情绪思维层次汉语成分,并概括出相应的语言特征。基于此,本章仅立足现代汉语,以情绪思维层次汉语为相对语言系统进行对照性考察,据此揭示现代汉语一个方面的语言特征。具体分两部分展开:现代汉语语言特征研究及相应的语言特征;现代汉语富情特征的得失和成因。

第一节　现代汉语语言特征研究及相应的语言特征

　　在考察现代汉语语言特征之前,有必要对语言类型研究进行说明,对语言特征研究进行界定。
　　对人类语言进行分类概括的研究是语言类型研究(Whaley L. J.,2009)。它通过选取不同的依据对人类语言进行宏观分类,以划分出的类型系统为参照对各个语种进行归类,为高度概括地把握人类语言作出了重要贡献。但是,正如人种本身具有不单纯性一样,语种往往也不单纯,往往存在着处于不同语言类型中间状态、不同语言类型要素兼含等情况,所以,除了较为概括的类型性研究之外,还有必要对进一步细化的不单纯情况开展研究。那么,这种不单纯情况的研究,如果在研究范围、对象、视角、方法、目标等方面作出一些必要的设定,在研究领域给予一定位置的话,就可称为语言特征研究,一种有着一定常见性和代表性的个性化特征研究①。其中,常见性主要是就语种内部语言要素相对较广的覆盖范围、语言要素相对较多的个体量度及其使用频率而言的。代表性则主要是就语种内部不同视角个性特征经比较而获得的标志性地位而言的。这种地位,源自语言使用者的习惯性感知,也一定程度地暗含了不同语种之间粗略比较的成分。

较之学界熟知的语言类型研究,语言特征研究应该存在以下区别:

1. 研究范围。前者侧重人类全部语言;后者侧重特定的语种。

2. 研究对象。前者侧重人类语言宏观类型;后者侧重特定语种的个性化特征。

3. 研究视角。前者侧重本体词、句方面的基本特征;后者在词句特征之外还包括更为广泛的层次关系方面的特征。

4. 研究方法。前者侧重比较和归纳;后者侧重对照。

5. 研究目标。前者侧重揭示人类语言宏观的共性特征;后者侧重揭示特定语种中观的个性特征。

基于上述说明和界定,以下对现代汉语语言特征研究及相应的语言特征进行具体阐述。

调查发现,现代汉语可以纳入语言特征研究范围且具有一定代表性的是历史层次研究(戴黎刚,2007;丁邦新,2012)。它可看作是一种以时间层次关系为研究视角、以现代汉语方言时间层次关系上具有的个性特征为主要研究对象的语言特征研究。这种研究,揭示出了部分现代汉语方言的历史层次特征,尤其是闽方言语音共时系统中叠置有中古、乃至于上古汉语系统语音成分的个性化特征,推进了汉语研究的发展。当然,它也存在一些不尽如人意之处。除语言形式发生的时间层次不好确定之外,更主要的是,历史层次的确定不能够充分说明文明层次方面的问题(郭攀,2012:7-44),不能够充分满足对语言形式文明程度高低的认知及相应的理解、学习、规划等方面的需求。基于历史层次研究的不足,我们力主开展一种新的语言特征研究,一种以时间层次方面语言系统与文明层次方面语言系统之间存在的对应关系为研究视角、以现代汉语在对应关系上具有的兼含性特征为研究对象的历层层次特征研究。以前及语言特征研究与语言类型研究的区别为基础,这种研究的核心内容进一步概括为以下几点。

1. 研究基础。历史性研究模式所概括时间层次方面汉语系统与历层研究模式所概括文明层次方面汉语系统间的对应关系是其研究基础。基本对应关系是:远古原始汉语—情绪思维层次汉语;古代汉语—想象思维层次汉语;现代汉语—逻辑思维层次汉语(郭攀,2012:7-44;2017)。

2. 研究方法。主要是对照考察法。基本做法限定为立足时间层次方面的现代汉语,选择文明层次范畴不具有基本对应关系的汉语系统作为相对的汉语系统,对照相对汉语系统,对现代汉语中所存在相对性汉语系统核心要素的具体情况进行考察。其中,立足性系统选择现代汉语是因为其实用性最强,相对的汉语系统可供选择的有情绪思维层次汉语系统和想象思维层次汉语系统。

3. 研究结果。主要是相对性语言系统核心要素在现代汉语中的兼含特征。

4. 研究目标。揭示出现代汉语兼含相对语言系统核心要素所体现出的个性化语言特征。

在现代汉语历层层次特征研究中,基于实用程度和前期研究基础等原因,在此,重点关注以现代汉语为立足性汉语系统、以情绪思维层次汉语作为相对性汉语系统的研究。

历史性研究模式所概括时间层次方面汉语系统与历层研究模式所概括文明层次方面汉语系统间基本对应关系研究表明,现代汉语对应的是逻辑思维层次汉语,表现出的应基本是逻辑思维层次汉语成分。但是,立足现代汉语、以情绪思维层次汉语作为相对性汉语系统进行对照性考察发现,现代汉语中,除逻辑思维层次汉语这一基本成分之外,情绪思维层次汉语成分亦较为常见。这种常见,主要有两方面的表现。

一、具有极广的覆盖范围

由前及本体单位方面的研究可知,情绪思维层次汉语也是一种由本体单位和运作机制构成的语言系统(郭攀,2012:7-44;2018)。其中,词类主要有叹词、原始指代词、原始动词、衬词、语气词。句类主要有纯情绪句和情理组配结构句②。运作方式主要有独用、复叠、连用、块状拼合、穿插式整合。据考察,情绪思维层次汉语上述诸要素在现代汉语中普遍存在,具有极广的覆盖范围。这一点,从前述情绪思维层次汉语各方面基本面貌上不难看出。在这里,除学界熟知的叹词、语气词之外,其他语言要素,下面再分别举例强调性地作些说明。

(1) A:侬买个书呢? B:(出示或手指该书)咯。

    ......

    A:物事传拨我? B:(递物给 A)咯。(刘丹青《叹词的本质》,《世界汉语教学》2011 年第 2 期)

(2) 李妈:几圈儿?

    余:几圈儿都行。您摆桌去。

    李妈:哎。(《编辑部的故事·侵权之争》)

(3) 正月里(来格)是新年(哟),灶下(那个)台上香肉连(哟)。(赣南民歌《正月里是新年》)

(1)中"喏"代表原始指代词,一种情绪主导且兼含指代功能的词。(2)中"哎"代表原始动词,一种情绪主导且兼含有呼应、驱赶等行为义的词。(3)中"来格""哟""那个"代表衬词,一种歌唱语言中类似言说语言词一级语言单位的基于衬辅理性表示形式而出现并具有如下语言特征的词:音节多少不定且音长、音强因素明显;记录用字不甚固定;侧重与韵律单位发生组合关系;基本只表示情绪义;常连用和叠用(郭攀,2019)。又例:

(1) 刘:王师傅,你别在我身边儿这来回地这么溜达,好不好。喊,这分散我的注意力。

王:呕呕呕。(《编辑部的故事·胖子的烦恼》)

(2) 李:嗯,给给给。老刘比我挣得多,有半拉月够花的就行了。

余:嗯嗯。(《编辑部的故事·飞来的星星》)

(3) 李:哎唷诶。

牛:唷,回来了。我给你们沏点儿茶。解解乏。(《编辑部的故事·捕风捉影》)

(4) 啊!真惊人啊!(刘白羽《我爱大西北》,《人民日报》2000 年 5 月 20 日)

情绪思维层次汉语二句类中的纯情绪句可继续下分为三个次类:一般独用句、叠用句、连用句。其中,一般独用句指叹词或原始指代词、原始动词单独充任的句子。前述"喏""哎"反映的就是这种情况。叠用句,指的是叹词或原始指代词、原始动词复叠性使用构成的句子。如(1)中"呕呕呕"、(2)中"嗯嗯"充任的句子。连用句,指的是由叹词、原始指代词、原始动词内部不同的单个形式或叹词、原始指代词、原始动词相互间连用构成的句子。如(2)中"嗯,给给给"、(3)中"哎唷诶"充任的句子。

相比较而言,情绪思维层次汉语情理组配结构句较为复杂。它是一种语表形式表现为"情绪词$_1$·理性说明语—情绪词$_2$"、语里意义表现为"混整性情绪义·理性说明义—分解性情绪义"的句子结构模式(郭攀,2014;2018)。因为其层级属情绪思维层次下位的情理交融性情绪思维层次,属情理过渡状态,所以,其性质不单纯。严格意义上讲,只有其中对应情绪义的情绪表示形式属情绪思维层次汉语。如(3)中"唷……了"。(4)中"啊……啊"。又例:

(1) 春风阵阵吹心窝哩,(赛啰赛赛啰赛)!我向党来唱支歌哩,(赛啰赛赛啰赛)!……多快乐呀多快乐,(赛啰赛赛啰赛!赛啰赛赛啰赛),我们在您的怀抱里。(少白《我向党来唱支歌》)

(2) 哎唷,哎唷哎唷,晚了晚了,又没赶上饭。(《编辑部的故事·飞来的星星》)

(3) 正(呀)月(嘞)来(呀)花(也)兰(呀)花(也)开(呀)开(哟嗬)，二(呀)月(嘞)来(呀)花(也)海(呀)棠(也)开(呀)开(哟嗬)。(赣北民歌《十二个月采花》)

(4) 这准确的出处啊，我说不上来，我也不好说，不过，我天天啊，我，抱着收音机听短波，像什么日本呀、朝鲜呀、苏联呀、美国呀……(《编辑部的故事•飞来的星星》)

情绪思维层次汉语运作方式中的复叠和连用，指的是不同层级语言单位同义重复或连接性使用。其中，复叠大致对应今构词性叠音、构形性重叠和修辞性重复。连用大致对应今叹词连用、衬词连用、语气词连用。例皆较为常见，不赘。块状拼合，是一种以情绪性整体形式和理性整体形式为单位两部分简单相加的拼合。(1)(2)中"赛啰赛赛啰赛""哎唷，哎唷哎唷"与其对应的理性形式间就属这种拼合。穿插式整合，是一种以理性表示形式为主体，情绪表示形式据与字、词或句相应的不同的韵律穿插其间的整合方式。(3)中括号所标衬词、(4)中语气词"啊""呀"与其相应理性表示形式间就属这种整合。

二、具有为数不小的量度③

量度特征的概括，限于时间和精力，难以全面覆盖。在这里，考虑到词类范畴核心词类可以连带反映出同一语言系统中以其充任的句类、以其作为依托的运作方式等相关要素的部分情况，故着重选择情绪思维层次汉语中核心性叹词、语气词在现代汉语中所存在着的量度特征进行以点带面的考察，以期对情绪思维层次汉语在现代汉语中所具有的量度特征进行一定程度的说明。量度特征的考察，侧重在现代汉语中的单个词数量和有限文本中的单个词数量及其使用频率两个方面。

1. 叹词。现代汉语中单个叹词数，因标准不同而存在着一些差异。赵元任确认为 41 个(赵元任，1980：403)。我们则在第三章"情理交融性情绪思维层次汉语叹词系统"部分作了进一步的梳理和概括。基本结论是，除去詈语、问候语一定程度叹词化的"妈的""嗨"等类叹词形式之外，一般叹词范围内，现代汉语新生叹词 19 个：嘿、嘻₂、哈(哈哈)、啊(呵、嘎)₂、乖乖、好家伙、哇(哇噻)、呵(嗬、喝)₂、老天爷、呀₂、噫(咦)₃、我晕(晕)、吓、我去(去)、啐₂、哎哟(哎唷、哎哟喂、哎唷喂)₂、我的天(天啦)、呃、咳(嗐)。现代汉语沿用文言叹词约 10 个：吁、嘻(譆)₁、咦、嘒、噫₁、噫嘻、呜呼、呜呼哀哉、唉、嗟乎(嗟夫)。沿用古白话叹词约 15 个：哟、呀₁、哎(嗳)、哎哟(阿哟)₁、阿(啊)₁、阿呀(啊呀)、哦(喔、噢、呕)、啧、嘘、啐₁、哏(哼)、呸、嗨(咳/嗐)、呵₁、嗯。共计约

44 个。

现代汉语叹词在有限文本中的表现方面,其有限文本选择的是商务印书馆 2009 年版《新编老舍文集》之《骆驼祥子》和花城出版社 1992 年版《编辑部的故事》。据调查,《骆驼祥子》全文共 134466 字,叹词有"哼、啊$_2$、哎、哟、呕、嗯、嗨、唉、喝、呸"等 13 个。叹词共出现 65 次,占总字数比率约为 0.048%。《编辑部的故事》全文共 180000 字,叹词有"哦(噢)、嗯、嗬、哎、呵$_2$、嘿、啊$_2$、咦"等 23 个。叹词共出现 226 次,占总字数比率约为 0.116%。

2. 语气词。现代汉语中单个语气词数,郭锐《现代汉语词类研究》指出:"在 43330 词中,语气词有 35 个,占 0.08%"(郭锐,2002:235)。具体单个语气词,俞士汶等《现代汉语语法信息词典详解》业已收录,并作了具体描写(俞士汶,2003:931),不赘。

现代汉语语气词调查所选定的有限文本与叹词相同。据调查,《骆驼祥子》中语气词有"呢、吧、呀、啦、吗、哪、啊、么、哇、哟、喽、咧、嘛"等 15 个。语气词共出现 680 次,占总字数比率约为 0.506%。《编辑部的故事》中语气词有"呢、啊、吧、嘛、吗"等 14 个。语气词共出现 946 次,占总字数比率约为 0.526%。

基于上述常见性表现进一步考察发现,现代汉语中,情绪思维层次汉语成分除较为常见之外,其自身历层层次特征较现代汉语其他视角个性特征而言还具有一定的代表性,亦即具有一定的标志性地位。其中,其自身历层层次特征的指称内容,一是因其常见而获得的常见特征,二是因情绪思维层次汉语成分的存在而在与其他语种自觉不自觉的比较中获得的存在特征。其标志性地位,在此考虑到存在特征更便于说明、说服力更强一些等因素,故选择情绪思维层次汉语核心性语气词在现代汉语中的存在情况与其他语种的粗略比较进行说明④。

马建忠说:"泰西文字,原于切音,故因声以见意,凡一切动字之尾音,则随语气而为之变。古希腊与拉丁文,其动字有变至六七十次而尾音各不相同者。今其方言变法,各不相同,而以英文为最简。惟其动字之有变,故无助字一门。助字者,华文所独,所以济夫动字不变之穷。"(马建忠,1998:323)这里"华文所独"的"助字",就包括现今的语气词。马建忠对语气词存在范围的概括有些绝对。刘丹青《语序类型学与汉语研究》指出:马建忠"认为语气助词是汉语(或汉语的亲属语言)特有的'特色',却在跨语言比较面前经不起推敲。陆镜光(2001,手稿)的跨语言考察显示,语气词之属,遍及亚、欧、美几大洲的许多种没有亲属关系的语言中"。(刘丹青,2003)但是,进一步调查分析可知,其他存在语气词的语种,都是一些小语种或与汉语存在亲属关系的语种,真正具有代表性的还是汉语。

现代汉语中情绪思维层次汉语成分常见性和代表性方面的表现不难让人意识到,这种常见性和代表性存在应该看作现代汉语的一种语言特征,一种历层层次性语言特征。这种特征,因其无论覆盖范围还是量度皆可谓"丰富",故不妨称之为"富情特征"。相应地,现代汉语亦可据此称之为富情语言⑤。

第二节　现代汉语富情特征的得失和成因

现代汉语富情特征不难引发语种优劣方向的思考,但这一方向因优劣评价本身缺乏充足的合理性和易于走向无益的情绪化,故改换为得失方面的思考更为妥帖。

相对无富情特征语言而言,现代汉语富情特征的所得主要有三:

1. 提高了情绪义标示的清晰度。众所周知,任何语言都对情绪义进行了一定程度的表示。其中,无富情特征语言对情绪义的表示主要是通过音强、音长等要素的变化实现的。这类表示,因无更便于感知的专门性音质形式,故标示的清晰度不很高。尽管以原始感知本能和民族语言文化基因为基础一般能够感知到,但一方面表义毕竟笼统,另一方面,没有了民族语言文化基因,感知起来难度较大。相对而言,现代汉语除用音强、音长要素进行表示之外还用特定音质形式进行了表示,自然提高了意义标示的清晰度,并因此增强了语言的形式化特征。

2. 增强了情绪义有效概括的量度。利用专门性音质形式对情绪义进行标示,也一定程度上改变了情绪义的面貌。因音质形式具有离散性质,可概括为一个个独立的个体,故被音质形式标示之后,相应地,原处于笼统的不定状态的情绪义,尤其是强化、细化了的特定情绪义亦得到了一定的义项化,从而增强了情绪义有效概括的量度。如以下例中"哎呀嘞""哎呀嘞呃""哎呀""哎唷诶"之于强调性"快乐(喜悦)"类情绪义所带来量度上的增加。

(1)（哎呀嘞)你会开锁歌(就)莫逞强(哦),你(就)晓得哪个制衣(哟嗬)裳(哦)?（你就)到然哪个(就)制五谷?（是倕心肝格)！……（哎呀嘞)会开锁歌(就)莫逞强(哦倕),轩辕黄帝(就)制衣(哟嗬)裳(哦)。（赣南民歌《传说仙人制住房》)

(2)（哎呀嘞呃)！唔得倕妹(就)听妹声(哦),唔晓老妹精唔(哦)精……?（哎呀嘞呃)！倕哥唱歌(都)好声音(啰),实在老妹(就)听

唔(哦)清。(赣南民歌《恋你唔到也甘心》)

(3) 哎呀,余德利说得特别有道理。(《编辑部的故事·捕风捉影》)

(4) 是吗? 哎唷诶。谢天谢地。唉。(《编辑部的故事·飞来的星星》)

3. 契合了人的自然属性。今天的人是理性的人,也是情绪的人,是情理两方面属性理主情次天然糅合的混整体。基于谐和的基本要求,人的自然属性呼唤与其情理结构相应的语言系统。而现代汉语,正是这样一种语言系统。情理两类成分均拥有,且情绪性成分量度不大,基本与其次要地位相应,情理结构整体上基本契合了人的自然属性。

相对现代汉语富情特征的所得而言,所失并非源自情绪思维层次要素的有无,而是源于所拥有情绪思维层次要素量度的失当。其具体所失主要有三:

1. 特定情况下有赘余、啰嗦之嫌。它主要是特定范围、特定方面所用语词数量过多、赋义过泛,语词使用频率过高等情况所致。如作为共同语基础方言的北京话,就存在叹词以单独或连缀形式过多使用,句中尤其是话题后多用语气词,叹词、语气词等情绪词使用频率过高等情况。例:

(1) 哎唷,哎唷哎唷,晚了晚了,又没赶上饭。诶,听说了吗?(《编辑部的故事·侵权之争》)

(2) 唉,哎唷! 哎唷,哎唷。(《编辑部的故事·侵权之争》)

(3) 诶,哎唷诶,你们可真敢呢,你们。啊?(《编辑部的故事·侵权之争》)

(4) 啊。诶唷! 哎唷! 你们,你们谁有硝酸甘油啊?(《编辑部的故事·胖子的烦恼》)

(5) 哎,戈玲啊,你说六一那天我穿什么好啊?(《编辑部的故事·侵权之争》)

(6) 造这种谣言就是缺了大德喽! 哎唷! 好在我把中午那五块钱吃回来了。哎唷!(《编辑部的故事·侵权之争》)

(7) 就是要用事实来教育读者啊,自觉地抵制这流言蜚语对社会跟生活的侵袭。哎唷,提高对谣言的,哎唷,抵抗力啊。(《编辑部的故事·侵权之争》)

(8) 哎唷,这汤喝了怎么这反应啊? 哎唷,好像是要蹿稀似的。哎唷。(《编辑部的故事·侵权之争》)

(9) 哎哟,我的妈哟,外头跟下火的似的嘿,呵,哎呀,我也享受享受这空调。(《编辑部的故事·甜蜜的腐蚀》)

上述情况,在今网络语帖和学生给老师回复的邮件中表现得更为典型。网络中不乏数帖皆为"呕呕呕呕呕呕"的情况,而学生给老师回复的邮件则经常是"嗯""嗯嗯""嗯嗯嗯"。

2. 不排除对人失当的情绪化倾向产生了一定的影响。语言是人类使用分音节声音表义的工具。这种人文工具的性质是人性赋予的,反过来,亦可反作用于人,对工具制造者产生一定程度的影响。就富情特征而言,若"过多""过泛""过高"的使用,则易于强化情绪性表达,从而反作用于人的性格,一定程度地促强失当的情绪化倾向。这一点,从詈语演化而来的类叹词形式过多地使用一定程度地带来过强的负极情绪上不难看出。如武汉方言中"(个)婊子养的"的使用。易中天说:武汉人称赞一本书或一场球赛好看、一场游戏或一件事情好玩,就会兴高采烈地说:个婊子养的,好过瘾呀!夸奖别人长得漂亮或事情做得漂亮,也会说:个婊子养的,好清爽呀!(易中天,2000)具体用例:

(1) 赵胜天还不解恨,又跺脚又吐唾沫。"个婊子养的!保姆有什么了不得的,只知道钱钱钱,臭!"(池莉《太阳出世》)

(2) 嘿,个婊子养的,这些时,你死到哪里去了?个婊子老子蛮想你咧。(彭建新《红尘三部曲·娩世》)

(3) 个婊子。你个婊子养得蛮久冒见了咧,最近死哪去了?个婊子。(网络语帖)

无论高兴还是愤怒,武汉人情绪来了禁不住要说"(个)婊子养的",而且常说,有时甚至一句话中连说几个。这种类叹词形式性使用,一时释放了情绪性能量,对情绪能够起到一定的缓释作用,但用多了,则会形成习惯,反而一定程度地加强了整体上失当的情绪化倾向。

3. 不排除对思维方式的发展速度产生了一定的消极影响。事物的存在所产生的影响总是辩证的。现代汉语中情绪思维层次语言要素相对较多地存在反作用于主体的思维方式,满足主体的自然属性的同时,也难免因过量的使用而带来一定程度的消极影响。落实在发展速度上,过多地照顾到了情绪方面需求自然也就一定程度地延缓乃至于迟滞了由情绪思维方式至逻辑思维方式的发展。

毋庸置疑,现代汉语富情特征上述得失的考察,终将启发对现代汉语现实状态的总体认知,而要实现对现代汉语的总体规划,促使其健康、快速的发展,则还必须深挖现代汉语富情特征的成因。这方面,心理学界经中外对比从心理过程偏向视角所作研究可看作一定程度的说明。心理学研究认为,在心理过程"知、情、意"三分体系中,中国文化属人对人关系下的心理过程,偏重人对人的关系。因人是有生命、有意识、有情有意的特殊的"物",故其心理过程以"情"和"意"为主,由此形成该关系中人的心理过程的"情、意"发展取向(郭斯萍、陈四光,2008)。的确,这方面成果一定程度地揭示出了现代汉语富情特征的成因。毕竟,有什么样的心理过程偏向,就有什么样的文化偏向,自然也就有了作为文化载体和成员的语言偏向。但进一步的问题是:中国文化心理过程偏向的成因又是什么呢? 不难看出,现代汉语富情特征更深层的成因还需进一步揭示。

据初步考察,在认同中国文化心理过程偏向的基础上,现代汉语富情特征更进一步的成因,结合生成和延续两个环节综合概括为两点。

1. 文化的早熟。立足单纯的时间性分析,中国文化的早熟是现代汉语富情特征生成的深层原因之一。众所周知,中国文化是一种早熟的文化(文扬,2019),距今 5000 年前即已初步定型。作为文化的一分子,汉语自然也因整体文化的早熟而早熟。而这种早熟,意味着它成形的时间距离以情绪思维层次汉语作为基础语言的人类社会更近,受情绪思维层次汉语的影响更大,从而直接决定了初步成形期汉语中情绪思维层次汉语成分的存在以及量度的不小,决定了早期汉语的富情特征。

2. 生存和发展方式的高稳定度。据考察,促使早期汉语富情特征一直延续至今的主要原因,是生存和发展方式的高稳定度。中国自古就是一个农业大国,发展农业是汉民族核心的生存方式,精耕细作则是主要的发展方式。农业生产,一年中春种、夏耘、秋收、冬藏,有明显的节律性;年复一年尽皆如此,有明显的固定性。这种与生存和发展密切相关的固定性被感知和随着过程的反复不断强化之后就将形成一种固化心理[6]。这种固化心理折射到早期汉语上,就是初步定型的基本面貌保持不变前提下较为固定地传承。这样,汉民族生存和生产方式也就成为现代汉语富情特征的延续性原因。

注释:

① 说明两点:a.经这里专门性设定之后,"特征"实际上就有了两种指称内容:一是广义的特征,一是这里语种层级有着一定常见性和代表性的个性特征。b.汉语语言特征研究的模式其实也适用于其他语言的研究,语言特征也可作为普通语言特征来使用。

② 以理性形式或情理组配结构形式呈现出来而倾向于表达某类特殊情绪的句子类型还有一些(郑娟曼,2012),但一方面研究不充分,另一方面,具体概括上存在着的问题还很多,故未将其考虑在列。

③"多寡"量度的把握有一定主观性,这也是人文社会科学研究难以避免的一种现实。

④ 其实,衬词的情况与语气词也极为相似。冼星海较早从比较视角对汉语衬词进行过讨论:"中国民歌还有它的衬词,比如呀、哪、哟、啊、嗨等等,都是为外国音乐所没有的。这些衬词表达出民众愉快或悲苦的情绪。"(冼星海,1940)另外,叹词的情况也能说明一些问题。尽管尚不能断言哪种语言绝对没有叹词,但汉语叹词丰富却是事实。斯瓦

特威克《交际英语语法》对英语叹词进行了专门研究,所概括英语叹词"oh, ah, aha, wow, yippee, ouch"等近十个(斯瓦特威克,1987)。英语是世界性语言,是同汉语相对的西方语言的代表。英语中存在叹词,但数量远不及汉语多。

⑤ 转换成现代汉语整体视角,现代汉语据此大致可概括为一种具有混整特征的语言。

⑥ 文言的沿用就是语言范畴语言系统层级的典型表现。本来,口语发展至汉代即发生了较大变化,但是,当时的书面语并没有以其口语为基础进行建设,而是继续沿用先秦口语,并且,这种以不变应对变化的固化做法,在主流语言中一直延续至清代。

参考文献:

曹聪孙 1996 《语言类型学与汉语的 SVO 和 SOV 之争》,《天津师大学报》第 2 期。

丁邦新 2012 《汉语方言中的历史层次》,《中国语文》第 5 期。

戴黎刚 2007 《历史层次分析法——理论、方法及其存在的问题》,《当代语言学》第 1 期。

郭 攀 2012 《汉语历层研究纲要》,北京师范大学出版社。

郭 攀 2014 《叹词、语气词共现所标示的混分性情绪结构及其基本类型》,《语言研究》第 3 期。

郭 攀 2015 《汉语叹词定位的历层模式》,《澳门语言学刊》第 1 期。

郭 攀 2017 《论语义的跨层潜含》,《澳门语言学刊》第 1 期。

郭 攀 2018 《"情理组配"表述模式及相关叹词、语气词方面问题》,《华中学术》第 4 期。

郭 攀 2019 《原生语气词源于原生衬词》,《语言研究》第 3 期。

郭 锐 2002 《现代汉语词类研究》,商务印书馆。

郭斯萍 陈四光 2008 《试论心理过程的分类与心理学的科学体系》,《南京师大学报》2008 年第 5 期。

刘丹青 2003 《语序类型学与汉语研究》,《世界汉语教学》第 4 期。

马建忠 1998 《马氏文通》,商务印书馆。

宋大能 1958 《谈中国民间歌曲中衬词、衬句的运用》,《音乐研究》第 2 期。

沙 平 1994 《形态、词序、虚词》,《福建师范大学学报》第 4 期。

文 扬 2019 《以"中华标准"重审西方文明史,能看到什么?》,《文化纵横》第 2 期。

徐 杰 2003 《主语成分、话题特征及相应语言类型》,《语言科学》第 1 期。

冼星海 1940 《民歌与中国新兴音乐》,《中国文化》创刊号。

俞士汶 2003 《现代汉语语法信息词典详解》,清华大学出版社。

易中天 2000 《"婊子养的":武汉人什么娘都敢骂》,《民间文化》2000 年第 9 期。

郑娟曼 2012 《从贬抑性习语构式看构式化机制》,《世界汉语教学》第 4 期。

赵元任 1980 《中国话的文法》,香港中文大学出版社。

[英] 斯瓦特威克 1987 《交际英语语法》,北京出版社。

[美] Whaley L. J. 2009 《类型学导论》,世界图书出版公司。

第八章　情绪思维层次汉语
与特殊语言事实的解释

　　特殊语言事实,在此指的是历史视角汉语系统中争议性质的语言事实,或学界尚未关注到的语言事实,或关注不充分的语言事实。据考察,特殊语言事实有的与情绪思维层次汉语有着一定的关联关系,以情绪思维层次汉语本体研究为基础,可以给部分特殊语言事实较为有效的解释。基于此,本章选择三个专题,对其中涉及情绪思维层次汉语的相关问题进行一定的解释,以期借以实现情绪思维层次汉语研究的部分学术价值,将相关问题的研究往前推进一步。

第一节　"里"缀结构的来源及语用功能

一、现代汉语"里"缀结构及其基本特征

　　"里"缀结构指的是成语中以"里"为标记表示具有笼统和负极倾向情状义的"A 里 AB/A 里 BC"结构。其中,"里"是否是中缀,学界有不同看法(刘月华等,2001:12;陈光磊,1994:40 - 42),这里不讨论分歧意见,起用"中缀"只是为了用人们熟知的说法来对此类结构进行广义概括。

　　据考察,"里"缀结构主要有四类基本特征。

　　1. 语表形式,以"糊里糊涂""稀里糊涂""叽里咕噜"为代表,统括为"A 里 AB"和"A 里 BC"两类模式。其中,"A"是独立的语素或音节,"AB""BC"是缀合的语词或摹状性音节,"里"则是"A"与"AB"或"BC"二节律单位间具有一定停顿、强调、过渡等功能的缀合性标记。立足"里"的缀合,"A 里 AB"性质上表现为以"里"为标记的"A"和"AB"的复叠性缀合。"A 里 BC"表现为以"里"为标记的"A"与"BC"二同义要素或区别性要素间的并列性缀合。

　　2. 语义内容,表示感受性情状义。其中,使用频率较高的"A 里 AB"所

表情状义主要表现在人的智力、性格、品格、衣着、精神、做事风格以及事物的特征等方面。

智力:呆里呆气;蠢里蠢气;傻里傻气;懵里懵懂

性格:匪里匪气;淘里淘气;邪里邪气;古里古怪;斯里斯文

品格:傲里傲气;流里流气

衣着:怪里怪气;山里山气;土里土气;邋里邋遢

精神:娇里娇气;老里老气;死里死气;糊里糊涂

做事风格:阔里阔气;客里客气;小里小气;慌里慌张;马里马虎

事物特征:膻里膻气;腥里腥气;疙里疙瘩;麻里麻烦

相对而言,"A 里 BC"所表情状义则主要表现在人的听觉、视觉、综觉等方面。

听觉:叽里咕噜;叽里呱啦

视觉:绿里吧唧;脏里吧唧

综觉:软里吧唧;稀里糊涂;稀里哗啦;稀里马虎

进一步分析可知,"里"缀结构所表情状义有着较明显的风格特征。一方面,它具有笼统性。"A 里 AB"的笼统性,从实例中常见"气"的笼统性表义上不难感知到。"A 里 BC"所表大致的情状也往往无法进一步细化。如"叽里咕噜"表示无法辨识的笼统的声音情状,最多可分析为"叽"和"咕噜"两类声音形式。另一方面,"里"缀结构往往不同程度地存在着负极感受倾向。其中,"淘里淘气""客里客气""斯里斯文"等负极程度相对较轻,但仍明显存在着表义主体否定的、不主张的态度。当然,也有少许例外,如"秀里秀气""帅里帅气"。

3. 语体色彩,多出现在方言口语之中,书面语中则基本限于艺散语体。

4. 能产度,稳定性之外还有一定的能产性。作为成语的一类,书面语中常用的,尤其是有一定历史渊源的"糊里糊涂""叽里咕噜"等词语,形式上较为固定。但是,作为一类富有较强生命力和灵活性的表义模式,"里"缀结构又具有一定的能产性。具体表现在三个方面:

一是表负极情状义的形容词,尤其是方言口语中带笼统概括形式"气"的部分往往能生成"里"缀结构形式。前及诸词语之外又如:浮里浮气;疯里疯气;晦里晦气;贱里贱气;莽里莽气;蛮里蛮气;痞里痞气;酸里酸气;俗里俗气;神里神气;凶里凶气;阴里阴气;洋里洋气。

二是方言中能变化出一些不同表示形式。如"傻里傻气"江淮官话说成"苕里苕气"。

三是因音变原因,在口语中也能变化出一些不同形式。如"绿里吧唧"在巩汉林、赵丽蓉表演小品《打工奇遇》"昂昂,黑不溜啾、绿了叽叽"中变为"绿了叽叽"了。

二、现代汉语"里"缀结构的来源

现行来源研究基本皆用的是历史性研究模式,但是,据此对"里"缀结构的来源进行研究不很理想。"里",古文献中又作"哩"。元明清艺散类数十部文献调查发现,古汉语"里"缀结构清代以前极少见,清代亦只10余例。清代文献例:

(1) 有一个妞妞儿在门前立,抬头看见个挑担的,吆喝的哆哩哆嗦实有趣,豆儿不多,还有苏州的南荸荠。(《明清民歌时调集·霓裳续谱》)

(2) 我看你肥猪拱门的这片孝心,怪可怜见儿的,给你留个囫囵尸首,给你口药酒儿喝,叫你糊里糊涂的死了,就完了事了。(文康《儿女英雄传》)

(3) 还是钱典史听不过,爬起来帮着赵温吆喝了两句,他才叽哩咕噜的一路骂了出去。(李宝嘉《官场现形记》第一回)

据此,尽管大致可得出结论:现代汉语"里"缀结构当直接源于古汉语同构"里"缀结构,但是,因其出现时间晚、用例少、覆盖范围小,所以,一方面,难以从对应性和过程上充分说明其渊源关系,另一方面,难以深入地揭示其深层渊源,找出深层的源头。基于这种情况,在此拟使用历层研究模式对"里"缀结构的来源进行探讨(郭攀,2012:7-44)。

打破时间界限、立足文明层次展开的探讨发现,现代汉语"里"缀结构主体属于理性思维层次,其来源当是情绪思维层次大量存在的衬词性"哩"组结构"A哩AB/A哩BC",演化过程大致为由情绪思维层次歌唱语言的"A哩AB/A哩BC"至理性思维层次言说语言的同构模式。其中,"哩"纽结构的说法,对照"里"缀结构改换"里""缀"而来。改换的理据,一是民歌衬词中表情音节"哩"更常见(郭攀,2014a),二是民歌衬词中不存在相对词根而言的"缀",而"哩"在所属结构中又具有一种枢纽地位。

历层视角上述结论的依据,立足"里"缀结构与"哩"纽结构间的关联关系,参考"里"缀结构基本特征进行分析,除了较为明显的语体色彩和能产性相同之外主要是"里"缀结构与"哩"纽结构间的历层关系。

据考察,"里"缀结构与"哩"纽结构间存在着前后挨连的历层关系。这一点,无论本体所处文明层次还是本体表里要素都有较充分的体现。

1.“里”缀结构、“哩”纽结构间的层次关系。如第一章所述,汉语以思维为统帅的文明层次宏观上二分为前位情绪思维层次和后位理性思维层次。对照分析可知，"里"缀结构主体属于理性思维层次，而"哩"纽结构尽管主要用例现于现代民歌，但因对应的是不同文明层次自然属性兼具的人整体意识中情绪的原初性表达，且实质上反映出的时间性也因在口语范畴传唱时间的久远特性而远非现代，所以，其文明程度当属情绪思维层次。二类结构所属文明层次前后挨连。

2."里"缀结构、"哩"纽结构间的语表关系。据考察，二类结构语表形式同中有异。

"同"，主要表现为"哩"纽结构中相对规整的基本结构模式与"里"缀结构相同。据对吕骥等《中国民间歌曲集成》江西卷、湖南卷的调查，衬词中存在着与现代汉语相同的"哩"纽结构"A哩AB"和"A哩BC"200余例。例：

(1) 做了一双鞋呀，(咿子那里那嗬咳呀)我的情郎哥呀。(《赣西民歌《绣花鞋》)

(2) 正月(个)迎(啊)春(梭哩嘟当梭哩正)好插花(沙)，新官上任(奈六郎啊六啊奈有妹)坐旧衙(啰咳)。(赣北民歌《十月插花》)

(3) 男：海棠一枝(呀)花(呀嗬哩嗨哟)。……女：妹子头上(也)插(呀嗬哩嗨哟)。男：一见干妹妹头上插，……叫声干妹妹我的妻(哪也)，干(罗)妹妹(呀)，双手扯拢(呀)来(呀嗬哩嗨哟)……叫声干妹妹，我的妻(哪也)，干(罗)妹妹(呀)，脚上穿草(呀)鞋(呀嗬哩嗨哟)。(湖南新化民歌《海棠花》)

(4) 正月(个)采茶是端(乃)阳，[呃儿哥儿哥啊咯里咯呵妹爱哥]，郎爱(里咯)姐(呀)来(乃)姐(呀么)姐爱郎(来另那另梭)。

……

六月(个)采茶热茫(乃)茫，[呃儿哥儿哥啊咯里咯呵妹爱哥]，端条(里咯)板(呀)凳(乃)姐(呀么)去乘凉(来另那另梭)。(湖南岳阳民歌《十二月采花》曲二)

(5) 一绣凤凰头(呵)，二绣野鸡尾(呀)，三(呵)绣金鸡(呀梭儿咿支郎当郎里郎当梭儿咿也)起(呀)翅飞(呀)。[奴的干哥]。

……

十绣竹叶梅(呵)，再绣红玫瑰(呀)，绣(呵)对燕子(呀梭儿咿支郎当郎里郎当梭儿咿也)比(呀)翼飞(呀)。[奴的干哥]。(湖南常德民歌《十绣》)

据衬词内部乐节节奏、表情音节的重复(郭攀，2014a)、篇章内部不同衬词间的呼应性出现等因素，上述例中"那里那嗬""梭哩嘟当""嗬哩嗨哟""咯里咯呵""郎里郎当"均为规整的"哩"纽结构。其中,"哩"前后是两个表情音节单位,"哩"在二单位间仍起枢纽、缀合作用。

"异",主要表现为"哩"纽结构范畴存在着大量不甚规整的结构形式。包括总的音节数多少不一以及"哩"前后表情音节间的关系非一对二等。以下诸例中"啰哩啰""扯哩扯""嗬里松""啊嗬哩嗬呐""啊嗬哩嗨哟嗬""啊嗬哩嗬啰""啦哩啦嗬嘿""沙罗哩沙罗""叽哩咕噜""咕噜叽哩"就是这种"哩"纽结构。

(1) 正月里是新茶,放下茶篓摘茶芽。郎摘多来姐摘少,多多少少摘回家。(啰哩啰扯哩扯摘花两朵交给你)。(赣南民歌《摘茶》)

(2) 我往湖北过,遇见一个美姣娥,马辫的后肩平(呀)平(呀)平地拖,手戴一双玉(呀)玉石镯,(咿呀咿子呀啊呀嗬咿,呀嗬咿呀咿嗬嗨呀)想起那姣娥,(嗬里松呀嗬里松呀)当得月宫美嫦娥(哪呀哟嗬)。(湖南零陵民歌《美姣娥》)

(3) (哎)早(喂)晨(咯)来撞你(哟哎嗬嗬嗬哟嗬嗨呀)(哟嗬嗬哟嗬哎呀)(哎)早(喂)晨(咯哟嗬嗬)撞你(哟嗬)土(喂)地(也嗬嗬)公(呐),……(哎)保(喔)佑(咯)山歌就随口(哟)来(也),(啊嗨哩嗬嗬嗬啊嗬哩啊呐)(啊嗬哩嗨哟嗬啊嗬哩嗬呐)(啊嗬哩嗬啰)早晨来中(哎),早晨(咯)撞你(咯)土地(哟)公(呐)。(赣北民歌《头番歌》)

(4) 一(啦)绣个天(嘞)上娥(呀)眉月(嘞)(啦哩啦嗬嘿)娥(呀)眉月(嘞)啦嗬嘿)。(赣西民歌《十绣鞋子》)

(5) 桑木(格)扁担(是哎咿也)铜(哎)包(子)头(罗喂),百(呀)斤担子(就)压(呀)弯腰(罗),压(呀)压弯腰(罗)压弯腰(罗),(沙罗哩沙罗咳嗬咳)压弯腰(罗)(沙罗哩沙罗咳)。(湖南桂阳民歌《桑木扁担铜包头》)

(6) 斑鸠(哩格)叫(咧)起叽哩咕噜咕噜叽哩,叫得(那个)实在是好(呀嗬嘿)。(赣南民歌《斑鸠调》)

分析可知,无论上述"同"还是"异",皆较明确地反映出了二类结构文明层次上的前后挨连关系。其中,"同"反映的是"里"缀结构对"哩"纽结构核心的具有一定固化特征部分的继承。"异"反映的是"哩"纽结构、"里"缀结构整体模式化由不甚完善至逐步完善的过程性。这种过程性,还可进一步细化为如下不同视角的表现。

音节数视角由非全四字格至规整的四字格。反映这一过程的代表性词例如:"嗬里松""啦哩啦嗬嘿""啊嗬哩嗨哟嗬""糊里糊涂""稀里糊涂""叽里咕噜"。

结构模式视角由起始对等性复叠至非对等性复叠或一般并列性缀合。代表性词例:"啰哩啰""扯哩扯""沙罗哩沙罗""糊里糊涂""叽里咕噜"。

结构顺序视角由前后部分不定至趋于固定。代表性词例:"叽哩咕噜""咕噜叽哩""叽里咕噜"。

3."里"缀结构、"哩"组结构间的语义关系。相对语表关系而言,二类结构间的语义关系是异多同少。其中,"异多",在语义类型和语义偏向上都有表现。对照"里"缀结构语义内容考察可知,"哩"组结构所表衬词义归属情理二分语义类型系统中的情绪(郭攀,2014b),与归属理性的情状义存在宏观类型上的区别。"哩"组结构风格特征中的语义偏向与存在明显负极偏向的"里"缀结构亦不相同。其语义偏向不甚明显,正负极情绪义基本相当。如前及诸规整的"哩"组结构诸形式主要表示正极情绪。其中,所例的"那里那嗬""梭哩唧当""嗬哩嗨哟"表"快乐(愉快)"类情绪,"咯里咯呵""郎里郎当"表"兴趣(热情)"类情绪。而如下民歌中"嗬哩嗬哟""嗬哩嗨呐""呀里咿嗬""罗里罗"主要表示负极情绪,分别表示"嫌恶(不满)""慨叹(喟叹)""痛苦(伤痛)"诸负极情绪义。

(1) 闭煞北方(咯哟嗬哩嗬哟)(哟嗬哩嗨呐)门不(嘞)开(也),望茶(哟)来(哟),闭煞(咯)北方(啰)门不(嘞)开(哟)。(赣北民歌《望茶》)

(2) 生意不会做(啰嗬),只会那小营生(啰嗬),(呀里咿嗬咳唷嗬)只会那小营生(啰嗬)。(赣南民歌《游茶缸》)

(3) 猫头鸟崽(罗里)青天飞(哪),(罗里罗)无娘有爷(那)(兰山)好吃亏(哪外罗哩)。

......

前娘添饭(罗里)添大碗(哪),(罗里罗)后娘添饭(那)(兰山)添半碗(哪外罗哩)。(湖南嘉禾民歌《无娘有爷好吃亏》)

相对"异多"而言,二类结构语义间的相同性,基本只体现在"笼统"特征上。情绪义在各类语义中具有最大的笼统性。"哩"组结构表示情绪义,自然具有这种笼统性。这一点,它与"里"缀结构语义的笼统性大致相同。

分析发现,尽管"里"缀结构、"哩"组结构间的语义关系异多同少,但亦正反映出了"哩"组结构与"里"缀结构文明层次的前后挨连。少量的相同性反映的是"里"缀结构对"哩"组结构语义原初特征的保留,更多的区别反映的是情绪思维层次至理性思维层次语义内容由情绪义至理性义、由正负兼有至形成负极偏向的历层发展。

三、"里"缀结构的语用功能

在文明程度业已发展到逻辑思维层次的现代汉语中,由情绪思维层次"哩"纽结构演化而来并一定程度保留了其原始特征的"里"缀结构之所以还广泛使用且具有一定能产性,与其独特的语用功能不无关系。

立足结构模式整体分析可知,"里"缀结构皆可看作广义复叠结构。其中,"里"是复叠结构的缀合性标记,"A 里 AB"是同素复叠,"A 里 BC"是缀合的二节奏单位中广义节奏单位的复叠。这种复叠结构的语用功能,一方面本体表里二层面皆有着具体表现。语义层面,复叠结构是情绪思维层次语言常用的结构模式,常用来表达具有笼统特征的情绪义(郭攀,2012:258 - 273),自然,也切合表达同样具有笼统特征的情状义。语表层面,复叠结构无疑富有回环的韵律美,而插入"里"之后,经其体现在语气上的停顿、舒缓,更多了一层变化,从而使之收到一种变式回环的效果。另一方面,也一定程度地反映在本体使用的生理和文化要求的满足度上。"里"缀结构二叠的节律与表义主体对称的生理结构和主体对自身心跳的心理感知相谐。"里"缀结构源自民歌衬词中的"哩"纽结构,同"哩"纽结构在反复传唱中逐渐积淀的文化心理也历史地相谐。

立足结构模式中"里"标记,除了较明显体现在"A"与"AB"或"BC"二节律单位间停顿、强调、过渡诸功能外,它在具有负极倾向笼统性情状义表示上还存在着一些隐秘的语用功能。

人极易生成负极情绪(胡治国、刘宏艳、彭聃龄等,2008),而作为原生表情音节的"里"对这种负极情绪能够实现较一般形式更充分和有效的表达。这一点,源于人们对"里"的本能性感知。"里"音,韵方面,属十三辙中的"一七",而"一七"适合表示的情绪类型是侧重负极的"低沉""忧伤"和"如泣如诉"。调方面,属仄声,而仄声多含"急促""急剧""狭小"的韵味和情趣,易于引起负面联想(雷淑娟,2004)。

第二节　先秦汉语意象结构中"之"的衬词性质

一、先秦汉语中的一类"之"及其所在结构的概括

先秦汉语中存在着一类学界争议较大的"之"。以《诗经》为语料来源,其基本事实简要列举如下:

(1) 夏之日,冬之夜。(《诗经·葛生》)

(2) 齐侯之子,卫侯之妻。(《诗经·硕人》)

(3) 彼其之子,邦之彦兮。(《诗经·羔裘》)

(4) 子之汤兮,宛丘之上兮。(《诗经·宛丘》)

(5) 子之还兮,遭我乎猇之间兮。(《诗经·还》)

(6) 鱼网之设,鸿则离之。(《诗经·新台》)

(7) 哲人之愚,亦维斯戾。(《诗经·抑》)

(8) 子之不淑,云如之何?(《诗经·君子偕老》)

上述诸例,除"鸿则离之""如之何"中二"之"外,其他诸"之"皆为此处争议较大的"之"。

据考察,上述"之"总是出现在一定的短语结构之中,故可表述为"XX"结构中的"之"。其中,"XX"结构,基于以下两方面理据姑概括为意象结构(郭攀、周韫琦,2019),一种由二基础性意象组构而成的整体意象所表现出的结构。

1. "XX"结构属于想象思维层次,而想象思维层次的短语性结构属意象结构。进一步讲,"XX"结构判定为属于想象思维层次的依据有三:一是"XX"结构主要出现在先秦时期以《诗经》为代表的韵文中,主要出现在歌唱语言中。而先秦时期歌唱语言中的结构形式整体上对应想象思维层次。二是"XX"结构所在句子,类型上表现为想象思维层次较为典型的点线意象结构句(郭攀、周韫琦,2019),尤其是句中两部分间没有最基本连接成分的句子。如"夏之日,冬之夜""子之汤兮,宛丘之上兮"。三是下文将及"之"所反映想象思维层次韵律等方面特征。

2. "XX"结构义性质上可理解为意象。结合前述诸例分析可知,"XX"结构义性质上皆表现为含修饰或限定性要素的定象,落实在心理世界,皆表现为一类与物理世界相呼应的具体意象。其中,"夏之日""齐侯之子"等表现为本体性意象,"子之汤兮""鱼网之设"等表现为行为性意象,"哲人之愚""子之不淑"等表现为情状性意象。

其实,"XX"结构学界早有许多概括形式。有分别概括为"定中结构""主谓结构""NP 之 NP""NP 之 VP"的,有统称之为"之字结构"。这里放弃了这些说法。其原因主要是,"定中结构""主谓结构""NP 之 NP""NP 之 VP"等说法皆是比照现代逻辑思维层次汉语的概括给出的,未能充分考虑历层因素。"之字结构"的说法也有些不很合适,因为"之"字并不具有稳定的标志性。

二、先秦汉语意象结构中"之"的衬词性质

先秦汉语意象结构中"之"的性质,综合判定为衬词。所综合考虑的内容,除上及想象思维层次、歌唱语言类型、点线意象结构句、意象性短语结构等背景因素之外,主要是自身语义、语用两个层面的表现。

1. 语义层面,不计内部差异性因素总体上看,意象结构中"之"所表意义并非理性义,而是与衬词义相一致的情绪义。据对先秦以《诗经》为主的典型文献的考察,意象结构中"之"所表意义未发现确凿的可理解为理性义的用例,部分学者指出的指代义和标示结构关系等功能义往往不甚严格,或值得商榷。

学界普遍注意到了意象结构中"之"的指代义(洪波,2008;张玉金,2005)。如以下"麟之趾""予之不仁也"中"之"的表义。例:

(1) 麟之趾,振振公子,于嗟麟兮。(《诗经·麟之趾》)

(2) 子曰:"予之不仁也! 子生三年,然后免于父母之怀。夫三年之丧,天下之通丧也。予也,有三年之爱于其父母乎?"(《论语·阳货》)

考察已有指代性解释不难发现,与上述用例中类似的"之",无论指称本体还是行为、性状,既有解释为"这""这个""这样""这样的"的,又有解释为"那""那个""那样""那样的"的,而且,每种解释都通。为什么会出现这种同一类对象聚多义于一体而又皆解释得通的情况呢? 可能性解释有二:一是意象结构中"之"表示原始指代义。原始指代义兼含理性的指代义,且无远近指或描摹等区别,故立足逻辑思维层次分析为远指、中指、近指或描摹等都是可以的。二是此类"之"本无显性的理性义,多种并存性解释是立足深层隐性义解释的结果。进一步分析两类解释的可靠度得知,表示原始指代义的可靠度相对较小。一方面,"之"与原始指代词语法位置不符。原始指代词往往独用,意象结构内部不同意象之间不是原始指代词出现的语法位置。另一方面,同期语言系统中已出现表示远近指或描摹等功能的语词,相应理性义有系统的近指词、远指代词等理性词表示。这样,意象结构中"之"只能解释为本无显性的理性义。

相比较而言,意象结构中"之"标示结构关系等功能是学界多年来更加认同的解释(沈家煊、完权,2009)。这些解释较有深度,但亦不乏可商榷之处。分析可知,无论标示基础性意象间修饰与被修饰、参照与目标关系还是基础性意象的高可及性、意象结构非小句的短语性质,这些功能都是逻辑思维层次汉语所拥有的,是立足逻辑思维层次汉语分析的结果,它们不切合想象思维层次汉语。进一步看,标示带有主观性,是刻意的行为,它是逻辑思维层次

汉语的重要表现。而想象思维层次意象的组合往往是自然的契合,意象间关系的理解往往是建立在自然关系或社会公理基础上的意会,意象与意象间的关系不需要刻意地标示。据此,标示结构关系等功能的解释可靠性存疑。

意象结构中"之"的表义中对理性义的排除,从其在结构关系中客观的羡余特征上也可一定程度地看出。参照逻辑思维对其结构关系进行分析可知,先秦意象结构中的"之"有的具有羡余性质。羡余性质有三方面表现:

一是出现在指代词之后无所指位置上。据对《诗经》的调查,这类"之"主要现于"彼其+次位视点"中,也有出现在"彼+次位视点""其+次位视点"中的。例:

(1) 扬之水,不流束薪。彼其之子,不与我戍申。(《诗经·扬之水》)

(2) 椒聊之实,蕃衍盈升。彼其之子,硕大无朋。(《诗经·椒聊》)

(3) 维鹈在梁,不濡其翼。彼其之子,不称其服。(《诗经·候人》)

(4) 乐彼之园,爰有树檀,其下维谷。(《诗经·鹤鸣》)

(5) 瑳兮瑳兮,其之展也,蒙彼绉絺,是绁袢也。(《诗经·君子偕老》)

众所周知,上述例中"彼其"或"彼""其"的逻辑功能是指代性修饰,"之"不可能理解为与"彼其"或"彼""其"同类功能,逻辑上应看作羡余。

二是同期文献乃至同一文献、同一句中或用或不用。例(张世禄,1959):

(1) 民之望之,若大旱之望雨也。(《孟子·滕文公下》)

(2) 民望之,若大旱之望云霓也。(《孟子·梁惠王下》)

(3) 人之爱人,求利之也;今吾子爱人则以政。(《左传·襄公三十一年》)

不难看出,"或不用"反衬出了"或用"的羡余性质。

三是后起文献相应表示形式普遍不用。王洪君指出,之字结构中古时期逐渐消失(王洪君,1987)。我们也找到了一些由用至倾向于不用的历时性事实。"主体+孙"结构,《诗经》《左传》中"孙"前皆加"之",《史记》中则明显倾向于不用。例:

(1) 后稷之孙,实维大王。(《诗经·閟宫》)

(2) 匹夫匹妇强死,其魂魄犹能冯依于人,以为淫厉,况良霄,我先君穆公之胄,子良之孙,子耳之子、敝邑之卿,从政三世矣。(《左传·昭公六年》)

(3) 五十一年,平王崩,太子泄父蚤死,立其子林,是为桓王。桓王,平王孙也。(《史记·周本纪》)

(4) 二年春,封故相国萧何孙系为武陵侯……中元年,封故御史大夫周苛孙平为绳侯。(《史记·孝景本纪》)

同"或用或不用"相似,这种历时性普遍不用的倾向也一定程度地说明了前期使用的羡余性质。

意象结构中"之"不表示理性义,那么,基于意义情理二分格局,它表示的意义就只能理解为情绪。据第二章情绪义的分类,这种意义大致统括为"兴趣(热情)"类情绪,一种侧重主体言语表达的动力,侧重主体的一种富有动力、积极推进的心理感受的情绪义。分析前及反映基本事实的《诗经》诸例中"之"的表义可知,无论物象性视点"子""妻"还是动象性视点"汤"、性象性视点"愚""淑",作者表述时都是满怀兴趣的。何乐士在讨论此类"之"的功能时将其概括为"强调"(何乐士,1989)。这种"强调"其实就是"兴趣(热情)"类情绪参照现代分析模式从语用视角感受的结果,同"兴趣(热情)"类情绪本质上一致。

2. 语用层面,可以较明显地感知到意象结构中"之"的语用性追求。据考察,意象结构中"之"的使用,主要考虑的不是与语法相关的逻辑因素,而是与衬词相似的语用上的韵律等因素,是为了协和韵律,使相关表达形式加"之"之后就符合某方面的韵律要求。以下选择两类代表性表示形式中的"之",对其语用特征作些分析。

A. 名称的表示形式。先秦汉语中名称的表示存在着两类表示形式,一是纯理性词整合而成的紧凑形式,二是理性词之间加"之"的松散形式。据考察,松散形式中"之"使用的目的,主要是使表示形式具有一种偶化音节的复叠性韵律。调查《山海经》以"山"为视点的表示形式发现,修饰语为单音节的表示为"X山",饰语为双音节的则皆表示为"XX之山",形成一种两音节构成一个音步的双音步节奏的松散结构,一种具有偶化音节复叠韵律的松散结构,其"之"的语用特征非常明显。例:

(1) 其首曰招摇之山,临于西海之上,多桂,多金玉……又东三百里,曰基山,其阳多玉,其阴多怪木。(《山海经·南山经》)

(2) 西次二经之首,曰钤山,其上多铜,其下多玉,其木多杻橿。西二百里,曰泰冒之山,其阳多金,其阴多铁。(《山海经·西山经》)

(3) 又北百八十里,曰北鲜之山,是多马。鲜水出焉,而西北流注于涂吾之水。又北百七十里,曰堤山,多马。(《山海经·北山经》)

(4) 又南三百里,曰杜父之山,无草木,多水。又南三百里,曰耿山,无草木,多水碧,多大蛇。(《山海经·东山经》)

(5) 又北四十里,曰霍山,其木多榖。有兽焉,其状如狸,而白尾有鬣,名曰朏朏,养之可以已忧。又北五十二里,曰合谷之山,是多蓍棘。(《山海经·中山经》)

"之"的这种语用特征,从先秦与晚近名称逻辑表示形式的对比上亦可看出。如"发鸠山",《山海经·北山经》中的表示形式是"发鸠之山",至晚秦汉时期的逻辑表述形式则应该是"发鸠山",因不追求复叠韵律,故也就不加"之"了。"发鸠山"又名"鹿谷山"。《淮南子·地理志》:"长子县鹿谷山,浊漳水所出。"桑钦《水经》:"浊漳水出长子县西发鸠山。"

B. 一般句义的表示形式。同名称的表示形式相类似,一般句义的表示形式也可概括为紧凑和松散两类,其中,松散形式中加"之"的目的也可概括为追求一种偶化复叠性韵律。这方面,学界曾有过使句子节奏具有整饬性的说法(刘宋川、刘子瑜,2006;梁银峰,2010)。所举代表性用例:

(1) 圣人之葬人与? 人之葬圣人也,子何观焉?(《礼记·檀弓上》)

(2) 空中之无泽陂也,井中之无大鱼也,新林之无长木也。(《吕氏春秋·谕大》)

(3) 宓子曰:"我之谓任人,子之谓任力;任力者故劳,任人者故逸。"(《吕氏春秋·察贤》)

(4) 蚓无爪牙之利,筋骨之强,上食埃土,下饮黄泉,用心一也。(《荀子·劝学》)

很明显,整饬性是就多个表示形式间的关系而言的,落实在单个表示形式上,"之"使用的目的就可看作是使整个表示形式呈现为两个偶化的部分,两部分间,节奏上拥有一种复叠性韵律。

基于意象结构"之"上述语义、语用两方面表现,不难看出,它所具有的正是歌唱语言和言说语言兼存的衬词的性质,同后起民歌中"那""个""那个""里个""介支个"等衬词性质相同(郭攀,2019)。

三、衬词"之"的生成及其内部差异的形成

学界均注意到了衬词"之"与指代词间的渊源关系(洪波,2008;张玉金,2005)。进一步将密切关联的不同性质的"之"联系起来系统考察不难发现,衬词"之"的源头可追至原始指代词,它是在原始指代词基础上逐步演化而最终生成的。具体生成过程,统括为如下四个阶段。其中,因语料所限,第一、二阶段借用功能类似的其他原始指代词"呗儿""喏"加以说明。

1. 原始指代词独用阶段。例:

(1) 甲:东西在哪儿哪? 乙:呗儿(郭攀、夏凤梅《浠水方言研究》第186页)。

(2) A:侬买个书呢? B:(出示或手指该书)喏。

      ······

      A:物事传拨我? B:(递物给 A)喏。(刘丹青《叹词的本质》,《世

界汉语教学》2011 年第 2 期)

2. 准指示代词阶段。其基本特征是现于"情理组配结构"(郭攀,2018),具有准组合功能。例:

(1) 那三大王跨上雕鞍,手提丈八蛇矛,带领了喽罗,豁喇喇冲下山来。才走得二三里,只见这些喽罗说:"三大王,喏、喏,那边这个穿白的就是了。"(无名氏《说唐后传》第二十一回)

(2) 喏喏喏辫子军来了。(姜泣群《朝野新谭》甲编)

3. 与"之"句法位置相近的指代词阶段。基本特征是,位于基础性意象前,且已严格意义地词化。例:

(1) 甲午卜,争贞:翌乙未用羌? 用。之日雾。(《甲骨文合集》456 正)

(2) 之子于归,宜其室家。(《诗经·桃夭》)

4. 衬词化阶段。基本特征是,"之"指代性内容语境中业已出现,原有理性指代义处于蕴含或消失状态,单个词上具备了衬词的性质。前举用例之外又例:

(1) 子不我思,岂无他人? 狂童之狂也且!(《诗经·褰裳》)

(2) 子曰:"不教而杀谓之虐,不戒视成谓之暴,慢令致期谓之贼。犹之与人也,出纳之吝,谓之有司。"(《论语·尧曰》)

第四阶段,是"之"基本性质发生变化的阶段。其具体变化过程,还可进一步细化概括为"羡余—保留—模式化"三个环节。

A. 指代词"之"的历层性羡余。演化至第四阶段,因想象思维层次汉语指代词"之"指代具体对象的表义功能逐渐被承继"之"的新生名词所取代性表示了,取表后,"之"就成了表义视角的羡余成分。上述例中"狂童之狂也且"中指代词"之"指代的具体对象为"狂童"取代之后即成了羡余成分。"犹之与人也"中"之"的情况更为典型。洪波分析此例时认为是小句"之与人也"中"主语没有出现"(洪波,2008)。我们的看法稍有不同,认为"之"实际上具有主语的性质。它正是反映指代词作为取代过程中间状态的语言事实。同期一般情况被取代了,但此处尚未完全取代性表示。

B. 习惯性保留。指代词"之"成为羡余成分之后,在心理惯性和满足惯性需求的固守观念作用下,这种"之"被习惯性保留在原有语法位置了。因为保留出于满足心理层面对"之"必须尽可能拥有的需求,故自然也就生成了"兴趣(热情)"类情绪义。

C. 模式化。羡余性"之"习惯性保留并生成"兴趣(热情)"类情绪义之后即衬词化了。衬词化了的"之",落实在使用上,时间久了即日渐模式化。语表上,逐渐生成"意象 1+之+意象 2"的结构模式。语用层面,逐渐生成以

"之"为枢纽的基础性意象偶化复叠性韵律模式。

联系上述第四阶段"之"的变化过程和衬词"之"整体功能内部差异性表现进一步考察不难看出,两者间存在着密切的关联关系。具体说来,是上述第四阶段多环节渐变的过程促成了衬词"之"功能上存在着一定差异局面的形成,并因此而出现了存在一定差异的"之"。

同羡余性初现环节相应,是指代义的蕴含相对明显的"之"。洪波认为仍属指代词的四种情况基本皆为此类"之"(洪波,2008)。

同习惯性保留和模式化环节相应,是较严格意义衬词化的"之"。

第三节　先秦汉语意象结构中"其"的衬词性质

一、先秦汉语意象结构中"其"的语言事实

同"之"相类似,先秦汉语意象结构中也存在着一个性质大致相同的"其"。据调查,这种"其"亦主要现于歌唱语言,而且多现于今所谓主语前或主谓之间。例:

(1) 其虚其邪,既亟只且。(《诗经·北风》)

(2) 其雨其雨?杲杲出日。(《诗经·伯兮》)

(3) 谁其尸之?有齐季女。(《诗经·采苹》)

(4) 击鼓其镗,踊跃用兵。(《诗经·击鼓》)

(5) 北风其喈,雨雪其霏。(《诗经·北风》)

(6) 静女其姝,俟我于城隅。(《诗经·静女》)

(7) 硕人其颀,衣锦褧衣。(《诗经·硕人》)

(8) 日月忽其不淹兮,春与秋其代序。(《楚辞·离骚》)

(9) 芳与泽其杂糅兮,唯昭质其犹未亏。(《楚辞·离骚》)

(10) 欲少留此灵琐兮,日忽忽其将暮。(《楚辞·离骚》)

(11) 故众口其铄金兮,初若是而逢殆。(《楚辞·九章》)

(12) 苟余心其端直兮,虽僻远之何伤。(《楚辞·九章》)

(13) 霰雪纷其无垠兮,云霏霏而承宇。(《楚辞·九章》)

今所谓动宾关系间也存在不少用例:

(1) 之子于归,言秣其马。(《诗经·汉广》)

(2) 陟彼南山,言采其蕨。(《诗经·草虫》)

(3) 求我庶士,迨其吉兮。(《诗经·摽有梅》)

(4) 泛彼柏舟,亦泛其流。(《诗经·邶风》)

言说语言中亦存在意象结构中的"其"。以下是《尚书》《左传》中调查到的部分用例。其中,包括被部分学者处理为语气副词的一些用例。

(1) 爽惟天其罚殛我,我其不怨。(《尚书·康诰》)

(2) 朕志先定,询谋佥同,鬼神其依,龟筮协从,卜不习吉。(《尚书·大禹谟》)

(3) 佑贤辅德,显忠遂良,兼弱攻昧,取乱侮亡,推亡固存,邦乃其昌。(《尚书·仲虺之诰》)

(4) 上帝弗顺,祝降时丧。尔其孜孜,奉予一人,恭行天罚。(《尚书·泰誓下》)

(5) 冬,曹太子来朝。宾之以上卿,礼也。享曹太子。初献,乐奏而叹。施父曰:"曹太子其有忧乎! 非叹所也。"(《左传·桓公九年》)

(6) 傅瑕贰,周有常刑,既伏其罪矣。(《左传·桓公十四年》)

(7) 有妫之后,将育于姜。五世其昌,并于正卿。八世之后,莫之与京。(《左传·桓公二十二年》)

(8) 贡之不入,寡君之罪也,敢不共给? 昭王之不复,君其问诸水滨!(《左传·僖公四年》)

(9) 颓叔、桃子曰:"我实使狄,狄其怨我。"遂奉大叔以狄师攻王。(《左传·僖公二十四年》)

(10) 卫人将伐邢。礼至曰:"不得其守,国不可得也。我请昆弟仕焉。"(《左传·僖公二十四年》)

(11) 失礼违命,宜其为禽也。(《左传·宣公二年》)

(12) 其君之戎分为二广,广有一卒,卒偏之两。右广初驾,数及日中,左则受之,以至于昏。内官序当其夜,以待不虞。不可谓无备。(《左传·宣公十二年》)

二、"其"性质判定诸说检讨

先秦汉语意象结构中的"其"因大致与上节所讨论的"之"相类似,故以"之"为参照将其词性判定为衬词。但是,学界还存在不少争议性说法。在此,对未采用这些说法的理由结合历层研究模式略作阐述。

1. 词缀说。"其"的性质为词缀的观点是王力提出来的。熊焰对其提出过程作过梳理(熊焰,1997)。王力早先还是持一种怀疑与审度的态度。他说:"上古汉语的形容词也像动词一样,有些类似词头的附加成分。但是,某些附加成分是否应认为词头,比动词的'词头'更成疑问。因为它们不是专用作形容词的附加成分的。现在举出一个'其'字为例：'北风其凉，雨雪其霏。'……既然还不能断定这些附加成分和形容词的形态有关，所以不详细讨论。"后来，王力在其所编《古代汉语》中则对"其"作为词头给出了肯定说法。

词缀，作为一类虚词素具有三大特征。一是粘附性。它只能粘附在词根之上，不能独立使用。二是对应性。词缀与词根间具有较强的对应性，一个词缀原则上只能粘附在一类性质的词根之上。三是范畴性。词缀表示的是范畴义，主要可看作语法义。对照分析可知，先秦意象结构中的"其"此三特征皆不具备：它既可独立使用，又可与名动形诸不同性质的词发生组合关系，而表示的意义则是情绪义。这样，将其看作词缀有些牵强。

2. 助词说。认同"其"为助词的学者颇多（杨伯峻，1981：112；何乐士，1985：418）。持此类观点的学者一般认为，"其"作为助词在句中只起一种陪衬的作用，与构词形态没有什么关系。

在这里，陪衬作用指的是凑足音节的衬音功能。因正如吕叔湘所言，助词本身就是汉语词类划分中剩余虚词的收容所，是一个收容编余的杂类（吕叔湘，1984），故在现行词类系统中将其归为衬音助词有一定道理。但是，它并不等于合适。衬音的目的是什么呢？本质未能揭示出来，归类仍停留在表面。

3. 语气副词说。语气副词也是一常见说法。早期用例如（张玉金，2001）：

(1) 贞：我史其杀方？（《甲骨文合集》6771）

(2) 毁其万年子子孙孙永宝用享。（《师毁簋铭》）

这类事实，有的学者将其与兼含描摹功能的"其"区别开来了，我们考虑它们皆现于意象结构，且表示情绪义的基本功能相同，故采用与"之"相同的做法，统归为一类。

立足现今逻辑思维分析，"其"属语气副词的说法有一定道理，因为无论表示疑问还是揣测、祈使等哪一种语气，"其"与句子语气间都具有对应性。但是，基于主要现于歌唱语言的事实历层地看，"其"当主要处于与"之"类似情绪主导的情理交融层次，句子情绪类型、情绪流动状态皆是由类似歌唱语言中"音乐"的语调表示的，不是哪一个词独自表示的。这样，语气副词说自然有一些将后人解释结果粗略赋予"其"之嫌。

4. 程度副词说。将"其"处理为程度副词的是白平（白平，1996）。理据是有的"其"可以据境训释为"极""甚"，且从具有对应关系的文献或训释中可得到证明。所举例：

《韩非子·初见秦》："是故秦战未尝不克，攻未尝不取，所当未尝不破，开地数千里，此其大功也。"《战国策·秦策》："……开地数千里，此甚大功也。"

《墨子·尚同上》:"上以此为赏罚,其明察以审信。"《墨子·尚同中》:"故古者圣王之为刑政赏誉也,甚明察以审信。"

《诗经·击鼓》:"击鼓其镗。"《说文》:"镗,钟鼓声也。"又云:"闛,闛闛,盛貌也。"这两个从"堂"得声之字音义相涉。钟鼓声宏大,所以用"镗"来表示"响亮"义。"击鼓其镗"可以理解为"击鼓之声极为响亮"。

不难看出,白平在这里用的是传统的感知方法,理据还是不很充分。一方面,相关内容的对应性表达如何证明"极""甚"是"其"义的转表,而不是其他句义的其他视角表达? 古人的训释如何证明是针对"其"而不是"镗"? 另一方面,强程度副词基本皆是由蕴含强程度义的形容词演化而来的,"其"显然不是这类形容词,那么,其强程度义如何得来的? 这些都有待深入思考。

5. 指代词虚用说。指代词虚用说与传统衬字说非常接近(朱广祁,1985:86-88),它是由熊焰提出的(熊焰,1987)。依熊焰的说法,它指的是指代词在诗歌语言中的一种特殊用法,"其"字在诗歌语言中仅仅只保留了原来的词形,但不再有实在的、明确的指代性,它用在句中只是起一种咏叹性、谐和音节或衬补音节的作用。因为它并未失去指代词的原有词形,所以在一般情况下仍然可以把这种"其"字对译为现代汉语的"那个"或"那"。例如:"击鼓其镗"(《诗经·击鼓》)——敲起鼓来那个咚咚地响。"静女其姝"(《诗经·静女》)——娴静姑娘那个真美丽。"硕人其颀"(《诗经·硕人》)——健美人儿那个身材真修长。

应该说,指代词虚用说认识到了"其"虚灵的特性,但问题依然不少。一是"其"虚灵的语义到底是什么呢? 未能深入地揭示出来。二是性质的判定也不到位。指代词虚用到底是什么词呢? 不明确。三是使用范围上未能提升到两类语言高度。其中,一方面认为只限于诗歌,尤其是民歌范围。其中,排除了言说语言,不符合语言事实。另一方面,诗歌范围未能提升到歌唱语言的高度。

三、"其"与"之"的历层关系

"其"与"之"的历层关系大致概括为同源、同质、同能。

同源,即源头相同,皆指向同一类乃至于同一个原始指代词。反映这种源头相同的依据主要有三点:

1. *存在着大量可类比的语言事实。*如"哩溜哩啰""哩呀哩莲"和前及"里个""介支个"等次生衬词所反映的由原始指代词逐步演化为衬词的基本事实(倪淑萍,2011;郭攀,2019)。

2. *"其""之"上古音相近。*据《汉字古音手册》(郭锡良,1986:49-75),

"其","(古)群之"。"之","(古)章之"。二者声相近,韵相同,整体音节读音相近。

3. 指代词"其""之"互换使用的事实。衬词"之"的来源部分业已指出,演化链条中介于原始指代词和衬词之间的是"指代词"。分析可知,如果"其""之"存在着同一源头形式,那么,在演化至指代词阶段应该还存在着一定的可互换使用的情况。据考察,先秦汉语中指代词"其""之"刚好存在着这种部分互换使用的事实。李明指出(李明,2017),兼语位置上,先秦本用"之",但从战国末期始,"之"可以为"其"替换。如以下例中"使"后"之""其"所反映的情况。

(1) 孺悲欲见孔子,孔子辞以疾。将命者出户,取瑟而歌,使之闻之。(《论语·阳货》)

(2) 所爱其母者,非爱其形也,爱使其形者也。(《庄子·德充符》)

同质,指并行演化至同一文明层次且词性相同。它们皆处于先秦意象结构中基本相同的句法位置,皆为衬词。

同能,指的是演化为衬词之后,基本功能相同。同能是同质在使用上的表现。这一点,从衬词"其""之"存在不少对举性使用情况上不难看出。源自《诗经》例:

(1) 彼其之子,不称其服。(《诗经·候人》)

(2) 心之忧矣,曷维其已?(《诗经·绿衣》)

(3) 东门之枌,宛丘之栩。子仲之子,婆娑其下。(《诗经·东门之枌》)

(4) 壹者之来,云何其盱。(《诗经·何人斯》)

(5) 维南有箕,载翕其舌;维北有斗,西柄之揭。(《诗经·大东》)

参考文献:

陈光磊　1994　《汉语词法论》,学林出版社。

白　平　1996　《"其"非词头辨》,《山西大学学报》第 2 期。

郭凤岚　2009　《北京话话语标记"这个"、"那个"的社会语言学分析》,《中国语文》第 5 期。

郭　攀　2012　《汉语历层研究纲要》,北京师范大学出版社。

郭　攀　2014a　《现行歌曲唱词中的原始叹词》,《华中学术》第 2 期。

郭　攀　2014b　《叹词、语气词共现所标示的混分性情绪结构及其基本类型》,《语言研究》第 3 期。

郭　攀　2017　《论语义的跨层潜含》,《澳门语言学刊》第 1 期。

郭　攀　2019　《近现代歌唱语言中"里个"的衬词化》,《华中学术》第 4 期。

郭锡良　1986　《汉字古音手册》,北京大学出版社。

洪　波　2008　《周秦汉语"之 s"的可及性及相关问题》,《中国语文》第 4 期。

何乐士　1985　《古汉语虚词通释》,北京出版社。

何乐士 1989 《〈左传〉的[主·"之"·谓]式》,《〈左传〉虚词研究》,商务印书馆。

胡治国 刘宏艳 彭聃龄等 2008 《注意资源对正常人消极情绪偏向的影响》,《心理科学》第 6 期。

李 明 2017 《从"其"替换"之"看上古—中古的兼语式》,《当代语言学》第 1 期。

雷淑娟 2004 《节律:文学语言的形式律和内容律》,《修辞学习》第 4 期。

吕叔湘 1984 《助词说略》,《汉语语法论文集》,商务印书馆。

刘宋川 刘子瑜 2006 《"名·之·动/形"结构再探讨》,《语言学论丛》第三十二辑。

刘月华等 2001 《实用现代汉语语法》,商务印书馆。

梁银峰 2010 《古汉语[主+之+谓]s 的修辞色彩及其成因》,《当代修辞学》第 3 期。

倪淑萍 2011 《民歌衬词的文化内涵探究》,《艺术百家》第 8 期。

宋大能 1958 《谈中国民间歌曲中衬词、衬句的运用》,《音乐研究》第 2 期。

沈家煊 完 权 2009 《也谈"之字结构"和"之"字的功能》,《语言研究》第 2 期。

王春玲 2016 《四川西充方言的"之"字句》,《方言》第 4 期。

王洪君 1987 《汉语自指的名词化标记"之"的消失》,《语言学论丛》第十四辑。

熊 焰 1997 《先秦韵文"其"字代词虚用说》,《古汉语研究》第 2 期。

杨伯峻 1981 《古汉语虚词》,中华书局。

俞忠鑫 2003 《"一之日"解》,《古汉语研究》第 4 期。

朱广祁 1985 《〈诗经〉双音节词论稿》,河南人民出版社。

张世禄 1959 《古汉语里的偏正化主谓结构》,《语文教学》第 11 期。

张玉金 2001 《甲骨金文中"其"字意义的研究》,《殷都学刊》第 1 期。

张玉金 2005 《甲骨文中的"之"和助词"之"的来源》,《殷都学刊》第 6 期。

第九章 情绪思维层次汉语与现实语言生活

历层地看,情绪思维层次汉语与现实语言生活密切相关。语言方面,情绪思维层次汉语是今天所用现代汉语整体中的一个组成部分,是同今天语言生活密不可分的一种现实存在,要加强现代汉语文明层次建设,离不了与情绪思维层次汉语相关的语言建设。言语方面,情绪思维层次汉语的使用是现代汉语整体使用状况的一种具体体现,直接反映了现实语言生活中语言的使用状况,要加强现代汉语使用品位建设,也离不了与情绪思维层次汉语相关的品位建设。

基于上述关联关系,本章从语言和言语两个方面各针对性地选择一个与情绪思维层次汉语密切相关的问题进行一些初步探讨。所选择的问题分别是:基于情绪思维层次汉语所处地位的高层次现代汉语建设,基于情绪思维层次汉语使用状况的汉民族高品位语言生活建设①。探讨的目标是,为今天高层次现代汉语建设和汉民族高品位语言生活建设提供一些历层方面的参考。

第一节 基于情绪思维层次汉语 所处地位的高层次现代汉语建设

同之于现代汉语的关系类似,情绪思维层次汉语与高层次现代汉语建设亦密切相关。基于这种关联关系,以下立足高层次现代汉语建设,分别对情绪思维层次汉语在高层次现代汉语中所处地位进行简要阐述,对高层次现代汉语建设中情绪思维层次汉语的建设进行初步探讨。

一、情绪思维层次汉语在高层次现代汉语中所处地位

(一) 高层次现代汉语

1. 语言在文明层次整体评价中的高层次。在历层语言体系中,逻辑思

222

维层次是最高层次,这一仅就较单一类际递进关系视角而言的最高层次极易被等同于语言在文明层次整体评价中的高层次。其实,事情没有这么简单。因为较单一类际递进关系视角是立足人类语言从纯理论上选取的一种视角,得出的高层次是一种单纯化了高层次,同现实语言的实际状态存在着一些差异。整体评价中高层次的评价,除了较单一类际递进关系视角的因素之外,还必须考虑如下视角的因素。

A. 糅合性递进关系视角的因素。结合现实语言的实际分析可知,人类语言文明层次间现实的递进关系并非单一类际递进关系,而是一种糅合式递进关系。当语言发展至想象思维层次之后,现实语言系统就变成情绪和想象二思维层次语言的糅合状态了,进一步发展至逻辑思维层次之后,即变成情绪、想象和逻辑三思维层次语言的糅合状态了。发展过程中体现出的递进关系是一种糅合性的递进关系。整体评价中高层次的评价,还必须结合糅合性递进关系视角的因素进行综合考虑。这些因素,进一步分析发现,其主要落实在如下诸方面内容的考量上:

a. 语言主体内部不同层次间的比例关系。很明显,语言主体本身不是单纯的逻辑思维层次的人,其他文明层次乃至于动物性成分仍保留在身上,且业已融合为一个不同层次因素比例不同、服务方向各异的有机整体了,那么,逻辑思维层次成分与其他层次成分之间的最佳状态是一种什么样的比例关系呢? 它是考量的内容之一。

b. 不同类型意义间的比例关系。作为语言主体的人,不仅需要理性的交际,还需要情绪性交流。那么,语言需要表达的意义的最佳状态体现在理性义与情绪义之间是一种什么样的比例关系呢? 它也是必须考量的内容。

c. 不同表义方式间的比例关系。语义可用音质、非音质及其内部变化等不同的形式进行表示。这些方式同文明层次间有一定的对应关系。如情绪思维层次非音质形式使用较多等等。那么,表义方式的最佳状态体现在不同形式间是一种什么样的比例关系呢? 它同样是必须考量的内容。

B. 所立足主体文化取向视角的因素。高层次的评价,除立足全人类语言主体因素之外还必须考虑个性化的主体因素,尤其是与个性化主体在上及诸比例关系中体现出的文化取向。

C. 历层发展机制视角的因素。高层次的评价,除立足已有状态之外,还必须着眼发展,必须考虑是否具有健全的历层发展机制,是否能保证以最佳状态不断地跨层演进。

综上,整体评价中的高层次,至少是综合考虑进上述四视角因素之后所达到的最高层次。同时,因上述因素中比例关系等内容具有极大的主观性,故整体评价中的高层次又是一种辩证的高层次,而非绝对唯一性的高层次。

2. 高层次现代汉语。高层次现代汉语,基于多方面原因,现在还难以概括出其完整样貌,但是,有一点是明确的:它当是一种充分考虑了上述四视角因素之后所达到的高层次语言,一种既达到了现有文明的高度,又能够最大限度地满足人性化需求和汉民族文化需求,且具有健全发展机制的语言。有了这一点,还是能够对高层次现代汉语进行大致的把握,并展开进一步的研究。

(二)情绪思维层次汉语在高层次现代汉语中的地位

在历层语言体系中,情绪思维层次是最低层次,它似乎与高层次现代汉语关系不大,其实不然。结合上述高层次语言的阐述具体分析可知,情绪思维层次汉语在高层次现代汉语中亦有着重要的基础性地位。这种基础性地位主要体现在两个方面:

1. 情绪思维层次汉语是高层次现代汉语中的基础部分。由上述糅合性递进关系视角的分析可知,现代的语言主体仍一定程度地表现为情绪思维层次的人,仍有不少情绪义有待情绪思维层次汉语加以表达,仍需继续沿用情绪思维层次汉语的表义方式,情绪思维层次汉语是高层次现代汉语中不可或缺的重要组成部分。

2. 情绪思维层次汉语是后续文明层次汉语演化的基础。高层次现代汉语中,即使是想象和逻辑思维层次汉语,从源头上讲,它们往往也是由情绪思维层次汉语演化而来的。

A. 语言本体方面,以情绪思维层次汉语本体为起点的演化在较易感知的词层级表现较为明显。据考察(郭攀,2016),以下诸理性词就是在情绪思维层次汉语叹词基础上演化而来的。

a. 歌。名词"歌"源于原始叹词"呵"。李壮鹰指出:"歌"字的初义就是嗟叹,《黄帝素问·阴阳应象大论》:"在声为歌。"注:"歌,叹声也。"《集韵》:"歌,古作'可'。"王筠《说文句读》:"可,口气舒也。"这种抒情的叹词"可"又常通"呵"。这样即可建立联系:叹词"歌"源于叹词"呵",名词"歌"在叹词"歌"基础上转化而至(李壮鹰,2007)。

另,据闻一多《歌与诗》分析,"啊"是情感宣泄的语言化,是原始叹词;"歌"是宣泄的内容,名词;"唱"是宣泄行为,动词;"我"是宣泄主体,代词。"歌""唱""我"诸词皆是在"啊"基础上演化出来的(朱炳祥,2000)。

b. 芋。名词"芋"源于原始叹词"吁"。《说文·艸部》:"芋,大叶实根骇人,故谓之芋也。从艸于声。"徐锴系传:"芋犹言吁也。吁,惊词,故曰骇人,谓之芋。芋状如蹲鸱,故骇人。"《说文·口部》段注:"吁,惊也。……凡于声字多训大。芋之为物,叶大根实,二者皆堪骇人,故谓之芋。"《广雅·释草》王念孙疏证曰:"则芋之为名,即是惊异其大小。"(任继昉,2004:73-74)

c. 许。动词"许"源于原始叹词"许"。杨树达说:"许"从"午"声,"午"即"杵"之象形字。"许"字从"言"从"午",谓舂者送杵之声也。《说文·臼部》:"舂,捣粟也。从廾持杵以临臼,从午省。"《淮南子·道应篇》曰:"今夫举大木者,前呼'邪许',后亦应之,此举重劝力之歌也。"此"许"为劝力歌声之证也。举大木者当劝力,举杵舂粟者亦当劝力矣。即实言之,举杵劝力有声,"许"字之本义也,口有言而身应之,故"许"之引申义为"听"(杨树达,1983:23)。

d. 嗾。动词"嗾使"的实词素"嗾"源于原始动词"嗾"。《说文·口部》:"嗾,使犬声。"段注:"使犬者,作之嗾也。《方言》曰:'秦、晋之西鄙,自冀、陇而西,使犬曰哨。'郭音骚。哨与嗾一声之转。"原始动词"嗾"的演化过程大致为如下两步:

一是口头使犬自然音至表"嗾使狗追咬人或动物"和"唆使"义的词化。例:

(1) 秋九月,晋侯饮赵盾酒,伏甲将攻之。其右提弥明知之,趋登曰:"臣侍君宴,过三爵,非礼也。"遂扶以下。公嗾夫獒焉,明搏而杀之。(《左传·宣公二年》)

(2) 尔如狗耳,为人所嗾。(《北史·宋弁传》)

二是动词"嗾"与"使"同义复合导致的词素化。例:

(1) 百姓冉兴,为人嗾使打鼓告官家差役不均。(宋·周密《志雅堂杂钞·图画碑帖》)

B. 语言运作机制方面,以情绪思维层次汉语为起点的演化在复叠方式上表现较为明显。由前述情绪思维层次汉语运作方式部分的讨论可知,复叠是其最基础的运作方式。而今天逻辑思维层次汉语中实词语法义的表示皆存在着复叠方式。如:花花、草草,说说、笑笑、红红、绿绿、三三、两两、个个、人人,这这、那那,很很、最最。据考察,这种复叠方式,大致可看作情绪思维层次汉语复叠方式演化的结果。

二、高层次现代汉语建设中情绪思维层次汉语建设刍议

因为情绪思维层次汉语在高层次现代汉语中有着不可或缺的基础性地位,所以,要展开高层次现代汉语建设,就必须合理地展开作为待建设高层次现代汉语中基础部分的情绪思维层次汉语的建设。那么,如何有效地展开建设呢? 在此,粗略地提出几点基本看法。

（一）要确立一个基本原则

这个原则初步概括为充分论证、合理增删、逐层落实。其中，"充分论证"是必要的前提，只有对前述高层次现代汉语所及比例关系等宏观内容论证清楚了，具体的本体建设工作才能做到有据可依。"合理增删、逐层落实"是关键，只有将在已有情绪思维层次汉语基础上的增删据本体内部结构关系由大至小落实到基础层次，落到实处，高层次的情绪思维层次汉语建设才能够真正体现出成效。

（二）做法上，切实作为，逐步推进

情绪思维层次汉语建设是否有价值，是否可行等质疑自然免不了，对待这些质疑心存畏惧也情有可原，但是，绝不能因为这些原因而将工作停留在表面，敷衍了事。这个世界上总有一些工作是吃力不讨好的。既然选择了这个性质的工作就不要瞻前顾后，而应该切实地做下去，不断地尝试，逐步地往前推进。

（三）建设工作的方向上，侧重针对性地提升

据考察，现代汉语中的情绪思维层次汉语部分，在高层次现代汉语建设中的确存在一些不足。基于这些不足，以下简及几点提升方面的基本意向。

1. 情绪思维层次汉语及相关内容中非进步性内容的回避和淘汰。据调查，现代新生类叹词形式蕴含的理性义大多与野蛮的性行为相关。如"我操""我靠""我日"等。这些词反映的主体心理基础是与高层次格格不入的原始动物本能性心理，传达出的情绪也是极为原始的。这些词是应该尽可能回避的对象。另外，在湖北省丹江口方言中存在着一种强调程度义的特殊复叠形式"狠的狠的很"。如说这个西瓜甜，要强调其甜度，一般的程度表述为"甜的很"，高一层级的表述为"甜的狠的很"，再进一层级的表述为"甜的狠的狠的很"，再一直随所强调程度的递升而不断地复叠，以致气息不能承受为止（郭攀，2002）。很明显，这种复叠是情绪思维层次汉语复叠方式的演化形式。其方式，一方面依靠量的递增进行强调，过于原始，过于简单。另一方面，套化程度高，强调效果也不尽如人意。所以，它的文明程度偏低，是应该淘汰的对象。

2. 在有必要存在的情绪思维层次汉语中，相关内容所占比例的优化。情绪思维层次汉语在现代汉语中所占比例是以情绪因素在汉民族整体心理中所占比例为基础所体现出来的。这个比例大致是多少，现在还无法绝对地给出。但是，有两点初步的想法需要说明。

A. 歌唱语言与言说语言中间状态总体比例有必要进一步规划。歌唱语言配合音乐侧重表示情绪义，故情绪思维层次汉语方面因素占比较多。言说

语言以独立存在形式侧重表示理性义,故情绪思维层次汉语方面因素占比较少。二者的中间状态是某些注重音长、音顿的方言口语。以北京方言口语为例,其典型表现是:

音质含混。因舌头转动不到位或速度过缓而使一些语音变得含混不清。

音长加长。为凸显某些情绪,尤其是慨叹类情绪,频繁将处于感叹重心的一些词的音长拉长。

音顿和情绪词使用频繁。为突出强调乃至于不凡的风格,频繁使用音顿和相关的叹词、语气词。这在《编辑部的故事》中都不乏用例。例:

(1) 李:呕,呕,你好,你好。我叫李东宝。这是我的同事戈玲。

戈:你好。

何:你好,戈小姐。这是我的名片。

李:诶哟,好。

戈:啊,谢谢。

李:诶,对不起,我的名片忘带了。你的也忘带了吧。

戈:嗯,当然……,很抱歉。(《编辑部的故事·侵权之争》)

(2) 哼,我早说过吧,这件事儿不能办。怎么样,到底叫我说中了吧。咳,这回啊,人家要找咱们打官司了。(《编辑部的故事·侵权之争》)

(3) 诶诶,这样吧。这个事情啊,还是跟我谈吧,啊。这个事儿啊,我清楚。从头到尾我都参与了。(《编辑部的故事·侵权之争》)

(4) 刘:是啊,是啊。

余:哎哟,我的妈哟,外头跟下火的似的嘿,呵,哎呀,我也享受享受这空调。

戈:哎,你还是关了吧,还不够闹腾的呢?

余:一会儿,一会儿,一会儿,一会儿,呵,哎哟嘿,嘿,哎,你还别说,比电扇强。

牛:哎,呀,小余子,你就不能让我们安静点儿吗?

余:哎,差不多了,差不多了,哎哟,哎哟。(《编辑部的故事·甜蜜的腐蚀》)

总体说来,这种中间状态情绪思维层次因素嫌多。其结果是一定程度地弱化了语言的理性交际功能,弱化了语言的文明程度,当以适量减少为宜。

B. 表示正负极情绪义所用语词或结构形式比例的优化。据调查,现行情绪思维层次汉语内部正负两极情绪表示形式比例不当,负极情绪表示形式明显占比偏大。其中,叹词的表现较为典型。具体表现在两个方面:

a. 叹词系统中,除中性词之外,以负极情绪义的叹词为主。以第七章"情绪思维层次汉语与现代汉语富情特征"现代汉语叹词的概括为基础进一步分析可知,除去方言性较强的叹词和类叹词形式,现代汉语新生叹词有 19 个。若再加上沿用的古白话和文言叹词,总数即达到 44 个。在诸叹词中,正极叹词占比 20%,负极 30%,正负比为 1∶1.5。

b. 反映在由理性形式叹词化而来的次生叹词方面,负极偏向较为明显。诸次生叹词中,"乖乖""好家伙""老天爷""我晕""哇(哇噻)"为中性,"我去""我的天"则为负极偏向。因整个次生叹词方面没有严格意义的正极偏向叹词,而中性之外又出现了负极叹词,故此类次生叹词方面负极偏向较为明显。

负极情绪形式占比偏大的现实表现告诉我们:一方面,要淡化乃至于清除部分负极情绪表示形式。另一方面,正极情绪表示形式的占比理应增大[②]。这不仅仅是二者间简单的平衡问题,还涉及汉语乃至于整个汉民族的活力和幸福指数。基于此,我们还结合叹词呈负极偏向的现实进一步针对性地作了一些相关的规划方面的研究,并尝试性提出了两个帮助改变叹词负极偏向的基本策略。如下:

第一,分层降詈。众所周知,部分次生叹词是由詈语叹词化而来的(刘丹青,2012)。这部分叹词,因其叹词化程度不是非常高,且仍一定程度地保留有骂詈元素而基本皆可归为负极偏向的"愤怒(恼怒)"类次生叹词。"我去(去)"就是它们的代表(李先银,2013)。例:

(1) 金融行业整顿,却把中立性质的资讯网站关了。我去! 这是整顿什么,怕人们了解了行业的动向?(王涛《话语标记"我去"》,《汉江师范学院学报》2017 年第 5 期)

(2) 梅梅说:你马上要办退休手续了,更闲了,我给你介绍一个老头吧?

文丽说:去,伺候一辈子老头了还老头,要找你自己找吧!(《金婚》)

分析可知,这类叹词的使用,仍一定程度地存在着弱化骂詈性负极偏向的规划问题。其针对性规划,以其代表形式"我去(去)"为例,结合特定场合人们仍在使用源形式"我去 XX 的"和"我去 XX 的"之于"我去(去)"所作取舍的已有现实进一步总结、延伸,大致可概括出一种分步骤逐层降詈的做法来。第一步,缩小骂詈范围。只骂对方,不骂亲属,将"我去 XX 的"改为"我去"。第二步,模糊理性指称义,将"我去"改为"去"。第三步,模糊字面理据。参照"哇噻"与源形式间的关系将"去"改写为"呿"(刘丹青,2012)。这种做法,就是分层降詈策略。

第二,借势倡乐。现代青少年女性多喜欢发出一种伴随叹词"啊""哈"的哄笑。它往往具有多人参与、纯真、夸张等特点,可称之为"啊笑"。无论"啊笑"是外来还是自源,无论它是否含有卖萌、装嫩成分,有一些是可以肯定的:

青少年女性喜欢;表示正极"快乐(惊喜)"类情绪;常"啊笑"的青少年女性往往少抑郁。既然拥有一定社会基础,且有利于改变现代汉语叹词系统负极偏向局面,有利于人们的精神生活,就有理由借助这种风尚顺势诱导,将中性叹词"啊"彻底转化为正极"快乐(惊喜)"类叹词。

据考察,类似"啊笑"的情况皆可仿其处理,这种处理方法概括起来,就是叹词情绪偏向规划中的"借势倡乐"策略。

3. 情绪思维层次汉语新的合理性规范的增加。文明层次的提升,有的情况下即表现为已有本体形式的规范化。据此,现行情绪思维层次汉语中尚缺乏必要规范部分文明层次的提升,就可以落实在规范化上。如表示"惊奇(醒悟)义的"叹词"哦",可通过音长的变化表示猛然地醒悟或逐渐地醒悟,但到底哪种音长对应哪种醒悟呢? 现行状态是未作规范的仍由主体的主观意识自由把握状态。那么,为提升其文明层次,即可作出相对具体一些的规定。如猛然醒悟,对应半个音节的音长。一般程度的逐渐醒悟,对应一个音节的音长。极大程度地逐渐醒悟,对应两个音节的音长。

当然,这类规范将不可避免地引来必要性方面的论争。这种必要性,在此不展开具体讨论,仅简要指出的是,它至少在语言的发展和自然语言的信息处理方面存在必要。

第二节　基于情绪思维层次汉语使用状况的高品位语言生活建设

高品位语言生活,在此指的是同高层次现代汉语所体现的文明层次相应的一种语言生活。

分析可知,现行情绪思维层次汉语的使用状况是高品位语言生活建设的前提,它决定了建设工作是继承或是淘汰、完善、提升等不同的方向。基于此,以下针对现行情绪思维层次汉语的使用状况,尤其是其中的不足之处,仅就建设所及的两个方面进行简要阐述和初步探讨。

一、使用范围的明确化

今天,现代汉语中所兼融的不同文明层次的语言因素,在使用范围上还是不自觉地存在着一定的规定性。但是,就情绪思维层次汉语而言,其明确化程度仍嫌不够。这里从高品位语言生活建设视角再进一步明确地概括两点。

1. 语体视角,情绪思维层次汉语用于日常语体和文学语体,不用于政论语体。因为,它与自然人日常和文学范畴语言生活具有内在对应关系,而与政论范畴纯理性生活没有显性的对应关系,用了情绪表达形式反而冲淡或扭曲了内在逻辑关系,不利于逻辑思维层次清晰、严密表达的彰显和提升。

2. 语境视角,情绪思维层次汉语用于不急切情况下散漫地聊天,急切地说事时少用。

二、部分与情绪思维层次汉语相关低层级小话语系统取向的大力规划

同情绪思维层次汉语相关低层级小话语系统主要出现在特殊群体或方言中。据调查,浠水方言中就存在这样一个小话语系统。

心理世界:它是一个由性器官、性行为组成的关联性意象群,一个表义的依托系统。

语言世界:它是一个由与性器官、性行为相应的方言表示形式构成的小话语系统。即,表示一系列指称义,皆使用性器官名称,男女性器官均可,但以男性为常。表示特定情绪或相对完整的意义,选用与性行为相关的表示形式。委婉起见,性器官名称,女性采用"X"表示,男性采用"y"表示。所表意义系统整理如下:

(一) 情绪范畴

低层级小话语系统表现在情绪范畴,表示负极为主的情绪义。主要是"嫌恶""愤怒""惊奇"等类情绪义。例:

娘的个 X,就是不长,也没干着嘞。(嫌庄稼长势不好)

吃,吃个 y 啰。还不戴帽子跟着去。(怒他人动作慢了,贪吃)

娘的个 X,么又生了个包呃?(惊身上又长包了)

也可表"快乐"类情绪。例:

狗 y 日的,还有两下儿嘞。(喜赞他人有能耐)

(二) 理性范畴

在理性范畴,可表示不同类型的理性义。其中,最主要的是指称不同类型的对象。

1. 指称笼统的贬抑性或不在意的对象,大致相当于普通话中"东西"。例:

搞么 X/y 呢,我不想跟你吵嘴吵架。

么 X/y 什么东西啦,我看下儿?

果个 y 这样的一个东西哦,还以为么事什么东西呢。

2.指称具体的性器官或性质上类似的否定性、不在意的对象。例：

狗 y 日的,下次来看我不骂死他。

那个 y 日的昨儿就冒没有来。

吃个 y 啊,光只晓得吃。

见 y 判无足轻重的小事啰,还以为你一个月拿好多钱呢。

3.指称对象之外,浠水方言中此小系统还常表示各种指代义,大致相当于普通话中"这样/那样"或"什么"。例：

莫 y 搞/说/骂/扯/骂的。

没 y 做的。看养鱼,看他能赚几个钱。

4.浠水方言中此小系统也可表示"不可接受""不像样"等性状类意义。例：

那个 y 人啦,不是个东西。

这个 y 天啦,热死人了。

上述小话语系统,之所以判定为同情绪思维层次汉语相关低层级语词系统,主要是其有着情绪主导的情理交融性情绪思维层次汉语基本特征。

1.表示的意义,主要是负极取向的情绪义。其中,或直接表现为类似"我操""个婊子养的"等类叹词形式所表负极情绪义,或尽管为理性指称义,但仍能明确感知到情绪的主导性地位。

2.表义所用语词和表达式的取向,是与本能相关的表现原始情绪常用的基本取向。

3.表义方式,是原始笼统的一以贯多式,即以单一的一组词和表达式笼统地表示诸多相关意义内容。

4.语词和表达式出现频率极高。在部分人的言语中,几乎每句话都包含有这类语词和表达式。

现代社会同情绪思维层次汉语相关低层级小话语系统取向的存在,意味着存在社会语言规划的必要。具体工作,当分两个步骤展开。下面以上述浠水方言话语小系统为例略作探讨。

第一步骤,探明这种小话语系统出现的根源。据语言文化等多方面考察,其出现与使用主体文明程度、思维能力关系不大,主要是思维习惯使然。在代际传承过程中,上辈人不仅传授了小话语系统本身,更重要的是还传入了思维习惯。相关话语,就是在这种习惯作用下自然生成的。明确了根源所在,就不应该将规划的努力放在笼统的文化知识和思维能力的提高上,而应该更有针对性地侧重思维习惯的转变而展开,亦即以由性器官、性行为组成的关联性意象群作为表义依托系统的习惯的转变,将其转至文明程度契合时代特征的依托系统上来。

第二步骤,制订合适的规划策略,并有序实施。如果说"实施"是操作层面工作的话,那么,规划策略则是理论探讨的重点。结合所调查到的案例,在此简要提出两点策略。

1. 具有较大影响力群体的引领。曾调查到这样一个案例:一些青春期女孩子公开嫌弃一些男孩子将妹妹叫"老妹",说是将妹妹叫老了,不好。这里面当然存在对"老"的误解,但鲜明地反映了青春期女孩子对年龄的在意。男孩子们获知了女孩子们的这种心理,就逐渐改变了"老妹"的叫法,而改为"妹儿"。这一案例尽管不属上述小话语系统,但充分说明了特殊群体的影响力。不难推知,利用特殊群体的引领作用,转化低层级小话语系统是有一定可行性的。

2. 强势氛围的同化。所处强势氛围的同化作用是巨大的。据调查,浠水籍学生进入大学,处于大学文化这一强势氛围以后,基本上即不再使用原用低层级小话语系统了,而改用大学文化中共用的表述系统。这种现象提供了这样的启示:只要与文明进程相应的高品位话语系统逐步强大,就可以利用其强势氛围对低层级小话语系统进行有效同化,从而逐步实现高品位的语言生活。

注释:

① 现代语言层次的研究曾因担心为别有用心者所利用而成为不少学者回避的方向,其实,这种回避是没有必要的,也是不可取的。一方面,语言所固有文明层次特征是一种客观存在,不因主观回避而自行消失,自行停止发挥作用。另一方面,不去研究它,不去正视它,等到别人做了,做出成果来了,又将陷入被动。

② 许多研究表明,相比于中性和积极刺激,消极刺激能够引起更快、更显著的反应。这种现象被称为"消极情绪偏向"。但彭聃龄等的研究表明(胡治国、刘宏艳、彭聃龄等,2008):正常人只有在阈上加工且注意资源缺乏的情况下才表现出"消极情绪偏向",在阈上加工注意资源充足和阈下加工情况下,都不能表现出"消极情绪偏向"。这一些,为将正极叹词为主看作优化比例提供了基础。

参考文献:

郭斯萍　陈四光　2008　《试论心理过程的分类与心理学的科学体系》,《南京师大学报》第 5 期。

郭　攀　2002　《丹江口方言"狠的"的复叠形式》,《方言》第 3 期。

郭　攀　2014　《叹词、语气词共现所标示的混分性情绪结构及其基本类型》,《语言研究》第 3 期。

郭　攀　2015　《汉语叹词定位的历层模式》,《澳门语言学刊》第 1 期。

郭　攀　2016　《汉语起源"叹词说"的历层证明》,《华中学术》第 2 期。

郭　攀　2017　《论意义的跨层潜含》,《澳门语言学刊》第 2 期。

郭　攀　2018　《情理组配表述模式及相关叹词、语气词方面问题》,《华中学术》第 4 期。

胡治国　刘宏艳　彭聃龄等　2008　《注意资源对正常人消极情绪偏向的影响》,《心理科学》第 6 期。

刘丹青　2012　《实词的叹词化和叹词的去叹词化》,《汉语学习》第 3 期。

陆镜光　2005　《汉语方言中的指示叹词》,《语言科学》第 6 期。

黎锦熙　1992　《新著国语文法》,商务印书馆。

李先银　2013　《表达祈使的"去"在对话语境中的主观化和叹词化》,《世界汉语教学》第 2 期。

李壮鹰　2007　《嗟叹与咏歌》,《中国文化研究》春之卷。

任继昉　2004　《汉语语源学》,重庆出版社。

夏凤梅　郭　攀　2017　《"呜呼哀哉"的情绪化和理性化》,《语言研究》第 2 期。

肖丽华　2011　《现代汉语叹词研究》,汕头大学硕士论文。

杨　婕　王晓凌　2017　《试析现代汉语叹词的重叠》,《浙江海洋学院学报》第 1 期。

杨树达　1983　《积微居小学述林》,中华书局。

朱炳祥　2000　《论汉语的发生学道路》,《武汉水利电力大学学报》第 4 期。

附　录

附录一：情理交融性情绪思维层次汉语类叹词形式

在情理交融性情绪思维层次汉语中,伴随着理性形式情绪化过程的推进,一方面出现了一些叹词化程度较高的情绪形式。如"老天爷""我的天"就已被《现代汉语词典》收录为叹词,"呜呼哀哉""哇噻"也成了认可度较高的叹词。另一方面,还出现了大量处于理性形式与情绪形式中间状态的语言形式。它们单位上有已演化为词的,但也有仍基本属短语形式的。意义上不同程度地情绪化了,但理性义又仍较明显地存在。范围上则主要包括两类有所演化的语言形式:一是"竖子""畜生""扯淡""我操""妈的""个婊子"类詈语;二是"嗨""万福""别来无恙"类问候语。

这里的中间状态的语言形式是本附录着重讨论的对象。基于其单位、意义、范围等方面的表现,在此权宜性称之为类叹词形式,并拟接续现行研究现状选择一些专题展开研究。具体安排"詈语的叹词化现象"和"问候语是否叹词化了"二问题展开。

一、詈语的叹词化现象

詈语的词汇化学界有所讨论(张谊生,2010),而且,一般认为存在着演化为叹词的情况,"哇噻"就是较为典型的词例(刘丹青,2012)。但进一步细化研究发现,大部分詈语使用过程中演化的结果是类叹词形式,而不好看作严格意义的叹词。相应地,其演化亦往往表现为一定程度地叹词化。

关于詈语一定程度地叹词化,在此仅以武汉方言中"个婊子养的"及其简缩形式"婊子养的""个婊子""婊子"为例着重探讨一下叹词化的过程。材料来源,除部分源自出版物之外,大多数为网络语帖和个人调查的武汉方言口语。

据考察,詈语"个婊子养的"一定程度地叹词化的过程大致概括为两个阶段。

（一）实指阶段

实指阶段，詈语"个婊子养的"侧重表示指称性内容，而不是情绪性内容。结合字面意义和适用范围等因素考察，詈语"个婊子养的"指称性内容概括为两点。

1. 本体。"个婊子养的"最初指的是作为本体的人，字面义"一种由婊子生养的人"，实质义"出身低贱之人"。例：

(1) 赵胜天不客气地回敬了李小兰一句："小婊子养的！"如果不是在此之前他们已经同床共眠过，肯定他们两人都会为自己空度洞房花烛夜终生抱憾。（池莉《太阳出世》）

(2) 没有！没有！这个破家里什么都没有！没有钱，没有权，连个像模像样的走资派都没有！一群蛆！婊子养的！（池莉《你是一条河》）

这种指称有时往往还较明显地蕴含着一些评价性行为义。如以下例中即分别蕴含有"怎么走的""怎么做人的"等义。

(1) 今下午在简易路，天热，又抱着东西，急忙走过自行车道到公交站台，结果，没有看到一辆开得很快的踏板电动车，对方也没有给个动静，结果没有回过神来，这个家伙来了句：个婊子养的！（网络语帖）

(2) 卢小波挥起拳头在站长的桌子上猛砸下去，他吼着："王八蛋！婊子养的！"然后吐出一串串污秽话，骂得站长书记面红耳赤。这大骂之中自然不少指向他们的隐私的，比方书记睡了吊车班的小熊，才把小熊送去当了保管员。（方方《一波三折》）

2. 性状。同诸多基础性词或短语相类似，"个婊子养的"也具有较浓厚的意象特征。众所周知，意象的表义具有本体、性状、行为不同范畴灵活转换的特征，所以，"个婊子养的"在本体基础上亦常指称具有"婊子养的"低贱、蠢笨、狠毒等性状。这种性状义的"个婊子养的"常处于修饰语位置上，其后的中心语常常被省略。例：

(1) 陆武桥捂着肩大叫：你个婊子养的刘板眼！你妈的搞邪完了！这叫给脸不要脸，地狱无门你偏来！好吧，老子今天要让你认清现实！（池莉《你是一条河》）

(2) 他就是个婊子养的。（个人调查语例）

(3) 老子信了你的邪啰，你个婊子养的想么样吵？（个人调查语例）

(4) 你个婊子不清白吧，撞了我的车还这大火气。（网络语帖）

（二）类叹词形式阶段

实指性"个婊子养的"当其侧重的意义由理性义演化为情绪义时，就一

定程度地叹词化了,其发展,也就意味着进入类叹词形式阶段了。例:

(1) 赵胜天还不解恨,又跺脚又吐唾沫。"个婊子养的! 保姆有什么了不得的,只知道钱钱钱,臭!"(池莉《太阳出世》)

(2) 嘿,个婊子养的,这些时,你死到哪里去了? 个婊子老子蛮想你咧。(彭建新《红尘三部曲·娩世》)

(3) 个婊子养的,看么事看,老子一巴掌掴死你。(个人调查语例)

(4) 乘客说:"个婊子的,这远。"……没到个红绿灯口,有人说:"个婊子的,又是红灯。"……中午食堂吃饭,听到有人说:"个婊子的,又是这饭菜。"(网络语帖)

(5) 车上一爹爹大骂司机:"个婊子养的,会不会开车啦。"司机停车:"你不下车我就不开,婊子养的!"(网络语帖)

据考察,类叹词形式阶段"个婊子养的"还是具有一些标志的。总的说来,标志是所侧重义的情绪化。这种标志,落实在意义演化的具体表现上,则大致可结合以上诸例概括为三点。

1. 主体所针对的对象范围泛化了,或泛化为非人,或泛化为群体。众所周知,严格意义的詈语有明确的针对人。当主体所针对的对象泛化了,尤其是变为喜爱的、亲近的人了,其意义即情绪化了,甚至转向与实指性"个婊子养的"所潜含情绪义相反的意义。如(1)中"个婊子养的"对象泛化为群体了,侧重表示"愤怒"类情绪义。(4)中"个婊子养的"针对的是现状,侧重表示程度稍轻的"愤怒"类情绪义。(2)中"个婊子养的"对象为主体亲近的人,侧重表示的是与实指性"个婊子养的"所潜含负极情绪义相反的正极"兴趣"类情绪义。

类似(2)的情况,在叙述性语言中还可找到一些语例。例:

(1) 武汉人称赞一本书或一场球赛好看、一场游戏或一件事情好玩,就会兴高采烈地说:"个婊子养的,好过瘾呀!"夸奖别人长得漂亮或事情做得漂亮,也会说:"个婊子养的,好清爽呀!"(易中天《"婊子养的":武汉人什么娘都敢骂》,《民间文化》2000年第9期)

(2) 楼主坐标武汉,地铁里大妈撕小姑娘貌似就是因为那句"个婊子养的"。楼主并不觉得这是骂人的话,因为我婆婆经常骂我老公"个婊子养的",我老公这个时候总会偷偷跟我说,"个斑马,老娘又带骂自己了"。(网络语帖)

2. 语气相对柔和,恶意减少。比较实指和类叹词形式两阶段"个婊子养的"可知,语气上后者相对柔和,甚至为亲昵语气。如(2)中"嘿,个婊子养的,这些时,你死到哪里去了? 个婊子老子蛮想你咧"。恶意上,尽管基本都带有

"恶"的因素,但前者是"凶恶、恶毒",目的是要对受骂方进行谴责、咒骂,而后者只是一般的恶意,目的是宣泄负面情绪,并没有明确贬人抬己性质的意图。

3. 形式有所简化且常用情绪思维层次汉语运作方式。形式上往往独用"个婊子""婊子"等简省形式。使用上存在着类叹词性复叠、模式化等方面的表现。例:

(1) 个婊子! 个婊子! 几狠啰。跟我搞。个婊子。(个人调查语例)

(2) 个婊子,你个婊子养的蛮久有见了咧,最近死哪里去了呢? 个婊子。(网络语帖)

(3) 老太太已经重新躺下了,我这话刚说完,她腾地坐起来,顺手抄起身边的拐杖,狠劲地在地上敲了两下,对我吼起来:"个婊子养的! 不信我老太,不信我你就问别人去! 婊子养的! 地图不卖! 快走!"说罢就又躺下了。我被这老太太吼蒙了,一时没反应过来,傻站在那里不动。老太太见我没动弹,又坐起身来,一脸的不高兴,嘟囔着站起来,走到柜台后面,拿了一张地图出来。"哎呀,个婊子养的,搞么事,真是扎心。"(网络语帖)

上述表现,网络语帖中也有过一些相关阐述。如:

你个婊子养的,也许外地大家接受不了,但在本地不太算骂人的话,有时候关系特好的朋友很久没见,见面的时候都会说一句"你个婊子养地,最近搞莫斯克了撒(最近在做什么呢)?"比较恶毒一点有"你个臭婊子养的",说这个就很有可能引起一场真人 pk,我不太会骂人但偶尔开车被人加塞儿也会自己嘀咕说句"个婊"。只是表达个郁闷的情绪。(网络语帖)

正宗的武汉话通常是三段式,开头必定是"你姆妈"或"老子",说话的中间要穿插"个婊子养的",结尾要有"你妈的逼"等生殖器用语。例如要说一句话:"我昨天去江汉路,遇到几个小偷,差点把我钱包偷了,我很生气。"用武汉话这样说:"你姆妈,老子昨天去江汉路,遇到了几个小偷,个婊子养的,差点偷了老子的钱包,你妈的个逼,把老子气死了,个婊子养的。"(网络语帖)

二、问候语是否叹词化了

近些年来陆续开展的叹词化研究,一定程度地拓展了叹词研究的范围,加深了对叹词性质的认识(刘丹青,2012),但也由此引出了一些问题。除部分否定副词、动词性呼语处理为叹词有待商榷之外(赵则玲,2015),还包括部分具有一定叹词性质的内容尚未得到应有的关注。问候语就是其中之一。它是否也叹词化了呢? 若叹词化了,属于什么程度呢? 不清楚。

基于上述现实,在此对问候语是否也叹词化了的问题作些讨论。拟选择

"别来无恙"这一常见问候形式以点带面地进行。研究视角上,立足汉语历层研究中历层与历史辩证转化层级从时间过程视角展开(郭攀,2012:7-44)。

(一)"别来无恙"出现的基本事实

"别来无恙"是负向问候形式"无恙"与时间表示形式"别来"组合而成的问候语(郭攀,2003)。据《国学宝典》(2003)"中国典籍库"日常语言有所出现的"诸子散文"、隋至民国的"笔记""文言小说""白话小说""香艳丛书""戏曲""现代其他"等语料以及针对《国学宝典》的不足而增补语料的调查发现,问候语"别来无恙"最早出现的时间大致是金代。《董解元西厢记·卷七》"莺莺坐夫人之侧。生问曰:'别来无恙否?'"是反映这种时代性的用例。其后,元明清三代均有相对较多的出现,民国至今亦偶有出现。以独用、配合、准组合三类语法特征为参照,大致可将所调查到的"别来无恙"主要概括为"准独用""准组合""组合"三类情况。其中,"准独用"指"别来无恙否"类情况。语表上存在一个"否",构成了正反问形式,但实质上"否"的表义功能可忽略不计,因"别来无恙否"与"别来无恙"同义。"准组合"指的是"呼语或关联性内容+别来无恙"的问候形式。如《禅真逸史·第三十三回》"张善相早已望见,高声道:'杜、薛二兄,别来无恙?'"。下面将元明清语料中"别来无恙"的出现次数简要图示。其中,准独用简为"独",准组合简为"准组",组合使用简为"组"。

表一　"别来无恙"出现次数

语料类别	元　代	明　代	清　代
白话小说		准组:3;组:15	准组:7;组:38
文言小说			独:2;准组:1;组:3
戏曲	准组:2;组:5		
笔记			准组:2;组:5

(二)"别来无恙"不同层面的演化

1. 使用层面,大致具有语表形式逐步定型化和使用频率越来越高的趋向。据考察,"无恙"是上古、中古时期代表性问候形式,与"无恙"组合表示兼含时间因素问候义诸同义形式大致有三类。一是不定形式。此类形式出现较少,只见3例:

(1) 故人别后应无恙。(《全元曲·白朴》)

(2) 君瑞道:"哥哥自别无恙!"(《董解元西厢记》卷八)

(3) 友梅既度新声,弟亦放歌相和。曾几何时,而追忆此欢,忽已四载矣。不知罗浮春色今无恙否?(烟水散人《合浦珠》)

二是"间别"形式。它也是一个较常发生组合关系的形式,但出现频率不及"别来",而且只见于元代戏曲。例：

（1）（末云）小姐间别无恙？（《西厢记》第四折）

（2）我恰猛可地向这厅堂中见，唬得我又待寻幔幕中藏。哎！狠阿公间别来无恙！（《全元曲·石君宝》）

（3）（范仲淹云）长老间别无恙？（《半夜雷轰荐福碑》第四折）

（4）（关末做下马科，云）哥哥间别无恙。（《全元曲·无名氏》）

三是"别来"形式。"别来"与"无恙"的组合不仅出现频率高、范围广，而且延续时间长，直至现代都有少量使用。"别来无恙"的使用频率从上表中可见一斑。例不赘。

三类形式中，"别来无恙"是逐步凝固的代表形式，其出现情况体现了定型化和出现频率越来越高的趋向。

2. 语法层面，大致具有由"准独用"至"准组合""组合"演化的趋向。由上出现情况可知，最初出现的是具有准独用特征的"别来无恙"。其后，准独用的"别来无恙"仅出现二例。其中，"别来无恙否"的准独用特征前已及，"别来无恙乎"中的"乎"是标示语气的，功能同于语调，故"别来无恙乎"亦可看作"别来无恙"的同义表达形式。例：

（1）见公至，降阶而迎，笑问曰："至矣乎？别来无恙否？"（《聊斋志异》卷四）

（2）是夜宿于湖村，秉烛方坐，忽几前如飞鸟飘落；视之则二十许丽人，嫣然曰："别来无恙乎？"（《聊斋志异》卷十一）

此二例"别来无恙"尽管出现时间较晚，但因属于汉语中最早的文言系统，故实际反映的时间还是可归入早期。

在历史发展过程中，"别来无恙"逐步向具有"准组合""组合"特征发展。这从上表中具体数字上不难看出。准组合例：

（1）（牛太守云）京兆相公，别来无恙？（《杜牧之诗酒扬州梦》第四折）

（2）岳元帅拍马上前道："杨将军，别来无恙？"（《说岳全传》第四十七回）

（3）（合）淡扫蛾眉遥相访，欲了风流障，难辞道路长。（旦）未识檀郎，别来无恙。（《雷峰塔》第十一出）

例中，无论是呼语"京兆相公""杨将军"还是关联性内容"未识檀郎"，都是理性表示形式，"别来无恙"同它们发生准组合关系。

组合例：

（1）（驾云）故人别来无恙？今蒙不弃，喜慰平生，就在殿廷赐坐，好叙闲阔。（《西华山陈抟高卧》第三折）

（2）门吏忽报："有客来相访。"……法正曰："莫非彭永吉乎？"升阶视之。

其人跃起曰:"孝直别来无恙!"(《三国演义》第六十四回)

(3) 管夷吾见小白端坐车中,上前鞠躬曰:"公子别来无恙,今将何往?" (《东周列国志》第十五回)

(4) 仇君别来无恙?……本帅闻得你在这里甚著能名。(《晚清文学丛钞·李慈铭〈蓬莱驿〉》)

(5) 钟非园既挂冠,卖卜燕市,孙雨蕉任祥符令,非园方观察汴中,过从无虚日,别后久不相见矣。一日,二人遇于途,孙问曰:"君别来无恙耶?"(《新语林》卷六)

3. 意义层面,大致具有逐步情绪化的趋向。据表义的侧重点,"别来无恙"可细化为两类情况。

一是倾向于理性义。主要表现是:"别来无恙"意义结构关系中"别来"表理性义"分别以来","无恙"则侧重理性范畴关心接受方的积极、主动的态度;时间范围限定为"分别一段时间以后重新见面";往往存在接受性主体,且多为问候话轮中问方所用;书面上多以问号标示。这一点,从"别来无恙"前后存在呼应性时间内容的用例上可见一斑。

(1) 李靖上前一揖道:"驸马别来无恙?"薛强抬头一看,认得是李靖,即忙下堂还礼道:"前日在小神庙蒙老师指点,得成佳偶,生男育女,时时记念老师,不敢忘情。未知老师今日要往何处?"(《说唐三传》第八十九回)

(2) 素芝见了挹香道:"挹香,别来无恙?今日你来归班了?"挹香不觉情不自禁,乃道:"素妹妹,昔日你花凋一瞬,临终犹念痴生,我十分过意不去。如今在此,倒也罢了。"(《青楼梦》第六十一回)

(3) 道士一见,便举手道:"上公别来无恙?"忠贤走上前扯住手道:"师父!我那一处不差人寻你,何以今日才得相见?"(《明珠缘》第四十六回)

二是倾向于情绪义。同上类情况相对,"别来"的理性义弱化或消失,"别来无恙"表示的意义是一种以关心接受方的积极、主动的态度为次、以兴趣所属热情类情绪或嫌恶所属轻蔑、不屑、不在意、嘲讽等情绪为主的兼含义;时间范围模糊;尽管出现于问候语境,但言说者更注重的是自我情绪的表达,并不要求或在意对方的回答;书面上多以句号或感叹号标示。着重反映时间范围模糊、理性义弱化或消失的用例如:

(1) 转过来打一望,望见红罗销金伞下盖着宋江。左有吴用,右有公孙胜,一行部从二百余人,一齐声喏道:"员外别来无恙!"卢俊义见了越怒,指名叫骂。山上吴用劝道:"兄长且须息怒。宋公明久闻员外

清德,实慕威名。特令吴某亲诣门墙,赚员外上山,一同替天行道。请休见责。"(《水浒传》第六十一回)

(2) 行至滑州界首,有人报与刘延。延引数十骑,出郭而迎。关公马上欠身而言曰:"太守别来无恙!"延曰:"公今欲何往?"公曰:"辞了丞相,去寻家兄。"延曰:"玄德在袁绍处,绍乃丞相仇人,如何容公去?"(《三国演义》第二十七回)

(3) 只见门外果然进来了两位道长,飘飘欲仙,上前施礼道:"大士,真人,别来无恙。"大士、真人一齐站起身来,道:"二位道兄请坐。"(《补红楼梦》第六回)

(4) 你保护的俺一家儿姻娅得安康,则他弟和兄这其间别来无恙。(《全元曲·鲠直张千替杀妻》)

(1)中"一齐声喏"者绝大多数未见过卢俊义,(2)中接受方关注的是去处,根本就不在意时间因素,(3)中两位道长与"大士、真人"是否存在别后关系无法得知。(4)中"这其间"已表时间义,"别来"义虚化。这一些,都反映时间范围模糊、理性义弱化或消失。

很明显,情绪义倾向是后起的。这种倾向的从无至有,一定程度地反映了"别来无恙"的情绪化趋向。

(三) 基本结论及相关问题说明

1. 基本结论。综合"别来无恙"不同层面的演化情况不难看出,"别来无恙"存在着一定的叹词化倾向,基本可看作类叹词形式。反映类叹词形式的基本特征有二:

一是一定程度的词化。当"别来无恙"成为固化代表性形式之时,其单位性质就由自由组合言语形式演化为具有接近于词的固定言语形式了。而当其现于"情理组配结构"之中且出现频率较高之时,"别来无恙"就一定程度地词化了。

二是侧重表示情绪义。

反映上述两大特征的补充语例如下:

(1) 列旌旗一望中,摆头踏半里长。我则见马前虞候,志气昂昂,状貌堂堂。问姓名,是故人,别来无恙?(《全元曲·宫天挺》)

(2) 元急离席起迎,则女已盈盈入,柳眉惨绿,桃靥辞红,顺语坤元曰:"果汝也耶?吾固谓非汝莫能致余。乡间一面,别来无恙。"(《兰陵女侠》)

(3) 三爷赶奔进前,提大氅磕膝点地请安,叫道:"胜三哥一向可好,别来无恙?小弟不知,未得远迎,老恩兄当面恕过。"(《三侠剑》第一回)

(4) 又讥张丰润云:"三钱鸦片,死有余辜;半个豚蹄,别来无恙。"谓未战之先,闻彼常时言三钱鸦片殉难。及败,携豚蹄途中食之。(《异辞录》卷二)

以上例中"别来无恙"均固化程度较高,在话语中与其他并存形式间是一种准组合关系,所表意义亦侧重情绪。其中,(2)"乡间一面"已表时间,"别来"时间义虚化。(1)(3)时间义可理解为泛化了的"一切",这从前有"一向"上可知。(1)(2)(3)理性义弱化后倾向于"热情"类情绪义。而(4)中时间义模糊后,倾向于表示"嘲讽"类情绪义。这种"别来无恙",整体功能类似于今"哟、哎哟、嘿嘿、呵呵"。这一点,比照以下例句中大致相对应的词语"诶唷""噢""呦""嘿""哼"不难看出。例:

(1) 王:诶,垫上……诶,我躺下了。

戈:嗯。诶唷。《编辑部的故事·胖子的烦恼》

(2) 李:那还用说。

李:喂,噢,你们也不能容忍?《编辑部的故事·谁是谁非》

(3) 李:就是那谁嘛。

戈:呕,呦,合着这名人都来了哈。《大众生活》真了不起啊,真有两下子啊。《编辑部的故事·侵权之争》

(4) 李:看来这是,真没希望了,戈玲儿,啊?《编辑部的故事·飞来的星星》

牛:行了吧,一小时都到了。

李:挺快的,嘿。《编辑部的故事·捕风捉影》

(5) 你呀!哼!(到后边去)(老舍《茶馆》)

2. 相关说明。如果将研究范围拓展至全部问候语范畴的话,那么,在问候语是否叹词化了问题上,"别来无恙"代表了其中一般情况,此外,还存在一种类叹词形式的特征更加明显的情况。其代表形式有现代的"嗨"和古代的"万福"。"嗨",是"Hi"的英译。它不仅因理据相对难明而倾向于情绪,而且多以独用形式出现,使用频率极高,尤其是在口语中。"万福",一方面准组合使用频率高,另一方面,还存在着叠用情况。准组合使用频率高的表现较常见。据对《全元曲》的调查,"万福"准组合使用即有 9 例。如:

(1)(丑白)万福。贺喜状元!(《全元曲·蔡伯喈琵琶记》)

(2)(梅香云)我与你鞋,穿上见俺姐姐去。(李庆安做见正旦,云)小娘子支揖!小生不合擅入花园,望小娘子宽恕咱。(正旦云)万福。你那里人氏,姓甚名谁?(《全元曲·钱大尹智勘绯衣梦》)

叠用情况,在相关文献中亦不难找到用例。如刘大杰《中国文学发展史》

第二十一章《宋代的小说与戏》："偶于一日午时,见一白衣秀才,从正东而来,便揖和尚:'万福万福,和尚今往何处? 莫不是再往西天取经否?'"

参考文献:

郭　攀　2003　《问候语说略》,《语言文字应用》第 1 期。

郭　攀　2012　《汉语历层研究纲要》,北京师范大学出版社。

郭　攀　2014　《叹词、语气词共现所标示的混分性情绪结构及其基本类型》,《语言研究》第 3 期。

刘丹青　2012　《实词的叹词化和叹词的去叹词化》,《汉语学习》第 3 期。

李露蕾　1986　《甚词演变的一种趋势》,《中国语文》第 6 期。

李先银　2013　《表达祈使的"去"在对话语境中的主观化和叹词化》,《世界汉语教学》第 2 期。

沈家煊　2008　《三个世界》,《外语教学与研究》第 6 期。

易中天　2000　《"婊子养的":武汉人什么娘都敢骂》,《民间文化》第 9 期。

张谊生　2010　《试论骂詈语的词汇化、标记化与构式化》,《当代修辞学》第 4 期。

赵则玲　2015　《也谈现代汉语否定副词"不"叹词化问题》,《浙江大学学报》第 3 期。

附录二:汉语系统历层演进概况

为便于从汉语系统历层演进的整体情况上对情绪思维层次汉语系统的特征、地位等内容进行观照,增进对情绪思维层次汉语系统的宏观认识,这里集中对汉语系统历层演进情况进行一些阐述。具体阐述工作,需先行交代的是:

1. 阐述具有概略性。即,不作深入细致的分析说明,尤其是想象和逻辑思维层次汉语系统。

2. 阐述具有不完备性。现在研究到了什么程度就说到什么程度。

3. 阐述具有选择性。因历层模式语言系统二分为语言单位和运作机制两大部分,而诸文明层次汉语系统运作机制《汉语历层研究纲要》业已简及(郭攀,2012:96 - 147),故在此着重对语言单位中词和句历层演进情况略加概述,运作机制,则一般不予述及。

一、词的历层演进

(一) 情绪思维层次汉语系统中情绪词的历层演进

情绪思维层次汉语情绪词词类系统主要概括为叹词、原始指代词、原始动词、衬词、语气词构成的一个系统。据考察,情绪词词类系统内部诸类词间的渊源关系是:叹词是父系词,原始指代词、原始动词、衬词、语气词都是叹词直接或间接演化出的子系词①。

1. 叹词

叹词是表示单纯情绪义的词。它有与情绪思维层次汉语一二层级相应的独用和配合使用两类使用形式。例:

(1) 鸿蒙拊脾雀跃不辍,对云将曰:"游!"云将曰:"朕愿有问也。"鸿蒙仰而视云将曰:"吁!"《庄子·外篇》

(2) 李:吐吧,吐吧,吐出来就好了。

戈:哎唷!

李:快吐池子里。

戈:哎唷,真……哇。(《编辑部的故事·飞来的星星》)

叹词是情绪思维层次汉语诸类词中的父系词。它作为父系词的理据,主要有如下几点:

A. 语音的原始性。一般为接受刺激以后声音性反应的假借形式。

B. 意义的清晰度。所表情绪义是最笼统的一类意义。

C. 意义的关联度。较之他类词义,关联度最高。尤其是情绪程度的表示,与生理层面用力大小高度一致。

D. 单位大小度。因叹词多数情况下词句篇一体,故单位性质最大。

E. 使用的独立度。独立性最强。其中,独用形式不依赖其他语言形式而独立存在,配合使用形式尽管同其他语言形式发生了一定程度的关系,但其只是配合关系,而非组合关系。

F. 宏观功能。除交际功能之外,还有类似"歌"性质的自我抒发功能。

叹词在情理交融性情绪思维层次还演化出了一些值得格外关注的次生类叹词形式。它们主要是:

A. 兼含一般行为义的类叹词形式。如"去""我去"(刘丹青,2012)。

B. 上述附录一所及兼含咒骂义和问候义的类叹词形式。例不赘。

2. 原始指代词

原始指代词是表示情绪主导的笼统指代义的词。其特征,一是因属现实生活中最早不得不发出的有所指的声音形式,且同现实语境中强程度、紧迫的刺激关联在一起,故带有浓厚的情绪色彩。二是指示没有近指、远指、中指等区别,具有笼统性。如浠水方言"甲:东西在哪儿哪?乙:呗儿"中的"呗儿"(郭攀、夏凤梅,2016:186)。

原始指代词与叹词不仅独用和配合使用的语法特征相同,所表情绪义相近,而且它所兼含的理性义是理性义中指称范围最广、最为笼统的一类,故渊源关系上理应看作叹词的直接演化形式。

3. 原始动词

原始动词是表示情绪主导的呼应、驱逐等行为义的动词。语法特征是与原始指代词类似的独用和配合使用。语义特征则主要有二:一是带有浓厚的情绪色彩。二是范围上主要限于与生存密切关联的呼应、驱逐等行为义。例:

(1) 余:东宝,你带我去会会这帮人去。我告诉你啊,我呀,走南闯北的,专能认骗子,啊。牛大姐,从现在开始这章别乱盖了。啊,有什么话等我回来再说。诶,牛大姐,你千万记住了!一切等我回来再决定。牛:诶。(《编辑部的故事·侵权之争》)

(2) 唉。(《浠水方言研究·动词》)

原始动词主要可看作由原始指代词演化而至。理据除二者语法特征、情绪主导的情理兼含性语义性质相同之外,主要是语义上属理性义范围最先出现的范畴化意义,同原始指代词所表示的尚未范畴化的笼统理性义前后相承。

4. 衬词

衬词是辅助性表示情绪义的词。如以下例中括号所括之词。

(1) 濛濛(个)雨子(是)不离(个)天,麻雀(个)不离(哟)瓦檐(个)边,燕子(个)不离(是)高粱(个)沿,老妹(个)不离(哟)郎身(个)边。(赣南民歌《老妹不离郎身边》)

(2) 日头(呃)落山(啰啰嗬)坳背(啰)阴,唱支(嘞)歌来(也嘿嘞我就)谢过(喂)东(嗬)。(赣西民歌《日头落山坳背阴》)

较之叹词而言,衬词的特征主要有四:一是表示情绪义,但部分次生衬词仍兼含有一些未完全丧失的理性义。二是辅助或陪衬性表义。三是可连用、叠用,并且在句中可反复出现。四是句法位置不定,除句首、句尾之外,还可现于句中,其制约因素主要是韵律。

衬词与叹词存在较为明显的渊源关系。最初出现的衬词,可看作是叹词使用过程中经添加理性词之后性质改变的结果(郭攀,2019a)。

5. 语气词

语气词是以表示不同层级语言单位的语气为特征的词。它陪辅性附于段、句、短语之后或之前表示一种兼含性情绪义。这里的兼含义大致包括两部分内容:一是较单纯的情绪义,二是情理交融的"目的""态度"等意义。

语气词因其陪辅性地位和表示较单纯的情绪义二特征使之表现出了与

衬词间极大的相似性,而其语气功能又使其具有了一定的独立性,使之总体上可看作是衬词基础上演化出的一种独立词类(郭攀,2019a)。排除次生语气词,仅就原生语气词而言,其演化过程大致可概括为三个阶段。

A. 叹词性纯表情音节阶段。例:

(1) 嗨嗨哟! 嗨哟嗨哟嗨哟嗨哟嗨哟嗨哟嗨哟嗨哟嗨。(赣西民歌《摇橹》)

(2) 沙欧嗬嗬嗬嗬咳嗬嗬沙嗬哟嗬嗬哟哟嗬嗬,沙嗬哟嗬嗬嗬哟嗬哎,咳咳哟哟哎咳哟,哟嗬哟。(赣北民歌《唤牛回来》)

B. 衬词阶段。例:

(1) (嗨哟嗨,嗬哩嗨,嗬嘿嗨呀嗬嘿嗨哟嗬,嗬哩)慢慢的(呀嗨,嗬嗬嗨哟嗬嗨嗬嘿嗨,嗬呀嗨呀嗬嘿嗨,哟嗬嗨呀嗬嘿嗨,哟嗬嗨,嗬嘿嗨,嗬呀嗨呀嗬嘿嗨,嗬呀嗨呀嗬嘿嗨)。(赣西民歌《扛石》)

(2) (嗬啰嗬嗬啰嗬嗬啰嗬嗬啰嗬嗬嗬啰啰啰啰啰啰啰嗬啰嗬啰嗬)放牛(嗬嗬嗬)。(赣北民歌《放牛去》)

(3) (嗬嗬哟哟嗬嗬)放牛(欧嗬哟嗬),吃罢了饭来去放牛(欧嗬嗬哟嗬)。牛跑了伢儿来牛崽跑了,扯了田里的苗(哟),欧欧哟牛欧牛欧哟牛欧。(赣北民歌《牛吃了苗哟》)

(4) 正月里(来格)是新年(哟),灶下(那个)台上香肉连(哟)。(赣南民歌《正月里是新年》)

C. 语气词阶段。同上一阶段(3)(4)句末衬词"哟"密切关联的句末语气词例:

(1) 一送郎床面前,叮嘱亲郎莫贪钱哟,金钱主义要打破,心肝哥革命才有出头天。(赣南民歌《送郎参军》)

(2) 一个人儿哟,手托着香腮牙咬着下嘴唇哟。(邓友梅《无事忙杂记》)

(3) 看不到头的黄沙哟,走不完的道路。把梦驮在骆驼背上哟,迈着坚定的脚步。(鲍昌《芨芨草》)

(二) 想象思维层次汉语系统中意象词的历层演进

想象思维层次汉语之词统称为意象词,它们是在情绪思维层次汉语情绪词基础上演化而来的。

想象思维层次汉语有自己的词类系统,但是,细化的考察尚未完成。据初步研究,在此以意象性程度为依据,将意象词大致划分为不定性意象词和兼属性意象词两个大类。其中,不定性意象词是表义上随主体心理侧重点的转移而一定程度地处于本体、行为、性状等维度变动状态的词。具体类属,据指称内容的倾向性,权宜性参考现代汉语词类系统一级词进一步下分为性象词、物象词、动象词等类型。兼属性意象词是有一定意象特征但同时兼表一定抽象义的词。下分为兼代词、兼数词、兼量词、兼副词等。

以下是历层演进过程中主要意象词及其历层渊源的简要概括。其中,意象词排列顺序的依据是对诸词出现先后的初步认识。

1. 性象词

性象词是表示性状类意象的词。实例与物象词、动象词一起列举。基本特征,同现代汉语形容词近似。

据初步判断,性象词是想象思维层次汉语系统中最先出现的一类词。这一点,可从以下两个方面不难看出。

A. 性象词归属意象词二分类型中的静态意象词,而静态意象词较动态意象词先发生。意象词可分为动态、静态二类。据考察,二类意象词的发生存在先后之别,静态意象词当先行发生。具体依据如下:

a. 意义的获得视角,静态义先行获得。分析可知,因为静态对象具有空间性和可持续感知性,相对较实,而动态对象具有时间性和不可持续感知性,相对较虚,所以,静态对象与感官间建立的关系最早、最为普遍,静态意象当先行获得。

b. 意义的表示视角,静态义先行表示。众所周知,据现实生活中的紧迫度,动态意象义因与生存密切相关而应是最先表示的意义内容。但是,这些意义在情绪思维层次通过叹词、原始指代词、原始动词在隐性或显性层面以兼含的方式一定程度地得到了表示。落实到想象思维层次,因紧迫度有了缓解,故意义的表示应该按照心理世界意义获得的先后关系进行。这样,静态义就成为了先行表示的意义。

B. 静态意象词类型中,性象词与情绪思维层次汉语中隐性层面同时潜含有部分静态意象义的叹词、原始指代词关系最近。这一点,从意义清晰度的比较上不难看出。众所周知,情绪思维层次叹词、原始指代词所表意义最为笼统,而性象词所表意义,则是想象思维层次汉语词义中最为笼统的一类(郭攀,2019b)。

据进一步考察,性象词的源头主要可判定为原始指代词。这一结论,主要是通过叹词、原始指代词与性象词间意义关系的比较得出的。比较可知,性象词义与原始指代词义关系最近。

2. 物象词

物象词是侧重或较常以本体意象出现的词。其基本特征,同现代汉语名词近似。

静态意象中,本体意象较性状意象清晰,故物象词排列在性象词之后。

同性象词相类似,物象词当源于原始指代词。张今、陈云清也认为,"类名词"是直接继"无人称代词和指示代词的产生"而出现的(张今、陈云清,1981:334)。

3. 动象词

动象词是表示行为类意象的词。连同上二类词一并举例如下:

(1) 冉冉柳枝碧,娟娟花蕊红。(杜甫《奉答岑参补阙见赠》)

(2) 故人江楼月,永夜千里心。(郎士元《宿杜判官江楼》)

(3) 鼍吼风奔浪,鱼跳日映山。(杜甫《暂如临邑,至㟶山湖亭,奉怀李员外,率尔成兴》)

例中较典型的性象词有"冉冉""娟娟""碧""红",物象词有"柳枝""花蕊""月""心",动象词有"吼""奔""跳""映"。

动象词的基本特征同现代汉语动词近似。动象词的来源与性象词、物象词有别。因情绪思维层次原始动词兼含有行为类意象,与动象词关系最近,故想象思维层次动象词当源于原始动词,可看作原始动词理性化及其逐步延伸的结果。

4. 兼代词

兼代词是兼具称代功能的意象词。如果说下面三例中的"它"代表了现行语言学中旁指代词演化的三个阶段的话,那么,(2)中的"它"就基本可看作兼代词的代表。例:

(1) 戊寅子卜:无它?(《殷墟甲骨卜辞类纂》21825)

(2) 初九,虞吉,有它不燕。(《周易正义》卷六)

(3) 它山之石,可以为错。(《毛诗正义》卷十一)

兼代词与原始指代词关系密切,但更直接的来源应该是物象词。除上述"它"的阶段性特征之外,上古汉语没有严格意义他称代词之前人们多重复名物以表他称义现象亦可一定程度地反映这一点。如下例中对"廉颇""蔺相如"的重复。

廉颇曰:"我为赵将,有攻城野战之大功,而蔺相如徒以口舌为劳,而位居我上。且相如素贱人,吾羞,不忍为之下!"宣言曰:"我见相如,必辱之。"相如闻,不肯与会。相如每朝时,常称病,不欲与廉颇争列。已而相如出,望见廉颇,相如引车避匿。(《史记·廉颇蔺相如列传》)

5. 兼数词

兼数词是以标准物或语境关联物的意象形式出现的表示数目的词。李景源说:"数概念是人长期地进行计数活动的产物。最初的计数纯粹是在各种具体的集合之间实际地建立一对一对应,并以此确定两个集合的相等和不等。这种一一对应的方法从古至今支配着全部数学的发展。第二阶段的计数活动是带有实物性质的标准群(集合)的出现。这时,物体群中的一个变成了其他群的尺度,成了测定它们的标准。标准群一旦从普通群中分离出来,它和其他物体群比较所具有的数量意义就显露出来,在这个基础上就逐渐产生了数的概念和它的名称。"(李景源,1989:291-292)"标准物"就是所谓"标准群"中成为尺度之物,如手指、脚趾、石子、小棍等。语境关联物则是具体语境中与数目所关联之物。以下例中兼数词反映了其意象的性质。

(1) 道生一,一生二,二生三,三生万物,万物负阴而抱阳,冲气以为和。
    (《老子》第四十二章)

(2) 天一,地二;天三,地四;天五,地六;天七,地八;天九,地十。天数五,地数五,五位相得而各有合。天数二十五,地数三十,凡天地之数五十有五。此所以成变化而行鬼神也。(《周易·系辞传》)

(3) 王曰:"吾以众伐寡,二而伐一,可乎?"(《史记·赵世家》)

兼数词源于物象词。这一点,从上述李景源对数发生的概括上不难看出。

6. 兼量词

兼量词是以具有单位功能的意象形式出现的词。"除了数概念与具体事物相联系之外,有关度量衡观念也表现出了具体性和个体性。长度概念是同以手为量具、以手指和手臂作长度单位相联系的。"(李景源,1989:287)这里"手指""手臂"就是具有单位功能的意象。以下例中的"人""重""道""箪""瓢""转""周"等都是这类意象。例:

(1) 小臣墙从伐,擒危美人二十人四。(《合》36481 正)

(2) 俘人万三千八十一人。(《小盂鼎》)

(3) 一人有庆,兆民赖之。(《尚书·吕刑》)

(4) 百重含翠色,一道落飞泉。(骆宾王《秋日山行简梁大官》)"百重""一道"表数量,亦可表示具有此数量特征的本体"林木"和"泉水"。

(5) 贤哉,回也! 一箪食,一瓢饮,在陋巷,人不堪其忧,回也不改其乐。
    (《论语译注》第 59 页)

(6) 齐侯自推丧车轮三转。(《左传·定公九年》)

(7) 因又绕庄一周,自南门入,及中堂,堂中帷帐已满。(李复言《续玄怪录》)

同兼数词来源的依据相类似,兼量词源于物象词和动象词。

(三) 逻辑思维层次汉语系统中逻辑词的历层演进

逻辑思维层次汉语之词统称为逻辑词。逻辑思维层次汉语词类我们尚未进行较为系统的研究,此处通过排除法得出的总体结论是:汉语词类系统中,排除情绪词和意象词之后,剩下的就是逻辑词。这些逻辑词的类别,应该与现行未作历层性质区分的名词、动词、形容词、代词、数词、量词、副词、连词、介词、助词接近。

因为无论情绪词还是意象词,在单个词语形式上与逻辑词之间皆不存在绝对的排他性,亦即一个词语形式有时既是情绪词又是逻辑词,既是意象词又是逻辑词,所以,排除工作最终还是落实在具体的区分标志上。初步概括出的标志如下:

1. 情绪词与逻辑词的区分标志

A. 意义标志。情绪词表示或侧重表示情绪义,逻辑词表示或侧重表示逻辑义。

B. 语法标志。情绪词单独或配合使用,逻辑词组合性使用。

2. 意象词与逻辑词的区分标志

A. 意义标志。意象词在主体心里是以意象的形式呈现出来的。其意象形式,有的是单独意象,有的是整体意象。如以下例中"擒""启""少""细草""微风岸""危樯""独夜舟"。

(1)戊辰卜:在画犬中告麋,王其射,亡灾,擒?(《甲骨文合集》27902)

(2)戊申卜:己其雨? 不雨,启,少。(《甲骨文合集》20990)

(3)细草微风岸,危樯独夜舟。(杜甫《旅夜书怀》)

与之相对,逻辑词则是以抽象的概括形式呈现出来的。

B. 语法标志。意象词语法功能不固定甚至不很明确,逻辑词则功能明确且固定。

二、句的历层演进

各文明层次汉语系统均有其独特的句类系统。以"情绪思维层次—想象思维层次—逻辑思维层次"三层次概括为依据,情绪思维层次句子称为情绪句,下辖纯情绪句和情理组配结构句两大句子类型。想象思维层次句子称为意象句,下辖描述句和评判句两大句子类型。逻辑思维层次句子称为逻辑句,简称为"句",目前,从历层视角对它的研究尚未系统展开。

汉语句子历层演进的概述,在主次内容的选择、侧重点等方面的做法均参照词的历层演进展开。

(一)情绪思维层次汉语情绪句的历层演进

以情绪思维层次汉语内部次位层级的划分为参照,情绪思维层次汉语的句子粗略概括为两类:

1. 纯情绪句

纯情绪句是较单纯表示情绪义的句子。它是最基础层次的句子,其语义、语法二层面基本模式如下:

语义:单纯情绪义或兼含部分理性内容的情绪义

语法:情绪词的独用或叠用、连用形式

例:

(1) 余:嗯。听见没有,听见没有? 这么会儿又琢磨着怎么占人便宜呢。

　　牛:咳!《编辑部的故事·胖子的烦恼》

(2) 何:还有,您是负责人?

　　牛:啊。《编辑部的故事·胖子的烦恼》

(3) 牛:王师傅。

　　王:诶诶。

　　牛:有"法制天地"打官司的交我处理。

　　王:诶,那,合着你们这儿也都是蒙事。《编辑部的故事·胖子的烦恼》

(4) 牛:哎唷,那不用了,看,你们太客气了。

　　何:来来来,走走走走。《编辑部的故事·胖子的烦恼》

(5) 啊呸! 咳,怕传染艾滋病。你也呸! 我实话告诉你,你住哪村儿,你们村儿书记是谁我都知道。《编辑部的故事·胖子的烦恼》

上述内容涉及原始动词所充任情绪句与理性动词所充任意象句间的纠葛。同是动词独用或同一动词连用,似"来来来""走走走走"等是情绪句,而似"行行行""好好好"等则是意象句。如何区分二层次的句子,我们的思路概括为两点。

A. 将区分落实到词层级。词层级的研究结论是:原始动词充任的句子为情绪句,理性动词充任的句子为意象句。

B. 将动词的区分继续落实到意义范畴层级。范畴层级的研究结论是:表示呼唤、应答、驱使诸范畴义的动词为原始动词。其理据:一是这些词现于现实语境,与最基本的语言需要关系最为密切。二是其背景信息最为广泛,且往往在同一民族乃至于不同民族的经验世界中共同拥有。三是其独用性最强,一个词或同一动词连用不仅是一个句子,而且往往就是一个独立的话轮。相对而言,表示确认、判定等范畴的动词为理性动词。其理据同归入原始动词基本相反。

2. 情理组配结构句

情理组配结构句是情理两部分组配在一起共同表达情理交融义的句

子。它是在纯情绪句基础上增加理性内容以后形成的一种句子类型。语义、语法二层面基本模式是(郭攀,2014;2018):

语义:混整性情绪义·理性义—弱化了的分解性情绪义

语法:情绪词·理性说明语—语气词

例:

(1) 诶哟,牛大姐,还没走呢?(王朔等《编辑部的故事·侵权之争》)

(2) 我要爱歇着,还不来催呢!哼!(老舍《春华秋实》)

(3) 文惠君曰:"嘻,善哉!技盖至此乎!"(《庄子·养生主》)

(二) 想象思维层次汉语意象句的历层演进

据考察,近体诗,尤其是杜甫近体诗是较好反映想象思维层次汉语的材料。据此,意象句的阐述多选取近体诗语料。

以情理组配结构句作为意象句演进的起点分析可知,有着一定独立性的情绪词部分脱落之后,情理组配结构句就演化为意象句了。代表性用例:

(1) 碧知湖外草,红见海东云。(杜甫《晴二首》其一)

(2) 留连戏蝶时时舞,自在娇莺恰恰啼。(杜甫《江畔独步寻花》其六)

意象句,内部结构上主要概括为点线二元意象结构。其中,"点"指的是"视点",为主体表义时集中关注且具有优先和核心性质的切入性意象。"线"即线性勾勒语。它是接续关注且具有次位和零散性质的勾勒性意象(郭攀,2019b)。点线二元意象结构作为一种基本结构模式,主要是基于本层次句子核心参项基本特征概括的。这些核心参项及其基本特征一并简述如下:

1. 模式的结构要素。概括为二元意象的点和线。上述例中"碧""红""留连戏蝶""自在娇莺"便是视点。例中视点后续部分皆为线性勾勒语。这种勾勒语,进一步具体化为线性契配、说明语。

2. 模式的结构单位及其性质。结构单位与现代汉语类似。具体性质,概括为意象,句内三层级与现代汉语整体上对应的逻辑思维层次存在着一些值得关注的区别。其中,对应词的是基础性意象。它对应的不是抽象的概念,而是介于符号三角理论中"符指"与"符号对象"之间的中间状态,一种以代表相关符号对象的典型形式出现的心理意象。如(1)中"碧""草",(2)中"蝶""舞"等。对应短语的概括为定象。"定"有两重含义,一是确定。基础性意象可灵活对应本体、行为、性状等不同维度的意义内容,定象通过连带、修饰、限定等关联性要素的增加使不定的维度得以确定。二是明确。亦即使笼统意象的维度及相关数量、范围、程度、方式等方面内容一定程度地得以明确。如(1)中"湖外草",(2)中"留连戏蝶"等。对应句的则基本是通常所说的意境或表述性组合意象。

3. 结构要素的语序。为双向语序。同作为语序基础的想象思维过程的辩证性相应,其基本语序是"点—线",即视点切入、线性勾勒语接续的顺序。同时,也辩证地存在着"线—点"语序。这种语序的"点"是一种强化性视点,一种在一般感知认知过程后续阶段经整合和强化而获得的新视点。杜甫《江畔独步寻花》其六"黄四娘家花满蹊,千朵万朵压枝低"中的"低"就是这种强化性视点。

4. 各层级结构单位表义方式。主要结合以下用例说明。

(1) 戚戚去故里,悠悠赴交河。(杜甫《前出塞九首》其一)

(2) 战哭多新鬼,愁吟独老翁。(杜甫《对雪》)

(3) 汗马牧秋月,疲卒卧霜风。(刘湾《出塞曲》)

(4) 百重含翠色,一道落飞泉。(骆宾王《秋日山行简梁大官》)

(5) 盘烧天竺春笋肥,琴倚洞庭秋石瘦。(陆龟蒙《丁隐君歌》)

(6) 会当凌绝顶,一览众山小。(杜甫《望岳》)

(7) 草湿姑苏夕,叶下洞庭秋。(骆宾王《久客临海有怀》)

(8) 白发三千丈,缘愁似个长。(李白《秋浦歌》)

基本方式有二:

A. 多维据境呈现(郭攀,2012:96-105)。它主要表现在基础性意象的表义上。在想象思维中,意象与意义内容间有着多维、多向对应关系。意义内容可以是主体以意象为依托获知的本体、性状,也可以是主体作用于本体的行为、客观致使性行为、主观认识性行为、本体被作用性行为,等等。这种复杂的对应关系就使得身兼多职的心理意象可较灵活地表示多维、多向意义。具体表何义,据情境而定。如(1)中"去"为由立足点"离去"的行为,但理论上也可表示着眼点的"到……去"。(2)中"独"为"孤立存在"的情状,也可表"孤立存在的人、树木等主体""主体孤立存在的方式"。(3)中"牧"为"被放养"义,亦可表"放养"。(4)中"百重""一道"表数量,亦可表示具有此数量特征的本体"林木"和"泉水"。

B. 多式组合性呈现。它主要反映在定象和意境性句子的表义上。又包括以具象性为主抽象性为辅的三个次类。

一是客观契合。即契合成现实世界中客观存在的连整体意象或意境以呈现意义的组合表义方式。(1)中"去故里""赴交河"内部契合成行为与出发地、行为与目的地间的连整体意象,它们与视点"戚戚""悠悠"间进一步契合成"悲戚""不舍"情绪支配下血肉丰满的动态意境。(5)中"盘烧天竺春笋""琴倚洞庭秋石"与视点"肥""瘦"间则是一种较(1)点线顺序相反、"点"的性质略向抽象方向延伸了的现实情境与总的感知认知的契合。

二是主观组配。即经心理感受和联想营造出现实世界中存在或不存在的意象或意境以表义的方式。(6)中"一览"与"众山小","众山"与"小"间就是这种通过心理感受组配成动态意境以表义的。(2)中"战哭"与"多新鬼"间则是较明显经心理联想而组配表义的。

三是说明性组合。即通过对视点或核心意象关联性内容的说明以组合成往往含有一些抽象成分的意象或意境进行表义的方式。关联性内容包括以下以抽象性为主的诸内容:本体关联的行为、性状、数量;行为关联的时间、地点、方式、情态、程度、范围;性状关联的大小、深浅等等。抽象成分主要是由关联性内容修饰、限制、补充等语义功能带来的。(2)中修饰性内容"新""独"与意象"鬼""老翁"组合成含抽象成分的定象进行表义。(6)中限定性内容"一"与意象"览"组合成含抽象成分的定象进行表义。(3)中意象"牧""卧"与补充性环境"秋月""霜风",(7)中意象"湿""下"与补充性时间"姑苏夕""洞庭秋",(8)中视点"白发"与补充性数量"三千丈"组合成含抽象成分的定象和意境进行表义。

意象句,因其内部结构上主要可概括为点线二元意象结构,故其名称亦可表述为点线二元意象结构句。

意象句的下位类型,可进一步概括为描述句、评判句二类。这些句类,因处于历层演进关键的过渡阶段,今天的研究不充分,故在此详细一些地举例说明。

1. 描述句

线性勾勒语侧重对视点进行描述的句子是描述句。描述句的次类,以《杜甫全集校注》中前三卷为语料范围依历层出现的顺序分层概括(萧涤非,2013)。

A. 视点—线性勾勒语

a. 性状视点—线性契合、说明语

(1) 冉冉柳枝碧,娟娟花蕊红。(《奉答岑参补阙见赠》)

(2) 靡靡逾阡陌,人烟眇萧瑟。(《北征》)

(3) 峥嵘赤云西,日脚下平地。(《羌村三首》)

(4) 绿垂风折笋,红绽雨肥梅。(《陪郑广文游何将军山林》其五)

(5) 青惜峰峦过,黄知橘柚来。(《放船》)

(6) 红入桃花嫩,青归柳叶新。(《奉酬李都督表丈早春作》)

(7) 紫收岷岭芋,白种陆池莲。(《秋日夔府咏怀奉寄郑监李宾客一百韵》)

(8)重碧拈春酒,轻红擘荔枝。(《宴戎州杨使君东楼》)

(9)翠深开断壁,红远结飞楼。(《晓望白帝城盐山》)

除(2)(3)中二下句外,例中其他韵句皆为此类"点线"类型。

众所周知,性状二分为性质和状态。相比较而言,"状态"的整体性和笼统性特征更强,更接近情绪思维层次"情理组配结构"中的混整性情绪(郭攀,2017),故看作是想象思维层次"点线意象结构"中最先获知的视点。相应地,用例的排列上"冉冉""靡靡"排在"绿""青"之前。而性质类视点到底是性质还是本体,学界还存在一些争议。夏晓虹在论及"红入桃花嫩,青归柳叶新"时将"红""青"处理为名词。其谓:"他在诗句中即把'红''青'两个形容词提到'桃花'与'柳叶'之前,使其名词化,又分别加上'入''归'两个动词,让'红''青'成为行动的主动者,从而真切地传写出春天不顾一切要重回大地的不可阻挡之势。"(夏晓虹,1987)这种处理,当为立足逻辑思维层次,参考主谓宾逻辑结构中名词充作主语分析的结果。立足于想象思维层次,尤其结合感知认知过程分析,还是处理为性象词较为合适。一方面性象词中本身即蕴含本体内容,只是侧重性质而已。认知语义学有过相关的论述。其指出:事物、属性和动作并无明确的界限,把一个东西看成事物还是动作,取决于我们心理上形成的主观"意象"。对动作进行整体投影,则可感知为事物(V→N),动作在时间上的连续量凸显为程度的变化,便可将动作感知为属性(V→A)。对事物进行分时间层次的连续扫描,则可感知为动作(N→V),事物都有属性,凸显该事物的典型属性时,便可将事物感知为属性(N→A)。对属性进行整体投影就成了事物(A→N),属性都有程度之别,如果凸显从程度浅到程度深(或者相反)的变化,就形成可以连续扫描的过程(A→V)(邹立志、白聪,2009)。另一方面,对自然情景感知认知的过程往往是从对对象笼统的整体感知开始的,其后才是与认知相应的相对明晰的对象的感知。反映在语义上即表现为往往先获得性状内容,本体内容则在其后。这一点,从情绪思维层次次类句类"情理结构模式"两类"理性说明语"递现所反映出的先后关系上亦不难看出。以下例中先出现的是想象思维层次较具整体性的性象词"哀""甚""异""贤",递现的是逻辑思维层次相对清晰的名动形组合形式。例:

(1)意,甚矣哉!其无愧而不知耻也甚矣。(《庄子·在宥》)

(2)嘻,异哉!此非吾所谓道也。(《庄子·让王》)

(3)呜呼!贤哉!宜为帝王。(《荀子·尧问》)

"性状视点—线性契合、说明语"诸例中接续性状视点的皆是线性契合、说明语。其中,多为契合语,说明语则多见于定象内部。如(8)"碧""红"前"重""轻"对色度的说明。

b. 性状视点—线性组配、说明语

(1) 身轻一鸟过,枪急万人呼。(《送蔡希鲁都尉还陇右因寄高三十五书记》)

(2) 静应连虎穴,喧已去人群。(《题柏大兄弟山居屋壁二首》其二)

较之上类,此类线性组合语属组配语,"一鸟过""万人呼""连虎穴"便是。不过,是契合语还是组配语也存在一些不好区分的情况。王国维《人间词话》说:"有造境,有写境,此理想与写实二派之所由分。然二派颇难分别。因大诗人所造之境,必合乎自然,所写之境,亦必邻于理想故也。"(王国维,1998-1)(2)中"去人群"就位于这种"二派颇难分别"之列。

c. 本体视点—线性契合、说明语

(1) 细草微风岸,危樯独夜舟。(《旅夜书怀》)

(2) 菊垂今秋花,石戴古车辙。(《北征》)

(3) 鼍吼风奔浪,鱼跳日映山。(《暂如临邑,至㟙山湖亭,奉怀李员外,率尔成兴》)

(4) 花妥莺捎蝶,溪喧獭趁鱼。(《重过何氏五首》其一)

(5) 鸂鶒双双舞,獠猿垒垒悬。(《秋日夔府咏怀奉寄郑监李宾客一百韵》)

(6) 宿鸟行犹去,丛花笑不来。(《发白马潭》)

(7) 香雾云鬟湿,清辉玉臂寒。(《月夜》)

(8) 秋水清无底,萧然静客心。(《刘九法曹郑瑕丘石门宴集》)

(9) 鱼知丙穴由来美,酒忆郫筒不用酤。(《将赴成都草堂途中有作先寄严郑公五首》其一)

(10) 霁潭鳣发发,春草鹿呦呦。(《题张氏隐居二首》)

(11) 孤嶂秦碑在,荒城鲁殿馀。(《登兖州城楼》)

(12) 渭北春天树,江东日暮云。(《春日忆李白》)

(13) 夜深彭衙道,月照白水山。(《彭衙行》)

上述诸例除(8)中下句外,其他韵句皆为此类"点线"类型。

在意象核心层面中,继性状以后感知认知到的当为本体、行为。考虑到发生顺序因素,性状视点之后的类型概括为本体视点。而本体内部,历层感知认知诸内容的顺序为事物、方所、时间,本类用例遵循此顺序排列。

上述诸例句中,部分契合语与本体视点简单整合即营造出了最为典型的意境。(7)(11)就是其中的代表。而有的契合语与本体视点间的整合情况要复杂一些。(1)(12)所代表的纯物象词所表本体间的整合就是这样。定象"微风岸""独夜舟""春天树""日暮云"是视点"细草""桅樯""渭北""江东"为后续感知到的本体。这种后续本体与视点间不是意象的简单拼合,而是随着感知范围的扩大和视野的延伸而相互融合,从而形成一种诸意象交融后形成的感知范围更大、视点背景更加丰满的意境。如"细草微风岸",感知对象由"细草"到其存在的背景"岸"以及并存的"微风",交融成一种"岸边微风吹拂着的细草"的意境。另外,如前及王国维所述,此次类中亦存在"理想"与"写实"颇难区分的情况。如(3)中"鼍吼风奔浪,鱼跳日映山",仇注:"鼍吼乘风,故激波生浪;鱼跳水动,故日光映山。"王嗣奭曰:"'鱼跳映山'句奇妙,非意想所及,盖偶然触目而得之,所谓'率尔成兴'者。'鼍吼风奔浪'牵凑成对,而'奔'字亦奇。"其中的"鼍吼风奔浪"一理解为客观契合,一理解为主观组配。本研究认同仇注。

d. 本体视点—线性组配、说明语

(1) 雄剑鸣开匣,群书满系船。(《秋日夔府咏怀奉寄郑监李宾客一百韵》)

(2) 词源倒流三峡水,笔阵独扫千人军。(《醉歌行》)

(3) 风尘三尺剑,社稷一戎衣。(《重经昭陵》)

(4) 青荧陵陂麦,窈窕桃李花。(《喜晴》)

以上(1)下句不属此类"点线"类型。(4)二韵句则共同组成一个此类"点线意象结构"。据考察,诗歌一联中"上句""下句"或"出句""对句"类表述的"句"是传统的韵句,不完全等同于"点线意象结构"所属的意句(郭攀,2009)。例中"青荧"义为"光明貌","陵陂"为"田中之高处也",上句"青荧陵陂麦"为定象性视点,而下句"窈窕桃李花"则是对"麦花"情貌的想象性感知,义为"就像窈窕的桃李花",二韵句共同描摹一完整意境,组成一个"本体视点—线性组配、说明语"形式。

本类例句中,(3)还反映出了另一类特殊情况。一方面整句皆为想象性内容,另一方面,二句内容进一步整合为一更丰满的想象性意境,亦即"风尘中穿着战衣、提着长剑,为国效力的壮士"。《杜甫全集校注》注引蔡梦弼"言太宗以威武定社稷也"所言即此。

e. 行为视点—线性契配、说明语

(1) 送远秋风落,西征海气寒。(《送杨六判官使西蕃》)

(2) 抱叶寒蝉静,归山独鸟迟。(《秦州杂诗二十首》其四)

(3) 牵衣顿足拦道哭,哭声直上干云霄。(《兵车行》)

(4) 侵陵雪色还萱草,漏泄春光有柳条。(《腊日》)

(5) 北上唯土山,连山走穷谷。(《三川观水涨二十韵》)

(6) 恸哭松声回,悲泉共幽咽。(《北征》)

(7) 恐泥窜蛟龙,登危聚麋鹿。(《三川观水涨二十韵》)

以上诸例中不属本类的韵句是(3)(6)的下句和(4)的上句。据考察,本类用例较少。这当与"行为视点—线性契配、说明语"内部视点的性质密切相关。行为作为视点也就意味着句子突出的是行为,相应地,接续组合语就只能多为说明语。如(5)中"唯土山"对地点的说明,"走穷谷"对具有此动态特征的本体的说明。这样,句子中逻辑成分就增加了,具有非典型"点线意象结构"的兼属性质,占比自然较少。

上述诸例行为视点中定象占绝对优势。如"送远""西征""牵衣顿足""漏泄春光"。其中,(2)的视点可两解:一是以"抱叶""归山"为视点,一是以"抱叶寒蝉""归山独鸟"为视点。考虑节奏因素,我们采用前一理解。

同行为视点相应线性契配、说明语的特征除前及说明语相对较多之外,还有主观组配语较少。在所调查三册诗歌中,较典型的只见(6)(7)两例。

B. 线性勾勒语—视点

"线性勾勒语—视点"是"点线意象结构"模式的特殊语序形式,并且,其判定还涉及与语用性错置间复杂的纠葛,不少情况一时难以辨清,故其收入的用例相对较少。这样,在此仅参照"视点—线性勾勒语"诸次类的顺序略举数例,亦不多作说明。

(1) 水花晚色静,庶足充淹留。(《夏日李公见访》)

(2) 晚来横吹好,泓下亦龙吟。(《刘九法曹郑瑕丘石门宴集》)

(3) 紫崖奔处黑,白鸟去边明。(《雨四首》其一)

(4) 野树侵江阔,春蒲长雪消。(《野望》)

(5) 白花檐外朵,青柳槛前梢。(《题新津》)

(6) 春日繁鱼鸟,江天足芰荷。(《暮春陪李》)

(7) 检书烧烛短,看剑引杯长。(《夜宴左氏庄》)

(8) 气色皇居近,金银佛寺开。(《龙门》)

2. 评判句

线性勾勒语侧重对视点进行评判的句子是评判句。依线性勾勒语与视点间的逻辑关系,评判句又可继续下分三大类、若干次类。亦即判定关系(等同关系、隶属关系)类,评议关系(像似关系、依凭关系、因果关系)类,说明关系(存在关系、数量关系)类。例:

(1) 梁父即楚将项燕。(《史记·项羽本纪》)

(2) 吴起者,卫人也。(《史记·吴起列传》)

(3) 君者,舟也;庶人者,水也。(《荀子·王制》)

(4) 夫战,勇气也。(《左传·庄公十年》)

(5) 良庖岁更刀,割也;族庖月更刀,折也。(《庄子·养生主》)

(6) 门边一个小炭炉。(范晓《汉语的句子类型》第113页,书海出版社,

1998)

(7) 西红柿六角,黄瓜一元。(范晓《汉语的句子类型》第 111 页,书海出版社,1998)

在汉语研究中,同点线二元意象结构句内涵相近的早已存在着一个"话题—说明"句。萨丕尔在《语言论》中指出:"句子……是一个命题的语言表达。它把说话的主题和对这个主题的陈述二者联合起来。"(萨丕尔,1985:31)"话题—说明"经萨丕尔提出之后,赵元任即借用来作为汉语句子的表述模式。其谓:"在汉语中,主语和谓语间的语法关系与其说是施事和动作的关系,不如说是话题和说明的关系,施事和动作可以看作是话题和说明的一个特例。……在许多语言中,表示施事和动作意义的句子占的比例很高……但在汉语中,及时作了种种调整,这类句子占的比例仍然很低,也许不会超过百分之五十,用含义更广泛的话题和说明也许要合适得多。"所以,赵元任认为"在汉语里把主语、谓语当作话题和说明来看待,比较合适"。(赵元任,1979:69‒70)在这里,之所以未采用"话题—说明"句的概括,主要是因为它的概括范围不够宽。分析可知,前及点线二元意象句有些次位类型"话题—说明"句是概括不了的。如"线性勾勒语—视点"类。有些要素也是如此。如性状视点"冉冉""靡靡""峥嵘"等不是"话题",而"细草微风岸,危樯独夜舟"中有机融合性的"微风岸""独夜舟"也不是"说明"。

(三) 逻辑思维层次汉语逻辑句的历层演进

同逻辑词的研究现状类似,逻辑思维层次汉语逻辑句尚未系统研究,只有一些初步意向。大致说明几点。

1. 逻辑句与意象句的区别与联系

分析可知,一方面,逻辑句与意象句之间存在着较大区别。想象思维层次汉语意象句因侧重以意象的感知为基础,故与现实世界中获得的经验、与一般性感知过程关系密切,句子结构模式因此而深深地带上了意象感知过程的烙印。逻辑思维层次汉语逻辑句则侧重以概念及其组合形式的认知为基础,是依托公理而展开形式化和辩证性运作的。这决定了其在相对独立的语言世界中较自主运作的抽象性质,决定了其句子结构模式与社会普遍认同的公理存在着密切关系,决定了句子结构模式性质上的形式化和运作上的辩证性。另一方面,逻辑句与意象句又存在着密切联系。这涉及对逻辑的认识。辩证地看,逻辑性因素,在想象思维层次汉语中即一定程度地存在,逻辑思维层次汉语中的逻辑是想象思维层次汉语逻辑性因素不自觉地开掘、提升和社会化的结果。基于此,逻辑句实际上就是意象句的一种自然提升形式。

2. 逻辑句概括的部分思路

A. 立足纯静态关系概括的思路。现行"主谓结构句"侧重的是地位视角的静态关系,但同时也兼顾了动态因素。立足纯粹的静态关系,沿着想象思维层次汉语点线二元意象结构句的发展继续考察,应该是逻辑句概括的一种思路。

B. 立足纯功能关系概括的思路。现行"话题—说明"句侧重的是说明性功能关系,但同时也兼顾了静态因素。立足纯粹的功能关系,沿着想象思维层次汉语点线二元意象结构句的发展继续考察,也应该是逻辑句概括的一种思路。

3. 逻辑句内部结构的初步意向

它应该是同现行主谓结构较为接近同时各方面均符合逻辑思维层次汉语基本特征的一种结构形式。

注释:

① 因为叹词词句一体,故其要素视角倾向性演化情况大致是:词方面内容主要演化为原始指代词、原始动词和衬词,以语调为标志的句方面内容主要演化为语气词。

参考文献:

陈中立等　2001　《思维方式与社会发展》,社会科学文献出版社。

郭　攀　夏凤梅　2009　《中国古代语言学句子观的发展》,《古汉语研究》第 3 期。

郭　攀　2012　《汉语历层研究纲要》,北京师范大学出版社。

郭　攀　2014　《叹词、语气词共现所标示的混分性情绪结构及其基本类型》,《语言研究》第 3 期。

郭　攀　夏凤梅　2016　《浠水方言研究》,华中师范大学出版社。

郭　攀　2017　《论语义的跨层潜含》,《澳门语言学刊》第 1 期。

郭　攀　2018　《"情理组配"表述模式及相关叹词、语气词方面问题》,《华中学术》第 4 期。

郭　攀　2019a　《原生语气词源于原生衬词》,《语言研究》第 3 期。

郭　攀　2019b　《汉语点线意象结构模式》,《澳门语言学刊》第 1 期。

刘丹青　2012　《实词的叹词化和叹词的去叹词化》,《汉语学习》第 3 期。

李景源　1989　《史前认识研究》,湖南教育出版社。

江蓝生　1986　《疑问语气词"呢"的来源》,《语文研究》第 2 期。

萧涤非　2013　《杜甫全集校注》,人民文学出版社。

夏凤梅　郭　攀　2017　《"呜呼哀哉"的情绪化和理性化》,《语言研究》第 2 期。

夏晓虹　1987　《杜甫律诗语序研究》,《文学遗产》第 2 期。

王国维　1998　《人间词话》,上海古籍出版社。

张　今　陈云清　1981　《英汉比较语法纲要》,商务印书馆。

郑娟曼　2012　《从贬抑性习语构式看构式化机制》,《世界汉语教学》第 4 期。

邹立志　白　聪　2009　《论古今汉语词类活用的不同本质》,《语言研究》第 2 期。

赵元任　1979　《中国话的文法》,商务印书馆。

萨丕尔　1985　《语言论》,商务印书馆。

附录三：历层研究范围的拓展性思考

一、历层研究范围拓展的依据和基础

作为一种宏观的研究模式,历层研究是在汉语研究中首倡且目前亦仅限于汉语的一种研究。但是,经进一步拓展性思考,我们认为,其研究范围实际上可由单一学科的汉语进行合理拓展,拓展至理论范畴其他全部学科和应用范畴诸下位领域。

历层研究范围拓展的依据,主要是汉语历层研究所用历层思想方法在整个研究范畴具有的全覆盖和普适性质。

汉语历层研究所用思想方法,指的是一种沿着从无至有、由低至高的文明进程视角对汉语进行认知的方法。相对现行汉语历史性思想方法而言,反映在具体研究上的作法主要体现在三个方面(郭攀,2012:7 - 44;2017)：

1. 研究所依托坐标系纵轴的选取方面。众所周知,现行历史性坐标系选取的纵轴为时间过程。相对而言,历层性坐标系选取的纵轴为文明进程。取向不同,所概括出的汉语层次亦相应有别。前者据其取向概括出的汉语时间层次一般为"上古—中古—近古—现代"。后者概括出的汉语文明层次为"情绪思维层次—想象思维层次—逻辑思维层次"。

2. 不同层次理论体系构建方面。现行历史性研究不同时间层次的理论体系基本皆采用一统性构建的作法,而历层研究不同文明层次的理论体系则用的是分层构建的作法,不同文明层次均构建出在语言单位的量度、性质、运作机制等方面均不尽相同的独有理论体系。

3. 不同层次汉语描写所用语料的选择方面。相对现行历史性研究对不同时间层次汉语描写所用语料以时代为依据的选择而言,汉语历层研究对不同文明层次汉语描写所用语料实行的是以历层评价系统评出的文明程度为依据的选择。只要文明程度上属于某文明层次所覆盖的范围即可将其选为某文明层次汉语描写所用语料,而不必考虑其时代性因素。如描写情绪思维层次汉语,即可据文明程度选择如下(1)作为语料,而不必考虑其是否出现于当代。描写逻辑思维层次汉语,即可选择(2)(3)作为语料,而不必考虑其是

否出现于上古。例:

> (1) 啊哦啊哦诶啊嘶嘚啊嘶嘚啊嘶嘚咯嘚咯嘚啊嘶嘚啊嘶嘚咯哎……
> 《忐忑》
>
> (2) 丁丑王卜贞:其振旅,延毖于盂,往来亡灾?(《甲骨文合集》36426)
>
> (3) 戊辰卜:在画犬中告麇,王其射,亡灾,擒?(《甲骨文合集》27902)

以上述汉语历层研究所用历层思想方法为基础进一步研究发现,本思想方法实际上具有整个研究范畴全覆盖和普遍适用的性质,它不仅适用于汉语研究,亦适用于其他理论和应用范畴的研究。因为,已知事实表明,现今学术研究对象或研究工作本身,皆不同程度地经历过一个从无至有、由低至高的文明进程,皆可据其文明进程进行认知并以汉语历层研究前及三方面作法为参照展开类似的历层研究。

历层研究范围的拓展不仅拥有可信的逻辑依据,还拥有可靠的研究基础。即已有汉语历层研究的单一学科先行性探索,可为全面的历层研究提供可靠参照的有效探索。这些探索,宏观的纲要性研究和最基础的情绪思维层次汉语的系统研究已初步完成,想象思维层次和逻辑思维层次汉语核心部分的研究也已完成①。

二、由汉语言至其他学科拓展的初步考察

现行学科体系中与汉语言密切关联的学科是中国文学。汉语是应中国文学等方面需求而生成同时亦充分体现出了中国文学思维方式的语言,中国文学是借助汉语经选词、组词而线性呈现出来的一类言语,二者在所用思维方式上密切相关。

据考察,以汉语历层研究为参照,中国文学亦可展开历层研究,并构建出中国文学历层研究体系、概括出中国文学历层系统来。中国文学的历层研究,下面从体系方面坐标系纵轴、横轴和系统方面各文明层次文学选括三方面略作阐述。

(一)纵轴。大致构建为一个由"情绪思维层次文学—想象思维层次文学—逻辑思维层次文学"构成的历层中国文学系列。各文明层次评价的依据,主要是结构视角思维方式(陈中立等,2001:193-216)。它具体落实在以下核心方面所具有的特征上。

1.作品整体性质。一方面是否存在有意识的文学样式。另一方面,作品整体上表现为情绪形式还是理性形式。再一方面,与表义形式相应,作品整体上表示情绪义还是表示理性义;是表示理性义内部意象性感知义还是表示逻辑性认知义。

2. 整体内部基础单位的性质。具体表现为所用基础单位主要是情绪词还是理性词，是理性词内部意象词还是逻辑词。语词在"语音固定度""词类单纯度"和"关联度"等方面的表现（郭攀，2015）。

3. 整体内部组合性单位组合的方法。具体表现为同一层级个体单位之间的组合所使用的方法。即，是基于情绪之间粗略的相同、相近、相反等关系而使用的简单相加法，或基于意象之间存在着的多维关联关系而使用的侧重意象自然契合的意会法，或基于个体概念之间、个体概念组合形式之间单维限定的逻辑关系而使用的侧重规则性组配的法会法。

（二）横轴。根据题材、体裁等方面具体情况可分别构建出历层文学系列中各文明层次文学的理论体系来。现阶段，因尚在初创，尚不能充分做到这一点。不赘。

（三）各文明层次文学选括。同上述"横轴"所及理论体系类似，根据评价出的历层性文学材料对各文明层次具体系统的概括有待各文明层次研究的完成，现阶段尚不能充分做到这一点，故在此仅以各文明层次文学中层次特征较为明显的诗歌的历层表现为代表略作概括[②]。

1. 情绪思维层次中国文学[③]。代表作：

(1) 嘘嘘哩嗬呀嘘嘘哩嗬，嗬嘘嘘嗬嘘嘘哩嗬，嘘嘘哩嗬呀，嘘嗬哩嘘，嘘嗬哩嘘呀嘘嗬哩嘘，嗬嘘嘘嗬哩嘘，嗬嘘嘘嗬嘘嘘哩嗬。嘘嘘哩嗬呀嘘呀哩嗬呀嘘，嗬嘘哩嗬呀嘘嘘哩嗬。（赣西民歌《嘘嘘哩嗬》）

(2) 嗨哟嗨，嗬哩嗨，嗬嘿嗨呀嗬嘿嗨哟嗬，嗬哩慢慢的呀嗨，嗬嗬嗨哟嗬嗨嗬嘿嗨，嗬呀嗨呀嗬嘿嗨，哟嗬嗨哟嗬嘿嗨，哟嗨嗨，嗬嘿嗨，嗬呀嗨呀嗬嘿嗨，嗬呀嗨呀嗬嘿嗨。（赣西民歌《扛石》）

结合前述文明层次评价依据所及核心方面简要说来，本层次文学基本特征大致是：不存在有意识的文学样式；作品整体上表现为情绪形式，侧重表示情绪义。作品的基础性单位主要是"嘘嘘哩嗬""嗨哟嗨"类情绪词。作品内部类似"嘘嘘哩嗬呀嘘嘘哩嗬"等组合性单位组合的方法，多为基于"嘘嘘哩嗬呀"与"嘘嘘哩嗬"类情绪词间的近义关系而使用的简单相加法。

2. 想象思维层次中国文学。代表作：

(1) 移舟泊烟渚，日暮客愁新。
　　野旷天低树，江清月近人。（孟浩然《宿建德江》）

(2) 枯藤老树昏鸦，小桥流水人家，古道西风瘦马。夕阳西下，断肠人在天涯。（马致远《天净沙·秋思》）

本层次文学主要有如下较显著特征：形式和内容方面均存在有意识的文

学样式,这些样式,主要侧重在诗歌格律所及字数、用韵、平仄等形式方面。作品整体上表现为理性形式,侧重表示理性范畴视觉、听觉等方面意象性感知义。作品的基础性单位主要是"舟""新""移"类意象词。这些词的表义往往不单纯。如"低"和"近",除表示了性状义之外,还兼表了"致使"类行为义。作品内部词组、句、章、篇诸不同层级单位组合的方法多为基于其基础性个体意象间的多维关联关系而使用的意会法。如(2),其首句组合的方法,为意象"枯藤""老树""昏鸦"据其所具有多维关系中本体维度的关联关系,以物理世界中的现实情境为参照而使用的自然契合法。后续各句以及章篇层级组合的方法均与之类似。

3. 逻辑思维层次中国文学。代表作:

(1) 横看成岭侧成峰,远近高低各不同。

不识庐山真面目,只缘身在此山中。(苏轼《题西林壁》)

(2) 小时候/乡愁是一枚小小的邮票/我在这头/母亲在那头

长大后/乡愁是一张窄窄的船票/我在这头/新娘在那头

后来啊/乡愁是一方矮矮的坟墓/我在外头/母亲在里头

而现在/乡愁是一湾浅浅的海峡/我在这头/大陆在那头(余光中《乡愁》)

因与想象思维层次文学间存在纠葛,故本层次文学的主要特征可经与想象思维层次文学的比较进行概括。本层次文学存在有意识的文学样式,但侧重的不是形式,而是内容的精细程度、完备程度及其表述上的逻辑关系。作品整体上也表现为理性形式,但侧重表示理性范畴逻辑性认知义。作品的基础性单位主要是"时候""看""小""一"类逻辑词。这些词的表义较为单纯,词义往往表现为与"时候""看""小""一"相应的较单纯的对象、行为、性状、量度等范畴义。作品内部词组、句、章、篇诸不同层级单位组合的方法多为基于其基础性个体单位间单维限定的逻辑关系而使用的法会法。如余光中《乡愁》,"小"与"时候",为基于二概念性状与本体间的关联关系及其相应的修饰与被修饰规则而使用的法会法。"小时候"与"乡愁是一枚小小的邮票",为基于二概念的组合形式在核心判断与时间之间的逻辑关系而使用的法会法。"小时候,乡愁是一枚小小的邮票"与"我在这头,母亲在那头",为基于二复杂组合形式在邮票性比喻与所关涉的具体表现间的逻辑关系而使用的法会法。整个诗篇,为基于四个章级组合形式间时间上的先后关系而使用的法会法。

在现有学科体系中,较中国文学关系稍远的学科是中国教育学。据考察,教育与语言之间没有语言与言语的直接关联,但是,结构视角思维方式对它们的影响仍较为接近,这样,它亦可展开历层研究,并构建出中国教育学历层研究体系、概括出中国教育学历层系统来。基本内容,参照中国文学略作阐述。

(一) 纵轴。大致构建为一个由"情绪思维层次教育—想象思维层次教育—逻辑思维层次教育"构成的历层中国教育系列。各文明层次评价的主要依据依然是结构视角思维方式。其参项具体落实在教育的依托物、运作方式等核心方面。

(二) 横轴。根据教育对象、教育条件、教育模式等方面具体情况亦可分别构建出历层教育学系列中各文明层次教育的理论体系来,尽管限于研究状况现不能够充分做到这一点。

(三) 各文明层次教育选括。同中国文学类似,各文明层次具体的教育系统尚不能够完整地概括出来,在此仅以各文明层次教育系统中较能反映层次特征的教育模式方面内容为代表略作概括。所用实例,来自生活常识、人生境界、专业知识等方面。

1. 情绪思维层次中国教育。本层次教育的基本特征是,主要依托自身直观、可感知的实体,通过自觉不自觉的示范对人进行教育。本层次代表性教育模式是身教,一种充分反映了上述特征的教育模式。因身教的思维基础宏观上为直观思维,代表性次类亦有情绪思维和直观动作思维两类方式,故其模式可进一步下分为"行教"和"情教"。

行教,侧重通过教育者自身行为的示范以达到教育目的的次位模式。作为最基础的教育模式,父母示范爬行、行走、吃饭、穿衣等行为是人类生活常识方面最典型的表现。

情教,侧重以自身情感活动为基础带动或触发所关涉对象的情绪变化,从而达到教育目的的次位模式。古代祭祀、今人祭祖、祭奠英烈等活动中,主祭者与庄严仪式相应的敬畏、尊崇、爱戴、祝愿、期许等情绪的自然流露带动参与者相应情绪变化是情教较典型的表现。

2. 想象思维层次中国教育。本层次教育的特征是,主要依托意象,通过较实体更理想、更有针对性的意象有意识地示范、启发、感染等方式对人进行教育。本层次代表性教育模式是象教,一种与上述特征有着密切对应关系的教育模式。其具体表现是多方面的。

生活常识的象教多表现在学校和社会。各层级、各类型明星对音乐、舞蹈、发型、服装等流行文化元素自觉不自觉的带动是象教典型的表现,尤其是偶像们的表率作用。传统象教文化中借佛教偶像、图画等寓教也是这方面的表现(轩敏华,2014)。

人生境界方面亦不乏象教的表现。其中选取的意象多为能给人产生直接影响的"英雄""模范"和"代表"(萧诗美、郭攀,1992)。

3. 逻辑思维层次中国教育。本层次教育的特征是,主要依托抽象概念及各种逻辑关系通过抽象说理的方式对人进行教育。本层次代表性教育模式是与上述特征相应的理教。

生活常识方面理教的表现仍较为普遍。无论是规劝孩子多吃青菜,否则没有力气、长不高,还是劝诫人们不要吃过期食品,否则危害身体健康,理教无处不在。

人生境界方面理教也表现较多,其中,较早的表现有庄子对不同境界的阐述和深层祈望出现高境界人才心愿的流露。由动物界的"斥鴳""大鹏"至人类社会的"常人""知效一官、行比一乡、德合一君而征一国者""宋荣子之列""列子之列""至人、神人、圣人",无不体现着境界的级差,无不蕴含着对追求高境界人才心愿的流露。现代哲学家冯友兰也有过类似的宣教。据对宇宙人生的觉解程度,冯友兰将人生境界由低至高分为自然境界、功利境界、道德境界、天地境界四个层级(陈战国,2001),目的是希望人们认识人生境界的层级性,借以提升自我境界。

专业知识方面是理教表现最集中的领域,因为专业知识普遍具有抽象性质,多需要抽象、细致、深入的说理。在今天,各级学校各学科知识的教育主要使用的教育模式就是理教。

较之中国文学、中国教育学,更多学科则属同语言学存在共性但又同时存在着相对较大差异的情况。相同的是,它们皆同结构视角情绪思维、想象思维、逻辑思维这一系列思维方式密切相关,皆离不开本系列思维方式的统帅和指引。不同的是,不同学科起统帅和指引作用的思维方式所及范围、程度等方面存在相对较大的差异。原则上讲,它们亦皆可进行历层研究,并构建出与各学科具体情况相应的历层研究体系、概括出历层系统来。落实在具体操作上,则在同结构视角思维方式对应范围上需要重新考量,在判定文明层次的评价体系方面需要重新构建。这里仅以音乐学为代表简要说明。

音乐学与语言学的差异主要表现为与结构视角思维方式对应的显性范围不尽相同。因为音乐表示的显性义是情绪[④],所以,其对应的显性思维方式仅为情绪思维方式。结构视角思维方式中的想象和逻辑思维方式直接对应的意义是理性义,是思想,是音乐所对应意义的一种隐性关联义,所以,它们只是以隐性思维方式而存在。据此,中国音乐的历层研究,可在结构视角思维方式的统帅下主要以思维方式的隐显状况及与不同层次思维方式的细化关联状况作为参项构成评价体系具体展开,并最终构建出中国音乐学历层研究体系、概括出中国音乐学历层系统来。

据初步考察,中国音乐学历层体系中的纵轴亦可概括为三个文明层次。在无法对中国音乐学各文明层次理论体系和具体系统进行全面阐述的初始研究状态,以下仅对各文明层次音乐系统的大致情况简要概括。

1.较单纯的情绪思维层次中国音乐。本层次音乐主要对应较单纯的情绪思维层次的思维方式。形式上,或为单纯的音乐,或配以与情绪思维层次诗歌相类似的唱词。内容上,显性表示较单纯的情绪义,一种基于呼吸、心跳、脉动等自然节律的以对"刺激"的情绪性反应为主导的韵律性感受。理性义,或因未进入有意识范畴而未被感知,或因被无意识地弱化而简单化了。其音乐作品,一般较为简短,大多表示与生理需求相应的喜怒哀乐。中国早期原始音乐大致可归入此类。它们中诸如《路史》等尽管歌颂帝王、神圣,但仍只表示简单的赞叹之情(李壮鹰,2007)。另外,纯情绪词形式或兼含少量理性词的号子亦是较典型的此类作品。如以下作品,尤其是其中"众"部分。

(1)啊噢噢呀噢嗨哎嗨哩呀哈调呀么来哟着。哼嗨哼嗨啊。哼嗨。(陕西民歌《调来着》)

(2)领:(哟哟)! 众:(哟哟哩嗨哟)! 领:同志们(啰)。众:(嗨哟)! 领:加把劲(啰)。众:(嗨哟)! 领:来打夯(哟)! 众:(嗨哟哩嗨哟哩嗨哟哩嗨哟哟哟哩嗨哟)! (赣西民歌《打夯》)

(3)领:风吹(哟嗬)杨柳(呃)众:(哟嗬也嗬哟嗬也)领:(哦)卷百枝(呀),众:(哟嗬也嗬也嘿嗬也嗬嗬嗬哦)。领:好朋(呃)好友(呃)众:(哟嗬也嗬也嗬也)领:(哦)在一堆(呀),众:(嗬嗬也嗬也嘿嗬也嘿也嗬也)。(赣北民歌《打夯》)

2.情绪思维层次中一定程度地蕴含有想象思维层次内容的中国音乐。本层次音乐显性对应情绪思维层次的思维方式,隐性对应想象思维层次的思维方式。形式上,或为单纯音乐,或配以与想象思维层次诗歌相类似的唱词。内容上,所表意义仍属情绪范畴,但这种情绪义的深层与意象密切相关。一方面,它往往由特定意象或意境所触发。另一方面,欣赏时,根据韵律性感受与意象或意境间的对应关系,往往亦可生成大致对应的意象或意境。如欣赏《春江花月夜》,往往能够生成恬淡、愉悦的情绪,生成这种情绪主导下月夜游江的意境。欣赏《空山鸟语》往往能够生成快乐和兴趣类情绪,并联想起深山幽谷中群鸟欢鸣、生机盎然的优美意境。欣赏《踏浪》往往能够生成自由奔放,甚至有些率性的快乐性情绪,并联想起个人经验世界中与登山、踏浪类快乐感受相似的记忆。此类可生成意象或意境的音乐作品,在现代民歌中亦较普遍存在。如:

(1)情姐住在花山花坳坳花坪(罗),情姐穿花衣系花(哟)裙,脚穿花鞋

踩花地(呀),手拿花扇扇花心,她头戴鲜花像芙(呃)蓉。……(湖南望城民歌《情姐住在花山花坳坳花坪》)

(2) 脚踏(咧哎)秧田(咧哎)测四(叽哟)方(丫啊啊嗬啊嗬),右手(叽哟)插秧(咧)左手装哦。(喂)!……(赣西民歌《脚踏秧田测四方》)

3. 情绪思维层次中一定程度地蕴含有逻辑思维层次内容的中国音乐。本层次音乐显性对应情绪思维层次的思维方式,隐性对应逻辑思维层次的思维方式。形式上,或为单纯音乐,或配以与逻辑思维层次诗歌相类似的唱词。内容上,尽管表现的意义也是情绪,且往往也是通过意象的感知实现的,但深层关联的理性义总体上表现为逻辑义。这种逻辑义有着多方面的特征。一是关涉的内容多为人生、命运、苦难、忧伤、向往、抗争、追求、执着、气概等抽象、宏大、深刻的主题。二是音乐作品内部结构存在明显的与物理世界时空等方面结构相应的逻辑因素。三是意义表现出来的内容不是固定的个体意象或意境,而是意象、意境所反映内容就阶段、类型、整体等视角所作出的抽象概括形式,或者是意象、意境所蕴含多视角内容的细化揭示形式。本层次音乐作品很多。如《二泉映月》,表现的是悲叹类负极情绪,但同时,又蕴含着对人生苦难历程的揭示。全曲通过悲叹类情绪由相对平静的感喟状态逐渐递增至顶峰,继而陡然回落这一逻辑过程的展现,对人生这一重大主题进行了一类表现。《梁山伯与祝英台》,全曲沿着天真无邪的欢娱、难以避免的磨难、彻悟后的升华这一逻辑过程依次展开,总体上表现的是悲欢交织的综合性情绪,但同时又蕴含着对整个人生过程的揭示,还体现出了对人生态度、人生意义的思考。梦然的《少年》,借助"我还是从前那个少年,没有一丝丝改变"的反复吟唱,主要表现的是一种慨叹、兴趣兼含的情绪,同时也蕴含着一种执着坚持单纯、有个性人格的理念,一种不同于随"龄"而变的人生态度。另外,此类作品,现代民歌中亦较普遍存在。如:

(1) 正月里来(是)立了春,地主逼租要抓人,每年腊月(就)要送礼,限定初三要拜年,想起旧社会可怜。

二月里来(是)是春分,春分时节水冰人,地主房中(就)烤炭火,农民冻得脚扯筋,想起旧社会好痛心。

……(湖南湘潭民歌《两个社会两重天》)

(2) 一根(的)绒线一根黄(罗),姐打(的)句伏忙问郎(哪)。白胡子洗面如何解?(哟呵)浆纱(哒)织布如何分(嘞)? 问(你)郎哥知音不知音(罗)?

一根(的)绒线一根青(罗),姐讲(的)句伏郎知音(罗),白胡子洗面初相会,(哪呵)浆纱(哒)织布兴得稀(嘞),二人有意在心里(哦)。

……(湖南桃江民歌《十根绒线》)

(3) 十七十八(筛嘞)好唱歌(哟糯米筛嘞),二十七八(筛糯米呀米筛米呀)崽女多(嘞)。……(赣南民歌《十七十八好唱歌》)

三、由理论至应用的进一步拓展

历层研究首先是从理论上提出来并在并行学科中开展具体研究的。随着研究的深入,其范围亦可进一步拓展至与之相关的应用范畴。这里的应用范畴,大致概括为学习、科研和生活三个领域。

(一) 学习

因人们对历层知识普遍了解不多、认识不深,故在本领域具体应用性研究之前需额外说明的是,历层知识是与历史性知识并列的一类知识,是对历史性知识的有效补充乃至于一定程度的提升,对其进行学习有着充分的必要性。如汉语复叠,通过历史性知识的学习,我们知道了上古汉语、中古汉语、近古汉语、现代汉语中都存在着性质上差别不大的复叠这一事实,但经过历层性知识的学习,我们还将看到另一方面的语言事实,即伴随着文明进程由情绪思维层次至逻辑思维层次的演进,汉语复叠由全叠、概叠至特叠的历层演进过程,从而实现对复叠更加完备、更加理性的认识。各文明层次词、句复叠例(郭攀,2012:258－273):

(1) 音音音音音,你负心,你真负心,辜负我到如今。(仙鬼词《千金意》)

(2) 硕鼠硕鼠,无食我黍。……乐土乐土,爰得我所。(《诗经·硕鼠》)

(3) 沽之哉! 沽之哉! 我待贾者也。(《论语·子罕》)

(4) 是乃国家之大贼,人主之大蟊。(《汉书·东方朔传》)

(5) 世人都晓神仙好,惟有功名忘不了!

古今将相在何方? 荒冢一堆草没了!

世人都晓神仙好,只有金银忘不了!

终朝只恨聚无多,及到多时眼闭了。

世人都晓神仙好,只有娇妻忘不了!

君生日日说恩情,君死又随人去了。

世人都晓神仙好,只有儿孙忘不了!

痴心父母古来多,孝顺儿孙谁见了?(曹雪芹《红楼梦》第一回)

(6) 单个的。成双成对的。一家子。一群。外地的。远郊的。本市的。少数民族。洋人。摩肩接踵。磕磕碰碰。(刘心武《王府井万花筒》,《5.19 长镜头》,四川文艺出版社,1987 年,第 74 页)

(7) 蕙花深锁在园里,

伊满怀着幽怨。

伊底幽香潜出园外,

去招伊所爱的蝶儿。(汪静之《蕙的风》)

基于必要性说明,本领域研究,据考察,可侧重学习资源具体展开。

众所周知,要学习历层知识,必须拥有足够的学习资源。这方面资源,统括为三个层级。一级资源,知识汇编。即各科、各项历层知识分门别类的汇编。二级资源,教材。即充分考虑循文明进程之序、循心理结构中各文明层次元素的配比等教学因素的教材。三级资源,电子软件。即以一二级资源为基础进一步编写出来的计算机学习软件。学习资源的应用研究,就是要以理论范畴历层研究成果为基础,根据应用的需要,编写出各科、各项有关历层知识的汇编、教材和计算机软件。

(二) 科研

面向现有科研领域,以理论范畴历层研究的思想方法和研究成果为依托,可进一步开展建立在当前科研现状基础上的应用性研究。列举性概述两方面可行性研究。

1. 检索用已有历层科研信息库。所谓历层科研信息库指的是据历层评价依由低至高的顺序排列的科研信息库。其中,历层评价,宏观依据仍是文明程度,但基于科研工作的性质,评价参项中方法的成分更多。如对应想象思维层次的基本方法是感知法,对应逻辑思维层次的则是认知法。感知法内部最基础的是观察法,认知法内部最基础的是分析法等。

众所周知,科研的首要工作是了解研究信息,弄清学术前沿。这方面工作量大,资源要求难度大,既难以有效完成,又往往在全社会层面存在大量重复性工作,造成大量不必要的人力浪费。检索用已有历层科研信息库的研究,就是要系统地解决好这方面问题,以帮助人们便利、快捷、准确地检索到想要的科研信息,从而节省社会宝贵的人力资源。如词义认知方面科研信息,经历层评价,大致即可将已有研究成果主要概括为处于以下不同层级的研究状态。

A. 性质判断状态。即只对词义的性质作出简要说明,未指出词义指称的状态。早期对于虚词义的认知大多处于此状态。如"哉",《说文》:"言之间也。""但",《玉篇》:"语辞也。""呼",《玉篇》:"叹辞。""兮",《广雅》:"词也。"《诗·芣苢》:"采采芣苢,薄言采之。"毛传:"薄,辞也。"

B. 词义、字义不分状态。即将字形分析义直接看作词义的状态。如"玉",《说文》:"石之美······象三玉之连。""气",《说文》:"云气也,象形。"《诗·芣苢》:"采采芣苢,薄言采之。"毛传:"采,取也。"陈奂《诗毛氏传疏》:

"采训取者，《传》为采字通训。采，从爪；取，从又；爪又皆手也。"

C. 词义、字义作出较严格区分并将词义析分至义项、子义项状态。如"策"作为字的意义，《现代汉语词典（第 7 版）》将其所对应的词义概括为两个单词的意义。"策 1"，①古代写字用的竹片或木片。②古代考试的一种文体。"策 2"，①古代赶马用的棍子。②用策赶马。③拐杖。

D. 义项继续析分至义素状态。如蒋绍愚《古汉语词汇纲要》将"信"的意义概括为"言语真实""有信用""相信"等义项之后，进一步将其析分至义素层级，相应地分别概括为"［言语］＋［真实］""［对人的态度］＋［真实］""［确认］＋［某种情况］＋［真实］"等（蒋绍愚，2005：71）。

2. 关涉历层关系诸实操性问题的智能化处理。这里的智能化处理，指的是对关涉历层关系诸实操性问题所进行的一种侧重区分文明层次的智能化处理。以下同日常生活密切相关诸问题的处理有一定代表性。

历层视角汉语会话的智能化处理。已有汉语会话的智能化处理皆是历史性的，立足历层研究审视，它是一种不区分文明层次的智能化处理，而现实，又存在区分不同文明层次，尤其是对单一文明层次汉语进行处理的要求，这样，在汉语历层研究相对完备之后，即可以其为基础进行智能化处理。如情绪思维层次汉语，现已概括出其词类系统、句类系统和运作机制，据此，即可对其进行一定程度的智能化处理。

历层性作品的智能化创作。以已有历层视角汉语会话的智能化处理为基础，经会话运作机制的进一步挖掘，概括出历层性作品的创作机制，从而实现历层性作品的智能化创作。如需要类似《志忑》的情绪思维层次歌词，只需设定所要表达的情绪类型和基础性情绪形式，即可智能化创作出来。如需要类似《天净沙·秋思》的想象思维层次散曲，只需设定思想内容、倾向性情感、代表性意象和意象间的组合方法，即可望进行智能化创作。

（三）生活

相对"学习"和"科研"而言的生活是社会现实生活。它包含的内容很广，这里仅及其中"评价"方面。

评价，在此分社会对特定个体、团体的评价和个体自我评价两个方面。

1. 社会评价。它是在历层性思想方法主导下对特定个体、团体涉及文明程度、文明进程的一类评价。基于与历史性评价的差异和现阶段需强调的重点，在此不及具体实操性内容，仅就历层性社会评价涉及的核心问题有选择地简述两点。

A. 评价依据。众所周知，历史性社会评价依据的设定往往存在一定的不确定性，所以，相关结论，见仁见智，难有定论。相对而言，历层性社会评价的依据较为确定,尤其是作为宏观依据的文明程度,无论具体到不同学科存在着什么样的个体差异,文明程度这一点是不变的。

B. 评价价值。据考察,因视角差异,历层性社会评价往往能够提供较历史性社会评价不同的评价结果并因此而具有了一定的社会价值。这从对语言学中古代训诂"成就"的评价上不难看出。经对古代训诂大家所取得"成就"的考察不难发现,历史性评价所赋予的"成就",纳入历层评价体系,则大致表现为两类情况(夏凤梅、郭攀,2016):

一是同历层性思想方法指导下评价出的结果基本一致的"成就"。如朱熹的心理训释方法。例:

《论语·子罕》:"子在川上曰:'逝者如斯夫!不舍昼夜。'"《论语集注》:"夫,音扶。舍,上声。天地之化,往者过,来者续,无一息之停,乃道体之本然也。然其可指而易见者,莫如川流,故于此发以示人,欲学者时时省察,而无毫发之间断也。"

上述方法,以唤醒体验为契机,引导接受者在心理世界对所释内容进行感知,从而实现有效的理解。这种方法,在孟子"以意逆志"、张载"心解"基础上,无论有意识程度、操作环节完备程度还是对著述者表义时心理的说明深度均有所深化,历层视角分析,也是当之无愧的训诂成就。

二是基本无跨越性进步,甚至一定程度上后退了的非"成就"。如有关朱熹"简化训释的基本内容"的"成就"性评价。考察可知,训释内容详略视角基本演进过程是"略—详—略"。较早简略性训释如《逸周书·谥法解》:"勤,劳也。遵,循也。肇,始也。怙,恃也。享,祀也。锡,与也。典,常也。糠,虚也。惠,爱也。敏,疾也。捷,克也。载,事也。""详—略"性训释如孔颖达、朱熹有关《诗经·七月》"春日迟迟,采蘩祁祁"中"迟迟"的相关训释。孔疏:"迟迟者,日长而暄之意,故为舒缓。计春秋漏刻,多少正等,而秋言凄凄,春言迟迟者,阴阳之气感人不同。张衡《西京赋》云:人在阳则舒在阴则惨。然则人遇春暄则四体舒泰。春觉昼景之稍长,谓曰行迟缓,故以迟迟言之。及遇秋景,四体褊躁,不见日行急促,唯觉寒气袭人,故以凄凄言之。凄凄是凉,迟迟非暄,二者观文似同,本意实异也。"《集传》:"迟迟,日长而暄也。"立足整个"略—详—略"过程不难看出,朱熹的训释尽管通过略去训释理据和文化等方面内容实现了简略,但这种简略,从文明进程看实质上是已有简略性训释的一种回归,落实到深刻度视角,不仅无推进可言,还一定程度地后退了。历层视角评价,它应是一种非"成就"。

由上不难看出,两类情况中的第二类同历史性评价结果不一致。这种不一致的产生,不仅丰富了社会评价的结果,而且还有利于增进对社会评价结果的认识,促进社会评价机制及所评对象向更高文明层次的发展。

2. 自我评价。它是据与文明进程相关的评价体系对自我所作出的一种评价。考虑到现阶段社会现实中的价值因素,这里的评价体系姑简要给出两个。

一是情理体系。它是一种关涉自我在情绪、理性二文明层次归属上的评价体系,一种由情绪思维层次、理性思维层次构成的评价体系。其中,理性思维层次涵盖想象思维层次和逻辑思维层次。情理二思维层次的典型表现,落实在情理比例上,前者表现为纯情绪或情绪占较大比例;后者表现为纯理性或理性占较大比例。落实在意义表达方式上,前者侧重情绪性互怼,不作或少作逻辑性阐述;后者侧重逻辑性阐述,情绪因素可控。落实在表达所用语言上,前者多用"妈的""个婊子养的"等类叹词形式,甚至表现为一句话中多达三四个詈语;后者倾向于用规范的文明性语言表达。

二是贡献体系。它是针对自我对文明进程贡献与否所构建出的一种评价体系。贡献体系大致由三层次构成:拉退层次,一种不仅对文明进程没有贡献,反而一定程度地拉退了特定范围文明进程的层次。中平层次,一种对文明进程基本没有贡献,但亦不存在明显负面影响的层次。推进层次,一种推进了特定范围文明进程的层次。

个人评价,可参照上述评价体系自行展开。只要具有一定的理性自觉,即可通过评价体系对自己进行大致定位,实现自我评价。

四、余　论

逻辑告诉我们,范围拓展后的历层研究,实际上业已提升为一种覆盖整个研究范畴的研究模式了,一种研究范围与历史性研究相当的研究模式了。

历层研究是相对历史性研究而言的,二者间的关系是并列的不同视角、不同模式间的关系。其中,历史性研究是以人们对物理世界的自然感知为基础的。它的存在,不仅已将人类研究开掘至系统而深入的高度,还可较好地满足人的感知需求。它是研究模式中的基础和主体。相对而言,历层研究是以对研究对象的主观评价为基础的。它的存在,尽管缺乏自然的感知基础,但却可从文明进程视角拓展研究视野,乃至于在某些方面一定程度地提升研究高度。历层研究是对历史性研究的一项必要补充。

毋庸讳言,现行历层研究总体上仍处于初级阶段,毕竟语言以外其他学科基础研究和与历层性知识相应的应用研究尚未全面铺开,汉语历层研究亦未彻底完成。祈望有志之士大力介入,鼎力共襄。

注释：

① 宏观研究见参考文献所及《汉语历层研究纲要》，情绪思维层次汉语研究见2020年作为国家社科基金后期资助重点项目立项并即将出版的《情绪思维层次汉语的系统研究》，想象思维层次和逻辑思维层次汉语研究见作者近10年相关研究成果。

② 朱光潜在诗歌起源问题上有过相关论述。其指出：三千年前的希腊社会文明发展程度依然比现今的土著部落要高，论原始程度显然后者更甚。以中国的民歌为例，现代中国的民歌虽然在时代上比《商颂》《周颂》晚几千年，但在诗的进化阶段上反而比后者原始得多，更接近诗的起源(朱光潜,2005:4)。

③ 闻一多指出："原始人最初因情感的激荡而发想象出有如'呵''哦''唉''呜呼''噫嘻'一类的声音，那便是音乐的萌芽……这样介乎音乐与语言之间的一声'啊'便是歌的起源。"(闻一多,1993)李壮鹰也认为(李壮鹰,2007)，最早的诗歌起于独词"啊"。今天记录为"啊"，古代记录为"兮""猗"。这些研究，不同程度地涉及了情绪思维层次文学。

④ 无论多么深刻的思想，都必须满足生理上自然节律的需求，都必须满足声音方面的审美需求，都是通过非概念形式进行表达的，这一些，是判定音乐表示情绪义的重要依据。

参考文献：

陈战国　2001　《心态·气象·意义》,《北京社会科学》第4期。

陈中立等　2001　《思维方式与社会发展》,社会科学文献出版社。

郭攀　2012　《汉语历层研究纲要》,北京师范大学出版社。

郭攀　2015　《汉语叹词定位的历层模式》,《澳门语言学刊》第1期。

郭攀　2017　《论语义的跨层潜含》,《澳门语言学刊》第1期。

蒋绍愚　2005　《古汉语词汇纲要》,商务印书馆。

李壮鹰　2007　《嗟叹与咏歌》,《中国文化研究》春之卷。

夏凤梅　郭攀　2016　《现行训诂成就的历层性评价》,《励耘语言学刊》第1期。

闻一多　1993　《歌与诗》,《闻一多全集·文学史编》,湖北人民出版社。

萧诗美　郭攀　1992　《毛泽东的典型思想及其方法论意义》,《江汉论坛》第10期。

轩敏华　2014　《曲隐：象教文化传统下的技巧美学》,《戏剧之家》第8期。

朱光潜　2005　《诗论》,北京出版社。

全书主要参考文献

白　平　1996　《"其"非词头辨》,《山西大学学报》第 2 期。

曹聪孙　1996　《语言类型学与汉语的 SVO 和 SOV 之争》,《天津师大学报》第 2 期。

曹广顺　1995　《近代汉语助词》,语文出版社。

曹银晶　2012　《"也、矣、已"的功能及其演变》,北京大学博士研究生学位论文。

陈昌来　2000　《抽象的句子与具体的句子》,《湖南广播电视大学学报》第 1 期。

陈光磊　1994　《汉语词法论》,学林出版社。

陈鼓应　1983　《庄子今注今译》,中华书局。

陈　蕾　2018　《古白话叹词系统的历时考察》,华中师范大学硕士论文。

陈中立等　2001　《思维方式与社会发展》,社会科学文献出版社。

丁邦新　2012　《汉语方言中的历史层次》,《中国语文》第 5 期。

董为光　1997　《话说"音义初始"》,《语言研究》第 1 期。

董秀芳　2002　《词汇化:汉语双音词的衍生和发展》,四川民族出版社。

冯梦龙　王廷绍　华广生　1987　《明清民歌时调集》,上海古籍出版社。

冯胜利　1997　《汉语的韵律、词法与句法》,北京大学出版社。

郭斯萍　陈四光　2008　《试论心理过程的分类与心理学的科学体系》,《南京师大学报》第 5 期。

郭凤岚　2009　《北京话话语标记"这个"、"那个"的社会语言学分析》,《中国语文》第 5 期。

郭　攀　2002　《丹江口方言"狠的"的复叠形式》,《方言》第 3 期。

郭　攀　2003　《问候语说略》,《语言文字应用》第 1 期。

郭　攀　夏凤梅　2009　《中国古代语言学句子观的发展》,《古汉语研究》第 3 期。

郭　攀　2012a　《叹词语气词分类方面存在着的问题》,《宁夏大学学报》第 5 期。

郭　攀　2012b　《汉语历层研究纲要》,北京师范大学出版社。

郭　攀　2014a　《叹词、语气词共现所标示的混分性情绪结构及其基本类型》,《语言研究》第 3 期。

郭　攀　2014b　《现行歌曲唱词中的原始叹词》,《华中学术》第 2 期。

郭　攀　2015　《汉语叹词定位的历层模式》,《澳门语言学刊》第 1 期。

郭　攀　夏凤梅　2016　《浠水方言研究》,华中师范大学出版社。

郭　攀　2017　《论语义的跨层潜含》,《澳门语言学刊》第 1 期。

郭　攀　2018　《"情理组配"表述模式及相关叹词、语气词方面问题》,《华中学术》第 4 期。

郭　攀　2019a　《原生语气词源于原生衬词》,《语言研究》第 3 期。

郭　攀　2019b　《汉语点线意象结构模式》,《澳门语言学刊》第 1 期。

郭　攀　2019c　《近现代歌唱语言中"里个"的衬词化》,《华中学术》第 4 期。

郭　锐　2002　《现代汉语词类研究》,商务印书馆。

郭圣林　2012　《古汉语句中"也"的篇章功能》,《山西财经大学学报》第 5 期。

郭锡良　1986　《汉字古音手册》,北京大学出版社。

郭锡良　1988　《先秦语气词新探(一)》,《古汉语研究》第 1 期。

郭锡良　1989　《先秦语气词新探(二)》,《古汉语研究》第 1 期。

郭小武　2000　《"了、呢、的"变韵说》,《中国语文》第 4 期。

高名凯　1995　《语言论》,商务印书馆。

桂诗春　宁春岩　1997　《语言学方法论》,外语教育与研究出版社。

洪　波　2008　《周秦汉语"之 s"的可及性及相关问题》,《中国语文》第 4 期。

黄国营　1994　《句末语气词的层次地位》,《语言研究》第 1 期。

黄　进等　2005　《杏仁核参与疼痛情绪过程的研究进展》,《生理科学进展》第 4 期。

侯　会　1988　《从"则个"一词的隐现看部分话本小说的创作年代》,《语文研究》第 8 期。

何乐士　1985　《古汉语虚词通释》,北京出版社。

何乐士　1989　《〈左传〉的[主・"之"・谓]式》,《〈左传〉虚词研究》,商务印书馆。

胡明扬　1981　《北京话的语气助词和叹词》，《中国语文》第5、6期。

胡治国　刘宏艳　彭聃龄等　2008　《注意资源对正常人消极情绪偏向的影响》，《心理科学》第6期。

贺　阳　1992　《试论汉语书面语的语气系统》，《中国人民大学学报》第5期。

江蓝生　1986　《疑问语气词"呢"的来源》，《语文研究》第2期。

陆丙甫　1992　《从"短语本位"看"词"的地位和判别》，《汉语学习》第3期。

陆镜光　2005　《汉语方言中的指示叹词》，《语言科学》第6期。

鹿佞钦　2014　《先秦汉语"也"字判断句的由来——来自语言接触的证据》，《上海师范大学学报》第1期。

刘丹青　2003　《语序类型学与介词理论》，商务印书馆。

刘丹青　2011　《叹词的本质——代句词》，《世界汉语教学》第2期。

刘丹青　2012　《实词的叹词化和叹词的去叹词化》，《汉语学习》第3期。

刘宁生　1987　《叹词研究》，《南京师大学报》第2期。

刘师培　1905　《中国文学教科书》(第一册)，国学保存会版。

刘宋川　刘子瑜　2006　《"名·之·动/形"结构再探讨》，《语言学论丛》三十二辑。

刘　烨等　2009　《认知与情绪的交互作用》，《科学通讯》第54卷，第18期。

刘月华等　2001　《实用现代汉语语法》，商务印书馆。

黎锦熙　1992　《新著国语文法》，商务印书馆。

李葆嘉　1994　《试论语言的发生学研究》，《南京师大学报》第1期。

李葆嘉　2003　《中国语言文化史》，江苏教育出版社。

李露蕾　1986　《甚词演变的一种趋势》，《中国语文》第6期。

李景源　1989　《史前认识研究》，湖南教育出版社。

李　明　2017　《从"其"替换"之"看上古—中古的兼语式》，《当代语言学》第1期。

李学勤　2008　《〈尧典〉与甲骨卜辞的叹词"俞"》，《湖南大学学报》第3期。

李先银　2013　《表达祈使的"去"在对话语境中的主观化和叹词化》，《世界汉语教学》第2期。

李宇明　2002　《汉语语法录》,商务印书馆。

李宇明　2005　《中国语言规划论》,东北师范大学出版社。

李壮鹰　2007　《嗟叹与咏歌》,《中国文化研究》春之卷。

吕叔湘　1956　《中国文法要略》,商务印书馆。

吕叔湘　1959　《文言虚字》,上海教育出版社。

吕叔湘　2002　《中国文法要略》,辽宁教育出版社。

雷淑娟　2004　《节律:文学语言的形式律和内容律》,《修辞学习》第4期。

马建忠　1998　《马氏文通》,商务印书馆。

马清华　2011　《论叹词形义关系的原始性》,《语言科学》第5期。

梅祖麟　1986　《关于近代汉语指代词》,《中国语文》第1期。

孟昭兰　2005　《情绪心理学》,北京大学出版社。

鲁　娜　2012　《咸宁方言叹词、语气词及其呼应关系研究》,华中师范大学硕士论文。

倪淑萍　2011　《民歌衬词的文化内涵探究》,《艺术百家》第8期。

潘允中　1982　《汉语语法史概要》,中州书画社。

齐沪扬　2002　《语气词与语气系统》,安徽教育出版社。

裴燮君　1999　《〈诗经〉句尾语气词的原始性质》,《广西师院学报》第3期。

任继昉　2004　《汉语语源学》,重庆出版社。

宋大能　1958　《谈中国民间歌曲中衬词、衬句的运用》,《音乐研究》第2期。

沈家煊　2008　《三个世界》,《外语教学与研究》第6期。

沈家煊　完　权　2009　《也谈"之字结构"和"之"字的功能》,《语言研究》第2期。

孙良明　1995　《关于建立古汉语教学语法体系的意见》,《中国语文》第2期。

孙锡信　1999　《近代汉语语气词:汉语语气词的历史考察》,语文出版社。

沙　平　1994　《形态、词序、虚词》,《福建师范大学学报》第4期。

孙绿江　1991　《中国古代诗歌的语言结构与人的情感—情绪结构》,《兰州大学学报》第4期。

邵敬敏　1989　《语气词"呢"在疑问句中的作用》,《中国语文》第3期。

石毓智　2000　《语法的认知语义基础》,江西教育出版社。

吴洁敏　朱宏达　2001　《汉语节律学》，语文出版社。

王春玲　2016　《四川西充方言的"之"字句》，《方言》第 4 期。

王国维　1998　《人间词话》，上海古籍出版社。

王洪君　1987　《汉语自指的名词化标记"之"的消失》，《语言学论丛》第十四辑。

王洪君　2000　《汉语的韵律词和韵律短语》，《中国语文》第 6 期。

王　力　1980　《汉语史稿》，中华书局。

王　力　1985　《中国现代语法》，商务印书馆。

王士元　2011　《演化语言学的演化》，《当代语言学》第 1 期。

王统尚　石毓智　2008　《先秦汉语的判断标记"也"及其功能扩展》，《语言研究》第 4 期。

王　倩　2012　《文言叹词、语气词及其呼应关系》，华中师范大学硕士论文。

伍棠棣　李伯黎　吴福元　1982　《心理学》，人民教育出版社。

闻一多　1993　《歌与诗》，《闻一多全集·文学史编》，湖北人民出版社。

武振玉　2009　《先秦汉语叹词试论》，《吉林师范大学学报》第 5 期。

夏凤梅　郭　攀　2017　《"呜呼哀哉"的情绪化和理性化》，《语言研究》第 2 期。

邢福义　1996　《汉语语法学》，东北师范大学出版社。

徐　杰　2003　《主语成分、话题特征及相应语言类型》，《语言科学》第 1 期。

徐赳赳　2010　《现代汉语篇章语言学》，商务印书馆。

肖丽华　2011　《现代汉语叹词研究》，汕头大学硕士论文。

徐盛桓　2007　《认知语用学研究论纲》，《外语教学》第 5 期。

徐世荣　1989　《汉语口语中叹词的熔合现象》，《语言教学与研究》第 2 期。

萧涤非　2013　《杜甫全集校注》，人民文学出版社。

徐通锵　1991　《历史语言学》，商务印书馆。

徐通锵　1997　《语言论》，东北师范大学出版社。

徐通锵　1998　《说"字"》，《语文研究》第 3 期。

夏晓虹　1987　《杜甫律诗语序研究》，《文学遗产》第 2 期。

向　熹　1993　《简明汉语史》（上），高等教育出版社。

向　熹　1993　《简明汉语史》（下），高等教育出版社。

熊　焰　1997　《先秦韵文"其"字代词虚用说》，《古汉语研究》第 2 期。

肖艳萍　2011　《中国传统民歌中衬词的功能探析》,《民族音乐》第4期。

杨伯峻　1981　《古汉语虚词》,中华书局。

游国恩　1963　《中国文学史》一册,人民文学出版社。

杨海明　鲁小龙　2016　《谈台湾口语词"这样子"》,《汉语学报》第1期。

杨树达　1983　《积微居小学述林》,中华书局。

杨树达　1984　《高等国文法》,商务印书馆。

杨永龙　2000　《先秦汉语语气词同现的结构层次》,《古汉语研究》第4期。

殷　帅　2012　《〈红楼梦〉中的叹词、语气词及其呼应关系》,华中师范大学硕士论文。

俞士汶等　2003　《现代汉语语法信息词典详解》,清华大学出版社。

俞忠鑫　2003　《"一之日"解》,《古汉语研究》第4期。

袁毓林　1993　《语言学范畴的心理现实性》,《汉语学习》第4期。

姚小平　1999　《考据学与科学语言学》,《外语教学与研究》第2期。

臧晶晶　2013　《说"哏"》,《青年文学家》第11期。

张伯江　方　梅　1996　《汉语功能语法研究》,江西教育出版社。

张　今　陈云清　1981　《英汉比较语法纲要》,商务印书馆。

张仁立　1999　《〈诗经〉中的衬音助词研究》,《语文研究》第3期。

张世禄　1959　《古汉语里的偏正化主谓结构》,《语文教学》第11期。

张云秋　2002　《现代汉语口气问题初探》,《汉语学习》第2期。

张谊生　2010　《试论骂詈语的词汇化、标记化与构式化》,《当代修辞学》第4期。

张小峰　2008　《先秦汉语语气词"也"的语用功能分析》,《古汉语研究》第1期。

张玉金　2001　《甲骨金文中"其"字意义的研究》,《殷都学刊》第1期。

张玉金　2005　《甲骨文中的"之"和助词"之"的来源》,《殷都学刊》第6期。

张银霞　2018　《文言叹词系统的发展》,华中师范大学硕士论文。

朱炳祥　2000　《论汉语的发生学道路》,《武汉水利电力大学学报》第4期。

朱广祁　1985　《〈诗经〉双音节词论稿》,河南人民出版社。

朱晓亚　1994　《现代汉语感叹句初探》,《徐州师范学院学报》第2期。

郑娟曼 2012 《从贬抑性习语构式看构式化机制》,《世界汉语教学》第 4 期。

郑张尚芳 2007 《上古汉语的音节和声母的构成》,《南开语言学刊》第 2 期。

邹立志 白 聪 2009 《论古今汉语词类活用的不同本质》,《语言研究》第 2 期。

赵仁珪 章景怀 2009 《启功隽语·论学篇》,文物出版社。

赵元任 1979 《中国话的文法》,商务印书馆。

赵则玲 2015 《也谈现代汉语否定副词"不"叹词化问题》,《浙江大学学报》第 3 期。

[德] 考夫卡 1997 《格式塔心理学原理》,浙江教育出版社。

[德] 赫尔德 1998 《论语言的起源》,商务印书馆。

[法] 卢 梭 2010 《论语言的起源兼论旋律与音乐的模仿》,北京出版社。

[加] 蒲立本 2006 《古汉语语法纲要》,语文出版社。

[美] 艾克曼 2008 《情绪的解析》,海南出版公司。

[美] 弗朗兹·博厄斯 2004 《原始艺术》,贵州人民出版社。

[美] 萨丕尔 1985 《语言论》,商务印书馆。

[日] 太田辰夫 2003 《中国语历史文法》,北京大学出版社。

[英] 斯瓦特威克 1987 《交际英语语法》,北京出版社。

[意] Poggi, Isabella. The Language of Interjections[A]. *Multimodal Signals：Cognitive and Algorithmic Issues*[C]. Berlin/Heidelberg：Springer，2009.

图书在版编目(CIP)数据

情绪思维层次汉语的系统研究 / 郭攀著. -- 上海 ：
上海三联书店，2024. 11. -- ISBN 978-7-5426-8679-4

Ⅰ. H109.4

中国国家版本馆 CIP 数据核字第 20245PP430 号

情绪思维层次汉语的系统研究

著　　者 / 郭　攀

责任编辑 / 杜　鹃
装帧设计 / 一本好书
监　　制 / 姚　军
责任校对 / 王凌霄

出版发行 / 上海三联书店

　　　　　(200041)中国上海市静安区威海路 755 号 30 楼
邮　　箱 / sdxsanlian@sina.com
联系电话 / 编辑部：021 - 22895517
　　　　　发行部：021 - 22895559
印　　刷 / 上海颛辉印刷厂有限公司

版　　次 / 2024 年 11 月第 1 版
印　　次 / 2024 年 11 月第 1 次印刷
开　　本 / 710 mm × 1000 mm　1/16
字　　数 / 300 千字
印　　张 / 17.75
书　　号 / ISBN 978 - 7 - 5426 - 8679 - 4/H・146
定　　价 / 98.00 元

敬启读者,如发现本书有印装质量问题,请与印刷厂联系 021 - 56152633